国家出版基金项目
NATIONAL PUBLICATION FOUNDATION

"十三五"国家重点图书出版物出版规划项目

面向未来的交通出版工程·交通大数据系列

大数据与城市交通治理

杨东援　段征宇　李玮峰　李　健／著

同济大学出版社·上海

图书在版编目(CIP)数据

大数据与城市交通治理/杨东援等著. —上海：同济大学出版社，2022.6

面向未来的交通出版工程. 交通大数据系列 “十三五”国家重点图书出版物出版规划项目

ISBN 978-7-5765-0115-5

Ⅰ.①大… Ⅱ.①杨… Ⅲ.①数据处理—应用—城市道路—交通运输管理—研究—中国 Ⅳ.①U491-39

中国版本图书馆CIP数据核字(2022)第005242号

“十三五”国家重点图书出版物出版规划项目
国家出版基金资助
上海市新闻出版专项资金资助
面向未来的交通出版工程·交通大数据系列

大数据与城市交通治理

杨东援 段征宇 李玮峰 李 健 著

丛书策划：高晓辉
责任编辑：高晓辉
责任校对：李 杰
封面设计：王 翔

出版发行 同济大学出版社 www.tongjipress.com.cn
(地址：上海市四平路1239号 邮编：200092 电话：021-65985622)
经 销 全国各地新华书店、建筑书店、网络书店
排版制作 南京文脉图文设计制作有限公司
印 刷 上海安枫印务有限公司
开 本 787mm×1092mm 1/16
印 张 19.5
字 数 487 000
版 次 2022年6月第1版
印 次 2022年6月第1次印刷
书 号 ISBN 978-7-5765-0115-5
定 价 156.00元

内容提要

与强调维护相关秩序的狭义交通治理不同，广义的城市交通治理偏重工具性的政治行为，其目标是采用更低的行政成本实现更高的行政效率，采用更好的公共服务获得更多的公民支持。交通学科研究对象涉及国家治理体系和治理能力现代化的重要组成部分，亟待展开相关研究以提供理论和方法的支持。

围绕以大数据分析技术支持城市交通治理体系和治理能力的现代化问题，本书的第2章至第8章将大数据技术视为技术工具，讨论了相关的技术应用问题。这一方面明晰了大数据在本领域中的技术价值，另一方面也为第9章和第10章的研究工作建立了感性的认识基础。作为逐步明晰起来的城市交通治理理论体系架构，第9章和第10章中有关三元空间中的复杂适应系统、信息空间建构的社会过程、组织生态属性的群智空间，以及影响相关政策议程的政策网络等内容，构成了基本研究框架。

本书可以作为交通运输工程、城市交通、公共管理等学科研究生的教材，也可以作为信息学科和公共管理学科相关人员的参考资料。对于城市交通领域的研究者、管理者和技术人员来说，本书提供了一个深化研究的框架，书中的一些技术方法可以借鉴，书中的许多观点可供参考。

作 者 简 介

杨东援，同济大学交通运输工程学院教授，博士生导师，享受国务院政府特殊津贴。现任中国城市交通规划学会副主任委员，上海市城市规划行业协会会长。曾任同济大学党委副书记、副校长、交通运输工程学院院长等职务。长期从事城市交通规划、物流系统规划、交通大数据分析、交通信息工程等方面的研究，曾主持国家自然基金重点项目等多个国家及省部级科研项目，承担上海世博会交通规划研究，以及城市交通规划、智能交通系统规划、物流规划等数十项技术应用项目。研究成果获公安部科技进步奖一等奖、华夏建设科学技术一等奖等奖项。著有《国土空间规划背景下的交通大数据分析技术》《透过大数据把脉城市交通》《大数据环境下城市交通分析技术》《连续数据环境下的交通规划与管理》《交通规划决策支持系统》等专著。

段征宇，同济大学交通运输工程学院副教授，博士生导师。入选上海市浦江人才计划(2016)。长期从事交通规划和交通大数据分析等方面的研究。主持国家自然科学基金项目 1 项、国家重点研发计划子课题 1 项、省部级项目 8 项，主持和参加地方政府和科研院所的交通规划、交通大数据与仿真平台等咨询项目 20 多项。研究成果获上海市科技进步一等奖(2020)、钱学森城市学金奖(2020)、华夏建设科学技术一等奖(2018)、深圳市科技进步一等奖(2018)等奖项。发表期刊及会议论文 100 余篇，其中 SCI/SSCI 检索 20 篇、EI 检索 50 余篇；出版专著 7 本；获得发明专利 7 项，软件著作权 4 项。

李玮峰，同济大学交通运输工程学院助理研究员，博士。研究方向为交通规划、智能交通系统规划和交通大数据分析。参加国家重点研发计划项目 1 项，国家自然基金重点项目 2 项、面上项目 2 项，国家科技支撑计划项目 2 项，地方政府和科研院所的研究与咨询项目多项。发表期刊及会议论文 50 余篇，其中 SCI 检索 16 篇、EI 检索 20 余篇；出版专著 3 本；获得发明专利 4 项，软件著作权 3 项。

李　健，同济大学交通运输工程学院副教授，博士。长期从事交通运输应急管理、交通规划与政策、交通大数据分析与智能决策等方面的研究。近年来主持国家重大研发计划课题、国家自然科学基金、上海市浦江人才计划等国家和省部级课题 4 项，承担上海、厦门、乌鲁木齐、深圳等城市的多项咨询课题；发表 SCI/EI 中英文论文 20 余篇，参与的项目获得深圳市科技进步一等奖，出版《从工程走向服务——城市轨道交通发展的反思与创新》等专著。

“面向未来的交通出版工程·交通大数据系列”
丛书编委会

总 序

FOREWORD

城市交通领域正在发生一系列深刻的变化。在管理体制变革、相关技术领域创新以及社会发展目标变化的背景下,城市交通战略与对策规划方法、技术支持系统务必作出相应的调整。如何将与交通相关的大数据资源转变为决策支持,进而提升相关的行动效果,正是在此背景下提出的重要课题。

当前,正值交通规划与战略决策体系变革的热潮,我非常高兴地看到"面向未来的交通出版工程·交通大数据系列"丛书的编写稿。这套丛书涵盖了基础分析理论、实践经验总结、平台构建实操以及领域场景应用思考等各个环节,为城市交通规划、设计和管理领域大数据技术的应用推广提供了宝贵的理论依据和实践范例。丛书的作者们长期致力于交通大数据分析领域的研究与实践,字里行间蕴藏着他们的不懈努力和辛勤付出。

在生态文明的前提下,强调以人为本的城市交通,面临着通过技术与政策解决社会问题的巨大挑战,是一个需要体系化作战才能取得胜利的战场,也是一个存在诸多未知和不确定性的领域。经过多年努力,尽管我们已经在交通网络连接方面取得了巨大的成功,在构建健康社会和经济空间结构方面不断取得进展,却依然面临社会治理模式、城市生活模式和经济发展模式转型的挑战。因此,突破原有经验和理论的束缚,通过创新决策方式、创新服务模式、创新对策方法,探寻城市交通可持续发展路径,显得尤为重要。

交通大数据技术所展现出的应用前景,对于城市交通复杂系统的可持续发展具有重要的意义。它能够帮助管理者和研究人员更加及时、准确地认识城市交通自身属性,乃至认识所关联的社会经济环境发生的变化,更快地掌握演化进程中的各种规律,更好地适时响应外界环境变化对城市交通系统生存发展的调控需求。交通大数据已经成为科学决策不可或缺的基础资源与技术支持手段。

对于处在变革和创新时代的城市交通来说,交通大数据技术绝非信息技术的简单应用,而是推动管理和决策模式变革的一种技术手段。正因如此,对于应用场景的深入理解，对于管理和决策科学的融会贯通，是交通大数据研究的精髓，也是这套丛书的独到之处。在领略大数据应用逻辑的基础上研究数据处理方法，是这套丛书向读者传递的重要学术内容。

尽管我们在交通大数据技术研究和应用方面取得了可喜的进展，但若想真正进入“自由王国”还需付出更大的努力。希望这套丛书的出版，能够帮助更多人进入这一富有挑战和希望的领域，从而更好地推动城市交通领域的技术进步。

（全永燊）

2021年11月

前 言

PREFACE

城市交通采用技术和政策手段解决社会问题。与此相适应，相关研究工作必须向城市交通治理领域拓展，以完善其理论和技术方法体系。

与强调维护交通系统运行秩序的传统狭义交通治理不同，广义的城市交通治理力图采用更低的行政成本实现更高的行政效率，通过更好的公共服务获得更多的公民支持，其对策更偏重工具性的政治行为。城市交通领域中的善治，是实现公共利益最大化的治理过程，其基本特征就是通过政府、企业与公众对社会公共事务的协同治理，使得城市与社会处于最佳状态。

在推动城市交通治理体制和治理能力现代化的过程中，在战术层面上，大数据扮演了技术工具的角色：在国土空间规划中，大数据可以作为跨部门协同的沟通语境；在跨区域协同中，大数据提供了摆脱行政区划束缚的可信数据，通过宏微观嵌套评估识别共同利益；在体察民情方面，大数据可以识别基本服务需求和实现空间正义；在应急公共安全治理中，大数据可以诊断风险链，协助制定应对预案等。尽管交通大数据分析技术正在成为技术人员的得力助手，但是单纯技术应用堆积并不能真正促成治理体制和治理能力的整体现代化。因而需要在战略层面上，将大数据融入政策网络、技术治理、知识生产等宏观变革行动之中，将大数据技术提升为城市交通治理的政策工具，才能真正体现出大数据技术的战略价值。

我们在多年的研究和探索中，在运用大数据作为城市交通治理技术工具的经验积累基础上，形成了相关理论架构的初步构想，现将这些成果总结、归纳并编写成书。本书主旨是提出一个可供讨论的理论研究框架。与交通工程学科目前的研究领域不同，城市交通治理还属于学术上的处女地，尚未形成成熟的基础理论、应用理论和实验手段的理论体系，分散化、碎片化的摸索受困于缺少系统性框架指导。正因如此，我们一直想拟定一个比较系统的研究框架，尽可能讲清楚如何从城市交通治理角度认识交通系统，理解相关制度环境，以及将大数据资源转化为决策能力并提升行动效果。

大数据与城市交通治理是一个充满挑战的研究领域，多学科领域交叉形成的知识跨度，不同领域思维方式差异所造成的理解难度，成为我们研究和写作过程中需要跨越的障碍。但是，为适应城市交通领域中正在发生的变革，我们只能选择知难而上、逆水行舟。本书成果只是一块粗糙的“引玉之砖”，希望以此书作为城市交通治理领域的学者、管理者、研究人员和技术工作者前行之路的铺垫，也为交通运输工程、城市交通学、公共管理等学科的本科生和研究生提供一个新研究领域的参考框架，为信息技术领域的研究者提供一些有价值的借鉴。

十几年来，课题组许多学生的研究工作为本书写作提供了丰厚的成果积累，课题组中余庆、宋少飞、李开兵、李哲、钱晨、孙世超、王贤卫、刘晓磊、程小云、闫章存、钟秀、袁佳、贺璇、赵浩然、甘田、陈田、张懿木、何凌晖、许鹏飞、熊子曰、吴钰茹、车蓬禹等同学对本书的研究工作作出了直接的贡献。衷心感谢大家对我们工作长期以来的支持和帮助。

本书研究工作得到国家自然科学基金重点项目“城市交通治理现代化理论研究”(项目编号:7173404)的资助，在此表示感谢。

著　者

2022 年 2 月

目 录

CONTENTS

1 绪论——从管理到治理的变革

以大数据分析技术支持交通治理体系和治理能力的现代化，是交通学科中一个新的研究领域，也是社会发展的迫切需求。

1.1 城市交通治理与管理的概念及任务差异

伴随推进国家治理体系和治理能力现代化这一全面深化改革总目标的提出，城市交通领域也将发生相应的变革。围绕政府、市场、社会关系的治理体系建设，以及将体制和机制转化为公共治理能力的任务，产生了一系列需要深入研究的课题。

不同于传统狭义交通治理所关注的维护交通系统运行秩序的行动，国家治理体系和治理能力现代化目标下的城市交通治理是一种偏重工具性的政治行为，其目标是采用更低的行政成本实现更高的行政效率，通过更好的公共服务获得更多的公民支持。城市交通领域中的善治是实现公共利益最大化的治理过程，其基本特征就是通过政府、企业与公众对社会公共事务的协同治理，促使城市与社会趋于可持续发展的最佳状态。与传统的管理不同，企业、公众、社会组织等在城市交通公共事务管理中将占据更加重要的地位，发挥更加重要的作用。

由于城市交通涉及技术、政策手段和社会问题，因此对交通治理的研究需要针对城市交通在物理—信息—社会三元空间中的属性加以展开，同时需要将其发展视为复杂适应系统的演化过程。交通给城市和区域带来活力，犹如城市的血脉与骨骼决定了城市空间的基本结构。由于空间与环境资源的约束，城市不可能无限制地提供交通基础设施的供给。不加节制的个体出行需求与有限的基础设施供给能力之间的表象冲突，反映出人居环境与空间活动之间更深层次的关系与矛盾。这种关系折射到社会空间，形成了不同社会群体、不同活动目的之间的关联、冲突，以及相应的协调要求。城市交通治理最主要关注的是公共政策的安排，也就是如何形成相关的政策议题，以及实现议案决策过程中的开放参与及科学决策。从管理走向治理的首要任务是实现政策议程的改造，在科层式管理中融入更多的政策网络机制，逐步完成模式转换进程。

近年来国内城市交通对策的决策支持研究项目结构变化，也反映出这方面的现实需求。传统上围绕“中长期规划—五年规划—年度计划”的以建设为中心的咨询项目比重明显下降，政策调控、应急对策等适时响应性质的咨询项目已经占据了相当大的份额。城市交通领域工作重心转移折射出从管理向治理转变的趋势。

交通学科的发展具有很强的应用导向特征。作为一门应用学科，不断将实践中出现的重大问题纳入学科范围，并充分汲取相关学科的最新研究成果，一直是推动学科发展的动力。

传统城市交通对策体系以物理空间的基础设施建设和物理系统的运行管控为中心，突出强调对管理体系与管理能力的技术支持，形成了以物理系统为主要研究对象的交通工程学科知识体系。随着对城市生态环境和人居环境质量关注度的提高，以及资源与需求之间矛盾的加剧，交通需求管理被研究纳入了学科领域，针对交通行为分析的理论与方法为各种交通政策的制定提供了支持。

伴随国家治理体系和治理能力现代化建设的逐步展开，要求城市交通领域的重要问题，特别是对可持续发展具有深远影响的重大问题，能够及时引发政策社群的关注，并推动相应的政策议程。在此背景下，交通学科需要研究的问题不再局限于设计对策方案，而是进一步扩展到如何将重大问题纳入政策议程并达成共识。

近年来人工智能、通信技术等学科领域内的突破性进展，形成了技术代际进步的新局面，交通领域成为新技术应用的重要领域。自动驾驶、车路协同等新技术的迅猛发展推动技术体系发生深刻转变，MaaS① 等新兴服务模式开始进入城市交通服务市场。这种技术和服务方式的转变将引发社会关系的重新调整，交通服务市场的结构性关系也将随之变化。面对这样一个政府、企业、社会共同参与的创造新型服务和新型技术体系的过程，需要将与发展导向、市场设计、技术治理等密切相关的公共政策纳入城市交通的主要研究领域。

多年来的实践经验告诫管理者、研究者和技术人员，城市交通最主要的特点是综合性。一大堆小问题相互作用与影响演化为大问题，单一对策如果不能与其他措施配合，往往不能真正达到目的，因而城市交通对策必将走向体系化。城市交通体系化对策产生的一系列协调问题，如政府部门之间的合作、政府与社会之间的协调互动、跨行业对策的统筹协作等，需要通过新的组织模式和机制加以实现。

面对日益尖锐的发展矛盾以及发展理念、建设逻辑的根本性转变，科层式模式下的决策支持方式不能完全适应，政策网络雏形的出现促使我们研究决策支持方式的转变。政策网络模式下的决策支持技术与科层式模式下的决策支持技术具有显著差异，信息技术应用的任务定位、分析过程、成果表达等，都必须进行相应的调整。

基于上述认识，本书围绕城市交通治理框架下的大数据技术在决策支持中的应用展开研究，希望推动相应的理论与方法体系的建立。

1.2 大数据技术在城市交通治理中的任务定位

大数据不仅是制定城市交通对策的技术工具，还是一种支持城市交通治理的政策工具。大数据技术应用的目的不仅在于为技术人员提供分析手段，更为重要的是为实现治理能力现代化提供帮助。大数据并不等于“大的数据”，而是一种新的研究分析范式。维克托·迈尔-舍恩伯格(Viktor Mayer-Schönberger)用“更多、更杂、更好”简洁地描绘了大数据的特点，其分析技术的要旨是通过掌控全面性的“模糊的正确”来防止片

① MaaS(Mobility as a Service)意为“出行即服务”，主要是通过信息和管理技术将相关交通服务组合起来，以满足消费者的出行要求。

面和局限造成的“精确的错误”。由于非线性的普遍存在，复杂系统的任何局部信息都不可能代表全局，因而不能像对待线性系统一样，通过解剖局部而了解整体。正因如此，大数据分析技术所提供的较为全面的、连续的观测能力成为复杂性科学不可或缺的技术支撑手段。面对城市交通治理这样充满复杂性问题的领域，大数据分析技术展现了诱人的前景。

从技术角度来看，城市交通的决策具有从宏观层面（战略、规划、政策等）向微观层面（措施、工程等）过渡和传导的特点。对于微观层面的工程设计来说，大数据由于其信息精准度缺陷只能发挥非常有限的作用；但面对强调综合性、全面性和系统性的宏观层面决策问题，大数据在“全息”意义上所具有的把握“模糊的正确性”的能力潜藏了巨大的应用价值。在城市交通治理领域，将大数据资源转变为决策能力，进而提升行动效果，是具有重要理论意义和应用价值的研究方向。

城市交通治理建立在“价值—信任—合作”基础之上。城市交通治理中合作机制的本质特点包括：①从“直接引入利他主义因素，借助社会教化机制”为主，转向“从理性而自利的人性假设出发，重构博弈规则，促进可持续发展轨道上的动态合作联盟”；②“从改造沟通机制出发，引导偏好调整，形成新的共识与合作”。

为实现城市交通治理过程中的价值整合，必须建立多中心的合作治理，在多元价值基础上构建围绕公共诉求进行整合的格局。因此，全面把握城市交通领域中的相关问题，听取各方（包括缺少话语权的弱势群体）的利益诉求，兼顾公共利益与局部（个体、企业、群体）利益之间的平衡关系，以及建立突破狭隘部门视角的全局观，成为大数据环境下决策支持所必须完成的基本任务。

在合作治理的格局中，信任是建立在信息对称以及可信数据的基础上，并由政策网络的组织形式所促成的。通过一定机制保障下的数据开放，实现有效沟通和有效参与，是建立信任关系的前提条件。在此意义上，城市交通信息空间的建构是一个社会过程，与时俱进的知识生产是一个共同创造的过程，决策判断是一个基于证据的群决策过程。由此产生的技术体系的重构，相比传统基于模型的强耦合分析框架发生了本质性变化。信息融合的情报决策、宏微观嵌套的分析框架、循证实践与循证分析等技术方法被组织起来，围绕获取可靠证据和形成科学判断的目的形成以网络为中心的分析框架。

在新的以网络为中心的分析框架中，政策网络提供了合作过程的组织架构基础，高度共享的信息空间降低了各个组织应对迷雾和摩擦问题的压力，“价值—信任—合作”的政策议程模式将得以实施，城市交通治理决策能力的提升将得以实现。

1.3 问题导向的技术应用与观念变革的理论架构

大数据技术支持城市交通治理体制和治理能力的现代化，在研究范式、技术需求，乃至技术应用方式方面都与传统理论存在巨大差异，相关研究工作需要经历一个逐步积累的渐进式过程。

将大数据技术视为技术工具，根据逐步明朗的城市交通治理任务，努力推进技术应用研究，以发掘技术资源的价值，积累应用经验，成为理论框架赖以形成的基础。然而，仅靠具体技术应用的堆积并不能形成完整的理论框架，理解社会治理理论的内涵，导入相关领域研究成果，正确认识城市交通的系统属性，才能推动理论框架从模糊趋于清晰。

本书的主要内容构架由两个基本部分组成：一是根据城市交通治理问题性质特点划分的任务领域，将大数据作为技术工具的应用讨论（第 2 章至第 8 章）；二是通过三元空间中的复杂适应系统、信息空间建构的社会过程、组织生态属性的群智空间以及影响相关政策议程的政策网络等，搭建了研究内容框架（第 9 章、第 10 章）。

1. 任务领域与技术工具应用

作为城市交通治理相关决策支持的技术分析工具，大数据分析技术应用需要完成的工作，主要是在各个任务领域中提供作为决策判断依据的证据，以及建立管理部门之间的沟通能力。本书的第 2 章至第 8 章，具体讨论了一些技术工具的应用问题。

国土空间规划体系的建立，产生了新的制度框架下跨部门协作的问题。国土空间规划的引领地位与作用，以及综合交通规划自身的系统性要求，决定了顶层设计中的融合，以及传导和深化过程中的协作。因此，第 2 章所讨论的问题，具有在科层式组织模式下，以信息沟通、协作平台为依托的协同治理特点。建立新的沟通语境，识别规划编制与传导过程中的冲突，通过交流信息平台形成信息对称工作环境等，成为推进协同治理不可或缺的任务。

城市群/都市圈协同发展背景下的交通网络建设，需要在尊重地方利益的基础上探寻共同利益，并通过信息工具影响地方政府的政绩观。第 3 章针对这类跨区域治理的任务领域，说明了基于移动通信数据建立的城市群区域空间活动分析模型，有利于突破跨越行政区划束缚形成可信数据环境，并能够建立各方易于参与讨论的交通网络贡献度评价方法，帮助跨区域治理决策寻求共同利益并促成共识。

城市交通与居民生活质量的关联，并非限于直接的交通体验，更为重要的是体现在对居民生活时间分配产生的影响，以及影响生活获得感的通勤体验之中。第 4 章所讨论的内容，其意义并非限于通过大数据评估交通与城市居民生活质量的关联，更为重要的是希望借此推动针对空间正义的评估，探寻在“以人民为中心”建设理念下，跨部门、跨行业的空间活动愿景目标。从而通过合理安排公共服务设施布局、交通网络结构，以及提供满足要求的公共交通服务，实现健康的城市空间关系组织结构。

第 5 章以新冠肺炎（新型冠状病毒肺炎）疫情为背景，讨论面对重大公共卫生事件时城市交通应急处置的技术支持能力。在应对疫情的过程中，除总结经验和追究责任外，更为重要的是充分运用疫情中获得的难得数据资源，建立技术模型，分析特殊情况下的系统行为与特征，为防范下一次冲击积累经验。

保障基本公共服务、改善民生是城市交通治理的最基本的任务，是推动实现共建、共治、共享社会治理格局的重要基石。共享单车、网约车、电动自行车等的地位与使用方式形成当今社会不同群体的利益诉求冲突，成为城市交通治理中的矛盾汇集点。第6章中通过大小数据结合方式，辨识城市交通领域中社会各种基本需求和不同群体利益诉求，为寻求平衡各方关系的妥善方案提供决策支持信息。

城市交通正在经历一个影响深刻的技术体系变革过程，与此相应的技术治理问题成为需要关注的重大问题。第7章的研究认为，不同于传统的行业技术发展，智能驾驶、MaaS等新技术和新服务模式领域的发展是一个多元化、具有共同创造特征的社会过程。相关技术治理有两个关键点：面对共同创造过程，对政府责任的再认识及行为方式调整，以及如何为实现公益性和市场化有机结合的共同创造商业模式提供帮助。

第8章所讨论的城市交通紧急救援和应急处置，属于多部门协同的风险治理任务领域。在公共安全理念从快速响应向风险预防转变，从传统的救灾减灾向韧性提升、风险治理、协同应对的可持续发展方向转变的背景下，针对城市交通事件所具有的链式反应特征，需要有针对性地摸索规律，逐步建立“前端感知—风险定位—专业评估—预警联动”的风险链治理体系。

2. 在三元空间中审视研究对象

城市交通是在物理—信息—社会三元空间中的复杂适应系统，强调在三元空间中重新认识城市交通，是为了更好地把握城市交通治理所面对的问题结构。

由要素层级和流动层级表征的物理空间，反映了城市交通治理所面对、所要改造的物质基础环境。

不同于传统交通运输工程将注意力完全集中于交通网络，要素层关注的是“场所+网络”的复合体系，以充分反映城市交通治理过程中面临的各种矛盾与冲突。所谓“网络”，强调的是空间的联系与流动能力，其底层为交通基础设施网络，其上有运输组织和交通服务网络。这种层级结构的网络系统，一方面形成内在的纵向关联，另一方面在不同层次中产生差异性的政策议题，且与社会空间形成差异化的联系。

物理空间的流动层中包含各种人员、车辆、物流的空间活动，是区域活力的保障，需要消耗一定的空间资源，同时也对区域人居环境形成冲击。值得注意的是，在城市交通物理空间的流动层中，流动的是异质流。流动要素具有自身目的性和动力性能差异，由此造成不同于一般网络流的控制与诱导特殊性。要素之间的相互作用还将折射到社会空间，形成资源使用诉求方面的社会冲突。

城市交通信息空间是物理和社会空间折射的结果，同时又对物理空间中的技术系统起到“能力倍增器”的功能，对社会空间中的空间社会活动发挥政策工具的作用。

城市交通信息空间具有层级化结构：作为物质载体的基础网络层级、表达各种系统行为主体的关联网络层级、反映“数据—信息—知识”加工过程的进化层级和受到节点组织价值观和技术能力影响的内容层级，共同构成了城市交通的信息空间。信息空间并非静态的存在，而是一种具有共同创造特征的知识生产过程。基础网络层所产生的数据资源，经过关联网络层级和进化层级之后，形成内容层级中的信息。

信息空间的基础网络层级由软硬件要素所构成，是整个信息空间赖以存在的支撑底座。关联网络层级表征的是将数据组织成为信息的关系结构，具有信息生成、信息存储、信息发布等功能的节点组织，通过在某种组织关系（科层式模式、网络模式等）基础上构建的传播、传递渠道连接在一起，形成了将数据组织成为信息的流动过程。进化网络层级的功能是从信息中提炼知识，由于城市交通领域的特殊性，其知识生产具有跨学科、问题导向、以实践检验为主等特点，因而决定了进化网络层级的离散性和开放型的结构特征。直接面向使用者的内容层级，其知识具有主题差异、影响力差异、可信度差异，以及地理空间关联性的特点，尽管知识图谱等提供了一种碎片化知识的组织工具，但如何适应知识共同生产过程，仍然是有待解决的重大问题。

城市交通的社会空间具有三个维度的结构：主动行为者、被动行为者、空间中的社会活动。

主动行为者在城市物理空间和信息空间塑造中发挥主导作用，有关社会治理制度的安排决定了城市交通社会空间中各类主动行为者的利益诉求，一定程度上限定了其属性特征，影响了其行为模式，进而影响了物理空间和信息空间的结构与功能塑造。新技术革命在一定程度上消除了部分行业壁垒，为新的主动行为者进入城市交通供给侧并推动改革创造了可能性。

被动行为者维度表达了一种空间中的社会成员空间分布结构与诉求。对于城市交通治理来说，理解城市居民和外来访客所认识和使用的城市空间极为重要，这影响到治理过程的价值导向，以及共识的促成。

空间中的社会活动维度，反映了一种社会组织推动下实现的空间认识、空间生产与空间使用的过程。主动行为者在空间中社会活动维度上，表现出以建立物理空间中社会环境秩序为目的的活动，但这种活动受到主动行为者自身认识能力、组织立场等因素的影响；被动行为者在空间中社会活动维度上，表现出个体试图按照自身偏好实现空间活动需求的外在行为，而不同社会群体的行为和偏好有所差异。社会环境秩序与个体偏好行为两者之间存在一定的冲突，又具有一定的相互依存性。

城市交通系统的演化，存在于社会秩序与个体偏好行为的协调与均衡过程中。可能出现的不稳定性与不确定性，一方面来自个体偏好行为对社会秩序的异化、破坏和瓦解，另一方面来自社会秩序对于社会和技术进步产生的不适应。在城市交通演化过程中，行为主体面对外部环境和其他主体行为变化的响应，表现为一种个体角度的适应性调节行为，由此产生的相互作用引发链式反应，形成整个状态演化的不确定性。城市交通治理需要在把控这种不确定性的过程中追求理性需求与精明供给之间的均衡。

3. 信息空间建构

利用信息空间建构对物理空间和社会空间均产生重大影响，信息技术能够在战略层面上更好地对城市交通治理发挥政策工具的作用。

对城市交通信息空间建构的研究具有两方面的目的:其一是推动集体协同来实现城市交通信息空间中的知识共同创造过程,以适应社会质变及创造新型服务的需求;其二是通过信息空间秩序环境建设,以及“可用不可见、可用不可存、可控可计量”等技术方式,推动可信数据开放流动,以实现新型服务模式和新型技术体系的普及化运用。推动信息空间建构向目标模式转变,需要在信息空间的各个层级中展开行动。基础网络层级中的数据采集和信息加工能力,构成城市交通信息空间的数字底座。在当前发展阶段,加强大数据环境下的数据标准规范以及相关的信息融合技术能力,是这一层级中技术治理的中心任务。

为充分释放数据资源的潜能,必须在关联网络层级上实现可信、安全、透明、可计量的数据共享、流通、交换和交易。参考国际经验,推动数据战略和开放框架进程,通过合作联盟方式打造可信数据空间、构建数据生态系统等,是解决城市交通信息空间数据流通中面临的质量控制、确权、交易等问题的基本途径。

进化网络层级中的知识生产,包含情报决策和循证实践两个关键技术环节。所谓“情报”是已经出现、正在出现,或者将要出现的事物的模型。通过观测数据压缩和特征提炼、基于关联推断因果、构建证据链所形成的情报决策判断三个基本步骤,将信息密度低的大数据资源转变为高价值信息,是进化网络层级上的基本功能。城市交通治理研究的问题导向特点,决定了循证实践的重要地位。针对前景性问题的循证判断模式,是对传统预测概念的拓展,其能力产生于循证实践过程。面对判断决策结构上的不完整性、多因果的不确定性和信息缺失等不利条件,循证实践将发挥重要的检验作用。循证实践包括决策分析者、决策研究对象、最佳证据和决策环境四个基本要素,是一个决策分析者发掘研究对象的问题,并采用最佳证据做出相应决策分析的过程。

内容网络层级的核心问题是知识组织,涉及两方面的主要内容:通过知识图谱对于固化知识加以组织来满足查询需求,以及构建知识网络组织模式以满足动态知识生产的需求。知识图谱技术,通过以结构化的方式描述客观世界中的概念、实体及其之间的关系方式,提供了一种更好的组织、管理和理解碎片化、海量化信息的能力,契合城市交通知识生产过程的异质性和社会弥散性特点。知识网络从社会网络角度表征了知识参与者之间的关系结构,人们透过知识网络进行信息合作与交流,实现个人、组织与组织外部的知识创造与传递。知识网络围绕参与实体的共同关注,具有目的驱动的特点。

4. 网络中心模式下的智能治理

为了应对城市交通治理所面临的复杂性,必须改变单纯依赖行政部门“理性决策”的政策议程,以更加开放的模式推进智能治理。正是在此背景下产生了导入政策网络的需求。

政策社群、专业网络、政府间网络、供给侧网络、议题网络构成了城市交通领域的政策网络,并且按照主体资格和资源分配关系的标准,具有从紧密到松散的连续性网络结构顺序。

政策社群是指那些在一个特定政策领域拥有共用利益的参与者的集合，他们为平衡、优化相互间的关系而相互合作；专业网络由专业领域的各类组织构成，并与政府部门之间形成密切的联系，对于公共政策制定和执行产生广泛的影响；政府间网络呈现出条块结合的结构特征，体现出垂直管理和横向管理架构中的竞争、协作、监督、服务关系；供给侧网络形成某种跨界合作关系，技术链、产业链、价值链等造就内在动力机制；议题网络力图塑造一个具有开放性的政策问题建构空间，促使政策问题建构权向更广的范围扩散。议题网络与社会组织以及其他社会治理力量的地位提升联系在一起，标志着城市交通治理进入新的发展阶段。

在政策网络这种组织模式基础上展开的智能治理，具有狭义和广义两种含义。狭义的智能治理属于技术应用，或者说是依靠各种智能技术进行的社会治理活动；广义的智能治理则进一步从整体治理架构入手，探索通过群体智能应对复杂性的方法。在城市交通治理领域引入群体智能的目的，在于弥补组织单体调动数据资源、技术分析资源的能力缺陷，以及现有知识难以满足发展需要的不足之处。群智感知与群智空间两个领域中的技术应用，是达到上述目的的主要技术途径。

群智感知是利用大量普通用户使用的移动设备作为基本感知单元，通过物联网/移动互联网协作，实现感知任务分发与感知数据收集、利用，最终完成大规模、复杂的城市与社会感知任务。当 MaaS、网约车交通等商业模式与移动群智感知结合时，用户隐私保护、数据的合法使用以及采样纠偏等问题需要纳入城市交通技术治理的议程之中。

面对复杂性和不确定性，构建人-机交互的群智空间具有重要意义。与城市交通治理相关的群体智能可以划分为自上而下有组织的群智行为和自下而上自组织的群智涌现。自上而下有组织的群智行为表现形式为一种分层有序的组织架构，在城市交通治理中的主要表现形式为倡导联盟；自下而上自组织的群智涌现，关注的是通过个体之间综合作用涌现出个体不具有的新属性。在议题网络中的循证分析属于自下而上自组织的群智行为。

在问题导向框架下，依托政策网络释放智能治理技术资源，是城市交通治理体系和治理能力现代化的重要途径。以公共交通为导向的发展模式（Transit Oriented Development，TOD）建设、机动化进程治理以及交通服务领域的新型市场建构，成为其中的重要应用场景。

2 跨部门治理——大数据环境下的协同

城市交通领域的跨部门治理，存在狭义和广义之分。狭义跨部门治理是指跨行政管理部门间的协同，例如国土空间规划与专项规划的协同；广义跨部门治理，则是指跨政府部门、公共服务企业、第三方组织的公共治理。由于后续章节还将涉及广义跨部门治理的内容，本章围绕国土空间规划与综合交通规划协同中的问题，集中进行狭义跨部门治理的讨论。

2.1 厘清关系——国土空间规划与城市交通规划

国土空间规划是国土空间治理的重要组成部分，国土空间规划所带来的制度架构调整，将对综合交通规划产生深刻的影响。作为相对独立的行动主体，政府及其官员同样无法完全避免相对狭隘的部门立场。在国土空间规划体制的建立过程中，部门间认知与诉求的差异，产生的不仅是两类规划之间的管理磨合，也包括技术方法的相应变革，这些都是需要直面的问题。

国土空间规划是按照国家空间治理现代化的要求，对多种类型的相关规划进行的系统性、整体性、重构性整合。中共中央、国务院发布的《关于建立国土空间规划体系并监督实施的若干意见》[1]（以下简称《若干意见》）明确指出："建立国土空间规划体系并监督实施，将主体功能区规划、土地利用规划、城乡规划等空间规划融合为统一的国土空间规划，实现'多规合一'，强化国土空间规划对各专项规划的指导约束作用，是党中央、国务院作出的重大部署"。同时，《若干意见》还给出了国土空间规划与专项规划的概念界定："国土空间规划是对一定区域国土空间开发保护在空间和时间上作出的安排"；"相关专项规划是指在特定区域（流域）、特定领域，为体现特定功能，对空间开发保护利用作出的专门安排，是涉及空间利用的专项规划"。

与原有城乡规划体系自下而上的编制管理模式不同，国土空间规划采用了自上而下的刚性管控模式。国土空间规划对专项规划发挥指导、约束作用，专项规划只有纳入详细规划才成为法定规划内容，以此来保证国土空间规划的引导和约束作用。

国土空间规划是一个体系，其架构可以表述为"五级三类四体系"。"五级"是从纵向看，与我国的行政管理体系对应的五个层级——国家级、省级、市级、县级、乡镇级。其中，国家级规划侧重战略性，省级规划侧重协调性，市县级和乡镇级规划侧重实施性。"三类"是指总体规划、详细规划、相关的专项规划三种规划类型。总体规划是对行政区全域范围涉及的国土空间保护、开发、利用、修复作出的全局性安排，强调规划的综合性。详细规划是对具体地块用途和开发强度等作出的实施性安排，是开展国土空间开发保护活动（包括实施国土空间用途管制、核发城乡建设项目规划许可）、进行各项建设的法定依据。专项规划是为体现特定功能对空间开发保护利用作出的专门性安排，由自然资源部门或者相关部门来组织编制。国土空间规划的体系按照规划流程可进一步划分成规划编制审批体系、规划实施监督体系，以及从支撑规划运行角度划分的法规政策和技术标准这样的技术性体系。

相对于国土空间规划来说，综合交通规划尚未形成严格的法定规划体系架构。2019 年 3 月 1 日起开始实施的《城市综合交通体系规划标准》[2]（GB/T 51328—2018）（以下简称《综合交通标准》），融合了我国城市交通多年来的规划工作经验，强调适应发展阶段、突出建设与管理并重的思想，在构建交通系统时，把综合交通体系与城市社会经济、城市空间，以及城市综合交通系统内部各子系统的协调放在重要的位置；在集约、节约利用空间资源的要求下，落实绿色发展，统筹安排各种交通方式的资源使用“优先权”；在资源使用中，突出发挥不同交通方式的优势，取长补短，通过功能互补与相互衔接，实现城市交通组织的“最优”。

《综合交通标准》突出综合交通体系内部各子系统之间、综合交通与城市用地之间的协调关系，实现交通系统在城市社会经济和空间发展方式转型中发挥引领和支撑作用。根据安全、绿色、公平、高效的要求，从指标和规划方法上，加强了绿色交通优先发展的指引；按照以人民为中心和宜居城市建设的要求，从公共交通服务、居民出行时间等方面对城市交通服务水平提出了要求；根据城市增量与存量不同发展阶段，因地制宜提出了不同发展地区的规划内容、方法与指标要求；根据科技创新对城市交通发展的影响，对新技术、新方式的发展提出指引。《综合交通标准》还对各子系统的规划和相互协调进行了规定。

城市综合交通规划在实践中形成了一整套实际操作中的体系：向公众宣示发展战略与政策框架的交通白皮书，是综合交通体系规划的导引；道路系统、公共交通系统、慢行系统、停车系统、加油/充电系统等专项规划，是在综合交通体系规划基础上的分领域深化；交通管理规划、智能交通系统发展规划等是根据需要统筹安排的特定技术策略。然而，由于城市交通相关规划缺少法定地位，自身缺少有效的传导机制，体系中各个部分之间的引导约束关系并没有明确的规定。

国土空间规划承担国土空间开发与保护的责任，其工作任务是实现国土空间治理和国土资源的高效利用，其规划产出不仅是一种国土开发与治理的空间策略性安排，而且是在实施过程中由规划部门承担的管控机制。

城市综合交通规划是公共政策导向下的技术性策略，其规划产出是整合多种交通方式、兼顾多样化目标、涵盖建设与管理的系统顶层设计，用以指导工程方案、协调交通调控政策、统筹多元主体参与的行业技术进步。

不可否认，国土空间规划与城市综合交通规划存在一定的差异：两者的基本调控目标和编制意图不同，遵循的基础理论和技术规律不同，基本政策逻辑和行政逻辑不同，上下级关注点和事权重心不同，规划制定、执行、监管的基本工作组织逻辑不同，价值标准也有所不同（表 2-1）。

表 2-1　　国土空间规划与综合交通规划在管理视角下的部分特点对比

国土空间规划	综合交通规划
供给侧思维：决定城市发展的资源配置策略、目标和使用要求	执行侧思维：落实交通发展战略规划（需求侧）和国土空间规划（供给侧）要求，用落地实施方案引导控制建设和运营过程
突出底线：保证规划区域的长远可持续发展	突出体系化对策，通过精明供给保障理性需求
强调上对下的刚性管控：抑制地方、局部的非理性发展冲动，调控资源供给阀门，引导控制发展模式	弹性和刚性并重：既要求应对项目的多种可能性，又要求根据交通系统内在技术规律逐步深化，按照标准规范要求进行
分层级、分空间尺度，按照事权确定调控职能重心和工作边界	区分交通网络层级、交通方式，逐步深化项目可实施性
以法定规划形式存在，通过法律、法规、标准、规范给出严格的规划制定、实施和监管要求	以法定和非法定规划两种形式存在；规划执行依赖于项目审批和资金分配

注：本表中的需求侧、供给侧是对政府部门在资源配置—资源使用中身份差异的划分。

国土空间规划所涉及的总体空间层级与行政管辖区划密切关联，各个层级中所讨论问题的深度有所不同，通过宏观导向—整体控制—详细控制逐步落实资源配置和空间约束。综合交通网络的空间层级与建设和管理主体密不可分，虽然也涉及行政主体（在建设和运行维护中承担的责任），但更为重要的是表现为一种功能层级，分别为骨干网络、区域网络和微循环网络等。

在城市内部，国土空间规划划分为总体规划、单元规划、详细规划的编制层级，将城市空间划分为相应的规划编制空间单元，在不同层级规划中所讨论问题的深度同样存在差异。交通网络根据其功能地位加以区分，形成相互衔接、功能互补的网络系统。

国土空间规划所涉及的各种类型的土地开发，其相互之间具有功能关联（职住关系、产业集聚与运输联系等）、环境（水域、大气等）影响、资源（流域水资源、海域资源等）分配等关系，其政策性管控占有中心地位。伴随国家机构改革和战略调整，自上而下的刚性管控机制成为主导。

交通网络建设根据责任主体情况，既有自上而下的刚性传导机制（即上层级网络的具体落地），也有自下而上的互动协调（本层级网络与上层级网络的衔接、高层级网络要素落地过程中的局部调整等）。

两种规划紧密关联，城市交通规划必须服从国土空间规划中具有法定效力的有关资源分配与资源使用的安排，同时又需要保持城市交通规划自身在技术策略与技术体系方面的系统性（图 2-1）；交通系统作为国土空间组织的政策性工具，国土空间规划有赖于城市交通规划提供实现其战略目标的技术支持（图 2-2）。

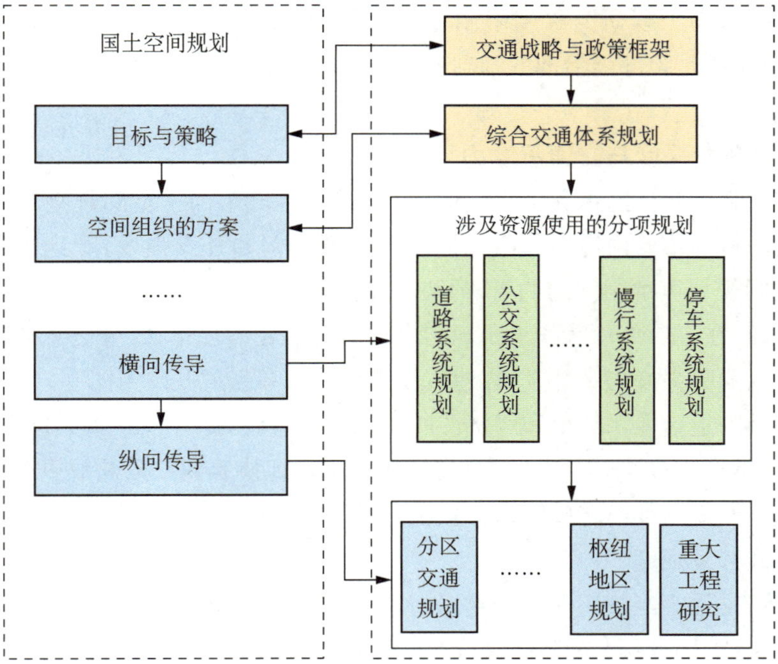

图 2-1 国土空间规划对综合交通规划的引导与约束

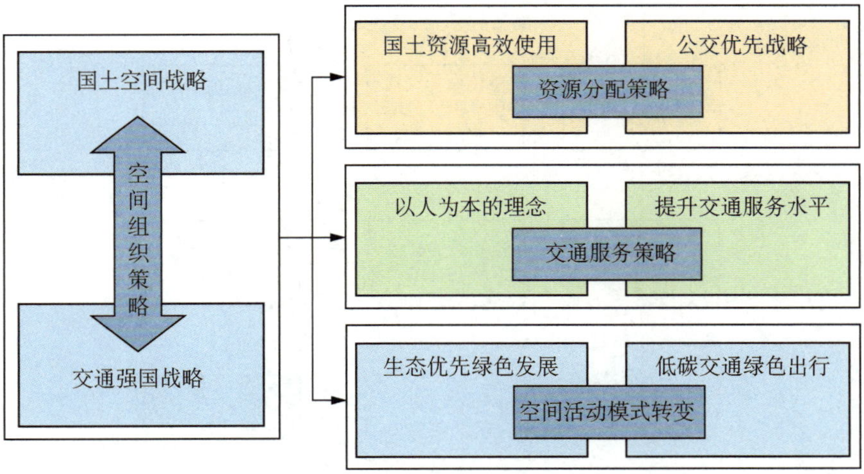

图 2-2 国土空间规划与城市交通规划的内容关联

2.2 识别矛盾——诉求差异导致的分歧

在实际工作中，空间规划与交通规划之间需要弥合的分歧，通常有几个方面：土地开发强度与交通承载能力的矛盾，保持空间活力的交通网络与保证空间品质的场所空间的矛盾，重大枢纽设施与空间功能安排之间的矛盾（例如港城关系），规划传导过程中的刚性控制要求与工程研究深度限制导致的不确定之间的矛盾等。及时识别潜在矛盾,充分揭示矛盾是跨部门治理的基础。

2.2.1 土地开发强度与交通承载力

土地开发强度与交通承载力之间的矛盾协调,是城市国土空间规划与综合交通规划之间需要协调的重要内容。城市总体用地类型结构和开发强度,受到国家规范和自上而下的空间规划审批制度的约束,地块开发强度受到详细规划的刚性控制,在实际情况中,争议多存在于局部片区和组团规划之中。例如在满足单元/分区总体开发强度条件下局部片区的高强度集中开发,在建成区内部嵌入高强度开发组团等。

容积率反映地盘使用环境和经济性的技术经济方针,即容积率越大,地盘使用水平越高,地价自然也就越高,因而地方政府倾向于提高地块容积率以获取更多的土地出让利益。国土空间规划部门希望转移分担压力,倾向于交通规划就此提出刚性限制条件,以此控制土地开发强度。

交通负荷是社会经济活动的产物,地块开发后的具体业态以及周边环境中空间功能关系的变化,会导致就业岗位与高峰小时出行集聚程度出现很大的差异(图 2-3)。

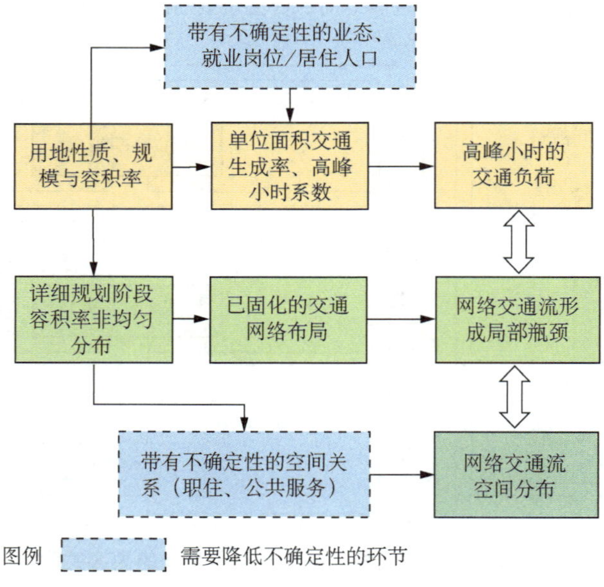

图 2-3　土地开发强度与交通承载力之间需要降低的不确定性

交通承载力的瓶颈是高峰小时交通负荷,表现为高峰时段交通量与全天交通量的比值(即高峰小时系数)。依托上海市手机信令数据,针对栅格空间单元(500 m×500 m)的流入与流出交通量 24 小时变化情况进行聚类之后,得到不同类型栅格分类的空间分布,以及聚类中心的时变曲线(图 2-4),从中可以看到,其高峰小时系数和时段均有明显差异。这一方面说明了细致区分问题预测未来的重要性,另一方面也说明了诸多因素导致了不确定性。在国土空间规划和综合交通规划共同实施过程中，如何消除或者控制这种不确定性是一个重要的课题。

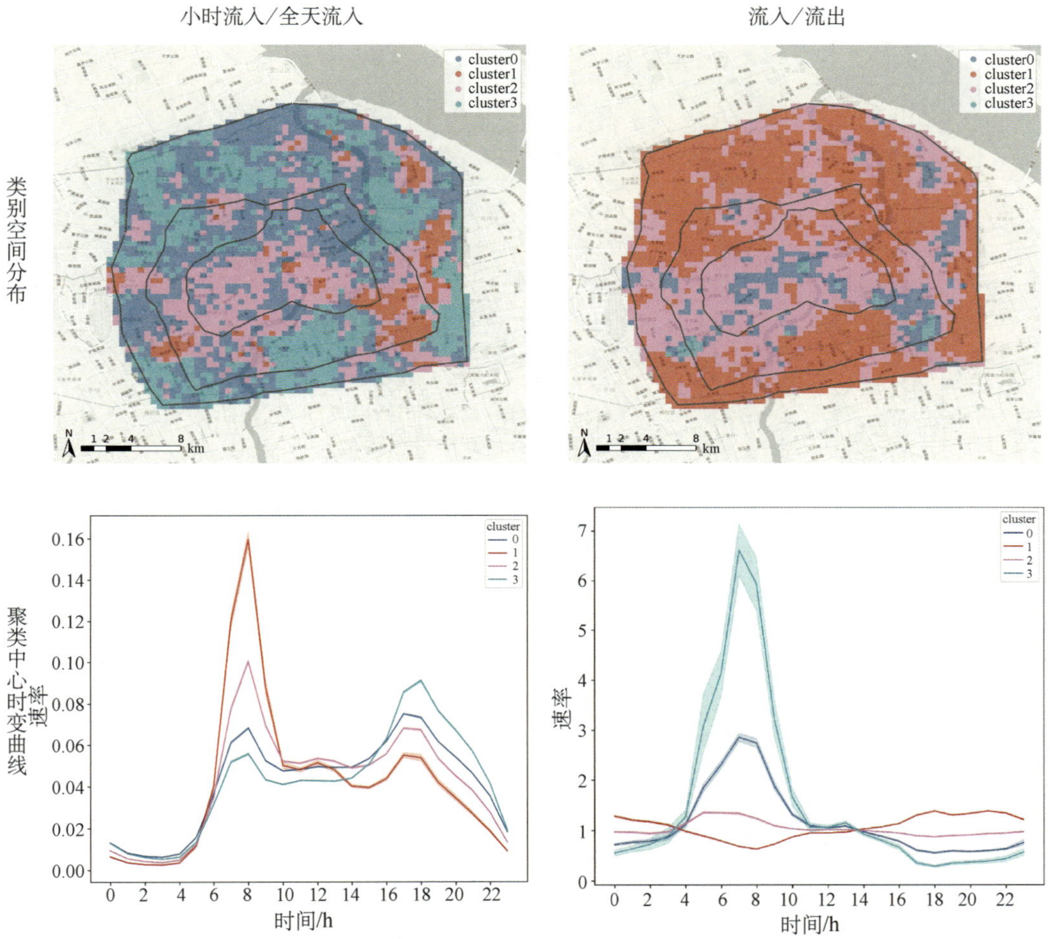

注：时变曲线的阴影部分为95%置信区间。

图 2-4　流入/流出比例与流入量全天比例的空间类别分布及时变曲线

我国城市相当部分区域已经进入存量规划阶段，在交通基础设施难以大幅度改建的情况下，土地开发强度增加所产生的交通负荷打破了原有脆弱的供需关系。对应缓解规划中关于开发强度的矛盾与争议的可行方法，是在对现状情况深入调查、细致分析的基础上，提出类比案例以判断可能出现的供需间冲突程度。欲达到此目的，需要跨部门协作，建立“人—地—房—设施—交通”的底数，以增强判断的科学性。为提高城市治理水平，广州市 34 个职能部门 11 个区政府围绕城市管理要素共同开展了“四标四实”(标准作业图、标准建筑物编码、标准地址库、标准基础网格；实有人口、实有房屋、实有单位、实有设施)摸查工作，并配合相关数据高分辨率地掌握交通产生特征(表 2-2)，提供了值得借鉴的经验。

表 2-2　　　　　　　　广州市城市更新所使用的主要数据资源

序号	数据类型	数据内容或属性信息	数据分类
1	“四标四实”数据	包含实有人口、实有房屋、实有单位、实有设施	传统基础数据
2	建筑数据	基于地形图的现状建筑数据，含建筑面积与层高	
3	现状用地数据	全国第三次现状用地调查数据，含用地性质及面积	
4	规划用地数据	已批复控规土地利用数据，含容积率及建筑面积等指标	
5	市政设施及管廊信息数据	包含消防、供水、雨水、防洪排涝、污水、高压电网、燃气、地下管线、管廊、通信、人防、环卫、加油气站、成品油管道、危险品布局数据	
6	空间资源信息数据	包含水域、海域、湿地、林地、地质、矿产等空间资源信息数据、空间规划管制要素数据	
7	底线管控信息数据	大量底线管控信息数据，包含基本农田、绿地、生态红线与生态控制线、土地储备与供给数据	
8	民生设施及用地数据	主要包括教育、医疗卫生、民政、文化、体育、政法等六大类数据	
9	地下管线数据	包括给水、燃气、电力、通信多种地下管线数据	
10	交通大数据	IC 公交卡、小汽车轨迹 OD、重载货车轨迹 OD、共享单车数据、高速公路出入口刷卡等数据	新时期大数据
11	手机信令数据	包括基于人口活动规律识别的居住及就业人口、活动出行特征数据等	
12	互联网新兴数据	包括百度及腾讯位置大数据、百度实时导航出行数据、大众点评数据、城市 POI 数据、链家及安居客房屋数据以及 $PM_{2.5}$ 等天气数据	

2.2.2　活力网络与空间品质管控

交通部门和国土空间规划部门都需要承受外部的压力。与国土空间规划部门承受资源分配的压力不同，交通部门承受来自道路交通拥堵的压力，这种压力会导致其产生提高道路等级、修建快速道路的冲动。寻求提升道路网络效率的努力所产生的与空间品质的矛盾，往往是在规划传导实施过程中，由交通部门提出的具体技术方案所触发的，虽然表现为具体通道与沿线地区、主干道路—局域网络之间衔接以及与局部区域空间品质诉求的矛盾，但却是一个需要更高层级统筹优化的问题。

例如，多年来不断争论的城市内部高架快速道路、地下快速道路修建问题，其本质是如何处理场所魅力与空间活力之间的矛盾以及不同层级路网之间的衔接关系。将这种系统性问题局限于具体工程范畴的争论，往往很难得到优化结果。

为此，新的空间规划体系需要在顶层设计问题的讨论中，将空间功能关系安排与活力网络结构布局问题有机结合，并在交通网络状态测试与上层问题之间建立控制与调整机制(图 2-5)。

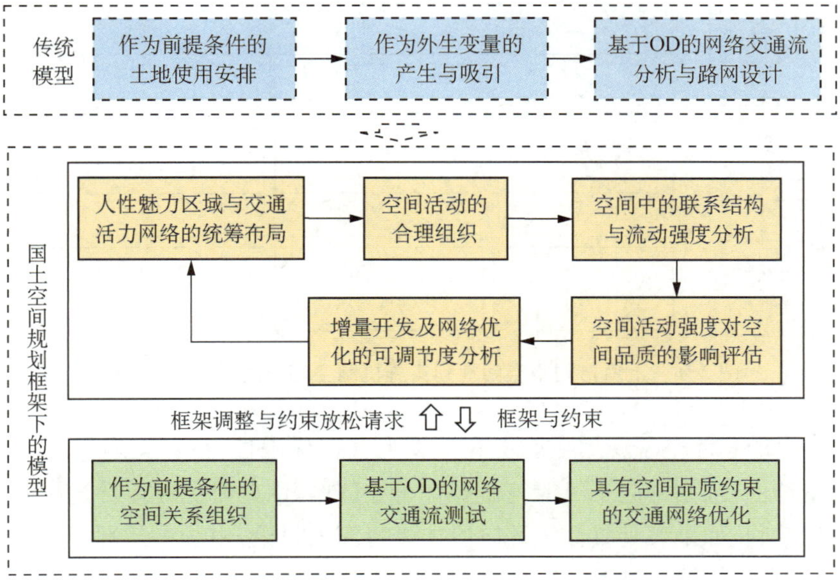

图 2-5 国土空间规划框架下问题讨论模型的内生化和层级化

与道路系统拥堵状态的易于感知和表达的显性特征不同，空间品质不易度量，也缺少明确表征指标。空间品质所受到的交通直接冲击是机动车活动强度，这是一个需要在全局安排的顶层策略，并且由于其所具有的空间异质结构特征(即通过局部强化车辆交通效率来降低其他区域交通压力，保证全局人性化空间品质)而需要传导直至详细规划中实现具体安排。

2.2.3 空间总体规划传导过程中的不匹配

在新的国土空间体系中，总体规划的传导机制占据重要地位。以上海市国土空间规划实施框架为例，其空间维度划分为总体规划、单元规划和详细规划三个层级(图 2-6)，充分体现了国土空间规划部门分层级、分空间的尺度，以及按照事权确定调控职能重心和工作边界的思想。然而，对于具有很强网络关联和系统结构的城市交通来说，按照同样空间划分范围来组织规划编制会遇到很多具体问题：在总体规划中由于工作深度限制很难具体落地的快速道路等线形工程，需要一个深化阶段才能够在详细规划中具体落地，但单元规划空间范围往往没有涵盖需要讨论的空间范围；在部分受到空间强约束地区，轨道与快速道路相互之间的空间冲突协调，甚至需要重新调整局部线路布局；空间单元之间的路网衔接，特别是次干道等级越江通道，需要综合协调两个甚至多个规划单元内部路网的具体安排。

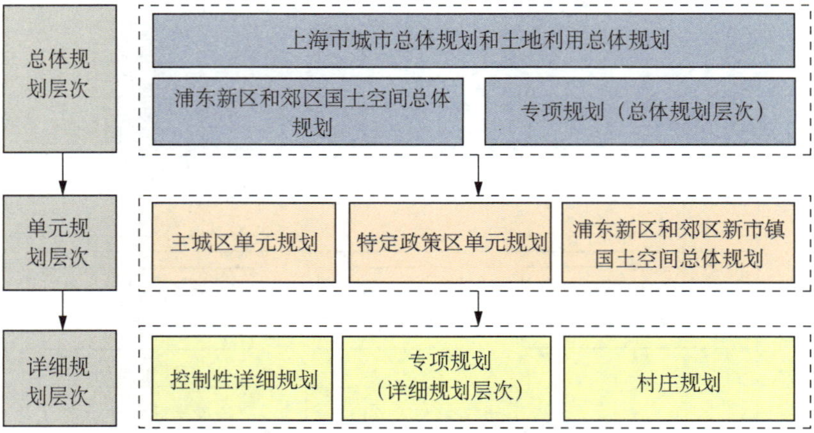

图 2-6　上海市国土空间规划实施机制空间维度上的层级结构

由于城市的总体空间规划在广度和深度上存在局限性，在对交通领域一些重要问题的深入论证上，规划部门不可能完全替代行业部门，因此难免在传导过程中留有相当部分的模糊空间，如果直到具体工程阶段才进行深入讨论，由于参与部门和专业技术人员的立场局限，往往就会出现“工程牵着规划走”的现象。

例如，上海市外围新城的轨道枢纽选址有如图 2-7 所示的两个方案，其分歧点在于是优先考虑避免新城 CAZ 区域受到施工影响及工程造价，还是优先考虑构建站城融合创造新的区域引力中心。弥合分歧的关键是判断这一枢纽是否可以产生有显著溢出效应的客流集聚，以及基本平行走向的三条轨道线路（既有 5 号线、待建 15 号线延伸段和奉贤线）是否需要外围功能集聚的引力中心拉动才会发挥运输效益。显然这一问题不

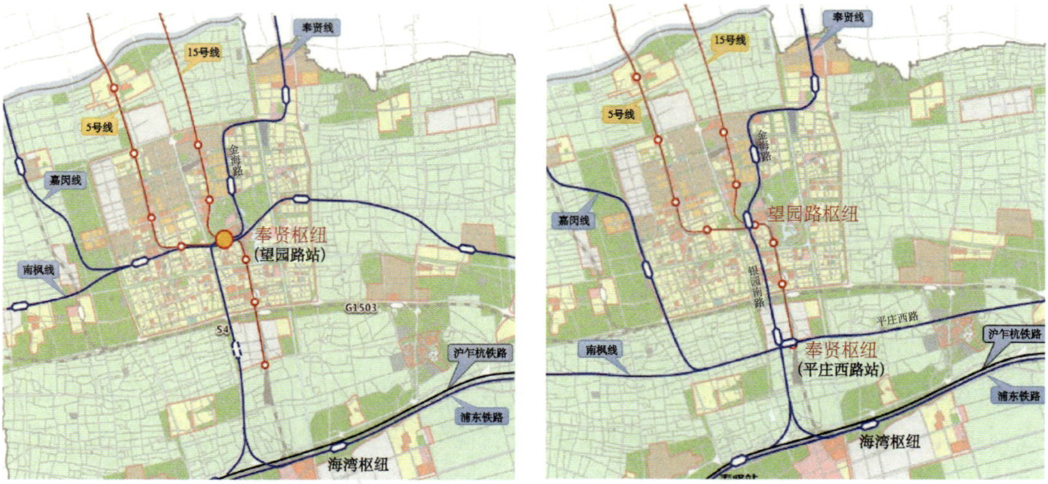

(a) 新城轨道枢纽方案1　　(b) 新城轨道枢纽方案2

图 2-7　上海市外围新城的轨道枢纽选址备选方案示意

可能在城市总体规划阶段达到形成明确结论的深度，也不是交通部门或国土规划部门能够单独回答的。由于方案决策可能产生全局性重大影响，需要在制度上做专项安排，加以深入研究。

再如，在穿越中心城区的快速道路可行性研究方面，规划实施过程由于地面道路压力持续增大，交通部门为了缓解交通拥堵压力，往往提出在基本不改变规划红线的前提下，将规划地面主干道提升为地下或高架快速道路的建议，并力图将其纳入政策议程加以推进。围绕这类问题基于理念的争论很难真正产生效果，多部门联合组织已实施项目的后评估，将为今后决策提供重要的经验帮助。以上海市已经建成的北横通道项目为例，由于受到成熟城区的地面及地下条件限制，北横通道为沿线和重要区域服务的能力受到了比较多的限制（图 2-8），其与上海火车站之间的连接关系也因此十分复杂（图 2-9）。该项目建成之后，交通流量快速上升，很快就接近了项目设计交通流量规模。因此，需要对该项目进行客观科学的后评估，通过评估厘清项目效果及其负面影响。这一评估结果对于上海市乃至全国均具有指导性作用。但需要注意的关键问题是，这类后评估需要规避部门立场，并应作为跨部门治理的制度性安排来加以实施。

图 2-8　上海市北横通道出入口布局

很多类似的此类问题还有待在总体规划传导过程中加以解决（表 2-3）。不断梳理此类问题，完善规划传导和衔接机制，应该成为一项持续性的任务。从目前制度安排上来看，位于总体规划与详细规划之间的单元/分区规划层级中，需要考虑相关专项规划的安排。从技术角度来看，同一空间层级专项规划中的讨论，需要建立跨行业的技术话语体系；两个层级之间的专项研究，需要有效实现上层控制传导，避免出现“工程牵着规划走”的现象。

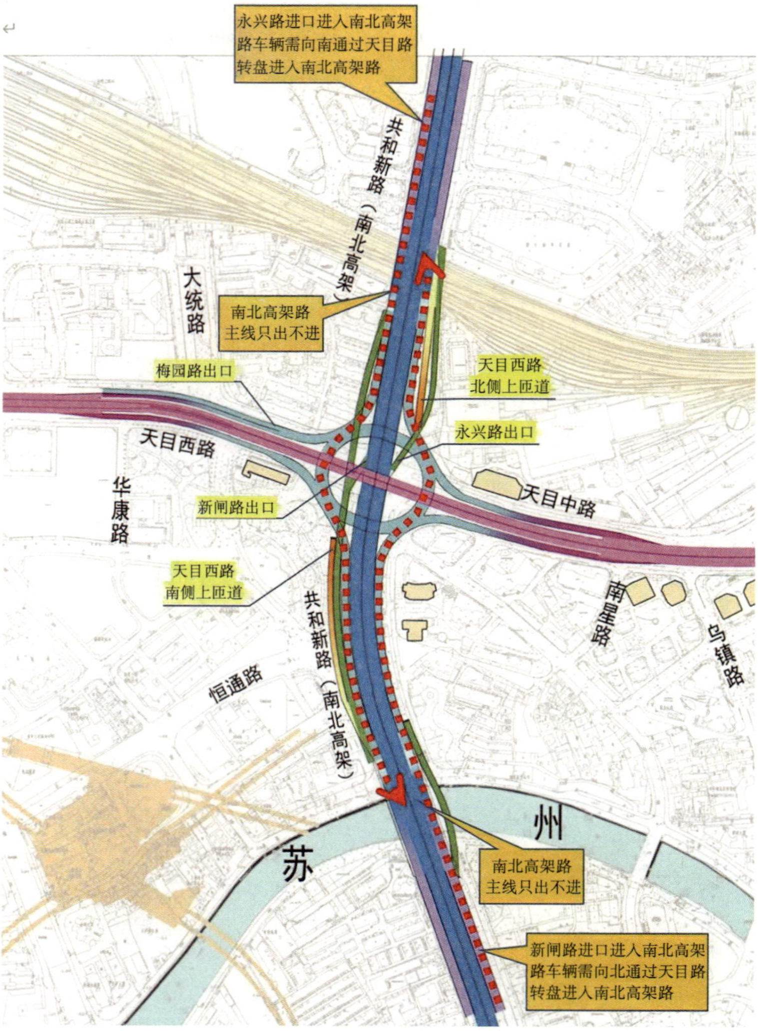

图 2-9　上海市北横通道与南北高架及上海火车站的连接关系

表 2-3　　总体规划传导过程中有待深化的部分问题

问题类型	说明
枢纽功能定位	枢纽的地位和功能由所连接网络决定（例如上海东站），枢纽不仅包括单纯的换乘枢纽，也包括城市其他区域功能延伸对接形成的交流枢纽（例如奉贤新城轨道枢纽）等。明确枢纽功能定位将对其与周边土地的关系等产生有效的指导作用
空间网络功能优化	从全局角度处理好道路网、街道网、公交专用道网的布局关系，从功能和能力匹配角度处理好等级结构衔接关系，从市域空间差别化交通战略角度处理好轨道网络与道路网络的布局结构

（续表）

问题类型	说明
重点开发地区嵌入	在城市建成区中进行新的组团开发（例如上海的北外滩），或者是在城市规划范围内深化组团开发方案（例如深圳前海新区的部分地块）的过程中，处理好局部空间场所与交通网络之间的协调关系
就业集聚与可负担房源的联结	我国城市发展的一个重要特点是在强势政府推动下的成片开发，由此产生的岗位集聚往往与较多年轻人就业有密切关联，在新的岗位集聚区域与就业者可负担居住房源之间建立公交联系成为不可忽视的任务
城市对外联系空间结构	城市群、都市圈发展使得城市对外联系的交通服务水平日益提高，与此同时，城市对外来小汽车使用的限制也不断加强，为保证城市活力，将识别城市对外联系紧密地区及其需求性质、调整交通系统结构等问题提上了议事日程

2.3 协调冲突——跨部门治理过程中的协同

2.3.1 跨部门治理过程中的理论思考

跨部门治理涉及的一个重要理论概念是“整体政府跨界协同治理”，这是一个含义广泛的概念。凡政府组织通过“联合”“协调”“协同”和“协作”方式，实现国家政策和政府管理功能与活动的整合，都属于“整体政府跨界协同治理”的内容，其所研究的领域纷杂，范围宽泛，形式多样，主体多元。在内容上，包括中央政府和地方政府之间的“上下合作”、中央或地方同级政府之间的“水平合作”、同一政府不同部门之间的“左右合作”以及政府与企业和社会之间的“内外合作”；在形式上，分为跨界政策议题下多个政府部门之间的合作、同一政策议题下不同政府之间的合作、同一政策议题下同一政府中不同层级之间的合作、不同政策议题同一服务提供机制下的政府部门之间的合作以及同一政策或不同政策议题下的政府与企业和社会组织之间的合作等；在主体上，既有中央政府和地方政府及其所属部门机构，也有私人部门、非营利部门、社会组织或志愿组织；在政策领域上，涉及国家治理的方方面面，特别是在应对环境、社会、发展等复杂棘手的问题上，需要政府统筹一切可利用的资源和力量予以综合协调运行。

对于国土空间规划与交通规划的协同来说，可以将问题聚焦于实现跨越组织界限的共同目标，克服在组织内孤立作战，建构一种旨在提升决策能力的技术支持，最大限度地提升信息互通水平。

为了具体定义国土空间规划与综合交通规划协同中的问题，采用“冲突”概念来表述规划制定和传导过程中的意见分歧（图 2-10）。在此冲突被定义为一种过程，当另一角度的诉求形成不利影响或者将产生不利影响时，就触发了冲突过程。

激活冲突的因素有看问题角度不一致、目标不一致、对结果的预期不一致、对事实的解释有分歧等。冲突往往是由资源稀缺性、任务的不确定性、部门立场差异、外部因素变化等因素引发的。冲突的类型可以分为任务冲突和过程冲突两种。解决冲突的方法，一般有制度安排、建立有效沟通、改善决策方法（基于证据的群体决策）等。

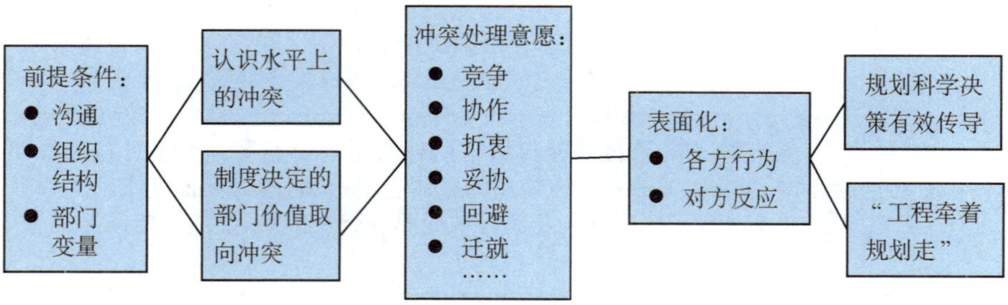

图 2-10　跨部门治理过程中的冲突模型

从这一冲突模型中可以看到，促成信息开放基础上的交流沟通、建立跨越部门界限的共同目标及评估办法、建构部门之间有效的交流语境、引入外部力量制约部门利益等，是推动跨部门协同治理过程技术领域中的重要任务。

2.3.2　跨界沟通语境的构建

规划部门根深蒂固的供给侧思维模式与交通部门沉淀深厚的执行侧思维模式两者之间缺少有效沟通的话语体系，阻碍了建立跨越部门界限的共同目标的实现。传统城乡规划建立在概念、理念和逻辑推论基础上的决策语境，缺少与交通系统紧密关联的指标论证，与交通部门的技术性思维犹如两股道上的车辆。传统交通技术领域中基于 OD 的网络交通流技术话语，很难适应在更宽泛的领域中半定性半定量地讨论问题，无法满足围绕框架性结构性问题的顶层设计阶段的讨论要求。因此，有必要建立一种“空间中的关系—空间中的行为—空间中的网络”的沟通语境，作为跨领域沟通的技术工具。我们将其称为“空间活动系统”，其目的是将空间中要素布局产生的功能关联结构，与承担实际交流人流和物流的交通网络建立定性＋定量的联系，形成一种沟通空间规划语境与交通系统工程语境的桥梁。

1. 空间活动系统的基本概念

空间活动系统是在国土空间规划框架内，以空间使用以及各种空间使用之间的关系为基础、以空间中的流动规模为测度，尝试建立的一个技术概念。其构建目的是更加深入地讨论空间中的关系、空间中的活动、空间中的网络，乃至空间的组织问题。空间活动系统涉及空间职住关系、公共服务和社会机会的可达性覆盖、“城市群—都市圈—城市”区域的综合交通网络融合、城市内部活力交流网络与局部魅力场所契合等多方面的问题。

对空间活动系统的观测建立在移动通信信令数据的基础上。对于移动通信信令数据,可以进行屏蔽个体隐私信息的脱敏处理,从而获得个体级别的时空位置点信息(移动通信终端与基站交换信息的时间,以及基站编号),进而计算该终端概略的空间位置范围(以该基站服务覆盖范围作为空间位置)。这种降低空间分辨率的方法,也是保护用户隐私的必要技术手段。需要注意的是,由于客观条件和数据采集加工中的多种难以控制的原因,这种方法并不能获得移动终端完备的时空位置信息链,中间会出现很多缺失数据的情况。尽管如此,这种数据仍然可以在一定程度上提供城市空间活动的模糊但基本正确的信息。

在一定的假设基础上,从上述的时空位置点数据序列中可以获得个体级别的居住地、就业地以及经常造访的兴趣点,进而提取个体的空间活动观测特征。当根据居住地或者就业地进行集计分析时,可以获得特定区域居民的就业岗位空间分布、经常造访区域,以及空间活动活跃度、规律性等特征信息。

在城市群区域掌握空间职住关系的基础上,可以将职住紧密关联地区定义为日常活动集聚核,进而将其抽象成为空间活动网络的节点。将在集聚核之间的活动定义为区域流动,以替代传统的城际交通,更加准确地表述在城镇密集区域的空间流动(第3章将对此进行更为详细的说明)。

2. 空间活动系统的任务模型

与传统交通模型具有强耦合结构不同,交通治理领域的分析工作要求决策支持模型具有应对不确定性议题、工作流程具有弹性重组能力等特点。与之适应,采用任务模型方式定义经过适度抽象的任务场景,有利于将具体分析功能组织起来。

1) 空间关系分析

空间关系分析包括城市群、都市圈、城市三个层级(表 2-4)。各个层级所讨论问题的范围与深度,取决于相关规划的性质、协调与控制内容,以及规划编制的组织方式。

表 2-4　　空间关系分析的任务模型

任务领域	任务分项
城市群层级	分类企业关联网络
	价值区段[4]分析:城市价值区段分布与集聚
	人口流动分析:跨行政区流动人口的变化趋势
	日常交通的空间集聚与非日常交通的跨境流动
	空间单元的引力强度与衰减
	空间单元融入城市群中的程度

（续表）

任务领域	任务分项
都市圈层级	职住空间关联结构分析
	公共服务可达性和发展机会可及性分析
	通勤者时间分配及影响因素分析
	空间活动模式与碳排放的关联分析
	空间单元融入都市圈的程度
	空间单元的内聚性与外联性
城市层级	职住空间关联结构分析
	城市对外联系空间分析
	公共服务可达性和发展机会可及性分析
	空间活动模式与碳排放的关联分析
	人性化品质空间与活力交通网络之间的关系

从《长三角巨型城市区域发展研究》[3]中提炼出的城市群空间结构分析的任务模型，提供了城市群层级的一个参考范本。该研究报告涉及产业关联、价值分工、人口流动三方面的定性、定量相结合的分析，并以此为基础深化为在“网络—分工—流动”基础上的趋势研判。区分产业类型的企业关联网络、价值区段的空间组织形态等，构成了对空间关系的具体诠释；流动人口的特征与趋势，表征了城市群中社会和经济领域慢变量所引发的空间迁移与集聚；通勤及双城模式的空间联系结构，呈现了职住关系变迁形成的直接表现。这种空间结构的表达，对于城市群发育程度、城市圈的社会和经济空间组织、城市群背景下的城市定位等，均具备有价值的决策支持意义。

都市圈的空间结构分析主要围绕职住关系展开，包括相应的公共服务和发展机会的可获得性、空间活动碳排放评估等。在都市圈内部署的公共服务设施，既要考虑需求，又要考虑效率问题，而跨越行政区划的公共服务覆盖圈是其中的重要关注点。

在城市层级的空间关系中，最基本的是空间的职住关系，针对已经形成的空间职住关系改善交通条件，在城市更新和开发过程中对职住关系的引导，成为空间规划与交通规划协同的基本内容。作为空间正义的体现，公共服务可获得性和发展机会可及性，与城市要素和交通网络的空间布局密切相关，在人民城市理念的指导下，对此的评估诊断将具体确定下一步的改造方向。魅力空间与活力网络的关系，影响整个城市的空间品质，空间规划和交通规划领域都在努力探索与此关联的评估和改造问题。

2）空间行为分析

空间行为分析所针对的行为主体包括交通使用者、交通服务提供商两种类型（表 2-5）。交通使用者的空间行为分析，聚焦于不同群体、不同空间聚落在空间中的行为差异，检视空间正义、碳排放等方面可能存在的问题；交通服务供应者的空间行为分析，则主要关注各种交通方式服务之间的衔接紧密程度、运营商自身经营的可持续性以及企业对于外部发展环境的诉求等。

表 2-5　　空间行为分析的任务模型

研究对象	任务分项
交通使用者	居民惯性活动空间及影响因素识别
	城市短距离出行的空间模块化结构识别
	城市长距离出行关联结构及区域活力分析
	城市外来访客活动空间及关联因素
	居民出行链以及与居住就业所在地之间的关联
	居民通勤时间与方式，以及由此产生的生活质量影响
	交通弱势群体与城市空间的接触深度及广度的评价
	不同建成环境下居民的交通方式选择
	不同建成环境条件下居民空间活动的碳排放等
交通服务提供商	各种交通方式服务之间的耦合关系
	交通服务水平与运营效率
	公共交通运营企业的成本规制
	平台企业的发展策略与诉求等

空间中的行为是空间中关系与网络的联系桥梁，用以解释两者之间的互动作用。在空间行为分析的任务模型中，需要更加关注宏微观嵌套的分析方法应用，通过归因分析连接其他两个任务模型，为形成共识和协同提供基础性依据。

3）空间网络分析

不同于传统网络交通流分析模型，城市空间活动系统中有关空间网络分析，主要关注交通网络与空间之间的关系，思维模式更加偏向于供给侧的引导策略，需求规模分析采用半定量化的类比推断方式。可以说这一任务模型在一定程度上改变了城市交通对策的设计方式：首先从系统与外部环境的关系角度研判系统功能需求，而后从系统内部效率和可行性角度进行结构优化。表 2-6 为空间网络分析的任务模型。

表 2-6　　空间网络分析的任务模型

研究对象	任务分项
网络的空间连接作用	道路网络所建立的空间连接关系
	公交网络所建立的空间连接关系
	公交专用道系统对于空间连接的贡献
	慢行道路网络的通勤 OD 覆盖率
	快速道路系统对城市空间创造的连接条件等
交通服务网络在空间中的延伸覆盖	轨道＋共享单车所形成的空间延伸覆盖
	轨道＋常规公交所形成的空间延伸覆盖
	新能源车辆保障体系的空间覆盖
	分时租赁服务的空间覆盖等
公共交通网络所发挥的空间组织作用	公共交通所创造的公共服务可达性
	公共交通所创造的发展机会可及性
	公共交通所创造的社会空间融合度
	轨道交通的通勤 OD 覆盖率
	铁路＋轨道在城市群中所形成的压缩关系等
交通网络自身的运行效率	采用规模量级度量的轨道线路的客流强度、平均乘距、日均客运量等效率指标
	轨道线路对整个网络的贡献(例如经本线路进入网络并换乘其他线路的客流情况等)
	轨道交通站点周边地区潜在服务人群集聚规模
	公交专用道网络利用程度
	轨道网络与道路网络的客流规模增长对比等

3. 空间活动系统在规划协同中的应用方式

空间活动系统并不是对传统网络交通流模型的替代，而是在空间组织顶层设计中，用于国土空间规划部门与交通部门，乃至相关管理者进行沟通交流，促成共识、拟定规划方案的技术工具。空间活动系统的产出，不同于传统模型的结论性意见，而是用于基于证据群决策的参考信息[5]。国土空间规划与综合交通规划，需要在平行展开并相互协同的工作中，形成一种有效的技术沟通(图 2-11)。

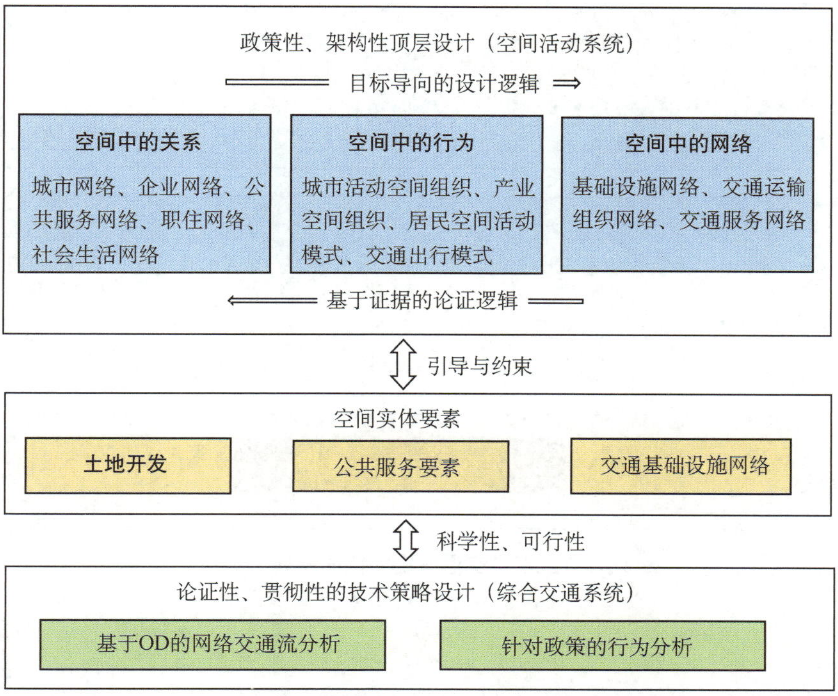

图 2-11　国土空间规划架构内的“空间活动系统”与“综合交通系统”的语境关联[6]

2.3.3　跨部门协同技术平台的搭建

1. 跨界交流平台的搭建

对于推进跨部门协同来说，信息是一项重要的政策资源。正因如此，新的国土空间规划体系非常强调“一张图”，即以自然资源调查监测数据为基础，建立全国统一的国土空间基础信息平台，并以信息平台为底板，结合各级各类国土空间规划编制，逐步形成全国国土空间规划“一张图”，推进政府部门之间的数据共享以及政府与社会之间的信息交互。

“一张图”所解决的是基础信息与规划成果信息的统一共享管理问题，这只是基于数据的管理决策推动政府业务流程再造努力的行动之一，属于正式制度的组成部分。而规划编制和传导过程中国土空间规划与专项规划相互磨合，需要一种提供过程交流帮助的沟通平台支持。相关技术单位各自推进的技术分析系统，作为沟通信息平台重要构成要素之一，其建设则根据自身的业务范围、对问题的理解、所在城市的特殊性，存在某种程度的功能和模型技术的差异(图 2-12 提供了一个系统示例)。这些技术系统有共性发展趋势：力图在半开放数据环境基础之上，让一定范围内跨专业的技术人员能够独立使用系统分析功能。除此之外，许多网络信息企业也逐步参与其中，提出了相应的技术解决方案(图 2-13)。这类系统更加强调“平台即服务”(Platform as a Service，PaaS)、“软件即服务”(Software as a Service，SaaS)的概念，把服务平台和服务软件作为一种服务提供的商业模式。

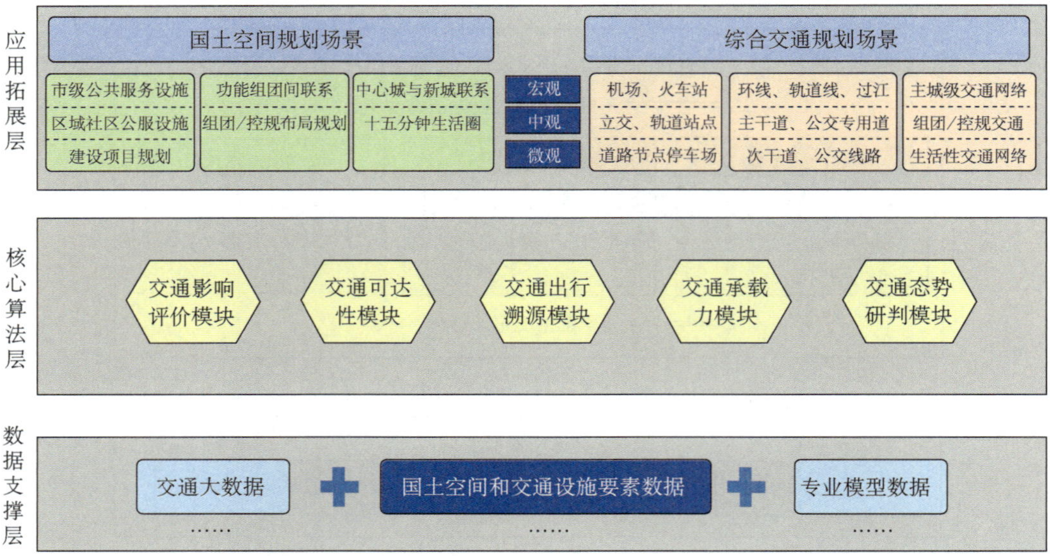

图 2-12　武汉市交通—空间协同规划仿真平台

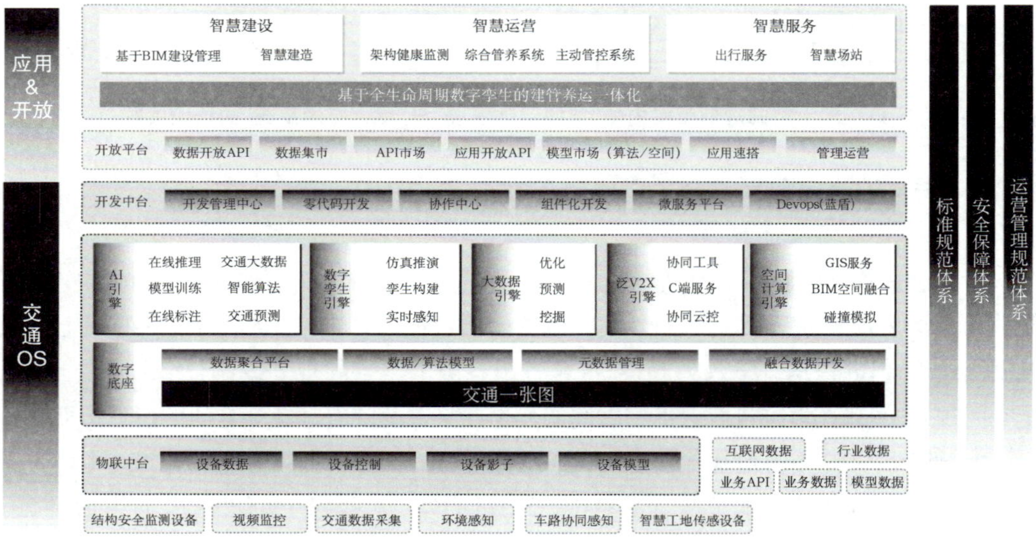

图 2-13　腾讯智慧交通整体框架

这一系列技术系统建设的进展，为在国土空间治理构建大数据和信息资源共享基础之上的跨部门协同的开放性沟通讨论平台创造了条件。可以说，在大数据和信息资源共享的基础上，通过建立便于沟通的技术语境，实现跨领域、跨部门的技术交流，将有助于弥合彼此认识水平上的差异，促进、巩固工作过程中的协同。需要特别强调的是，仅此还不足以真正推动跨部门协同治理，必须引入社会力量参与讨论，以破除部门难以避免的狭隘利益局限。因此，一种具有多元结构、开放性参与的沟通平台（图 2-14）成为应予重视的技术环境建设内容。

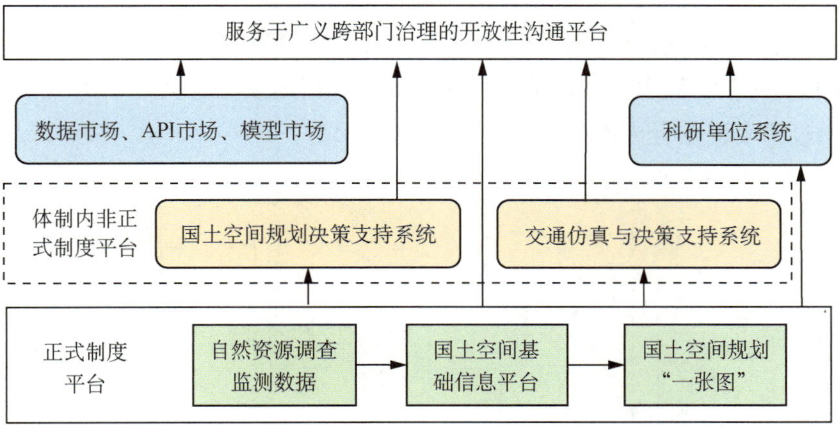

图 2-14　支持跨部门治理的信息环境

2. 开放式讨论过程中的意见归纳

在开放式的沟通讨论平台上，需要一种方法来汇总群体讨论的意见。简单罗列各方意见并不能满足决策支持的要求，意见综合方式与一般项目的专家咨询和专家评审意见汇集不同，应该采用的是基于证据的群决策方法[7]。

对于一个判断问题，可以用一个集合表示能够认识到的所有结果。这些可能的结果包含了问题的所有可能答案，但其中只有一个答案是正确的。将这些结果称为对问题的“基本命题”(假设)，将由互不相容的“基本命题”组成的完备集合称为“辨识框架”。可以将群决策过程归结为依据对各个基本命题信度的群体评价结果作出抉择。

直观上看，如果一批证据对一个命题提供支持的话，那么它们也应该对该命题的推论提供同样的支持。因此，对一个命题的信度应该等于证据对它所有前提本身提供的支持度之和，从而定义了支持某一命题为真的信度函数 $Bel(A)$。进一步将不否认命题为真的程度用似真函数 $Pl(A)$ 表达。

信度和似真度概括了证据与具体命题 A 的关系，可以通过图 2-15 来理解。

$[Bel(A), Pl(A)]$ 表示 A 的不确定区间，$[0, Bel(A)]$ 表示命题 A 支持证据区间，$[0, Pl(A)]$ 表示命题 A 的拟真区间，$[Pl(A), 1]$ 表示命题 A 的拒绝证据区间。

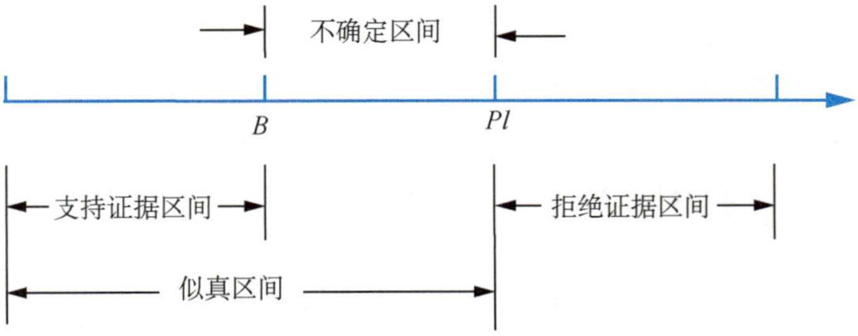

图 2-15　证据区间示意[8]

证据理论的核心是对不同证据源的证据进行合成的 D-S 组合规则[9]。在假设多个证据源具有独立性的基础上，D-S 合成规则给出了计算这些证据共同作用产生的反映融合信息的新的基本概率分配函数的方法。同时还指出多批证据的 D-S 合成与次序无关，可以通过两个证据合成的计算递推得到(图 2-16)。

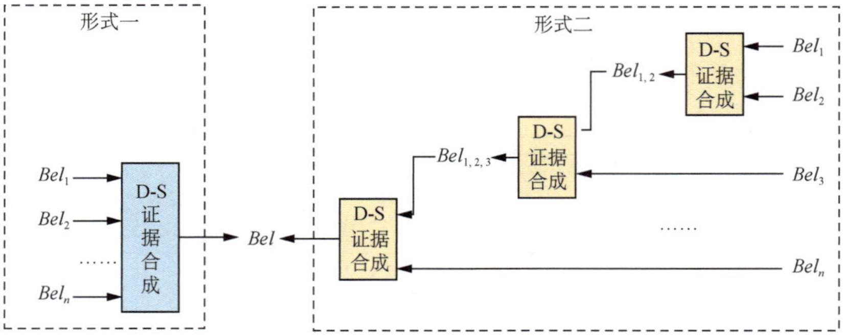

图 2-16　多个证据合成的等效形式[10]

上述证据合成计算过程对态势估计或决策系统中的实时性和动态性要求具有很大的帮助。每获得一个新的特征或指标作为证据，或每增加一位专家的判断时，都可在原有合成结果的基础上再使用 D-S 合成规则得到新的判断或决策结果[11]。

参考文献

[1] 中共中央、国务院. 关于建立国土空间规划体系并监督实施的若干意见[EB/OL]. (2019-05-23)[2022-07-03]. http://www.gov.cn/zhengce/2019-05/23/content_5394187.htm.

[2] 中华人民共和国住房和城乡建设部. 城市综合交通体系规划标准：GB/T 51328—2018[S]. 北京：中国建筑工业出版社，中国计划出版社，2019.

[3] 中国城市规划设计研究院上海分院长三角创新发展中心. 长三角巨型城市区域发展研究[R]. 上海：中国城市规划设计研究院，2021.

[4] 唐子来，赵渺希. 经济全球化视角下长三角区域的城市体系演化：关联网络和价值区段的分析方法[J]. 城市规划学刊，2010(1)：29-34.

[5] 郑毅. 证析——大数据与基于证据的决策[M]. 北京：华夏出版社，2012.

[6] 杨东援，李玮峰，段征宇，等. 国土空间规划背景下的交通大数据分析技术[M]. 上海：同济大学出版社，2022.

[7] 吕文红，吴祈宗，郭银景. 基于 D-S 证据理论的群决策专家意见集结方法[J]. 运筹与管理，2005(2)：10-25.

[8] 杨万海. 多传感器数据融合及其应用[M]. 西安：西安电子科技大学出版社，2004.

[9] 李文立，郭凯红. D-S 证据理论合成规则及冲突问题[J]. 系统工程理论与实践，2010，30(8)：1422-1431.

[10] 蓝金辉，马宝华，蓝天，等. D-S 证据理论数据融合方法在目标识别中的应用[J]. 清华大学学报(自然科学版)，2001，41(2)：53-55.

[11] 程小云. 基于移动通信数据的城市居民活动特征及分类研究[D]. 上海：同济大学，2014.

3 跨区域合作——寻求共同利益

城市群区域的交通网络建设是跨区域合作的重要领域，也是区域整合的重要手段。一体化的城市群交通系统有助于突破行政区划对区域经济和公共服务的刚性约束，促成自由、法治、高效的市场化、合作化、融合化的区域经济发展格局，以及公平、共享、均衡的城乡一体化、区域化、均等化的跨行政区公共服务体系。

3.1 发展需求呼唤技术进步

我国已经进入以城市群为主要模式的城镇化发展阶段，在城市和城际交通发展过程中积累的经验，并不完全适用于城市群区域。

3.1.1 陆续出台的城市群规划

自中共中央政治局 2015 年 4 月召开会议，审议通过《京津冀协同发展规划纲要》(以下简称《京津冀规划纲要》)开始，中共中央和国务院陆续印发了城市群规划纲要，表明我国城镇化进入城市群发展的新阶段。从已经编制的城市群规划来看，一般定位于把握总体框架和关系的纲要性规划，所涉及的交通领域的内容主要是总体交通战略和控制网络顶层结构的骨干性项目。

1.《京津冀协同发展规划纲要》

《京津冀规划纲要》围绕有序疏解北京非首都功能，推动京津冀协同发展为主线，在总体要求上提出：

3 个“坚持”——坚持问题导向，坚持重点突破，坚持改革创新；

4 个“立足”——立足各自比较优势，立足现代产业分工要求，立足区域优势互补原则，立足合作共赢理念；

5 个“以”——以资源环境承载力为基础，以京津冀城市群建设为载体，以优化区域分工和产业布局为重点，以资源要素空间统筹规划利用为主线，以构建长效机制为抓手；

6 个“着力”——着力调整优化经济结构和空间结构，着力构建现代化交通网络系统，着力扩大环境容量生态空间，着力推进产业升级转型，着力推动公共服务共建共享，着力加快市场一体化进程。

《京津冀规划纲要》提出的发展目标为：实现加快打造现代化新型首都圈，努力实现京津冀目标同向、措施一致、优势互补、互利共赢的协同发展新格局。《京津冀规划纲要》对三省市的明确定位如下：

北京市——全国政治、文化、国际交往、科技创新中心；

天津市——全国先进制造研发基地、北方国际航运核心区、金融创新运营示范区、改革开放先行区；

河北省——全国现代商贸物流重要基地、产业转型升级试验区、新型城镇化与城乡统筹示范区、京津冀生态环境支撑区。

《京津冀规划纲要》以专门篇幅阐述了有序疏解北京非首都功能问题，将交通一体化确定为京津冀协同发展的骨骼系统和先行领域，而产业一体化是有序疏解北京非首都功能、推动京津冀协同发展的实体内容和关键支撑。

2.《长江三角洲区域一体化发展规划纲要》[1]

将长三角区域一体化发展上升为国家战略，是一种战略叠加和战略升华，丰富完善了我国区域协调发展战略体系。

2019 年，中共中央、国务院印发了《长江三角洲区域一体化发展规划纲要》(以下简称《长三角规划纲要》)，具体内容包括以下三方面。

一是紧扣“一体化”和“高质量”两个关键，明确要求长三角地区率先实现质量变革、效率变革、动力变革，通过深入推进区域一体化推动高质量发展，通过高质量发展促进更深层次一体化，努力形成高质量发展的区域集群。

二是明确了“分区域”和“分领域”两条推进路径。“分区域”提出要按照以点带面、依次推进的原则和由小到大的范围覆盖，以自贸新片区拓展功能、一体化示范区先行探索、中心区率先复制、全域集成推进作为一体化发展的空间布局，更加有效地推进一体化发展。“分领域”按照分类指导的原则，对跨省际重大基础设施建设、环境保护、区域协同创新等已经具备条件的领域，明确提出加快一体化发展的要求；对营商环境创建、市场联动监管、公共服务等一定程度上具备条件的领域，重点建立、健全相关体制机制，逐步提高一体化发展水平；对尚不具备条件的领域，强调融合、联动、协调的一体化发展方向。

三是突出“示范区”和“新片区”两个重点区域的引领带动作用。长三角生态绿色一体化发展示范区率先探索将生态优势转化为经济社会发展优势、从项目协同走向区域一体化制度创新，示范引领长三角一体化发展。上海自由贸易试验区新片区以投资自由、贸易自由、资金自由、运输自由、人员从业自由等为重点，打造与国际通行规则相衔接、更具国际市场影响力和竞争力的特殊经济功能区。

3.《粤港澳大湾区发展规划纲要》[2]

早在 2015 年 3 月，“粤港澳大湾区”概念首次被正式提出，作为“一带一路”倡议的一个重要部分，2016 年被写入国家和广东省“十三五”规划。随着粤港澳大湾区整体战略轮廓逐步清晰，2017 年逐步进入落实阶段；2018 年 8 月，建设粤港澳大湾区被定位为“国家战略”；2019 年 2 月，中共中央、国务院印发《粤港澳大湾区发展规划纲要》(以下简称《粤港澳大湾区规划纲要》)。

《粤港澳大湾区规划纲要》在城市定位、资本市场要点、产业规划、投资环境等方面进行战略筹划，力图打造一个多元体制、多中心、向成熟区域发展的典范，并在整个区域落实愿景导向的发展模式。《粤港澳大湾区规划纲要》具体确定了几个重点城市的定位，提出推进创新科技走廊、创新示范区建设，点名提出港珠澳大桥、深(圳)中(山)通道、深(圳)茂(名)铁路等重点交通设施的建设,提出建设世界级机场群,要求香港—深圳、广州—佛山、澳门—珠海三组城市强强联合,深化港深、澳珠合作,加快广佛同城化建设。

在《粤港澳大湾区规划纲要》的指导下,交通运输部编制的《关于支持粤港澳大湾区交通运输发展的实施意见》拟定了一系列重点任务:①推进对外综合交通运输通道建设;②构筑大湾区快速交通网络;③提升珠三角港口群国际竞争力;④建设世界级机场群;⑤提升客货运输服务水平;⑥提升交通科技创新的能力;⑦建设绿色生态交通。

4.《成渝地区双城经济圈建设规划纲要》[3]

中共中央、国务院于2020年10月印发了《成渝地区双城经济圈建设规划纲要》(以下简称《成渝地区规划纲要》),提出强化重庆和成都中心城市带动作用,推动成渝地区形成有实力、有特色的双城经济圈,打造带动全国高质量发展的重要增长极和新的动力源。

成渝双城经济圈谋划的战略定位是:有全国影响力的重要经济中心、科技创新中心、改革开放新高地、高品质生活宜居地。成都和重庆作为双城经济圈的引领,在全面提升发展能级和综合竞争力方面各有侧重:重庆以建成高质量发展的高品质生活新范例为统领,打造国家重要的先进制造业中心、西部金融中心、西部国际综合交通枢纽和国际门户枢纽;成都以建成践行新发展理念的公园城市示范区为统领,打造区域经济中心、科技中心、世界文化名城和国际门户枢纽。

针对不同地区山形水系特征的明显差异,《成渝地区规划纲要》确定的重庆都市圈与成都都市圈发展目标和布局具有差异化施策的显著特征,同时依托成渝北线、中线和南线综合运输通道,夯实成渝主轴发展基础,强化重庆都市圈和成都都市圈间的互动。

为有序推进目标的实现,《成渝地区规划纲要》提出了九项重点任务:①构建双城经济圈发展新格局;②合力建设现代基础设施网络;③协同建设现代产业体系;④共建具有全国影响力的科技创新中心;⑤打造富有巴蜀特色的国际消费目的地;⑥共筑长江上游生态屏障;⑦联手打造内陆改革开放高地;⑧共同推动城乡融合发展;⑨强化公共服务共建共享。

3.1.2 城市群的区域探索示范与轨道网络建设

跨区域合作的重点目标在于突破行政区划对区域经济和公共服务的刚性约束,形成有利于区域经济社会融合发展的制度体系和运作规范,重构分散化、地方化的政府间利益关系。跨界治理的本质包括三个方面:一是处理好经济区与行政区、功能区与行政区、自然区与行政区之间的关系;二是处理好政府与市场、政府与社会、政府与政府之间的关系;三是对多个行政单元政府拥有的权力、资源、利益进行重新配置和重组,旨在搭建跨界公共问题得以解决的区域治理新体系。城市群中的一体化合作示范区建设、区域轨道交通建设,是分区域、分领域推进跨界协同的典型任务。

1. 长三角生态绿色一体化发展示范区

长三角生态绿色一体化发展示范区位于苏浙沪两省一市交界区域，地处沪宁、沪杭两条传统发展轴线之间，沪湖、通苏嘉区域发展轴在此“十字”相交，毗邻虹桥枢纽（图 3-1）。2019 年 10 月国务院批复同意的《长三角生态绿色一体化发展示范区总体方案》提出，选择青浦区金泽镇、朱家角镇，吴江区黎里镇，嘉善县西塘镇、姚庄镇作为一体化示范区的先行启动区，面积约 660 km^2，着力构建“十字走廊引领、空间复合渗透、人文创新融合、立体网络支撑”的功能布局，严格控制开发强度，蓝绿空间比例不低于 75%，规划建设用地不超过现有总规模。

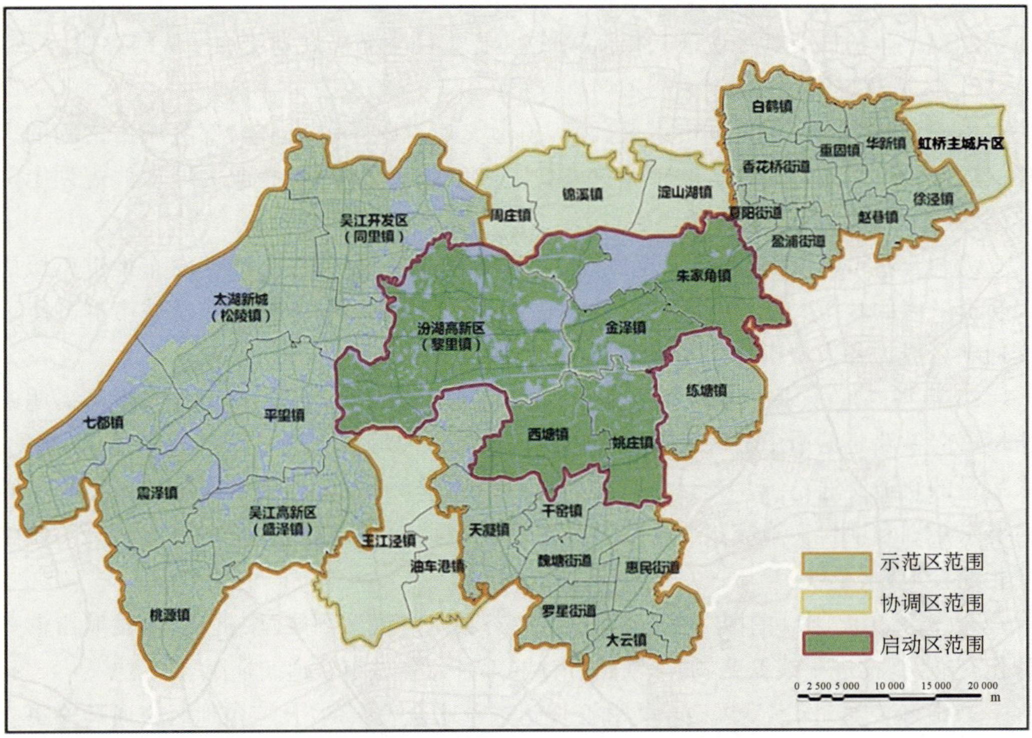

图 3-1 长三角生态绿色一体化发展示范区规划范围区示意

根据《长三角生态绿色一体化发展示范区总体方案》，该示范区在区域发展布局上，将统筹生态、生产、生活三大空间，把生态保护放在优先位置，不搞集中连片式开发，打造“多中心、组团式、网络化、集约型”的空间格局，形成“两核、两轴、三组团”的功能布局。

一体化发展示范区需要探索务实、有效的跨界治理体制机制，包括：①组建多层、多元的跨界协调组织；②建立健全重大跨界协调机制，包括区域信息共享机制、资源整合开发规划机制、重大事项联合决策机制、区域开发成本共担与收益共享机制、公共服务联合购买机制等跨界协调机制，推动区域公共事务的协调发展；③探索建立专业化的跨界服务特区，构建单一职能、专业化治理的跨界公共平台和机制，有效解决诸多跨界矛盾和问题。

在着力构筑各类基础设施联动联通大格局过程中，全面消除“断头路”，开通相邻城市或部分成员城市主城区的跨界双向公共交通等，都属于交通部门所要承担的表象工作。在更深层次，如何将示范区交通网络融入真正一体化的全球城市区域大交通体系，是一个有待深入探讨的课题。针对多中心、组团化、网络型的空间结构，如何构建高效集约的交通系统支撑空间联系结构，是交通规划师需要深入思考的问题。特别是对于长三角一体化发展示范区这样具有江南文化基因的重要承载区域，不仅要“将生态优势转变为发展优势”，而且要将历史文化紧密关联的生活模式和生产模式与全球化互联网时代的现代生活模式和产业模式相衔接，这是比崇明生态岛规划更加严峻的挑战。

2. 区域轨道交通建设

由于城市群为高密度城市集聚区域，轨道交通被赋予城市群内部各城市之间的客运交通主干的功能，“轨道上的京津冀”“轨道上的长三角”等概念成为城市群规划中的热门话题。

为配合城市群、都市圈的建设发展，近几年来，国家相关部委频繁发布推进市域层面轨道发展的政策文件，地铁快线、市域轨道、市郊铁路等服务都市圈及城市群的轨道交通项目成为各大城市的规划建设热点。

2017 年 6 月，国家发展改革委发布《关于促进市域(郊)铁路发展的指导意见》，明确市域(郊)铁路是城市中心区域连通周边城镇组团以及城镇组团之间的通勤化、快速化、大运量的轨道交通系统。先行先试，在重点城市选择一批重点项目实施示范工程。同时要求规划和项目实施应该严格按照国家有关审批程序办理，不得利用市域(郊)铁路变相建设地铁、单轨。

2019 年 9 月，中共中央、国务院印发的《交通强国建设纲要》中提出，建设城市群一体化交通网，推进干线铁路、城际铁路、市域(郊)铁路、城市轨道交通融合发展。

2020 年 4 月，国家发展改革委和交通运输部联合发布的《长三角地区交通运输更高质量一体化发展规划》，要求落实交通强国建设要求，紧扣“一体化”和“高质量”两个关键，以互联互通为目标，以打造“轨道上的长三角”为重点进行相关交通网络建设。

2020 年 12 月，国务院办公厅转发了国家发展改革委、交通运输部、国家铁路局、中国国家铁路集团有限公司《关于推动都市圈市域(郊)铁路加快发展的意见》，明确提出：市域(郊)铁路在功能定位上，要与干线铁路、城际铁路、城市轨道交通形成层次清晰、功能定位合理、衔接一体高效的交通体系；在技术标准上，线路单程通行时间宜不超过 1 小时，设计速度宜为 100～160 km/h，平均站间距原则上不超过 3 km，早晚高峰发车间隔不超过 10 min。

2021 年 2 月，中共中央、国务院印发《国家综合立体交通网规划纲要》，明确指出综合交通网络布局仍需完善，结构有待优化，互联互通和网络韧性还需加强，并提出了“全国 123 出行交通圈”的目标。

2021 年 6 月，国家发展改革委印发《长江三角洲地区多层次轨道交通规划的通知》，要求共建轨道上的长三角，明确加强规划指导和约束，准确把握不同层次轨道交通的功能定位。

由上述文件内容可以看出，城市群/都市圈轨道交通既有发展的迫切需要，又有科学决策的管控要求。而区域轨道交通客流活动的特殊性造成了传统交通模型的不适应，区域轨道交通的规划理论已经落后于实际建设的需求。

3.2 承担空间组织功能的交通网络

交通网络具有空间关系组织的重要功能，在城市群和都市圈区域的交通网络，承担着支撑生产和产业要素、社会公共服务以及居民生活跨区域组织保障的任务。

3.2.1 城市群的综合交通网络

比较城际层面和城市层面的综合交通规划，城市群综合交通规划具有空间尺度、问题层次、功能目标和系统要素等方面的差异。

1. *城市群综合交通网络的功能要求*

城市群综合交通系统构建面对多个层次的问题。城市群是一个具有内在经济和社会联系的系统，由此产生注重时间效应的交通需求，以及通过设施共享联系更大范围城市体系的需求。都市圈需要超越行政区划来组织以通勤交通为代表的日常空间活动，并解决公共服务的高效、公平覆盖。城市群中的中心城区和城市新城组团，内外交通系统衔接不仅面临防止衔接区间形成局部交通拥堵的问题，还需要考虑通过为区域提供服务，来实现提升整体空间活力的目标。

城市群综合交通系统的功能目标具有分层次的特殊性：在城市群范围内，为不同定位的城市创建外部发展环境，保障较高频度的商务交通和休闲消费交通；在都市圈内，在合理时间范围内保障居民克服较大空间距离参与社会活动、享受公共服务的能力；在中心城区和新城组团内部，则需要考虑与主要功能区相适应的对外交通联系，减轻内外交通间的冲突，提升重要交通基础设施的共享能力。

城市群中的公共服务设施不仅要考虑需求，还必须考虑配置效率。因而在不同行政区毗邻地区产生公共服务跨界共享，以及影响公共服务跨界共享的交通网络互联互通问题。

我国城市群所在区域大多人口密度较高，因而轨道交通在其中占据了主干地位；但是，目前已建成的市域铁路往往运行效率不高，究其原因，与其服务对象单一、孤立线路没有融入区域轨道网络以形成规模效应有关。我国交通规划经常提及的参照案例是日本都市圈中轨道交通系统所发挥的作用，但很多人并没有注意到，日本城市间客运交通整体上都是以轨道交通为主体,多层级轨道/铁路之间的衔接方式并非枢纽换乘这样单一,轨道网络多层次连接功能的有机融合使得日本都市圈轨道获得较大规模的客流支撑。我国目前市域铁路、市郊铁路所遭遇的客流规模困境,也只有在城市群中形成网络效应后才有可能摆脱。

城市群综合交通系统中对许多系统要素的设计思维方式有很大变化。以在综合交通系统中占有重要地位的交通枢纽为例,需要作为一个网络型枢纽体系加以考虑,包括枢纽与所连接的交通网络的关系(需要注意交通网络的功能层级,例如设计速度350 km/h的高铁,与设计速度250 km/h的高铁,在空间联系深入程度和距离范围上存在明显差异),枢纽之间的功能分工与互补(例如,厦门市岛内高崎枢纽与岛外铁路枢纽,长三角地区国际集装箱枢纽港与内贸集装箱枢纽港的功能差异与分工关系等),共享对外交通枢纽与集疏系统衔接(例如,浦东机场与区域轨道的关系,外高桥港区与集装箱运输通道的关系等),以及枢纽地区的交通运输组织与港城融合、站城一体等问题。

2. 城市群的综合交通规划

城市群交通网络建设与一般交通网络具有相同的系统性要求,同样需要强调规划先行;但是,城市群综合交通规划中强调的重要问题是协同,而且是跨越不同行政区划的协同。因此,城市群综合交通规划的任务就不再是单纯地制定技术方案,而是要协调与不同行政区域相关规划之间的关系。

由于交通网络的骨架作用,综合交通系统在城市群整体架构规划中占据了不可或缺的地位。在人口和城镇化密集地区,城市群中主导交通模式直接关联到土地资源对空间活动的承载能力,是确定相关资源配置的重要影响因素。城市群中骨干交通网络形态,直接关联到国土使用的功能因素布局,是确定相关城市、产业园区的功能定位和发展规模的重要依据。在某种程度上,城市群的重要交通枢纽(机场、港口和铁路枢纽等)对相关的空间功能结构亦有决定性的作用。

城市群中的中小城市对上位规划的影响力十分有限。在实际工作中,我们经常可以看到这类城市规划中的决策困境:由于缺少上位规划的指导,不得不对某些重要交通通道做假设性判断。例如,对于具有潜在需求但又尚未被列入规划的高铁线路未来可能性的假设,对于未来广域高速公路线路与城市关系的假设等。这些站在局部立场做出的假设往往存在很大的不确定性,但这类广域网络的走向和布局恰恰会对中小城市的空间结构产生重要的影响,使这类城市空间布局规划产生很大的不确定性。

由于管理体制和工作深度等原因,在实际操作中还不能将城市群综合交通规划视为各个城市交通规划的上位规划,不仅规划的编制、审批和实施主体需要做出必要的制度安排,而且规划的编制内容也需要考虑跨界协同的特殊性。

城市群综合交通规划具有跨行政区划、跨部门和跨级别的特征。所谓"跨部门",不仅包括与国土空间规划之间存在协同治理问题,还包括在现有管理体制下机场和铁路被视为工程建设的问题，省级机构将其职能划归发展和改革委员会，交通运输厅事实上难以统筹省内综合交通体系的问题。所谓“跨级别”，是指城市群区域的骨干交通网络的线位、站点和出入口安排将极大地影响县级城市的空间功能格局，存在不同管理层级之间的跨界协同治理问题。

城市群综合交通规划需要确定重要项目的格局，这往往与不同角度上的地方利益紧密关联。例如，曾经长期存在衔接方案争论的长三角区域北沿江（沪渝蓉）高铁经崇明岛进入上海的东西线位，其西线位连接上海市崇明区政府所在地，东线位则是连接江苏省南通市启东市，面对无法兼顾的抉择，不同立场必然导致不同诉求。又如，跨越杭州湾的沪甬通道与沪舟甬通道，属于不同功能，空间联系关系差异显著，其决策涉及功能必要性、洋山港口规划定位、东海二桥是否上马、高铁网络布局、上海东站枢纽地位等诸多问题，超出地方局部线路范畴且具有全局性影响。

规划的本质是一种公共政策安排，而城市群综合交通规划则是一种协调不同行政主体之间关系的公共政策安排。对于单个城市/区域的综合交通规划而言，综合交通规划是相关部门间持续协调后的成果，仅对本城市/区域发挥作用。城市群综合交通规划所具有的跨区域合作治理特征，决定了需要多地政府联合构建交通基础设施网络和交通服务网络、直面地方政府的自利性和策略性行为的局面。

实际上，我国已经发育到一定程度的几个城市群有很大的差异性，其综合交通规划的内容与方法并没有“标准规程”。京津冀城市群并非是京津冀三方关系，而是包括中央政府的四方关系，其工作重点是疏解北京非首都功能、优化区域分工和产业布局，而中央政府在其中扮演了“总指挥”的角色。尽管长三角城市群整体呈现单中心结构，但伴随产业转型，其他几个中心城市局部领域优势日益凸显，具有逐步扁平化发展的协作趋势。粤港澳跨越不同体制，多中心相对平等合作的特征明显。成渝双城区域则是两个具有本质差异的都市圈联手的行动。

城市群综合交通规划还需要认真思考如何处理不确定性的问题。必须承认，由于涉及外部发展的不确定性，城市群综合交通规划是在不可能准确预测未来（或者说只能有限预测）的基础上加以制定的。因此，其规划内容需要区分建设性内容（已经可以准确判断的）和战略性资源（通道空间、枢纽空间）控制性内容（有可能成立，但存在一定外部不确定性）。预留战略性通道是为了给今后发展留有余地，但在没有消除外部不确定性从而转为建设性规划之前，不应成为空间功能组团（例如产业园区等）启动建设的依据，这应该成为国土空间规划监管中的内容。

3.2.2 都市圈的综合交通规划

尽管都市圈交通规划也涉及跨界协同治理问题，但由于中心城市的主导地位突出，其规划编制、执行的责任主体关系相比城市群要简单。不过，由于都市圈涉及不同类型的交通需求，以及城乡二元结构产生的影响，其编制过程中的技术问题依然复杂。

1. 都市圈国土空间规划编制规程[4]

自然资源部发布征求意见的《都市圈国土空间规划编制规程》(表 3-1),虽然尚未得到批准成为正式技术标准,并面临对都市圈国土空间规划地位和作用的看法争议,但仍然可以为我们提供一个认识综合交通系统所服务外部环境的框架。

表 3-1　《都市圈国土空间规划编制规程》中的要点

规划理念	以共治为引领	合理安排好各项空间资源要素,促进大中小城市协调发展与城乡融合发展,形成结构科学、开发有序、集约高效、安全韧性的国土空间发展格局
	以生态为底线	立足资源环境承载能力,协调人、地、产、城、乡关系; 共同保护山水林田湖草等各类自然资源,促进资源利用节约集约; 推进生态、农业和城镇空间的合理布局,形成高质量发展的区域国土空间开发保护新格局
	以人民为中心	培育新消费与新需求,合理发展布局各项功能服务设施; 营造传统与现代相交融的魅力地区; 推动高等级公共服务品质化、基本公共服务均等化,提升城乡生活质量
	以共享为目标	着眼于都市圈的网络化与同城化发展,推动核心城市的创新要素在都市圈内自由流动,引导产业链、供应链在都市圈内合理组织; 推动都市圈内部交通网络、重大基础设施、公共服务、应急保障的互联互通、共建共享; 以新型基础设施建设为重点,促进各类资源要素畅达流动,促进跨界地区合作与城乡区域融合发展
编制原则	强调联动协商	强调自上而下与自下而上相结合的编制组织,通过协商谋求对核心问题、任务目标的共识,推动规划编制工作
	搭建开放平台	搭建开放性技术平台和利益磋商平台,强化多领域多学科协作,充分开展公众参与工作,确保规划成果的科学性和公信力
	聚焦底线协同	加强专项空间的跨行政单元规划协同,明确分层次的空间协同举措,加强都市圈与所在城镇群或区域的协调
	体现因地制宜	坚持问题导向、目标导向、结果导向相结合,因地制宜地提出解决核心问题、满足各方发展诉求的规划方案。理清都市圈内不同层次空间单元之间的功能关系、组织模式与网络体系,推动陆海统筹、城乡统筹
规划编制主要内容	目标愿景	从促进区域协调发展、优化城乡关系、提升都市圈整体发展质量、提高区域竞争力、改善人民生活品质、维护生态环境可持续性等角度出发,制定切合实际、符合时代价值、适当超前的都市圈目标愿景,强化都市圈核心城市的责任担当,明确都市圈各城市的功能分工
	总体空间格局	构建多中心、网络化、开放式、集约型的空间格局;明确都市圈的生态保护、农业发展的总体格局。提出重大产业发展空间、创新网络、服务网络的总体布局;提出核心城市和周边地区各自的发展目标与定位,提出核心城市部分功能疏解策略
	空间底线管控	按照主体功能定位划分政策分区,确定协调与管控的导向;加强空间结构性要素管控,明确跨行政区的区域性生态廊道、重大交通廊道、市政基础设施廊道、重要水源地与水源涵养区等的管控要求

（续表）

<table>
<tr><td rowspan="5">规划编制主要内容</td><td rowspan="5">专项空间协同</td><td>区域生态环境协同
……</td></tr>
<tr><td>区域综合交通网络协同
从交通互联互通及综合交通系统支撑服务都市圈整体发展的视角，明确都市圈交通一体化、同城化的目标，按照都市圈发育程度提出分圈层的综合交通系统建设策略；完善客货运输体系布局，统筹布局主要交通廊道和跨行政区通道，优化区域性重大交通枢纽布局；构建城际轨道网与市郊铁路网，预留重点站场空间，对于超特大城市，应提出中心城区与新城、区域性重大交通枢纽及其外围重要功能组团之间的快速交通系统规划布局方案；考虑多元交通运输方式，完善物流运输体系与物流仓储空间布局；对于跨市通勤紧密联系地区，应加强跨界道路交通设施的协同布局</td></tr>
<tr><td>区域市政基础设施协同
……</td></tr>
<tr><td>区域公共服务协同
明确都市圈公共服务一体化发展目标，强化教育、医疗、文化、体育等高等级公共服务体系的协同建设；结合人口分布特征、都市圈城乡空间格局，分类引导各类设施优化布局，扩大优质公共服务资源的覆盖范围，推动基本公共服务的相对均衡配置，提高都市圈公共服务整体质量</td></tr>
<tr><td>区域重大安全体系协同
……</td></tr>
</table>

针对我国国情，将都市圈定义为以辐射带动功能强的城市或具有重大战略意义的城市为核心，以一小时交通圈为基本范围，包括与核心城市有着紧密的产业、商务、公共服务、游憩等功能联系的各级各类城镇的跨行政区地域空间单元。其中一小时交通圈是以核心城市的城区边缘为起点，以高速公路、高速铁路与普通铁路、城际轨道、市郊铁路为主要交通方式的“一小时可达”所覆盖的区域范围。

2. 实践中的困惑与思考

尽管轨道交通在都市圈中发挥了重要作用，但在轨道交通中扮演重要角色的区域轨道，其功能定位事关网络结构和站点布局，仍有诸多需要深入讨论之处。特别是其基本功能，究竟是为了显著提升长距离通勤交通的比例，还是为了实现区域均衡发展？“多轨合一”是以枢纽换乘、跨线互通运行、网络互通运行的哪种技术方式为主？

国家发展和改革委员会、住房和城乡建设部、交通运输部等部门发布《关于促进市域（郊）铁路发展的指导意见》，明确市域（郊）铁路是城市中心城区连接周边城镇组团及其城镇组团之间的通勤化、快速度、大运量的轨道交通系统。

然而，如果因此将市域（郊）铁路的最主要功能理解定位于通勤，则会产生诸多困惑。以上海市为例，连接外围新城的轨道线路日均客流量相对较低，但平均乘距均较长（图 3-2），具备了部分通勤轨道的交通特征。

如果将其与东京都市圈 30 km 圈层的轨道客流规模相比（图 3-3），上海市连接新城轨道线路的客流规模仍然有显著差距。

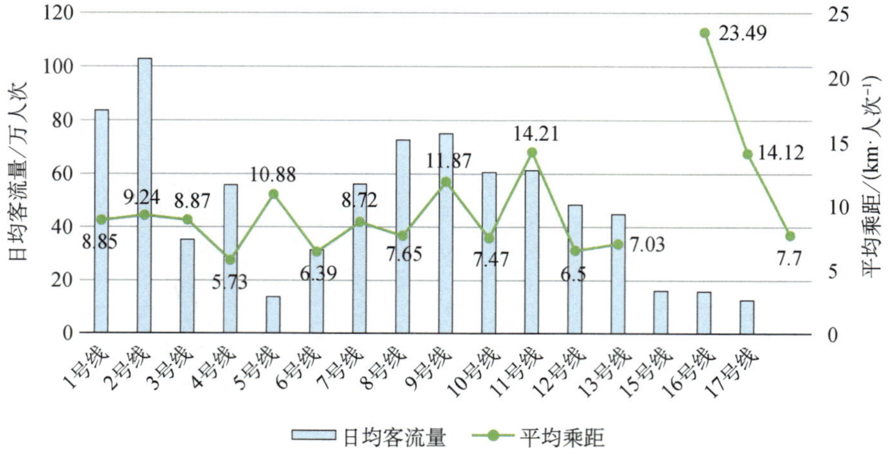

注：图中5号、9号、11号、16号、17号线为联系外围新城的轨道线路。

图 3-2　上海市轨道交通日均客流量与平均乘距

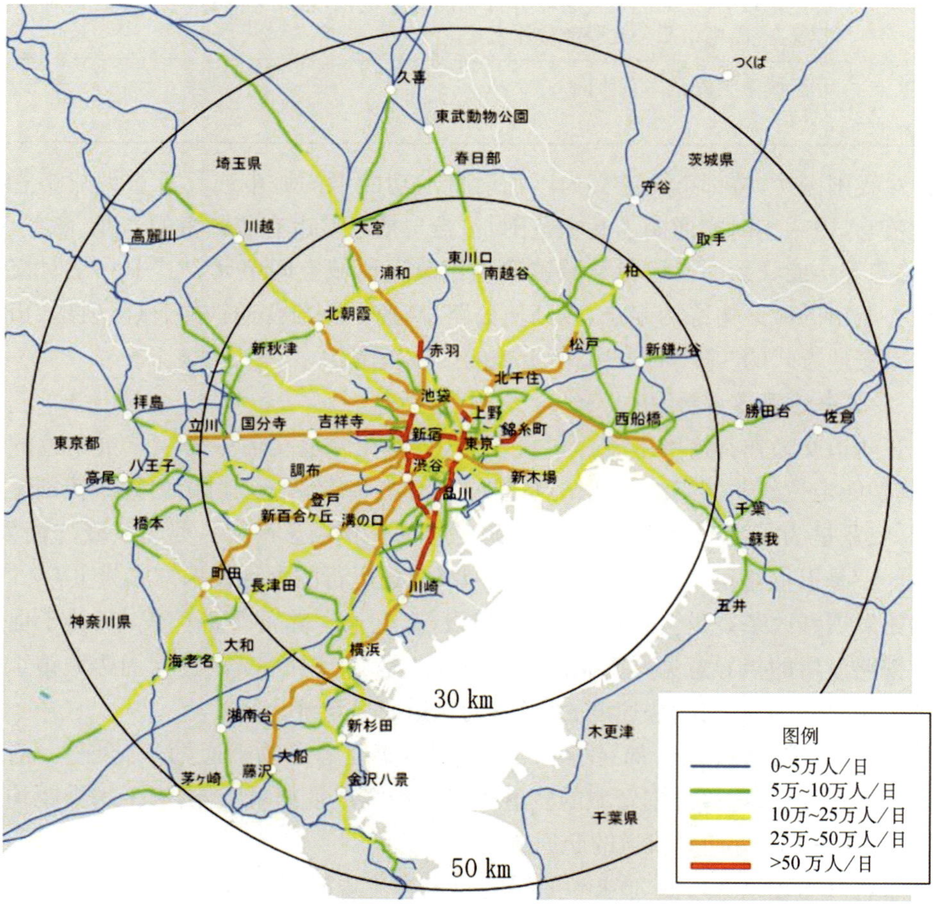

图 3-3　日本东京都市圈轨道断面流量规模分布[5]（2010 年）

从轨道运营效益角度来看，上海市轨道交通联系外围新城的线路客流强度相对较弱，即使是有相当部分区段位于中心城区且运营多年的轨道交通9号线，其客流强度也才勉强超过1万人次/(日·km)(图3-4)。

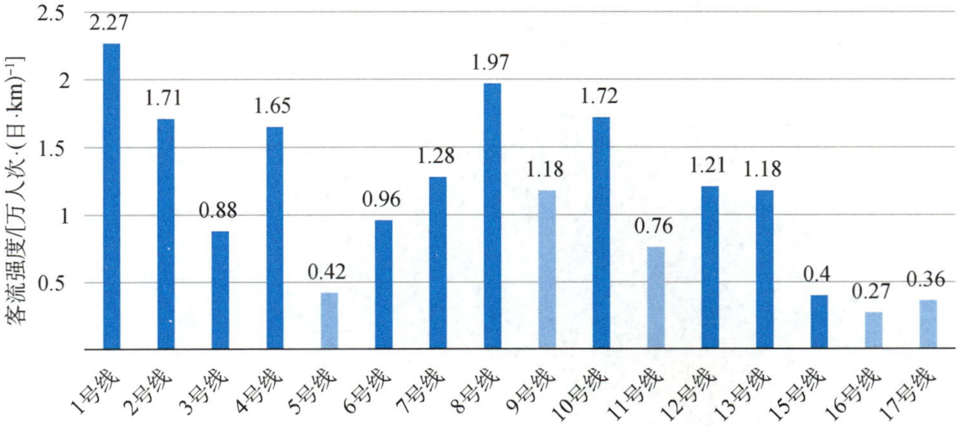

图3-4　上海市轨道交通客流强度分布(2021年11月数据)

上海市轨道交通11号线，具有都市圈跨界(上海—江苏太仓)运行的特点，不同区段功能差异明显，部分区段具有明显的通勤轨道客流特征，由此造成各个站点之间进出站客流的差异(图3-5)。

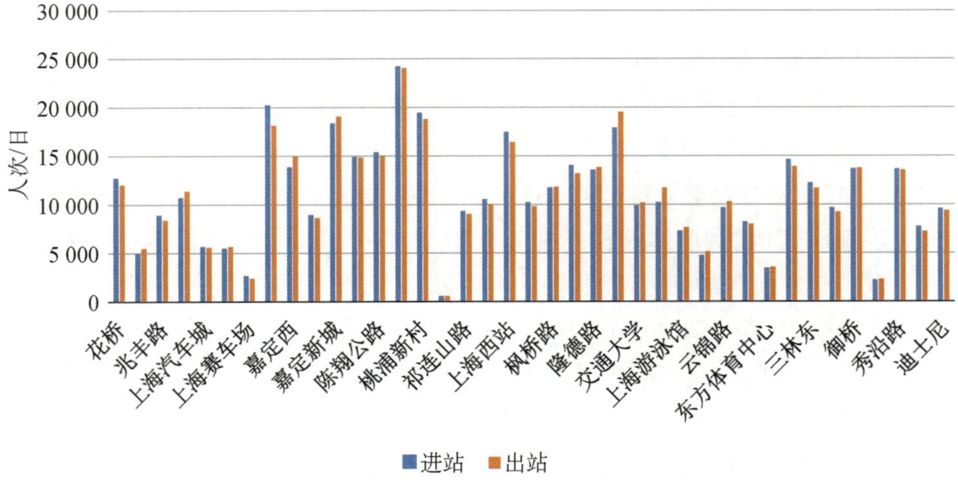

图3-5　上海市轨道交通11号线各站进出站客流(2021年11月数据)

依据移动通信信令数据分析显示，沿轨道交通11号线确实已经形成职住紧密关联的轴带区域(图3-6)。可以说，尽管通勤时间较长，但采用向都市圈延展的轨道交通组织职住空间的目的达到了。

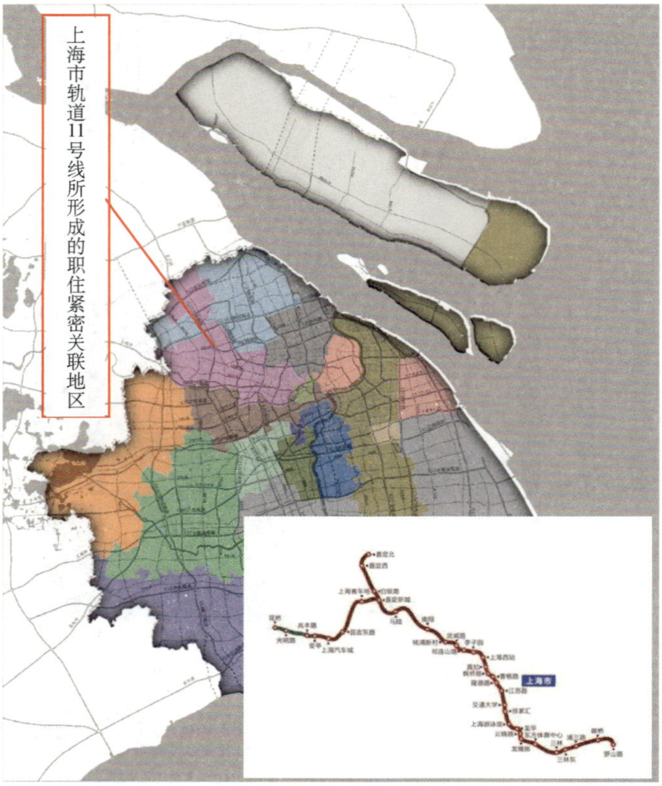

图 3-6　基于移动通信信令数据分析获得的上海市职住紧密关联分区

然而，从“双碳”目标与居民生活质量的角度来看，如果将市域（郊）铁路功能定位于显著提升长距离通勤比例是否合适？如何平衡轨道运营效益与城市总体空间格局之间的关系？

《国家中长期经济社会发展战略若干重大问题》指出：“产业和人口向优势区域集中是客观经济规律，但城市单体规模不能无限扩张。……要建设一批产城融合、职住平衡、生态宜居、交通便利的郊区新城，推动多中心、郊区化发展，有序推动数字城市建设，提高智能管理能力，逐步解决中心城区人口和功能过密问题。”上海市针对五大新城建设所提出的总体要求是产城融合、功能完备、职住平衡、生态宜居、交通便利、治理高效，并且总体布局也是与面向长三角的发展联系轴线和对外联系枢纽相融合（图 3-7）。如此看来，如果脱离大的区域空间格局背景，只将市域（郊）铁路定义为“通勤铁路”的想法过于简单化，偏离了交通的空间组织功能目标。事实上，市域（郊）铁路“需要满足通勤要求”与“主要满足通勤要求”不能混为一谈。

总体而言，对于特大城市来说，都市圈尽管是一个重要的交通层级，但必须融入整个区域背景研究其交通网络。过于强调城市群中某类轨道的单一功能要求，并不适合城市群中多种类型交通流叠加的需求，也不符合城市群轨道运营效率提升的要求。

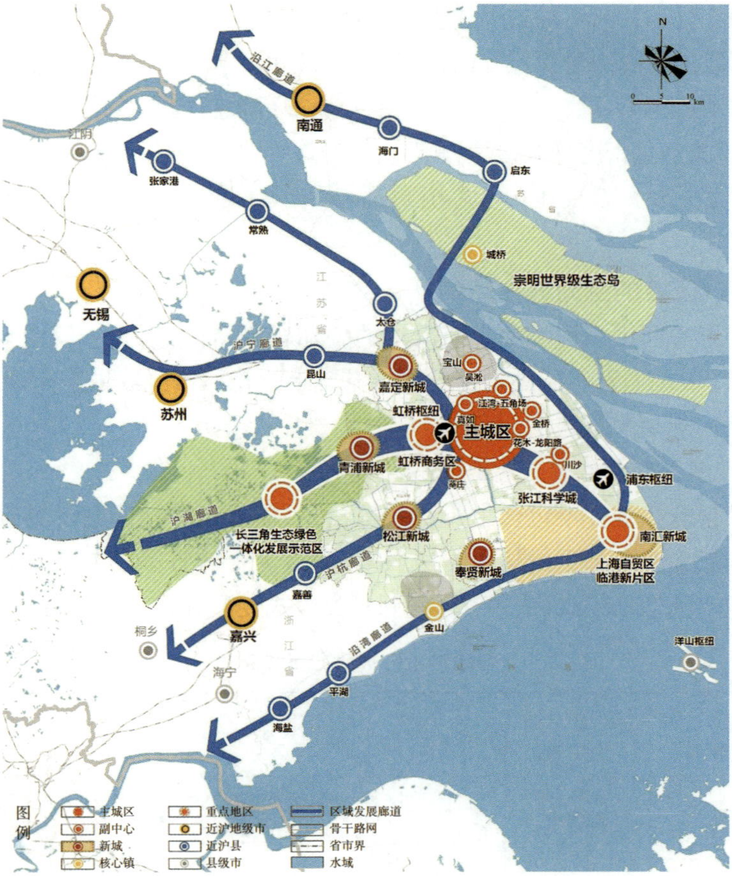

图 3-7　上海市区域空间格局示意

城市群/都市圈范围内的轨道交通发展存在很多的问题，也面临很多的设想，需要有一种扎实、科学的分析技术，跨越行政区划的局限，客观、真实地分析实际需求，以支持相关线网融合规划决策。

3.3　城市群的空间联系结构解析

由于城市群交通系统具有重要地位，其规划决策需要从单一化、碎片化向协同化转变，从以有限判例为基础的经验决断向“用数据说话”的科学决策、共识决策、协同决策转变。相较城市交通而言，城市群交通系统面对的需求更具多样性——日常活动为主体的城市交通、具有一定比例通勤的都市圈交通、具有较高联系频度的城市群内部城际交通，以及地位有待提升的城乡交通，因而针对城市群建立超越行政区划的交通分析决策支持模型显得尤为迫切。

在城市群和都市圈区域的交通网络规划与建设中这类跨界治理问题中，信息技术的作用突出反映在寻求共同利益的大道理管小道理的讨论过程中。首先需要突破的障碍，是如何突破行政区划制约建立各方都能够信任的数据环境，以及形成具有认同度的技术方案评价。移动通信信令数据提供了一种不受地方行政制约的数据资源，但与传统交通调查数据相比，其信息密度较低，数据具有较高的盖然性①。因而不能简单套用传统网络交通流分析技术方法体系，需要建立与城市群/都市圈交通网络规划及建设相适应的应用方法。

3.3.1 城市群区域的空间联系结构[6]

基于城市群空间中多种类型交通需求的叠加背景，针对几类空间活动对时效需求存在差异的特点，在识别不同类型活动需求基础上辨识城市群区域空间联系结构，将有助于轨道网络的规划决策。

1. 个体空间活动模式的分类

移动通信信令数据并不包含出行目的等信息，需要根据空间活动特征来解决相应的模式划分问题。对此采用的技术方法，是按照行为个体日活动与居住地及工作地的关系划分用户空间活动模式（表 3-2），得到三类模式在调查期间的时间分布（图 3-8）。

表 3-2　　个体日出行模式归类规则

类别	是否在工作地出现	是否在居住地出现	判别规则	特征
模式 1	否	无约束	当日早（第一条信令）与晚（最后一条信令）至少有一端不在居住地	出行不能当日往返居住地
模式 2	否	是	当日早（第一条信令）与晚（最后一条信令）均在居住地	与工作地无关的出行，且早出晚归
模式 3	是	无约束	当日在工作地出现过	与工作地有强关联

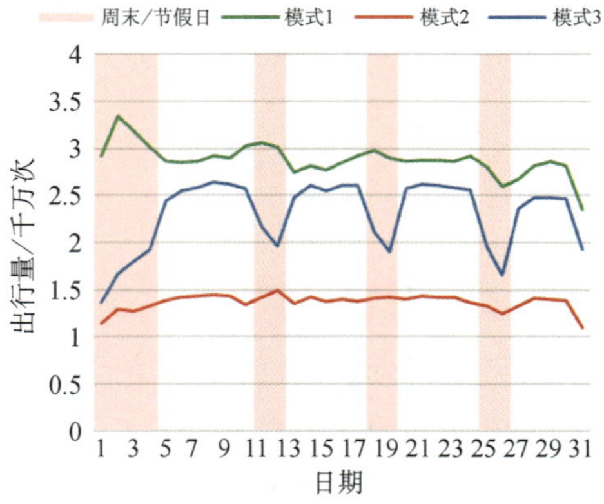

(a) 三类模式出行量时间分布

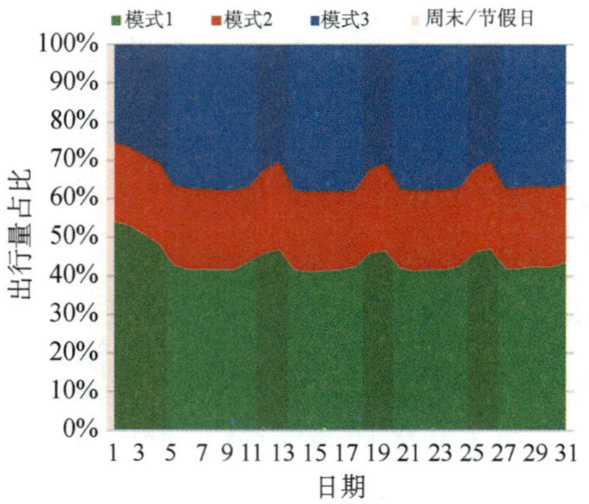

(b) 三类模式出行时间分布百分比堆积图

图 3-8　三类空间活动模式的时间变化

① 盖然性指有可能但又不是必然的性质。

2. 城市群空间结构模型

产业在城市群中的优化布局、经济要素超越行政区划的配置、居民在都市圈中的通勤活动以及双城生活模式等，使得传统方法中按照行政区划确定空间结构的方式已不再适用。

基于居民在城市群中的各种空间出行活动，采用复杂网络理论中的社区发现算法，解析其内在的模块化结构，可以获得具有日常活动集聚性的空间区域，将其抽象成为节点进行建模，以节点代表自身腹地区域与外界发生的联系(图 3-9)。

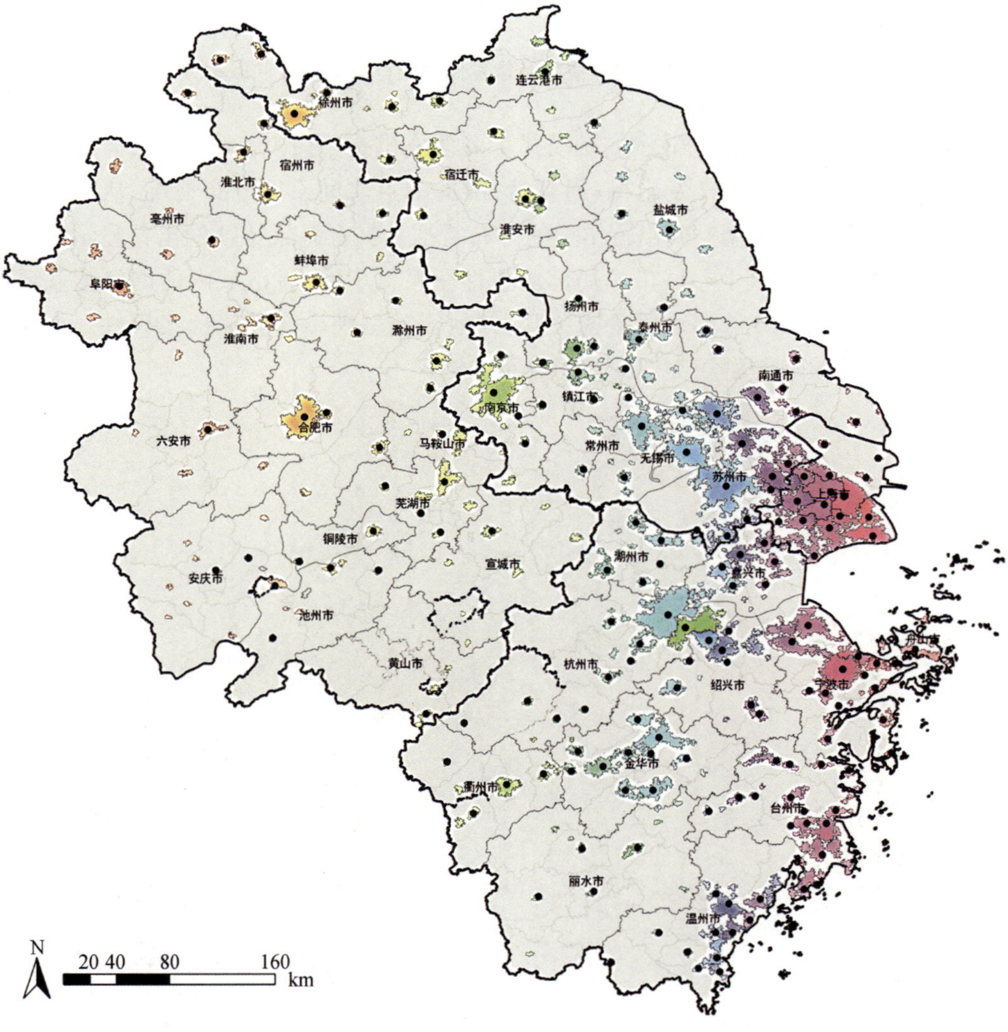

图 3-9　基于社区发现的长三角网络节点与腹地识别结果

3. 城市群区域的空间出行结构

根据出行频率分布分析结果，将在相同地点之间月重复频率 3 次及以上的交通出行(Origin Destination, OD)活动定义为常发出行(图 3-10)。

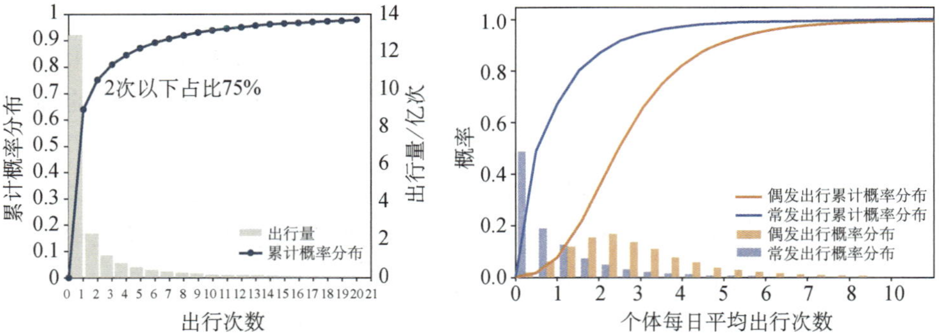

(a) 相同OD月出行次数的累计概率分布　(b) 常发偶发出行的日均出行次数概率分布

图 3-10　相同 OD 月出行次数及常发偶发出行日均次数的概率分布

图 3-11 至图 3-13 分别显示的是模式 1 的偶发出行（差旅特征）、模式 2 的常发出行（休憩特征）和模式 3 的常发出行（通勤特征）的节点之间 OD 分布情况，从中可以看到长三角城市群不同类型空间出行结构的分布特征。具有差旅特征的出行显示出明显的“Z”形主轴、部分地区中心城市的局部放射性联系，以及上海市域内的网络型联系结构。游憩特征的出行在沪苏形成紧密关联，其他区域呈现出部分局部集聚性。而跨界通勤特征的出行具有与游憩类似的空间分布结构。

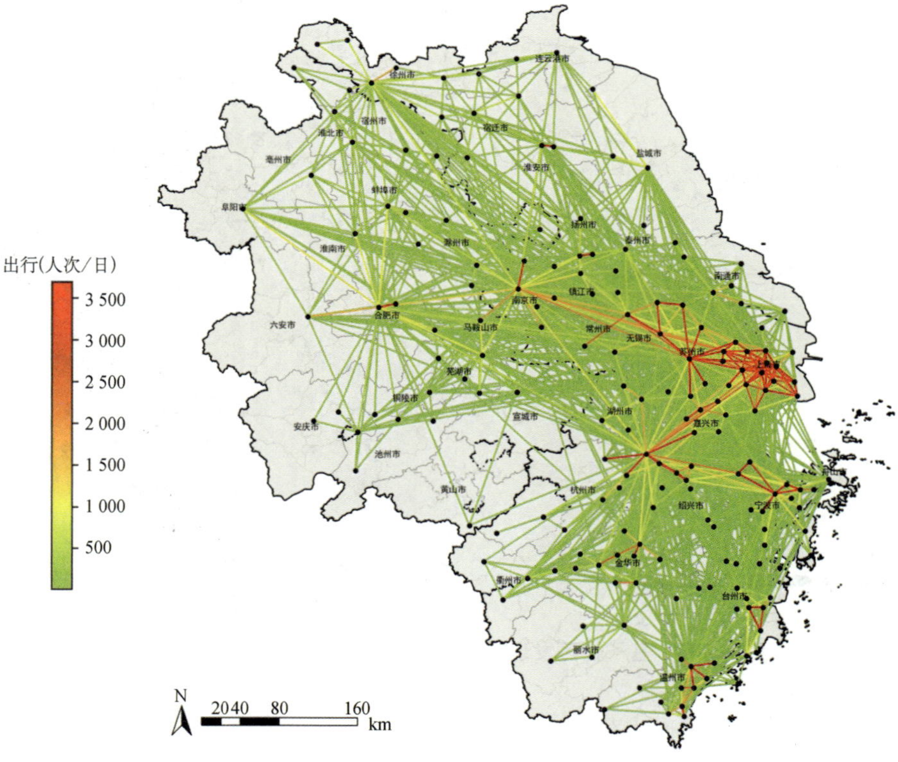

图 3-11　节点之间模式 1 偶发出行(差旅特征)

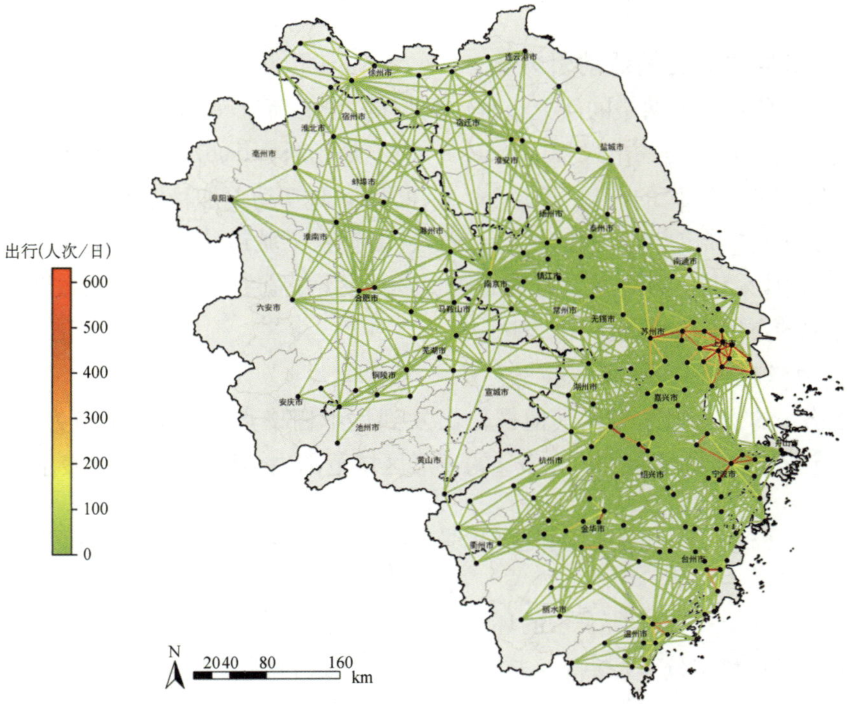

图 3-12　节点之间模式 2 常发出行(休憩特征)

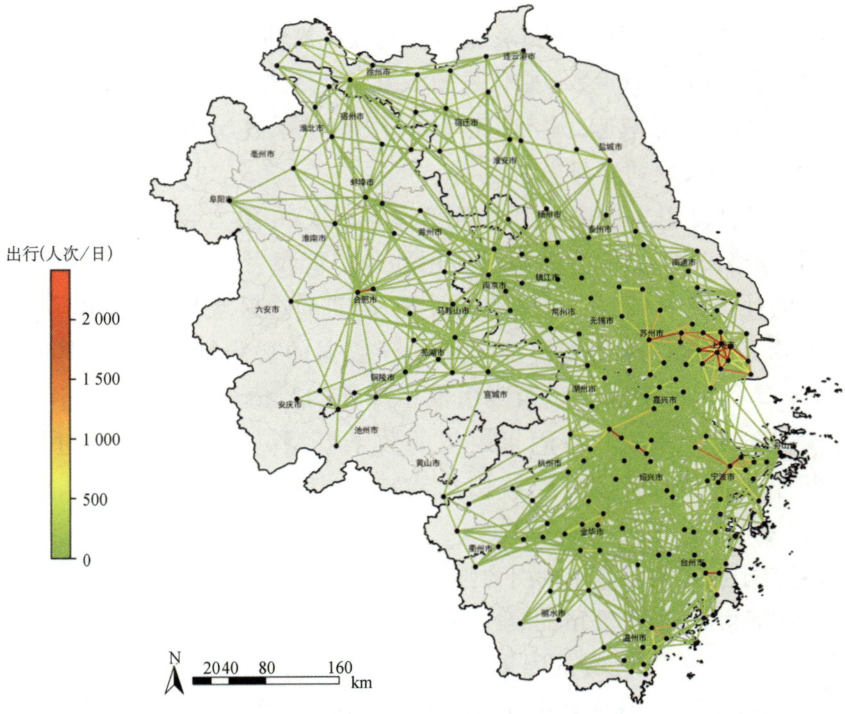

图 3-13　节点之间模式 3 常发出行(通勤特征)

3.3.2 城市群中的空间活动引力场

Taloy 等在对城市网络的研究过程中提出的“中心流”(central flow)理论[7]认为，城市应该更多地被看成是一个过程(process)，而不是场所(place)。在中心流的作用下，城市之间跨区域和长距离的人口、信息、资金、商品等的互动更加稳定和频繁，经济的快速增长也主要来自“城市状态”下的网络结构，它更有利于城市获取外部机会以加快发展。基于这一思想，采用空间活动引力场的概念，通过引力强度、引力衰减系数两项指标，建立城市群中的空间活动系统评价表达。

1. 引力强度与引力衰减系数

将栅格 i 的引力表达为从其他栅格出发到达本栅格点，以其他栅格为点的出行总量。当选定半径 r 时，在$[r,\ r+\Delta r]$的环形区域范围内，其出行密度可表示为：

$$p_i(r,\ r+\Delta r)=\frac{q}{\pi(r+\Delta r)^2-\pi r^2} \tag{3-1}$$

式中，q 表示$[r,\ r+\Delta r]$所表示的环形区域内出发且终点为指定栅格 i 的出行总量。

在研究实际数据分布特点后，采用二次抛物线进行拟合制定栅格与其他栅格之间的出行流动关系 $\rho=F(r\mid\Delta r)$，得到如下数学形式表达：

$$\ln\rho(r)=-\eta(\ln r)^2+\mu \tag{3-2}$$

式中，参数 μ 代表栅格的引力强度，μ 值为抛物线在纵轴上的截距，在参数 η 值不变时，截距越大引力更强，$\mu>0$；参数 η 则代表栅格引力衰减速度，在 μ 值不变时，η 值越大，则抛物线越陡，栅格引力衰减速度越快，定义为引力衰减系数，$\eta>0$。

2. 通过引力场反映的空间影响力

城市群空间活动引力场通过引力强度(图 3-14)和引力衰减系数(图 3-15)反映出局部空间(栅格)对于其他空间活动作用的吸引能量及辐射能力情况，间接说明了该区域集聚的社会要素(职住、公共服务设施等)对周边区域的影响，也反映出空间与外界交流的活跃程度。引力场模型受到基础数据的局限性影响，只具有相对比较的意义，并不具备类似交通产生及吸引模型那样的数值连续测度，也不能与各种社会要素集聚特征之间建立具有因果逻辑的数学模型。尽管如此，通过横向比较仍然能够分析空间作用的程度，能够用来支持城市群规划所关注的结构性问题的判断。

例如，对比宁波市与合肥市的引力强度及衰减系数(图 3-16)，可以看到，虽然两个城市的引力强度很高，但宁波市的衰减系数远高于合肥市，这说明宁波市的辐射影响力相对较弱。至于产生空间差异的因果关系，可以进一步通过对比各种社会要素集聚程度(例如利用百度 LBS 云检索数据获取的 POI 数据等)进行归因分析，并用类比方式获得满足纲要规划需要的预判结论。

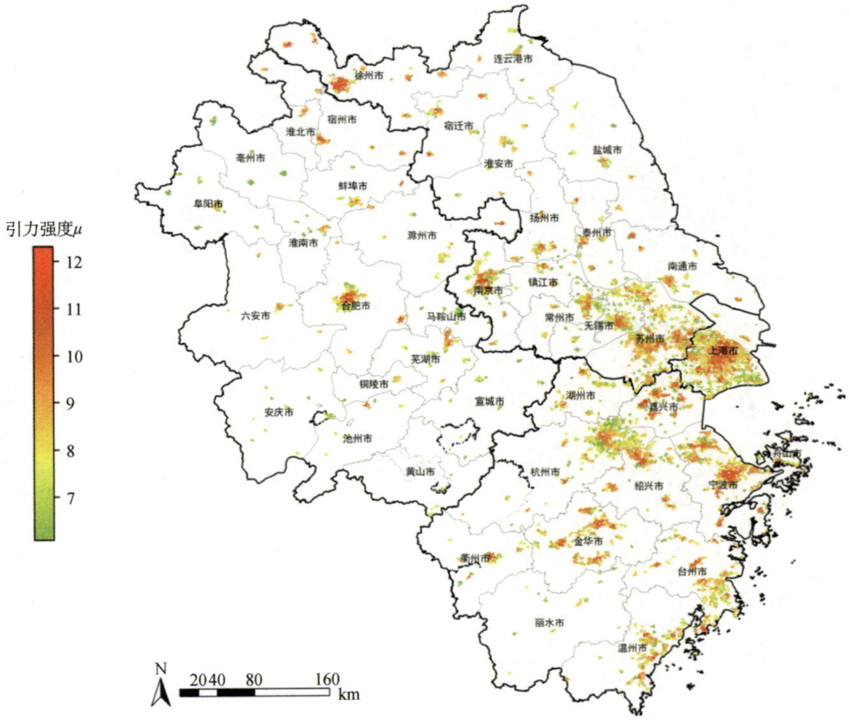

图 3-14 栅格引力强度(长三角)

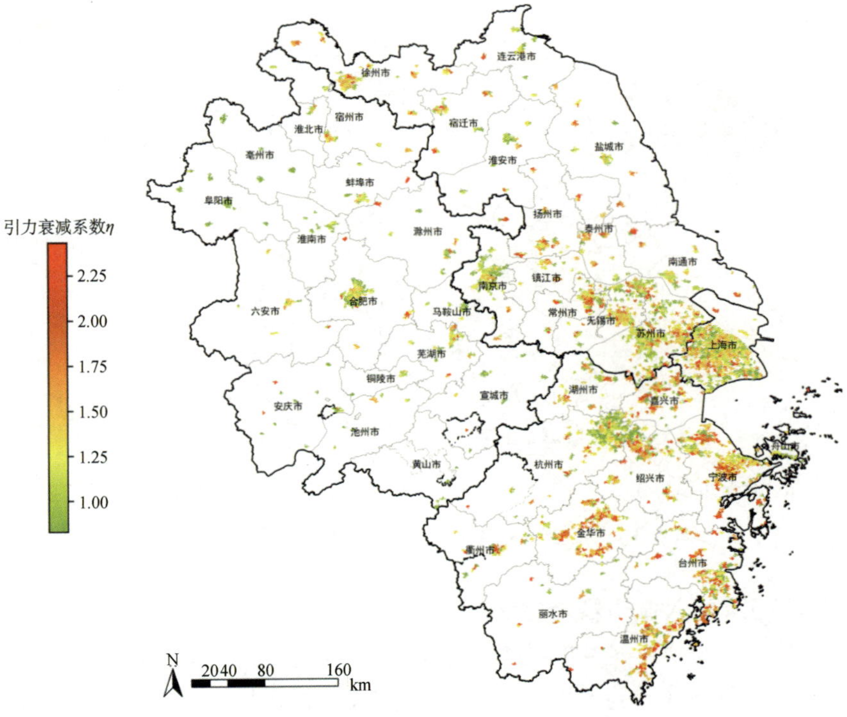

图 3-15 栅格引力衰减系数(长三角)

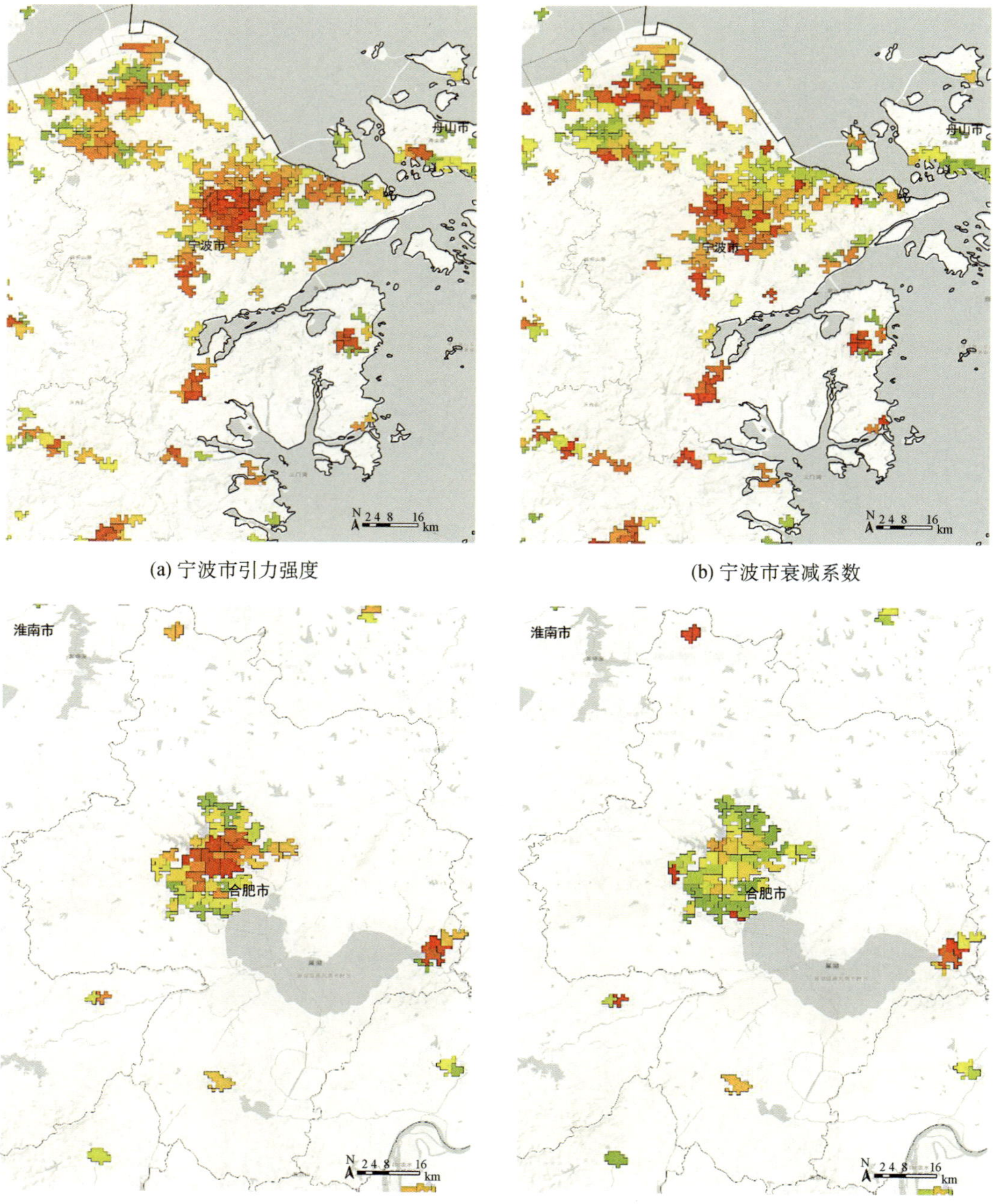

(a) 宁波市引力强度　(b) 宁波市衰减系数

(c) 合肥市引力强度　(d) 合肥市衰减系数

图 3-16　宁波市与合肥市引力强度及衰减系数的比较

3.3.3　反映场所融入城市群特征的邻近度

邻近度是一个类似可达性的技术概念，用以反映局部场所空间融入城市群体系的程度。城市群中局部区域的活力取决于为其他区域提供服务的能力，可以通过空间区域之间的出行流动规模得到表征。根据城市群范围内栅格之间的出行流动构建空间出行活动网络，采用复杂网络理论中非重叠社区识别算法，可以确定这一网络中内在的模块化结构(社区)，将这种“社区”作为空间基本单元[9]。将城市群中的空间邻近度定义为分层社区中最基层指定社区 i 到达其他社区的交通时间的加权和。考虑到不同社区空间引力存在显著差异，采用加权时间成本法，对空间引力更强的社区赋予更高的权重。由此获得区域邻近度计算公式为：

$$A_i = \frac{\sum_{j=1}^{n} M_j T_{ij}}{\sum_{j=1}^{n} M_j} \tag{3-3}$$

式中，A_i 表示交通网络中节点 i 的区域邻近度；T_{ij} 为节点 i 到节点 j 在铁路＋小汽车或者铁路＋公交出行方式组合下出行时长；M_j 为以社区空间引力作为节点 j 的权重。

将区域邻近度指标作为空间场所融入城市群的属性特征。区域邻近度越小，栅格与城市群中其他区域联系越方便，融入城市群体系的条件越好。采用这一方法弥补了将城市作为节点讨论城市群交通网络时分辨率不够的问题，可以更好地研究城市不同区域与城市群的连接关系。

例如，在图 3-17 所显示苏锡常地区的区域邻近度分布中，可以看到现状长三角一体化发展示范区对小汽车的依赖性，从一个角度说明了通过上海示范区线加强这一区域与整个长三角城市群联系的必要性。

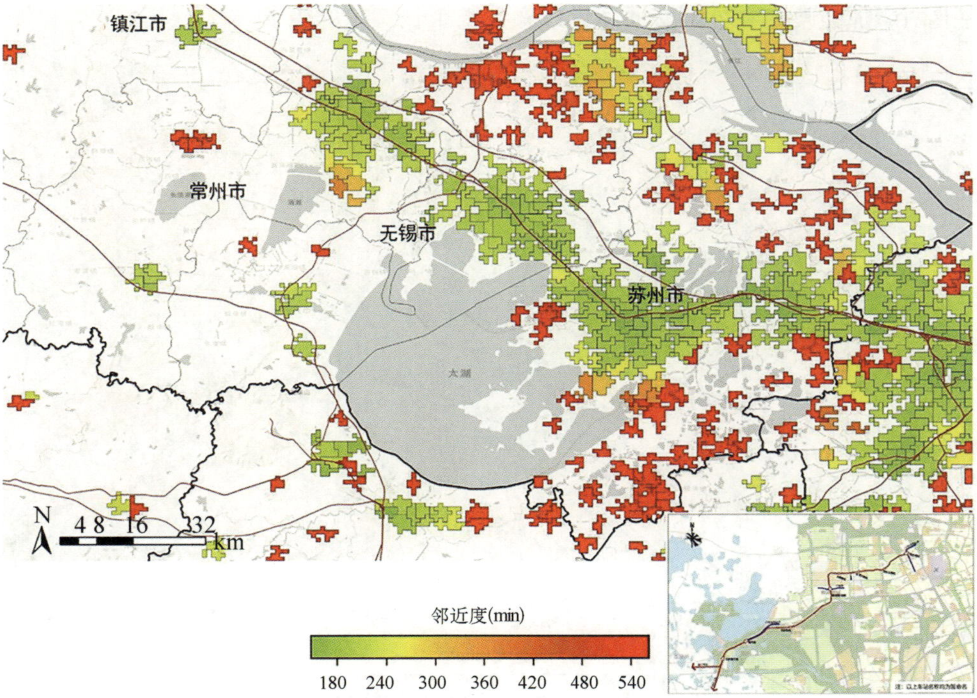

(a) 苏锡常区域的邻近度(铁路+公交)

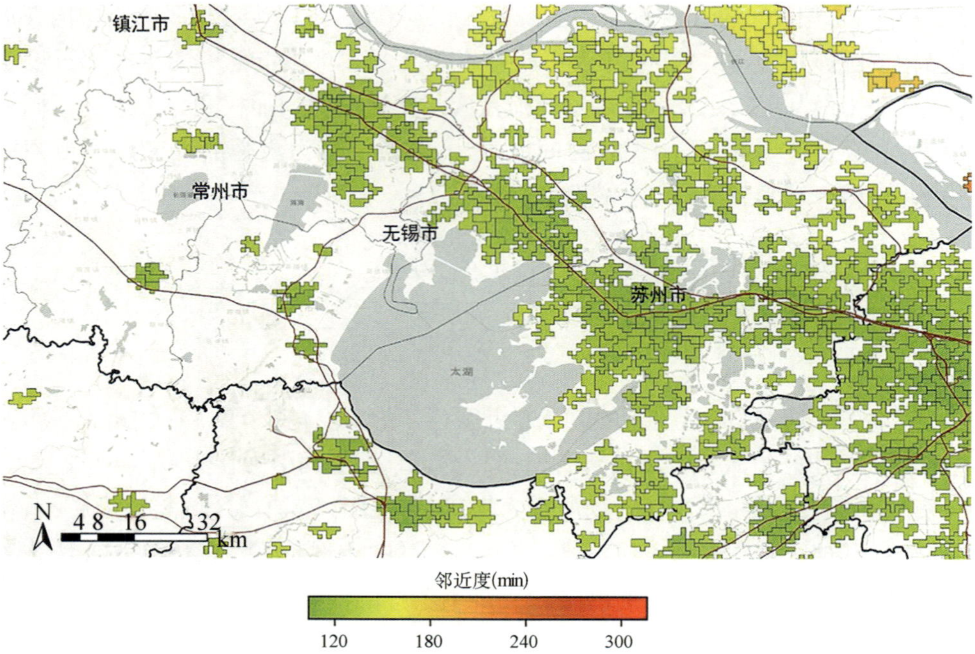

(b) 苏锡常区域的邻近度(铁路+出租车/小汽车)

图 3-17 苏锡常区域邻近度空间分布

在图 3-18、图 3-20 所显示的杭嘉湖及宁波地区的区域邻近度分布中，反映出杭州湾南北两岸加强轨道和公共交通建设以融入整个长三角的需求。

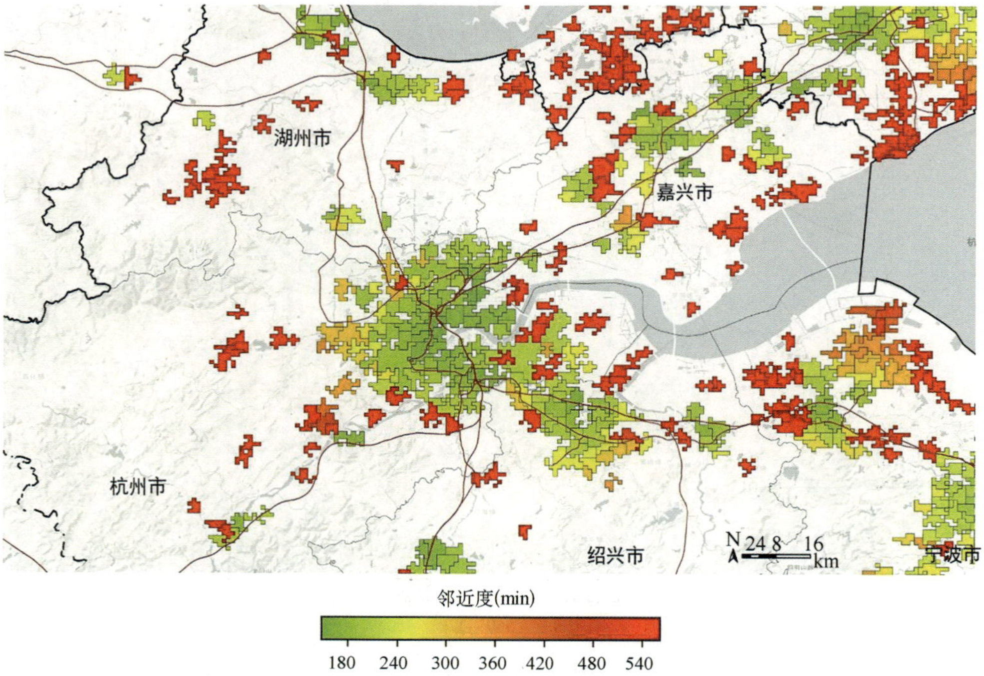

(a) 杭嘉湖区域的邻近度(铁路+公交)

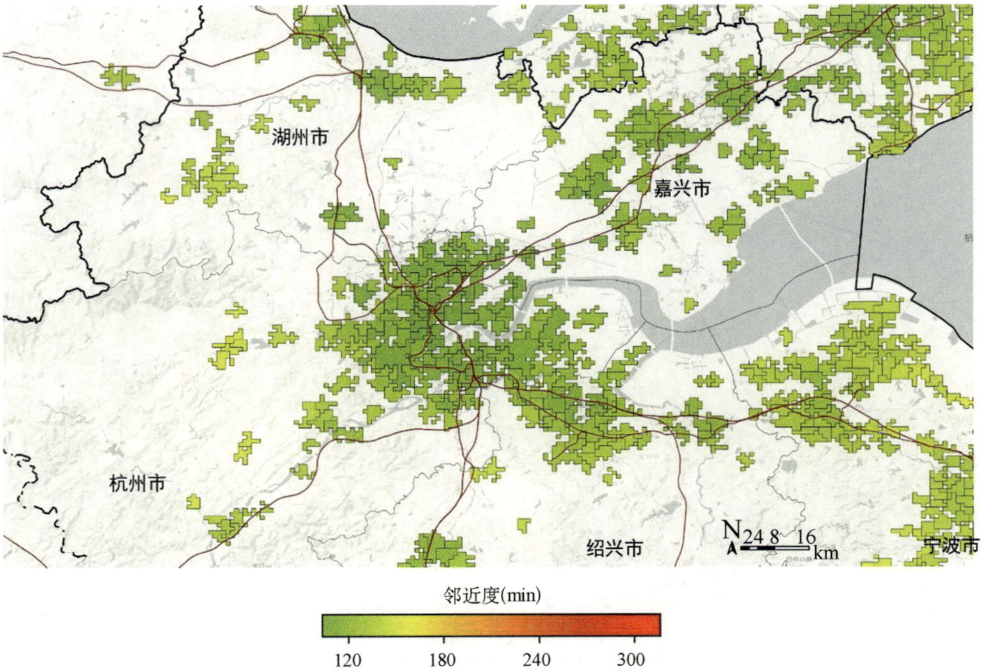

(b) 杭嘉湖区域的邻近度(铁路+出租车/小汽车)

图 3-18 杭嘉湖区域邻近度空间分布

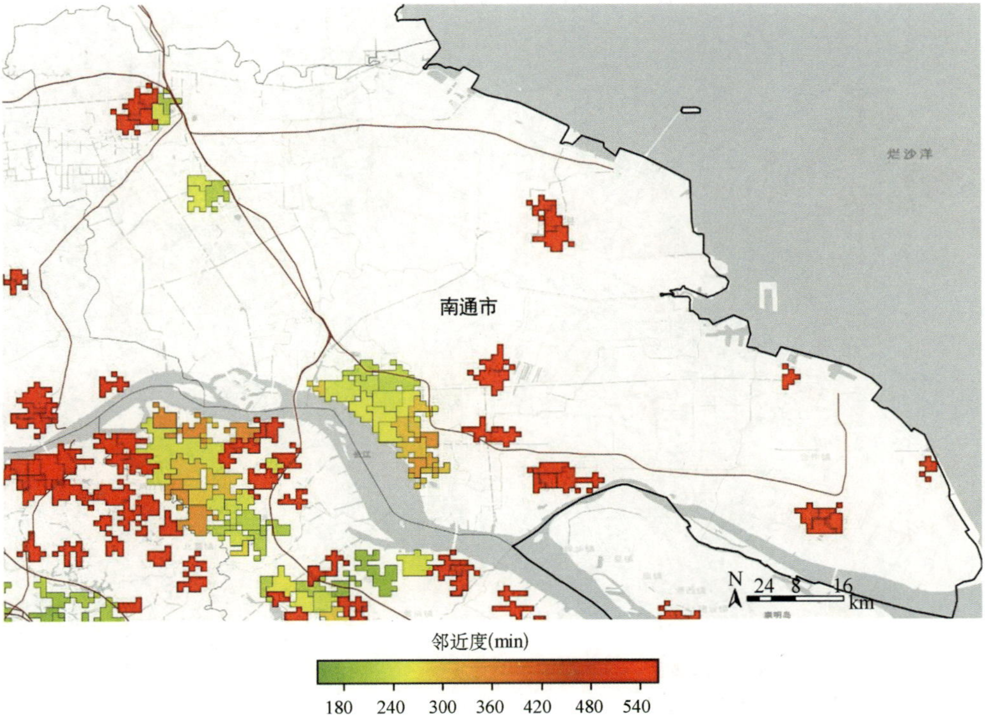

(a) 南通区域的邻近度(铁路+公交)

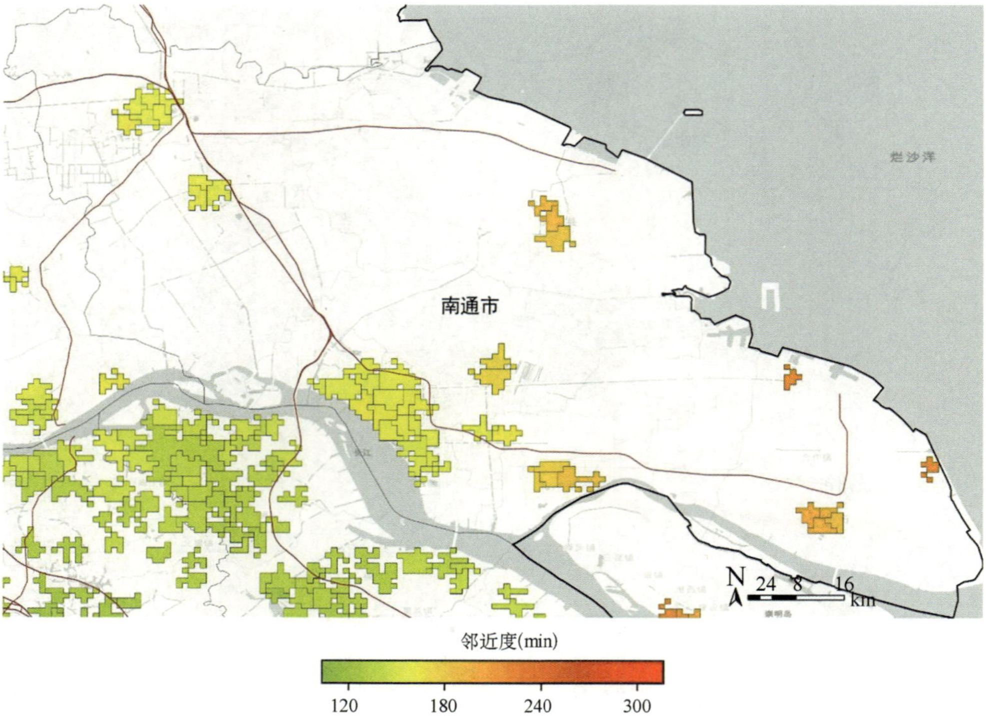

(b) 南通区域的邻近度(铁路+出租车/小汽车)

图 3-19　南通区域邻近度空间分布

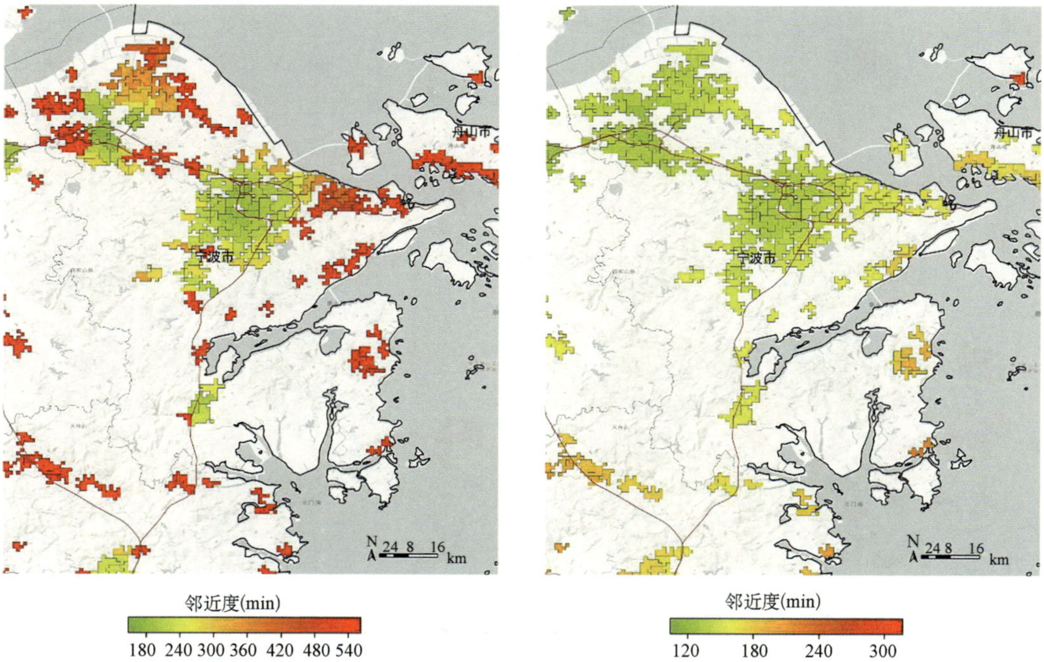

(a) 宁波区域的邻近度(铁路+公交)　　(b) 宁波区域的邻近度(铁路+出租车/小汽车)

图 3-20　宁波区域邻近度的空间分布

在图 3-21 所显示的上海市域区域邻近度的空间分布中，反映出上海自贸新片区、奉贤区等地通过轨道及公交联系与长三角城市群其他区域的空间融入度差距。

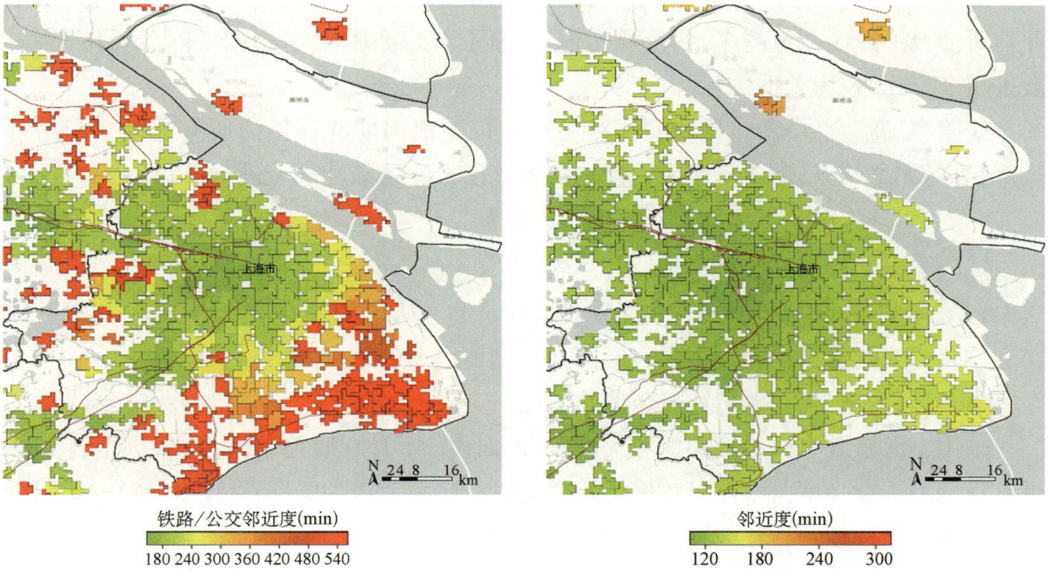

(a) 上海区域的邻近度(铁路+公交)　　(b) 上海区域的邻近度(铁路+出租车/小汽车)

图 3-21　上海区域邻近度的空间分布

3.3.4 通过类比预判区域轨道客流规模

在城市群规划中，区域轨道可能产生的客流规模是一个无法绕开的问题，由于受到跨行政区划的条件限制，很难仅依靠有限数据资源构建基于 OD 的交通流预测模型。即使采用有限数据勉强建立四阶段预测模型，也会由于导入过多假设导致不利于达成共识的技术争论。借鉴空间句法理论的空间组构思想，建立一种能够通过类比进行预判的客流规模模型，是一个值得推荐的方法。

比尔·希利尔(Bill Hillier)所提出的空间句法[9]概念，其核心思想是空间组构，即一组整体性的关系，其中任意一组关系取决于与之相关的其他所有关系。与战略层面纲要性质规划所关注的结构性问题相契合，可以认为影响城市群轨道线路客流规模的最基本因素是空间活动组构，即相关空间范围内所产生的空间活动规模。每一个轨道站点的潜在客流规模均受到可能与其产生联系地区空间活动规模的影响。在基础数据辨识能力受限的情况下，给定空间单元的空间活动产生吸引总规模量级可以通过类比推断。

以空间社区(第二层级社区)作为基本空间单元，作如下定义：

站点连接值：轨道线路上的站点 i 在一定时间阈值范围内(控制值)可以到达社区的空间出行量之和。

$$C_i = \sum_j q_j \tag{3-4}$$

式中，C_i 为站点 i 连接值，i 表示 q_i 社区所产生与吸引的所有出行 OD 量，其中 j 社区到 i 站点的出行时间在控制值以内。

控制值：计算站点连接值时所采用的时间阈值，当控制值越大时，所计算出的指标评估所涉及的社区数量越多，评价所考虑的空间尺度范围越大，根据实际分析结果，一般采用 30 min 较为合适。

线路全局整合度：所讨论轨道线路站点在控制值内能够连接的所有社区空间出行量总和；对多个站点，需要对所有站点连接的社区去除重复社区后进行求和。

$$D = \sum_k q_k \tag{3-5}$$

式中，D 为线路全局整合度；q_k 表示 k 社区所产生与吸引的所有空间出行量，其中 k 社区到该轨道线路至少存在一个出行时间在控制值以内的站点。

整合强度：定义为全局整合度/线路长度。

采用上海市既有轨道线路的相关数据（2021 年 11 月），取控制值为 30 min，计算结果显示全局整合强度与线路日均客运量之间具有较为紧密的关联性（图 3-22）。说明可以采用这一指标预判新建线路可能的客流规模。

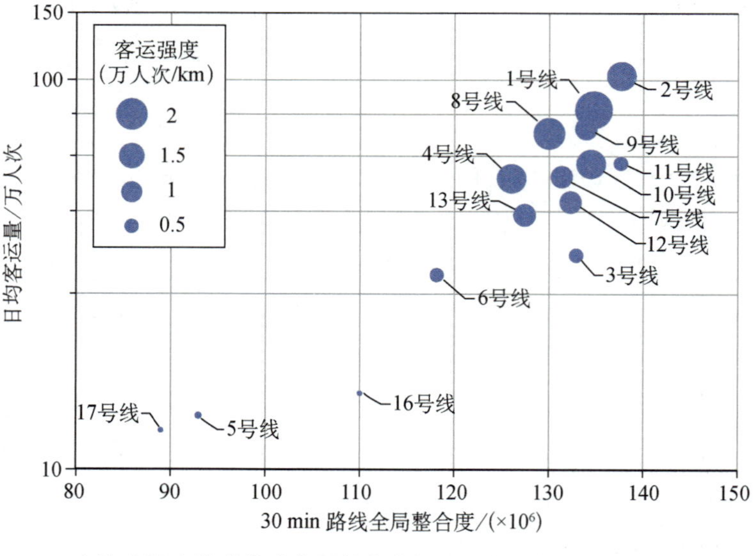

图 3-22　上海市既有轨道线路全局整合度与日均客运量、客运强度之间的关系

假设整个区域空间现状条件不变（即采用现状数据），评估长三角示范区线修建完成后在交通网络中的空间活动连接属性（全局整合度）（图 3-23）。通过类比可以推断在现有土地开发格局和强度不变情况下，长三角示范区线客流规模可能将小于 10 万人次/日。针对未来发展可以通过类比方法，改变相关空间社区的空间出行总量，从而达到客流规模预判的目的。伴随未来长三角示范区建设，如果示范区空间活动能级能够达到现状奉贤新城规模，理想情况下长三角示范区线的客流规模会在 15～20 人次/日。这一预判结果并不能达到工程可行性研究的要求，但是在战略性纲要规划中针对交通网络格局问题讨论中仍然可以作为有力的决策判断依据。

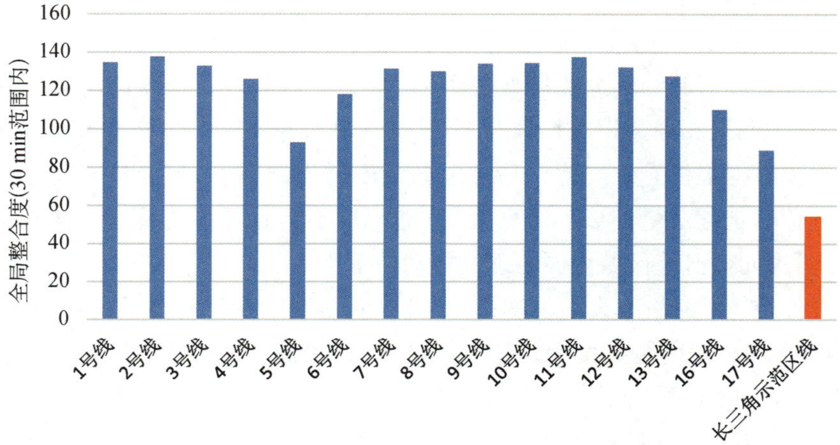

图 3-23　长三角示范区线与上海市其他轨道线路的全局整合度对比

3.4　关于区域合作治理的几点思考

区域合作治理可以看作地方政府在发展区域经济中具体运用合作治理方法的体现，需要在强调自治的基础上探寻区域共同利益。区域合作治理有两个层次：一是单个地方政府为主体的行为选择层次，即区域合作行为；二是多行为主体组成的结构层次，即区域合作治理结构。

在区域合作行为层次上，地方政府是区域合作治理的主体，区域合作治理就是地方政府之间在解决区域经济发展或者区域公共事物上采取“合作”途径，进行区域政策决策、合作对象选择、合作途径确定、合作协议执行和合作成果监督的过程与机制；而区域合作治理结构则进一步表明了地方政府所采取的与其他主体的联盟、协议、伙伴、合同等途径中，各参与主体特征和相互之间的动态结构关系，具体表现为合作区域的边界、规模和关系等各种集体行为变量在内的制度安排，地方政府间形成的独立、双边或多边关系构成了区域合作治理结构。

区域合作治理结构取决于各参与方在个体理性下的策略行为选择，这些选择构成了各参与方之间的关系状态，而各参与方原有的关系又会成为潜在区域主体个体行为选择的前提和约束。

不论是在区域合作行为层次还是区域合作治理层次上，探寻共同利益都是核心主题。区域骨干交通网络格局是城市群规划中的重要问题，在可信数据和开放参与的前提下，构建契合城市群规划问题特点的决策支持模型，是支持区域合作治理的重要技术任务。

对于城市群区域骨干交通网络建设来说，其面临的第一个问题是先要确定总体结构，而后才能够有效地讨论区域合作层次和区域治理层次所涉及线路的具体问题。为此，在城市群区域轨道交通网络建设中，需要一种建立在各个地方政府行为主体均能够认同的数据资源基础之上，并依托这一数据源建立相关分析模型的方法。移动通信信令数据不受地方政府制约的商业属性，使其具有不受行政区划束缚的中立地位。与此同时，缺少详细属地相关数据支持情况下，移动通信数据由于缺少必要校正而难以对传统网络交通流数据提供有效支持。只有把握城市群规划特点，契合核心问题决策支持要求恰当地构建定性定量相结合的决策支持模型，才能够将移动通信数据真正转变为决策额能力，进而提升跨区域协同治理的行动效果。

城市群骨干交通网络建设面临的第二个问题，是网络系统将要承担城际、功能组团间、城市内部等多种性质的交通，且必须考虑区域内的城乡二元结构。既非"城与城"又非"(传统概念上)交通小区之间"的空间联系关系，要求一种新的空间结构表达方法来作为空间活动的分析基础。摆脱行政区划束缚辨识真实空间结构，并建立相应的空间场所联系能力评价指标，有利于适应城市群尺度，控制骨干交通网络的空间位置。特别是对于区域轨道与城市轨道网衔接这样的问题，建立新的层级化空间模型显得尤为重要。

从城市群区域角度评价空间场所，从城市群区域角度把握交通网络布局，这是城市群规划决策支持模型需要适应合作治理的核心要求，也是区别于传统规划决策支持模型的关键之处。

参考文献

[1] 中共中央、国务院. 长江三角洲区域一体化发展纲要[EB/OL]. (2019-12-01)[2022-07-04]. www. gov. cn/zhengce/2019-12/01/content_5457442. htm.

[2] 中共中央、国务院. 粤港澳大湾区发展规划纲要[EB/OL]. (2019-02-18)[2022-07-04]. www. gov. cn/zhengce/2019-02/18/content_5366593. htm#1.

[3] 中共中央、国务院. 成渝地区双城经济圈建设规划纲要[EB/OL]. (2021-10-21)[2022-07-04]. www. gov. cn/zhengce/2021-10/21/content_5643875. htm.

[4] 中华人民共和国自然资源部. 都市圈国土空间规划编制规程(行业标准报批稿公示). (2021-09-10)[2022-07-04]. http://gi. mnr. gov. cn/202109/t20210910_2680097. html.

[5] 日本国土交通省. 大都市交通センサス(2010 年)[R]. 东京:国土交通省,2012.

[6] 余庆. 基于移动通信数据的城市群居民空间活动特征分析[D]. 上海:同济大学,2022.

[7] Taylor P J, Hoyler M, Verbruggen R. External urban relational process: introducing central flow theory to complement central place theory[J]. Urban Studies, 2010, 47(13):2803-2818.

[8] 余庆. 基于移动通信数据的居民活动空间检测与分析[D]. 上海:同济大学,2018.

[9] 比尔·希利尔. 空间是机器——建筑组构理论[M]. 杨滔,译. 北京:中国建筑工业出版社,2008.

4 跨行业协同——提升居民获得感

城市交通治理的跨行业协同,需要在共同认可的价值取向基础之上,围绕所需要达成共识的问题形成愿景,进而分解为不同领域的任务。原有城市交通网络建设的决策语境,较多聚焦于交通系统本身,并不利于达成上述目标。交通对城市居民生活质量的本质性影响表现为居民生活时间分配对生活方式的制约。城市交通服务的紧迫目标是在社会文明建设导向下切实提升通勤交通满意度,公交优先发展战略则必须以提升公交乘客忠诚度为直接目标。据此构建新的决策语境,将有利于协同相关行业共同提升居民获得感,落实以人民为中心的城市建设理念。

4.1 居民生活时间分配[1]

对居民生活时间分配的调查,有助于揭示围绕居民生活质量目标交通领域所需要承担的任务。美国和日本已经形成成熟的生活时间分配调查体系,美国从 2003 年开始每年调查,日本从 1976 年开始,每 5 年调查一次(抽样规模为 20 万户);而我国自 2008 年首次试验性调查之后,于 2018 年展开了第二次覆盖 11 个省(自治区、直辖市)的生活时间利用调查(采用国家统一的住户收支与生活状况调查样本框,共抽样调查 20 226 户 48 580 人),但至今尚未形成完整的制度与机制,在调查规模上也与美国和日本存在较大差异。

4.1.1 数据调查与样本分析

为探索居民生活时间分配与交通行为之间的关联,笔者团队于 2015 年 10—11 月对宝山区顾村大型居住社区(以下简称顾村)和大华一村社区(以下简称大华)进行了问卷调查。调查区域处在上海市不同圈层区位,且位于轨道交通 7 号线站点 1 km 半径范围之内。顾村位于外环线外侧,大华位于中内环之间。以人民广场为上海市中心,顾村距离市中心直线距离约 16.5 km,大华距离市中心约 6.7 km。

调查对象是 16 周岁以上常住人口。发放问卷数量顾村为 350 份,大华为 400 份,回收有效问卷数量顾村为 302 份,大华为 351 份。其中通勤人员顾村为 178 份,大华为 190 份,共 368 份。以下仅抽取通勤者情况展开讨论。

通勤者的生活时间分配与性别、年龄、学历、职业密切相关,本次调查对象的个人属性如图 4-1 所示。

1. 通勤者的家庭属性

除个人属性外,通勤者的生活事件分配无法脱离家庭情况,如家庭规模、家庭结构、家庭收入等,本次调查对象的家庭属性如图 4-2 所示。

2. 家用小汽车拥有

小汽车拥有情况对居民通勤方式及出行满意度等均会产生重要的影响。相比而言,在上海,以上两个地区通勤者的小汽车拥有率比较高:顾村通勤者群体家庭小汽车拥有率为 65.2%,大华为 52.7%(图 4-3)。

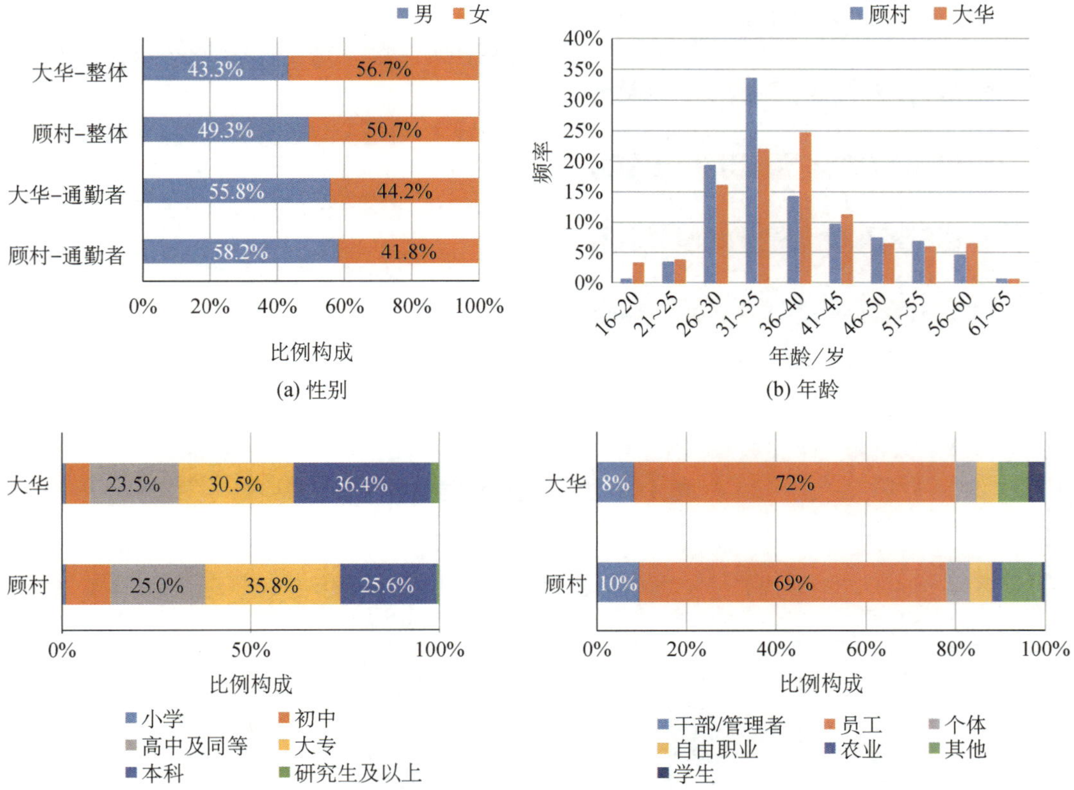

(a) 性别　(b) 年龄　(c) 学历　(d) 职业

图 4-1　通勤者的个人属性

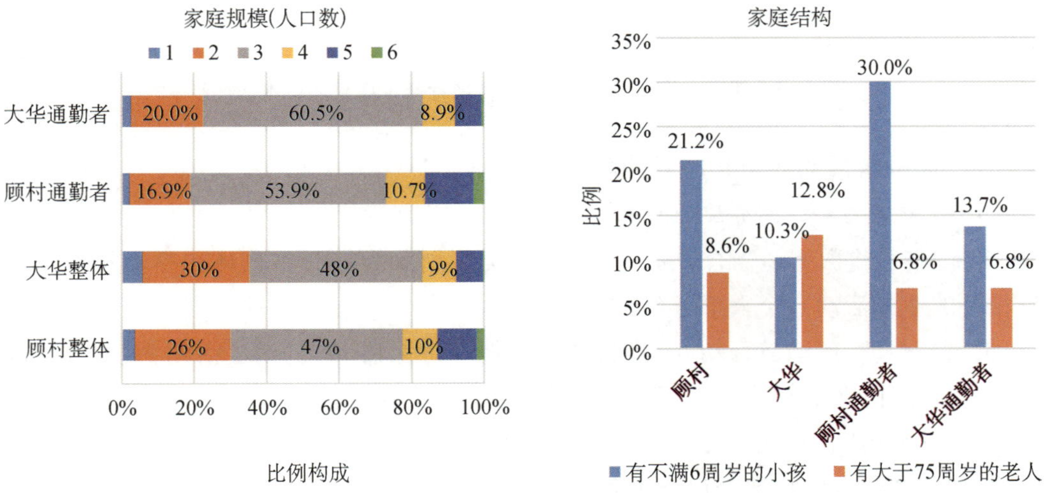

(a) 家庭规模　(b) 家庭结构

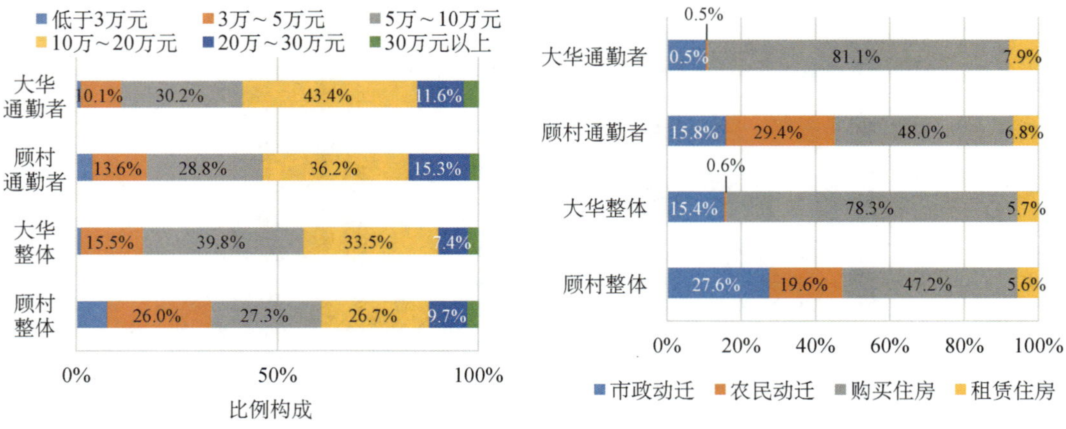

(c) 家庭收入　　　　(d) 住房取得类型

图 4-2　调查对象的家庭属性

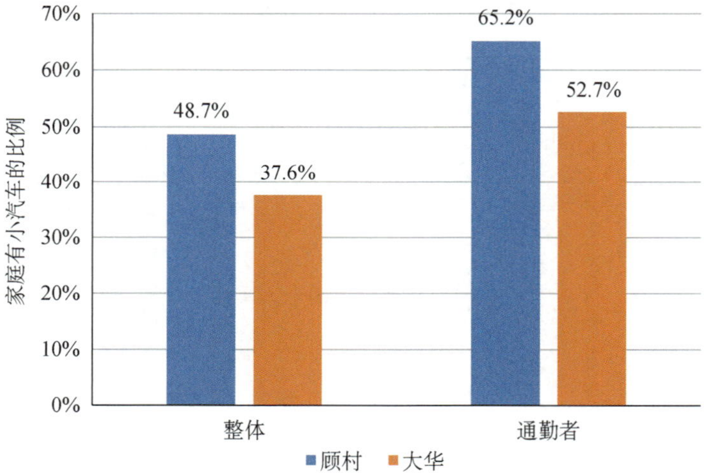

图 4-3　拥有小汽车的家庭比例(通勤者样本与整体样本对比)

4.1.2　通勤者活动参与和时间分配

1. *活动参与和时间分配的基本情况*

将调查所得数据适当合并后，可将活动类型划分为：工作(具体包括上班及与工作相关的业务活动)；个人事务(包括睡眠、饮食、个人护理等活动)；居家维持性活动(包括家务劳动、照顾教育幼儿/儿童等)；户外维持性活动(包括生活购物、户外家庭事务)；居家休闲活动(包括居家娱乐、社会交往、健身、技能培训等)；户外休闲活动(包括户外逛街购物、社会交往、运动健身、娱乐休憩等)；移动出行(包含通勤时间和其他出行时间)。统计数据包含了各项活动的人均参加时间以及调查对象中的参与率(图 4-4)。

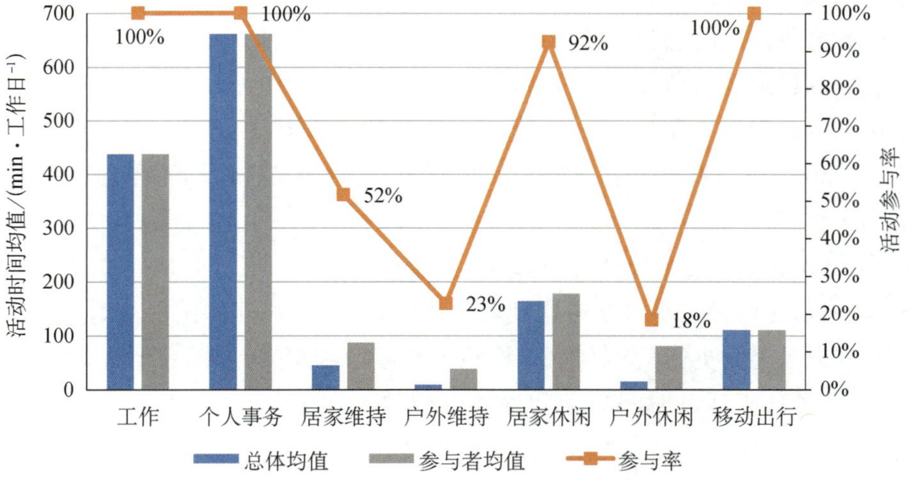

图 4-4　活动参与率和时间分配

总结图 4-4 可知：工作日通勤者的居家维持性活动参与率为 52%，时间分配总体对象均值为 45 min，限于参与者的均值为 87 min；户外维持性活动的参与率为 23%，总体均值仅 9 min，但限于参与者的均值为 38 min；居家休闲活动参与率达 92%，总体均值和参与者均值分别是 164 min 和 178 min；户外休闲活动参与率为 18%，总体均值仅 15 min，而参与者均值为 80 min。

2. 区位差异的生活时间分配与差异检验

为了判断居住区位可能产生的影响，对两个社区数据作统计差异检验（t 检验），如表 4-1 所示。

表 4-1　区位差异通勤者工作日的生活时间分配与差异检验显著度

活动类型	工作	个人事务	居家维持	户外维持	居家休闲	户外休闲	移动出行
顾村/min	434	669	47	7	157	13	113
大华/min	440	654	43	11	171	17	107
t 检验（sig. 双侧）	0.446	**0.063**	0.539	**0.049**	0.137	0.432	0.246

注：均值 t 检验需要先通过 Levene 检验判断两组样本的总体方差是否相等，再根据方差是否相等的情况下看对应的 t 检验显著度。表中列出为对应的 t 检验双侧显著度。

从 t 检验显著性水平结果来看，个人事务时间分配差异在 0.1 显著性水平下为显著，户外维持性活动时间分配在 0.05 显著性水平下为显著，其他各项生活时间分配差异均不显著。结合均值比较和独立样本 t 检验，可以看出，顾村地区通勤者个人事务时间分配略多，而户外维持性活动时间分配较少于大华。其他类型活动时间分配在顾村和大华之间没有表现出明显差异。

顾村和大华地区的通勤居民的户外维持性活动整体时间分配有显著差异。距离市中心更远的顾村地区通勤者户外维持性活动参与率为 19%，而距离市中心相对较近的大华地区通勤者参与率为 26%；在参与者时间分配均值上，顾村参与者均值为 35 min，大华为 41 min。可以看出，在工作日，大华通勤者户外维持性活动的参与率和时间分配均值都高于顾村。

3. 车辆拥有差异的生活时间分配与差异检验

相对来说，家庭拥有小汽车的通勤者工作时长更短，户外休闲平均时间分配更多，移动出行和通勤时间更长(表 4-2)。t 检验结果显示：拥有与未拥有小汽车的通勤者在工作时长、户外休闲活动时间分配和移动出行时间分配在 0.05 显著性水平下差异显著，单程通勤时间在 0.1 显著性水平下差异显著。

表 4-2　车辆拥有差异通勤者工作日的生活时间分配与差异检验显著度

活动类型	工作	个人事务	居家维持	户外维持	居家休闲	户外休闲	移动出行	单程通勤
无	449	664	41	7	167	9	104	47
有	429	660	46	10	162	19	114	52
t 检验(sig. 双侧)	**0.015**	0.706	0.404	0.147	0.599	**0.018**	**0.048**	**0.074**

进一步比较有无小汽车通勤者的户外休闲活动参与率与参与者时间分配均值：有小汽车的通勤者户外休闲活动的参与率略高于未拥有小汽车者，而且在时间分配均值上明显更高。其中，没有小汽车的通勤者户外休闲活动参与率为 17%，参与者时间分配均值为 50 min；而有小汽车的通勤者户外休闲活动参与率为 19%，参与者时间分配均值为 99 min。由此可见，家庭拥有小汽车所产生的影响并非限于交通，其生活方式亦随之产生差异。

4. 通勤时间对个人事务时间分配影响

从图 4-5 显示的变化趋势来看，通勤时间对个人事务的时间分配有明显影响作用。通勤时间超过 60 min 之后，个人事务时间分配减少明显：通勤时间在 60～90 min 区间，相比通勤时间 30～60 min 区间而言，个人事务时间分配平均减少 26 min；通勤时间增加到 90 min 以上时，个人事务平均时间分配减少 43 min。

通勤时间对维持性活动有明显的影响。随着通勤时间的增加，居家维持性活动参与率下降：当通勤时间为[60，90)min 时，居家维持性活动的参与率从之前的 58%降为 38%；当通勤时间大于或等于 90 min 时，居家维持性活动参与率进一步降为 31%。同样，户外维持性活动参与率随着通勤时间增加也不断降低：在(0，30)min，[30，60)min，

[60，90)min 三个通勤时间区间，参与率依次是 30%、23%和 19%；当通勤时间大于或等于 90 min 时，参与率降为 6%。

相比参与率，参与者时间分配均值随通勤时间的变化所表现出的差异并不十分明显。与直观认识一致，通勤时间增加降低了维持性活动参与率，但是如果选择参与维持性活动，参与者的时间分配不会有明显的不同。

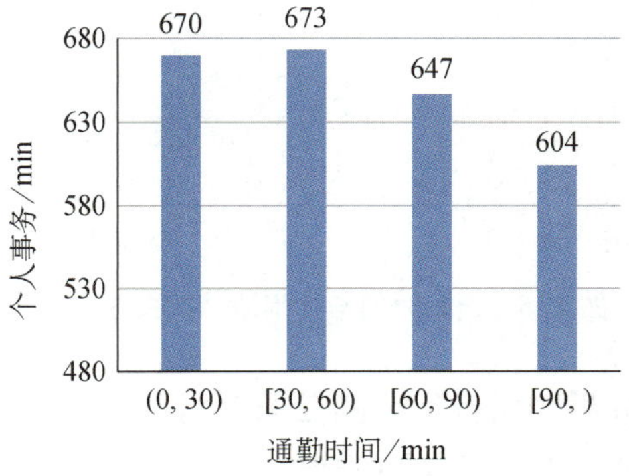

(a) 通勤时间与个人事务

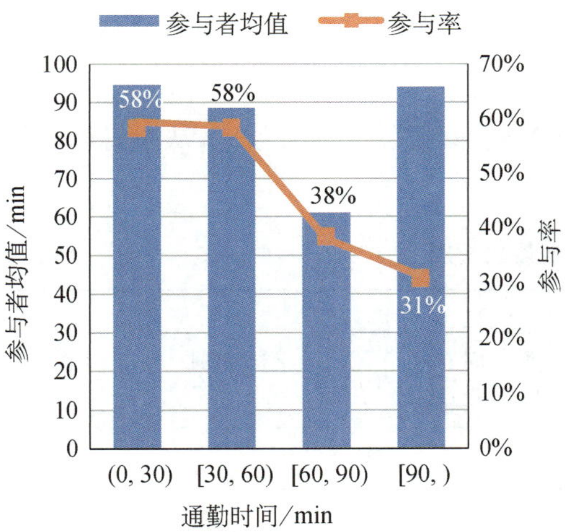

(b) 通勤时间与居家维持性活动

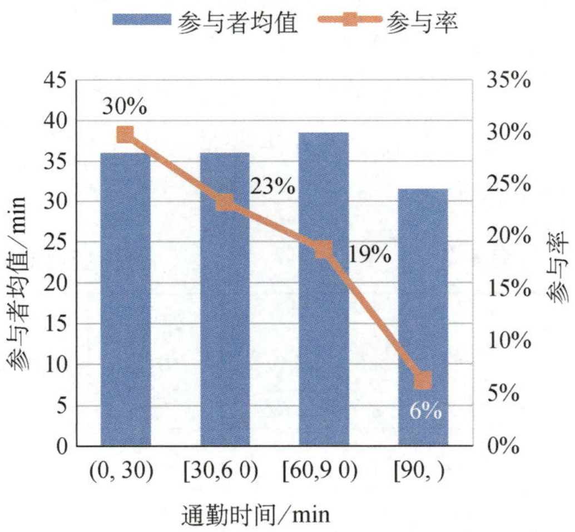

(c) 通勤时间与户外维持性活动

图 4-5　通勤时间与部分活动的关联

5. 通勤时间对自由支配时间的制约

通勤时间与可自由支配时间之间具有紧密关联。从统计数据来看，伴随通勤时间的增加，通勤者居家休闲活动参与率略有下降，而从参与者时间分配均值下降明显的状况来看，可以认为通勤时间的增加减少了对居家休闲活动时间的分配。通勤时间对户外休闲活动时间分配的影响体现在参与率上，当通勤时间大于或者等于 90 min 时，户外休闲活动参与率下降为 6%(图 4-6)。

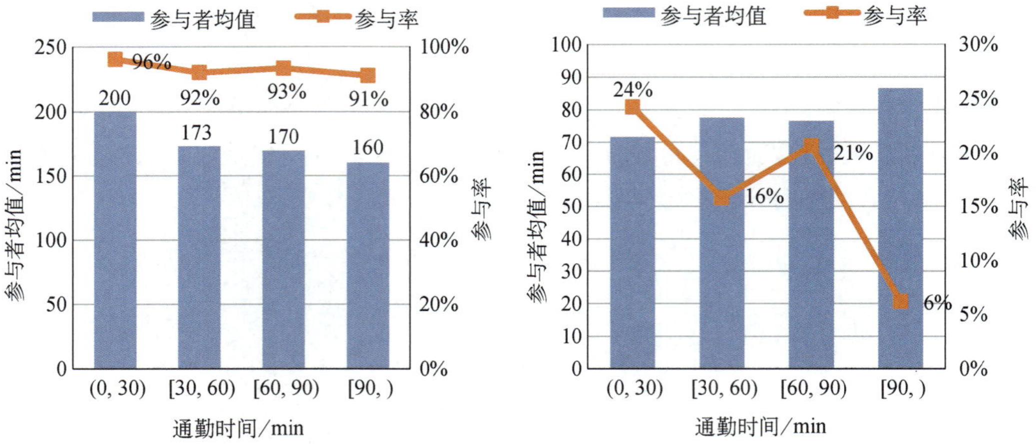

(a) 通勤时间与居家休闲活动　　(b) 通勤时间与户外休闲活动

图 4-6　通勤时间与休闲活动的关联

4.1.3　通勤者生活时间分配和出行行为的归因分析

采用结构方程模型对通勤者生活时间分配和出行特征进行归因分析的结果，反映出外生变量对时间分配的影响，不同活动时间分配之间的制约与权衡以及时间分配对出行次数的影响。

1. 外生变量对时间分配和出行次数的影响

表 4-3 显示了外生变量对内生变量的直接效应、间接效应和总效应，从中可以获得如下认识。

表 4-3　外生变量对内生变量的效应

属性		区位	郊区-市政动迁	家庭收入	家庭是否有 6 周岁以下儿童	是否有小汽车	性别	年龄
工作时长	总效应	—	−26.132	8.496	—	−29.388	—	—
	直接效应	—	−26.132	8.496	—	−29.388***	—	—
	间接效应	—	—	—	—	—	—	—
通勤时间	总效应	—	17.509	3.716	—	—	−7.551	−0.677
	直接效应	—	17.509***	3.716**	—	—	−7.551**	−0.677***
	间接效应	—	—	—	—	—	—	—
户外维持	总效应	−4.72	−2.243	−0.476	—	4.918	0.968	0.087
	直接效应	−4.72***	—	—	—	4.918***	—	—
	间接效应	—	−2.243	−0.476	—	—	0.968	0.087

（续表）

属性		区位	郊区-市政动迁	家庭收入	家庭是否有6周岁以下儿童	是否有小汽车	性别	年龄
个人事务	总效应	4.74	−0.952	−13.839	—	5.64	4.467	0.4
	直接效应	—	—	−8.582*	—	—	—	—
	间接效应	4.74	−0.952	−5.257	—	5.64	4.467	0.4
居家维持	总效应	−0.472	−1.423	−1.957	33.092	5.745	30.76	1.37
	直接效应	—	—	—	33.092***	—	28.131***	1.134***
	间接效应	−0.472	−1.423	−1.957	—	5.745	2.629	0.236
居家休闲	总效应	−0.021	−3.766	−1.076	−27.212	6.456	−19.119	−0.573
	直接效应	4.669***	—	—	—	—	—	—
	间接效应	4.648	−3.766	−1.076	−27.212	6.456	−19.119	−0.573
户外休闲	总效应	−3.133	−2.344	0.07	−6.198	4.729	−3.714	−0.073
	直接效应	—	—	—	—	—	—	—
	间接效应	−3.133	−2.344	0.07	−6.198	4.729	−3.714	−0.073
出行次数	总效应	−0.094	0.108	0.031	−0.027	0.12	−0.014	0.007
	直接效应	—	0.254	—	—	—	—	—
	间接效应	−0.094	−0.146	0.031	−0.027	0.12	−0.014	0.007

注：所有效应系数在0.1水平以上显著，* 在0.05水平显著，** 在0.01水平显著，*** 在0.001水平显著。

1）社会经济属性对时间分配的影响

家庭特征和个人社会经济属性对生活时间分配有显著影响。家庭收入对工作和通勤时间有正直接效应和总效应；家庭收入对个人事务时间分配有显著负直接效应和总效应；家庭收入对户外维持性活动、居家维持性活动、居家休闲和户外休闲活动时间分配没有显著的直接效应。

家庭成员中有6周岁以下儿童对通勤者的居家维持性活动时间分配有显著正效应，同时对通勤者居家休闲活动和户外休闲活动的时间分配有显著负总效应。

拥有小汽车的通勤者对工作时长有显著负直接效应和总效应，对户外维持性活动时间分配有正直接效应和总效应，对个人事务、居家维持性活动、居家休闲活动和户外休闲活动时间分配有正总效应。

个人属性对生活时间分配有显著影响作用。女性属性对通勤时间有显著负直接效应和总效应（这有可能反映出女性就业倾向，但有待进一步研究），对居家维持性活动时间分配有显著正直接效应和总效应。年龄对通勤时间有负直接效应和总效应，并且对居家维持性活动时间分配有正直接效应和总效应，但是效应系数绝对值较小。

2）居住区位、住房取得类型对时间分配的影响

在控制社会经济属性的情况下，居住区位对生活时间分配存在一定的显著效应。顾村区位对户外维持性活动有显著负直接效应和总效应，对居家休闲活动时间分配有显著正直接效应。另外，顾村区位对个人事务时间分配有正总效应，对户外休闲活动时间分配有负总效应。居住区位未发现对工作和通勤时间的显著效应，对此的进一步分析表明，我国社区居民结构形成有特定历史影响，居民结构差异往往影响了通勤时间的整体均值，这在今后的案例分析与研究中需要加以关注。

结合住房取得类型，顾村市政动迁户属性对生活时间分配作用效应显著(图 4-7)。一方面，顾村市政动迁户属性对通勤时间有显著正直接效应和总效应，反映出顾村市政动迁通勤者的通勤时间显著偏长；另一方面，顾村市政动迁属性对工作时长有显著负直接效应和总效应，对户外维持性活动、个人事务、居家维持性活动、居家休闲活动和户外休闲活动时间分配均有负的显著效应。

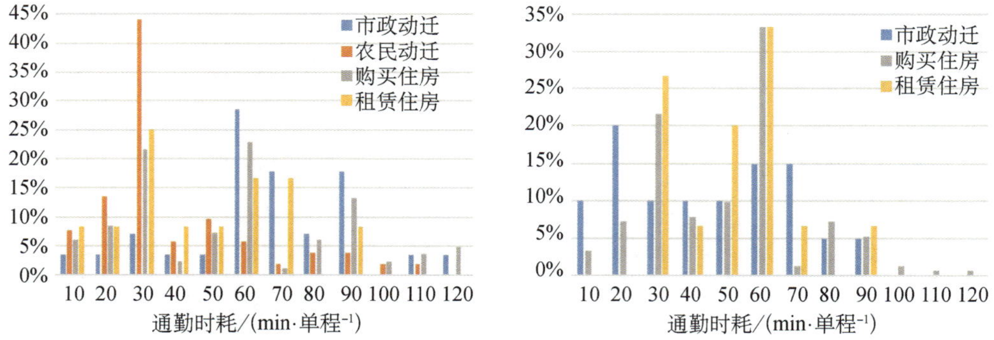

(a) 顾村各住房类型居民通勤时耗　　(b) 大华各住房类型居民通勤时耗

图 4-7　上海市顾村及大华社区不同住房类型居民通勤时耗

3）外生变量对出行次数的作用效应

从模型结果来看，外生变量对出行次数较少属性产生显著直接效应，而通过生活时间分配产生间接效应。居住区位、社会经济属性等外生变量对出行次数均不存在显著直接效应，仅有顾村市政动迁属性对出行次数有显著正直接效应和总效应。

2. 生活时间分配之间的制约与权衡

表 4-4 显示了通过模型分析所获得的内生变量之间的直接效应、间接效应和总效应。从中可以看到，刚性活动时间分配(工作时长、通勤时间)对其他活动时间分配有显著的制约作用。

表 4-4　　　　　　　　　　　　　内生变量之间的作用效应

活动类型		工作时长	通勤时间	户外维持	个人事务	居家维持	户外休闲
户外维持	总效应	—	−0.128	—	—	—	—
	直接效应	—	−0.128**	—	—	—	—
	间接效应	—	—	—	—	—	—
个人事务	总效应	−0.36	−0.592	−1.004	—	—	—
	直接效应	−0.36***	−0.72***	−1.004***	—	—	—
	间接效应	—	0.129	—	—	—	—
居家维持	总效应	−0.179	−0.348	0.1	−0.1	—	—
	直接效应	−0.215***	−0.407***	—	−0.1**	—	—
	间接效应	0.036	0.059	0.1	—	—	—
居家休闲	总效应	−0.35	−0.532	−0.781	−0.702	−0.822	−0.904
	直接效应	−0.982***	−1.948***	−0.852***	−0.988***	−0.996***	−0.904***
	间接效应	0.632	1.417	0.071	0.285	0.174	—
户外休闲	总效应	−0.123	−0.206	0.485	−0.16	−0.187	—
	直接效应	−0.176***	—	0.663***	—	—	—
	间接效应	0.052	−0.206	−0.178	−0.16	−0.187	—
出行次数	总效应	−0.001	−0.009	0.019	−0.001	−0.003	0.006
	直接效应	—	−0.005***	0.015***	—	−0.002**	0.007***
	间接效应	−0.001	−0.004	0.004	−0.001	−0.001	−0.002

工作时长对个人事务、居家维持性活动和居家休闲活动时间分配有显著负直接效应和总效应。通勤时间具有比工作时长更显著的制约作用——对户外维持性活动、个人事务、居家维持性活动和居家休闲活动都有显著负直接效应和总效应。与工作时长对其他活动时间分配的制约作用类似，间接效应对直接效应作用有所抵消；但是，与工作时长相比较，通勤时间的效应系数绝对值均更大，说明通勤时间增加产生的边际影响效应比工作时长要更明显。

户外维持性活动的时间分配对个人事务和居家休闲活动时间分配有显著的制约作用，其边际直接效应为−1.004 和−0.852；另外，户外维持性活动对户外休闲活动有显著作用效应。有趣的是，户外维持性活动对户外休闲活动是显著的正效应，直接边际效应为 0.663，表明通勤者倾向于将户外休闲活动附加在户外维持性活动上，显示出一种互补作用。

个人事务的时间分配对居家维持性活动和居家休闲活动时间分配有显著负效应，其直接效应系数分别是−0.1 和−0.988。可以看出，个人事务时间分配对居家维持性活动时间分配影响并不大，主要减少了居家休闲活动的时间分配。

居家维持性活动对居家休闲活动时间分配有显著负作用，其直接效应为－0.996，总效应为－0.822，说明居家维持性活动明显制约了居家的休闲活动时间分配。户外休闲活动对居家休闲活动有显著负直接效应和总效应。

模型分析表明，时间分配变量对出行次数有显著的影响作用。通勤时间对出行次数有显著负直接效应和总效应，说明工作日通勤者通勤时间增加对出行次数产生制约。居家维持性活动时间分配对出行次数有显著负直接效应和总效应。

户外维持性活动和户外休闲活动时间分配都对出行次数有显著正效应，直接效应系数分别是 0.015 和 0.007，户外维持性活动分配对出行次数的效应系数大于户外休闲活动。另外，工作时长、个人事务时间分配对出行次数有负总效应。

4.2 居住区位对通勤者生活质量的影响[2]

为验证居住区位对通勤者生活质量的影响，在上述研究工作的基础上，针对上海市扩大调查范围以展开进一步的工作。

4.2.1 研究区域的选择

以科学表征居民居住环境，合理地选取研究样本为目的，将上海市 447 个交通中区作为基本空间单位，采用在电子地图中提取的兴趣点(Point of Interest, POI)数据和路径规划数据作为评判居民居住环境的依据，并据此确定样本的抽取方案。通过因子分析方法，从 11 类 POI 密度、公交可达性和驾车可达性共 13 个变量中，提炼出一般建成环境因子、交通可达性因子和公共交通设施分布因子，对上海市各区域的居住区位进行度量[3]。

(1) 一般建成环境因子：表征了城市功能设施分布情况，通过区域内空间企业、医疗设施、餐饮场所等 9 类 POI 设施密度加权计算得到。

(2) 交通可达性因子：表征了居民从居住地到上海其他交通中区的公共交通和小汽车交通可达性，主要依据从居住地到其他交通中区的公共交通行程时间和驾车行程时间计算得到。

(3) 公共交通设施分布因子：表征了居民乘坐公共交通的方便性，主要依据区域内公交车站和地铁站的密度计算得到。

利用三分法对公共因子进行分类，即将因子得分大于或等于公共因子 66％分位数的居住区视为具有优势，将低于公共因子 66％分位数的居住区视为不具备优势。为了解弱势环境区位因子对出行行为和生活质量的影响，调查工作聚焦于以下四组区域：区域分组 1 是只有一般建成环境优势的区域；区域分组 2 是只有交通可达性优势的区域；区域分组 3 是只有公共交通设施分布优势的区域；区域分组 4 是三方面均具有优势的区域。对于只有单项优势区域的分析可以了解在每种居住区位因子优势下居民的出行特征和生活质量,并且可以识别弱势因子对居民的影响。对于三种优势区域的研究,主要用于了解生活在居住区位较好区域的居民的生活质量,并且与弱势区域进行对照。

以上海市外环路为界,在每组区域在外环内的市区区域和外环外的郊区区域中各选择一个交通中区作为研究区域。选取的 8 个区域在上海市的分布如图 4-8 所示,区域具体信息见表 4-5。

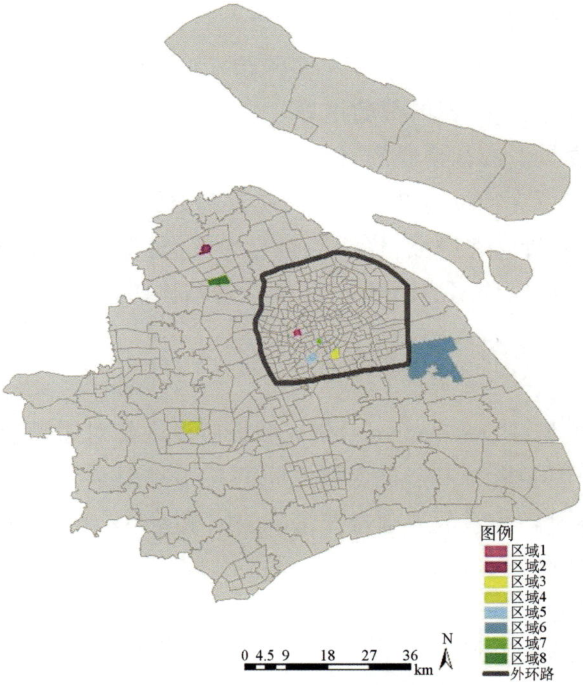

图 4-8 研究区域在上海市的分布

表 4-5 研究区域概况

分组名称	区域编号	区域地点	交通区位	一般建成环境因子	交通可达性因子	公共交通设施分布因子
区域分组 1	区域 1	长宁区江苏路附近	市区	高	低	低
	区域 2	嘉定区嘉定新城附近	郊区	高	低	低
区域分组 2	区域 3	浦东新区耀华路地铁站附近	市区	低	高	低
	区域 4	松江区松江新城地铁站附近	郊区	低	高	低
区域分组 3	区域 5	徐汇区云锦路地铁站附近	市区	低	低	高
	区域 6	浦东新区川沙地铁站附近	郊区	低	低	高

（续表）

分组名称	区域编号	区域地点	交通区位	一般建成环境因子	交通可达性因子	公共交通设施分布因子
区域分组 4	区域 7	黄埔区鲁班路地铁站附近	市区	高	高	高
	区域 8	嘉定区马陆地铁站附近	郊区	高	高	高

笔者团队于 2019 年 4 月至 12 月期间，采用入户调查的方法对 8 个研究区域的通勤者进行调查，获取的有效问卷数量为 667 份，满足置信度为 95%、容许误差 4%时抽样调查所需最小样本量的要求。样本大致平均分布在区域 1(12%)、区域 2(11%)、区域 3(15%)、区域 4(14%)、区域 5(15%)、区域 6(13%)、区域 7(12%)和区域 8(8%)之间。95%的通勤者集中在 20～49 岁的劳动年龄。

调查数据包括通勤者的社会经济属性、24 h 内发生的所有活动的时间和类型、生活质量评判。采用 5 级李克特量表测量了生活质量和通勤满意度[4]。由于生活活动是多样化的，参考已有的地理时间研究，将活动整合为 7 类：工作、个人事务、居家维持性活动、户外维持性活动、居家休闲活动、户外休闲活动和移动出行。

4.2.2 模型构建

采用路径分析模型(Path Analysis)研究城市居住区位对通勤者时间分配和生活质量的影响，通过检查因变量与多个自变量之间的关系来识别因果。该方法具有两个主要优点：一是可以通过路径系数来确定变量间的因果关系；二是能够说明变量间的间接效应。

$$\begin{aligned} Y &= \beta_0 + \beta_1 M + \beta_2 X + \varepsilon_1 \\ M &= \alpha_0 + \alpha_1 X + \varepsilon_0 \end{aligned} \quad (4\text{-}1)$$

式中，Y 代表内生变量，X 代表外生变量，M 代表中介变量；α_0 和 β_0 代表常数项(截距)；ε_0 和 ε_1 代表误差；α_1，β_1 和 β_2 表示待估计的回归系数。

内生变量 Y 直接受到外生变量 X 和中介变量 M 的影响，同时外生变量 X 也通过中介变量 M 对内生变量 Y 有间接作用，因此外生变量 X 对内生变量 Y 的总效应可以通过综合直接效应与间接效应来获得。

已有的研究工作表明，在各种居住区位中，居住在郊区的通勤者不仅开车出行频率更高[5]，而且出行时间和出行距离也更长[6]。居住地的公共交通可获得性较高，通勤者会更倾向于使用公共交通取代小汽车通勤[7]。居住在市区的通勤者的满意度通常比居住在郊区的更高[8]，居住地一般建成环境与通勤满意度密切关联[6]。根据这些研究成果，模型假设城市居住区位影响通勤者出行行为和通勤满意度(表 4-6)。

表 4-6　　模型分析的相关假设及依据

模型假设	建立假设的依据
假设 1:城市居住区位影响通勤者出行行为(H1); 假设 2:城市居住区位影响通勤满意度(H2)	多项研究指出,长时间通勤会缩减通勤者的休息时间[9]和参加体育锻炼等休闲活动的时间[10, 11]。出行方式对通勤满意度的影响被广泛研究。近期研究发现,慢行交通方式通勤具有比小汽车通勤更高的通勤满意度[12-14],并且证实了通勤对生活质量的影响[15],如 Stutzer, Frey 发现长时间通勤对人的生活质量产生了显著的负面影响[16]。因此,模型假设出行行为影响通勤者的生活时间分配、通勤满意度和生活质量
假设 3:出行行为影响生活时间分配(H3); 假设 4:出行行为影响通勤满意度(H4); 假设 5:出行行为影响生活质量(H5)	休闲活动时间与生活质量有密切的联系。文献表明,休闲活动时间的增加,有助于人的心理和身体健康,从而对生活质量也会有积极的影响[17-19]。因此,模型假设通勤者的生活时间分配影响生活质量
假设 6:生活时间分配影响生活质量(H6)	目前学术界较为常用的生活质量定义是 1995 年世界卫生组织提出的“生活质量是个人在其所生活的文化和价值体系中对其生活地位的感知,以及与他们的目标、期望、标准和关注的关系”[20]。根据生活导向理论,生活质量会被各生活领域的满意度所影响[21]。已有研究证明了出行和通勤满意度与生活质量有密切的关联[22]。因此,模型假设通勤满意度影响生活质量
假设 7:通勤满意度影响生活质量(H7)	

在上述假设基础上,提出如图 4-9 所示的概念模型,以分析城市居住区位和出行行为对通勤者生活质量的影响。模型变量及取值见表 4-7。

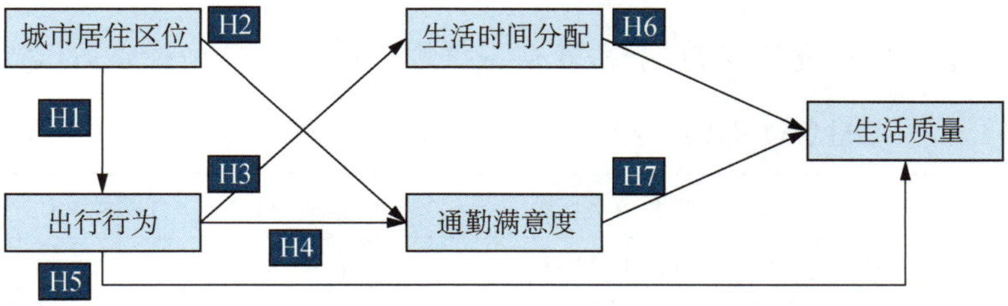

图 4-9　居住区位及出行行为对生活质量影响模型概念框架

表 4-7　　居住区位及出行行为对生活质量影响模型变量及取值

类型	变量	取值
城市居住区位	交通区位	0:郊区,1:市区
	一般建成环境	0:无优势,1:有优势
	可达性	
	公共交通设施分布	
出行行为	通勤时长	从 1 开始,以 10 min 为步长增长
	通勤距离	居住地与上班地的直线距离,单位:km
	出行次数	单位:次数
	换乘交通方式	0:不使用,1:使用
	步行通勤	
	自行车通勤	
	电助动车通勤	
	常规公交通勤	
	地铁通勤	
	小汽车通勤	
生活时间分配	工作时长	从 1 开始,以 30 min 为步长增长
	个人事务时长	
	居家维持时长	
	居家休闲时长	
	户外维持时长	
	户外休闲时长	
	移动出行时长	
通勤满意度	通勤满意度	5:非常满意,4:满意,3:一般,2:不满意,1:非常不满意
生活质量	生活质量	5:高,4:较高,3:中等,2:较低,1:低

通过最大似然估计完成参数拟合,获得最终模型的标准化路径系数(表 4-8)。

表 4-8　　居住区位及出行行为对生活质量影响模型标准路径系数

假设	路径	总影响	直接影响	间接影响
H1 城市居住区位→出行行为	一般建成环境 → 通勤时长	−0.161***	−0.161***	—
	一般建成环境 → 通勤距离	−0.169***	−0.169***	—
	一般建成环境 → 换乘交通方式	−0.053***	—	−0.053***

（续表）

假设	路径	总影响	直接影响	间接影响
H1 城市居住区位→出行行为	一般建成环境 → 地铁通勤	−0.223***	−0.223***	—
	一般建成环境 → 公交通勤	−0.12***	−0.12***	—
	一般建成环境 → 自行车通勤	0.155***	0.155***	—
	一般建成环境 → 电助动车通勤	0.212***	0.212***	—
	一般建成环境 → 出行次数	−0.077**	−0.077**	—
	可达性 → 通勤时长	−0.028	−0.028	—
	可达性 → 通勤距离	−0.179***	−0.179***	—
	可达性 → 换乘交通方式	0.205***	0.214***	−0.009
	可达性 → 地铁通勤	0.187***	0.187***	—
	可达性 → 电助动车通勤	−0.108***	−0.108***	—
	可达性 → 步行通勤	0.113***	0.113***	—
	可达性 → 出行次数	0.106***	0.106***	—
	交通设施分布 → 地铁通勤	−0.038	−0.038	—
	交通设施分布 → 公交通勤	−0.087**	−0.087**	—
	交通设施分布 → 自行车通勤	0.124***	0.124***	—
	交通区位 → 通勤时长	0.147***	0.147***	—
	交通区位 → 换乘交通方式	0.14***	0.092***	0.048***
	交通区位 → 小汽车通勤	−0.2***	−0.2***	—
	交通区位 → 地铁通勤	0.197***	0.197***	—
	交通区位 → 公交通勤	0.126***	0.126***	—
	交通区位 → 步行通勤	0.057	0.057	—
	交通区位 → 出行次数	0.088**	0.088**	—
H2 城市居住区位→通勤满意度	一般建成环境 → 通勤满意度	0.013	—	0.013
	可达性 → 通勤满意度	0.013	—	0.013
	交通设施分布 → 通勤满意度	0.24***	0.236***	0.003
	交通区位 → 通勤满意度	−0.026**	—	−0.026**
H3 出行行为→生活时间分配	通勤时长 → 移动出行时长	0.53***	0.53***	—
	通勤时长 → 居家休闲时长	−0.159***	−0.159***	—
	通勤时长 → 居家维持时长	−0.066**	−0.066**	—
	通勤距离 → 工作时长	−0.11***	−0.11***	—

（续表）

假设	路径	总影响	直接影响	间接影响
H4 出行行为→通勤满意度	通勤时长 → 通勤满意度	−0.117**	−0.058	−0.059***
	通勤距离 → 通勤满意度	−0.102**	−0.102**	—
	换乘交通方式 → 通勤满意度	−0.18***	−0.18***	—
	小汽车通勤 → 通勤满意度	0.094**	0.094**	—
	地铁通勤 → 通勤满意度	0.162***	0.162***	—
	公交通勤 → 通勤满意度	−0.045	−0.045	—
	自行车通勤 → 通勤满意度	0.046	0.046	—
H5 出行行为→生活质量	通勤距离 → 生活质量	−0.134**	−0.083*	−0.052**
	换乘交通方式 → 生活质量	−0.091***	—	−0.091***
	小汽车通勤 → 生活质量	0.048**	—	0.048**
	地铁通勤 → 生活质量	0.082***	—	0.082***
	公交通勤 → 生活质量	−0.023	—	−0.023
	自行车通勤 → 生活质量	0.024	—	0.024
H6 生活时间分配→生活质量	户外休闲时长 → 生活质量	0.075***	0.075***	—
H7 通勤满意度→生活质量	通勤满意度 → 生活质量	0.508***	0.508***	—
间接影响				
城市居住区位→生活时间分配	一般建成环境 → 移动出行时长	−0.086***	—	−0.086***
	一般建成环境 → 工作时长	0.019***	—	0.019***
	一般建成环境 → 居家休闲时长	0.026***	—	0.026***
	一般建成环境 → 居家维持时长	0.011**	—	0.011**
	一般建成环境 → 个人事务时长	−0.007	—	−0.007
	可达性 → 移动出行时长	−0.015	—	−0.015
	可达性 → 工作时长	0.02***	—	0.02***
	可达性 → 居家休闲时长	0.004	—	0.004
	可达性 → 居家维持时长	0.002	—	0.002
	可达性 → 个人事务时长	−0.001	—	−0.001
	交通区位 → 移动出行时长	0.078***	—	0.078***
	交通区位 → 居家休闲时长	−0.023***	—	−0.023***
	交通区位 → 居家维持时长	−0.01**	—	−0.01**
	交通区位 → 个人事务时长	0.006	—	0.006

（续表）

假设	路径	总影响	直接影响	间接影响
城市居住区位→生活质量	交通设施分布 → 生活质量	0.122***	—	0.122***
	一般建成环境 → 生活质量	0.002	—	0.002
	交通区位 → 生活质量	0.003	—	0.003

注：*，**，*** 分别表示显著性水平在 0.1，0.05，0.01。

检验结果表明模型具有良好的拟合度：卡方/自由度为 2.572，RMSEA（近似误差均方根，<0.08）值为 0.051，CFI（拟合优度指数，>0.9）值为 0.917。模型结果为所有模型假设都提供了充分的数据支持。

4.2.3 模型分析结果判读

模型计算结果验证了出行行为对通勤满意度和生活质量产生影响的判断，其具体体现为通勤时长和通勤距离的增加使通勤满意度下降；交通换乘会降低通勤满意度。在通勤者使用的交通方式中，小汽车、地铁、自行车对通勤满意度有积极效应，常规公交对通勤满意度产生消极效应。其中，自行车出行是通过对人心理和生理的中介作用而形成积极影响[23]。

通勤满意度对通勤者生活质量具有较大程度的直接影响，并且这种影响是显著且正向的。单位通勤满意度的提升将导致通勤者的生活质量感受提高 0.5 个单位。出行行为是通过对通勤满意度的中介作用而对生活质量产生影响：换乘交通和公交通勤会间接导致通勤者生活质量下降；小汽车通勤、地铁通勤、自行车通勤可以间接提高通勤者生活质量。其中，地铁对生活质量的积极效应最高，其次为小汽车和自行车。值得注意的是，小汽车通勤对生活质量的积极影响程度仅为地铁通勤的 58.5%。此外，长距离通勤会直接降低通勤者生活质量，这提示我们注意：在特大城市背景下，职住不平衡引起的长距离通勤不仅降低了通勤满意度，而且直接或间接地降低了通勤者生活质量。

长时间通勤还导致通勤者的居家维持活动时长和居家休闲时长减少。根据模型计算得到，当通勤时长增加 10 min 时，通勤者的居家休闲时长将减少 4.8 min，居家维持休闲时长将减少 2 min。同时模型计算还反映出，通勤距离增加 1 km 会使工作时长缩短 3.3 min。

根据 8 个调查区域的调查数据分析，居住在市区的通勤者单程平均通勤时长为 41 min；而居住在郊区的通勤者单程平均通勤时长为 35 min，比市区通勤者短 15%。此外，17%的市区通勤出行涉及多方式换乘，仅有 6%的郊区通勤出行涉及多方式换乘。不过，需要注意的是，城市外围地区就业岗位类型与中心城区有显著区别，只有在外围地区功能全面调整的情况下，才能认为生活质量更加优越。这正是上海在新城建设中强调独立综合性节点城市的意义所在。

4.3 公交乘客忠诚度分析

在 4.2 节中已经看到，常规公交是通勤交通满意度的短板，从而成为公交优先战略中的突破重点。对于公共交通服务评价传统上主要考虑公交满意度；但是，对于公交优先战略实施过程来说，公交乘客的忠诚度则更为重要，它直接反映了城市居民交通模式变化的趋势。公共交通大数据资源提供了连续追踪乘客公交使用情况的可能性，为乘客公交使用行为维度的度量提供了依据；意愿调查则提供了乘客的公交使用意愿，可以作为公交服务态度忠诚度方面的评判依据。利用行为追踪等方法，可以在宏观上建立两种忠诚度组群的概率映射关系，进而明确各种对策的着力点。

4.3.1 基于小样本调查的行为—态度忠诚度分析[24]

“顾客忠诚”的内涵是购买行为与态度的结合体，在过往消费体验基础上，形成了顾客对某类服务或商品的认可程度和依赖性。公交乘客忠诚度既含有继续使用公交的持续性行为倾向，也包括用户对公交的态度意愿。

参考营销学中的“行为—态度”忠诚度评测，从公交服务使用意愿（态度忠诚度）和公交实际使用情况（行为忠诚度）两个维度考虑，可以将乘客公交忠诚度定义为如下四类：非忠诚、持续忠诚、潜在忠诚以及虚假忠诚（图 4-10）。

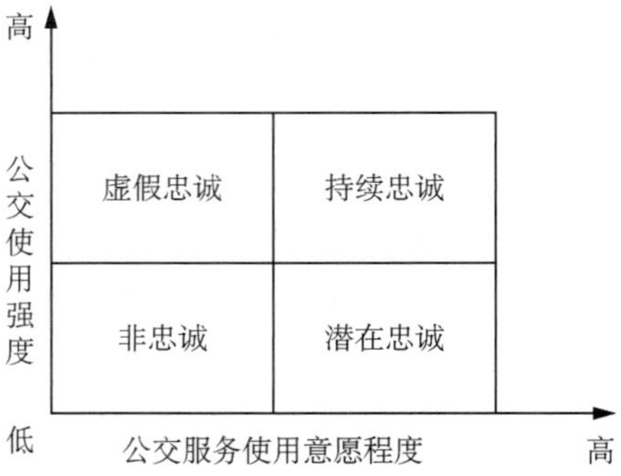

图 4-10　公交忠诚度的四种分类

经初步分析后，考虑到乘坐常规公交与轨道交通的相关系数很高，因此加以合并。在小样本调查中，以受访者过去一周公交系统的使用频率，距离最近一次乘坐公交的天数间隔作为判别依据，聚类分析后得到“行为忠诚度”划分的最终聚类中心，如表 4-9 所示。

表 4-9　“行为忠诚度”划分的最终聚类中心

变量	聚类	
	1	2
过去一周公交系统使用次数	1～5	16 以上
距离最近一次乘坐公交的天数间隔	4～7	0

为了检测对公交的态度感受，在意愿调查中分列九个题目进行问询，主要包括“对公交系统的总体印象”“公交车司机的形象素质评价”“公交车的运行速度、准时性满意

度”以及“能够接受的票价涨幅”等，以之作为描述用户对公交系统运营服务、运行的满意度以及票价上涨接受程度的变量，以评判受访者对公交系统的认可程度。由于问卷调查项目指标间的多重共线性较强，为避免对后续建模的不利影响，采用“因子分析法”对变量进行降维处理。

从九个“态度忠诚度”描述变量中提取的三个公共因子（表 4-10），对观测变量方差解释的累计贡献率达到了 77%。采用斜角旋转变换后，提取的三个公共因子间的相关性为 0，变量各自独立有利于模型建立。四个能够描述公交乘客对轨道交通的满意程度的变量构成了第一个公共因子；三个能够描述公交乘客对常规地面公交满意程度的变量构成了第二个公共因子；两个能够描述公交乘客对公交票价上涨接受程度的变量构成了第三个公共因子。

表 4-10　“态度忠诚度”划分的最终聚类中心

变量	聚类中心	
	1	2
轨道交通满意度因子	1.021 73	−0.434 87
常规公交满意度因子	0.458 84	−0.195 29
涨价的敏感程度因子	−0.473 38	0.201 48

将基于公交行为忠诚以及态度忠诚的人群划分结果进行综合，可以获取此次问卷调查中最终的受访人群类别划分情况（图 4-11）。

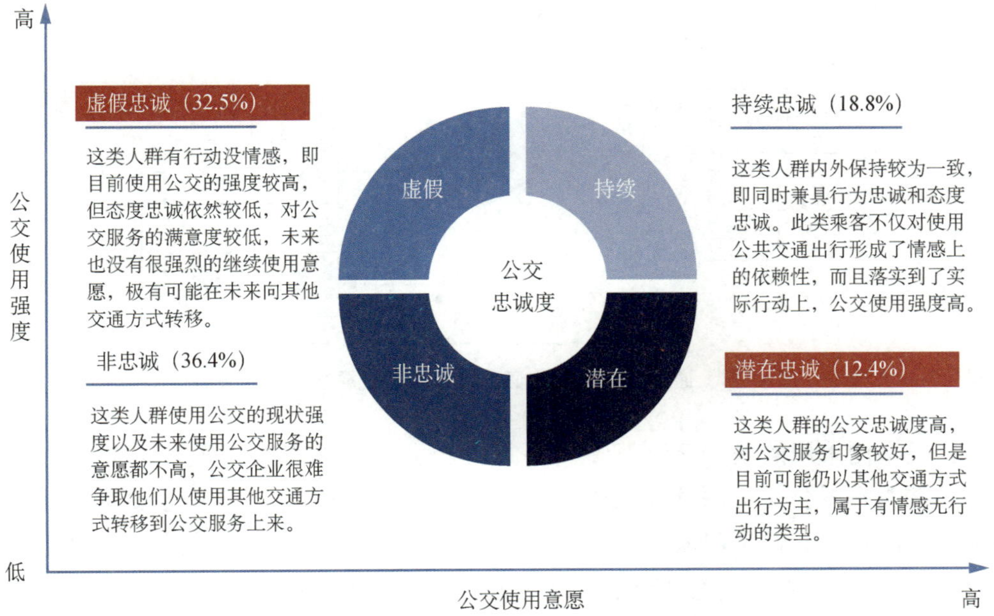

图 4-11　上海市通勤人群公交忠诚度分组

4.3.2 公交用户忠诚度的影响因素分析[25]

参照心理学中的态度—行为理论，可以将通勤用户的公交使用行为与态度意愿之间的关系理解为：乘客在使用公交出行后，会根据自身出行需求是否被满足产生相应的认知，以及对此次公交服务满意度的评价，经过积累后的这种心理认知会影响乘客对公交服务的出行依赖性和态度上的认可程度。态度可以是正向的，也可以是反向的。当这种态度认知的强度还不足以在短时间内轻易改变目前通勤方式的习惯行为时，既有交通方式得以保持。当这种反向的态度认知积累到一定的阈限时，这种习惯行为可能会被"解冻"，从而激活公交虚假忠诚用户脱离公交系统的行为。从公交忠诚度的概念界定和分类中不难看出，行为忠诚维度是对公交用户市场中行为个体的公交使用现状的描述，目的在于配合态度忠诚度有效地识别具有流失可能性的老客户以及争取和吸引的新客户；而态度忠诚度则代表了乘客在长期消费公交服务之后，所产生的认知积累并逐渐影响出行交通方式的选择趋势，与习惯行为的形成或解冻密切相关。

根据上述理解和假设所构建的结构方程模型的逻辑框架(图 4-12)，描述了公交忠诚度的内在作用机理以及形成过程。针对结构模型中不能直接被观测的潜变量，通过多个显变量(问卷内直接问询的问题)进行测量，每个潜变量与其被解释的显变量构成了一个测量模型。

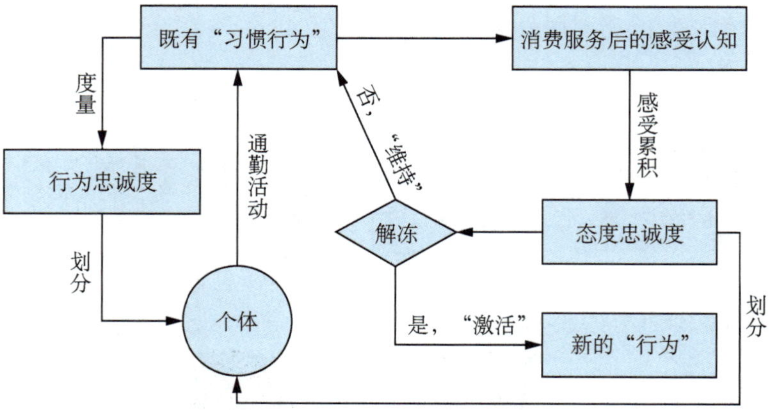

图 4-12 通勤交通方式的使用行为与态度意愿之间的关系

分析案例采用的是 2015 年 12 月对厦门市公交乘客进行忠诚度问卷调查的数据。该调查根据公交 IC 卡数据分析公交下车量热点分布，选择 5 个主要区域作为调查对象：高科技园区(厦门软件园)、经济开发区、江头区域(CBD)、火车站区域以及体育路附近区域，共发放问卷 900 份。调查共计回收问卷 695 份，回收率为 77.2%，其中有效样本 664 份，满足在 95%置信水平、最大允许绝对误差为 4%的最小样本需求量(384 份)要求。由此建立的忠诚度结构方程模型获得了较好的拟合结果，各项拟合系数均符合适配度检验指标的标准，且所有检验参数均达到显著水平，未出现负的变量残差方差。

1) 潜变量之间的作用效果

根据计算得到模型中各潜变量间标准化后的总影响(表 4-11)可知，满意度潜变量对公交忠诚度有直接影响，并且影响程度较为显著：满意度每提升 1 个单位，乘客公交忠诚度提高 0.634 个单位。环境设施、安全便捷与运营服务三个潜变量均是公交服务水平衡量标准，是为提高公交忠诚度而需要直接改善的具体对象，它们通过中间变量(情感价值、感知价值以及满意度)对忠诚度产生主要影响。下面重点分析上述三个潜变量对公交乘客忠诚度的影响机理。

表 4-11　　结构方程中潜变量间总影响(标准化后)

	安全便捷	环境设施	运营服务	情感价值	感知价值	满意度
运营服务		0.955*				
情感价值		0.750	0.785*			
感知价值	0.503*	0.283	0.297	0.378*		
满意度	0.491	0.276	0.289	0.369	0.975*	
忠诚度	0.311	0.175	0.183	0.234	0.618	0.634*

注：标注*的为直接作用，未标注*的为间接作用。

2) 潜变量与显变量指数得分计算及两者间关系分析

借鉴顾客满意度指数(Customer Satisfaction Index, CSI)计算方法，定义公交忠诚度潜变量与显变量的指数得分(Population Stability Index, PSI)。

$$PSI=\frac{\sum_{i=1}^{k} w_i\bar{x}_i-\sum_{i=1}^{k} w_i}{\sum_{i=1}^{k} w_i(\max\{x_i\}-\min\{x_i\})}\times 100 \tag{4-2}$$

式中，w_i 为显变量的权重；$\bar{x}_i$ 为第 i 个显变量的均值；$\max\{x_i\}$ 为该变量的最高得分，本研究采用 5 级分级法，故为 5；$\min\{x_i\}$ 为该变量的最低得分，一般为 1。

指数得分的高低反映了乘客对该变量的评价，公交乘客忠诚度指数越高，说明乘客对公交越忠诚。

对本次研究中的结构方程模型包含的所有潜变量与对应显变量进行变量忠诚度指数得分计算，结果如表 4-12 所示。

表 4-12　　　　公交忠诚度潜变量与其显变量的指数得分

潜变量	显变量	权重	显变量指数得分	潜变量指数得分
环境设施	X_1(高峰时段车内拥挤程度)	1.019	50.74%	49.51%
	X_2(车内的卫生情况)	0.998	49.69%	
	X_3(车内的温度及气味适宜情况)	1	49.79%	
	X_4(站台设施的布置和候车环境)	**0.96**	**47.80%**	
运营服务	X_5(车辆运行的平稳性)	1.147	53.45%	49.64%
	X_6(车辆运行速度)	1.147	53.45%	
	X_7(司乘人员服务态度)	**0.996**	**46.41%**	
	X_8(公交站点候车时间)	**1**	**46.60%**	
	X_9(车辆运行准点率)	**1.036**	**48.28%**	
安全便捷	X_{10}(行车安全总体认可程度)	1.014	56.54%	53.74%
	X_{11}(线路直达性及换乘便利性)	1	55.76%	
	X_{12}(起点至车站间步行距离)	**0.877**	**48.90%**	
情感价值	X_{13}(公交出行对心情的影响)	0.929	44.91%	46.75%
	X_{14}(享受公交出行带来的乐趣)	0.857	41.43%	
	X_{15}(公交出行中是否产生逃离感)	1.082	52.31%	
	X_{16}(公交出行的放松、舒适感)	1	48.34%	
价值感知	Y_1(相对价格,服务水平的满意度)	1	45.90%	56.41%
	Y_2(相对服务水平,价格接受度)	1.458	66.92%	
满意度	Y_3(公交服务总体满意程度)	1.249	46.74%	42.98%
	Y_4(对公交服务期望的满足程度)	1.197	44.79%	
	Y_5(与理想的公交服务水平的差距)	1	37.42%	
忠诚度	Y_6(未来一段时间,公交出行是否将会是出行首选)	1	29.66%	40.13%
	Y_7(服务品质不变,公交是否仍为首选出行方式)	1.048	31.09%	
	Y_8(与小汽车出行相比,您是否讨厌公交出行)	1.361	40.37%	
	Y_9(是否觉得选择公交出行很适合自己)	2.002	59.38%	

注:表中黑体字部分为需要改进的方面。

在百分制指数得分统计下，厦门市公交乘客对公交系统总体服务水平的评价较低，大部分显变量与潜变量的变量指数得分低于50%。结果显示出“环境设施”“安全便捷”与“运营服务”三个潜变量均有亟待提升之处。根据对应的显变量忠诚度指数得分情况，明确当前公交运营服务质量不足之处，对针对性改善和提高公交运营服务水平具有参考价值。本次研究中，潜变量“环境设施”与“运营服务”的忠诚度指数得分均不足50%，属于中等偏下评价水平。具体分析其对应的显变量指数得分，可以发现 X_4（站台设施的布置和候车环境）、X_7（司乘人员服务态度）、X_8（公交站点候车时间）、X_9（车辆运行准点率）、X_{12}（起点至车站之间的步行距离）与各自潜变量的相关系数较高，但其指数得分过低，从而导致潜变量总体评价不高（灰色部分）。因此，只有优先对上述公交系统对象进行改善，才能提升乘客对公交系统的满意度与忠诚度。

4.4 宏微观嵌套分析

从本章前面几节的分析可以看到，基于小样本问卷调查所构建的模型，在研究居民诉求与意愿中发挥了难以替代的作用；但是，由于这类调查容易出现选择性偏差，其结果对问题的说明能力往往被质疑。将大数据与小数据的长短之处相互弥补，形成了宏微观嵌套分析框架，具体做法包括：在基于小样本模型获得的类别与大样本聚类获得的类型之间，建立概率映射关系，将小样本模型的结论推论到大样本空间分布结构模型中；根据大数据分析获得的研究对象空间分布特点，拟定调查计划指导合理抽样调查方案。

4.4.1 大小样本类别之间的映射

根据IC卡等大样本数据可以获得用户在公交系统中的活动信息，虽然无法从中直接获得用户的态度信息，但可以设法通过小样本意愿调查获得信息，在大样本数据中找寻轨迹吻合的相应用户，从而在大小数据之间建立概率映射关系。

以上述厦门调查数据为例，根据公交出行频率、公交出行的时间稳定性以及公交出行的空间稳定性，可以将大样本调查对象通过聚类划分为三种类型（图4-13）：类别1，低频低稳定性公交乘客；类别2，高频高稳定性公交乘客；类别3，中频低稳定性乘客。

有70.2%的小样本调查对象与大样本数据匹配成功建立了映射关系（表4-13），验证了通过概率映射获得不同忠诚度类型公交乘客空间分布的可行性。

表4-13　　大小样本中不同类别乘客的映射关系

聚类类别	持续忠诚	虚假忠诚	潜在忠诚	非忠诚
类别1	0	0	59.6%	40.4%
类别2	60.1%	37.3%	1.8%	0.8%
类别3	9.8%	8.4%	49.0%	32.8%

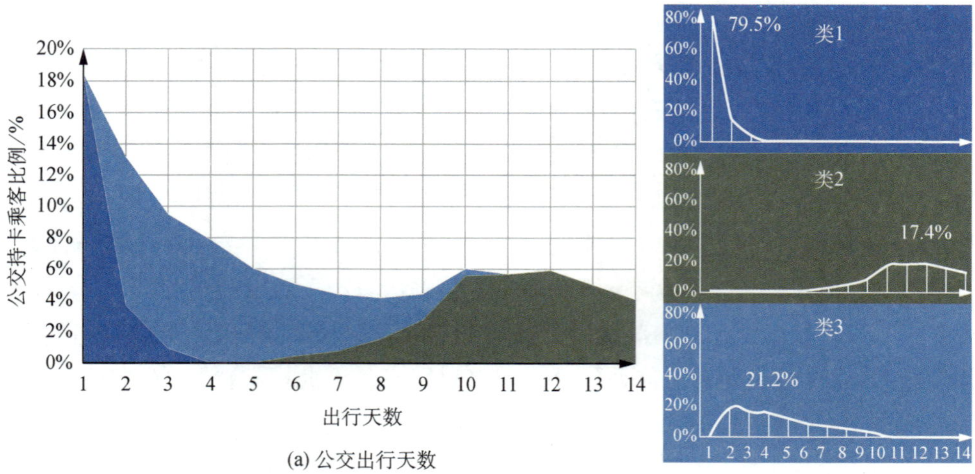

(a) 公交出行天数

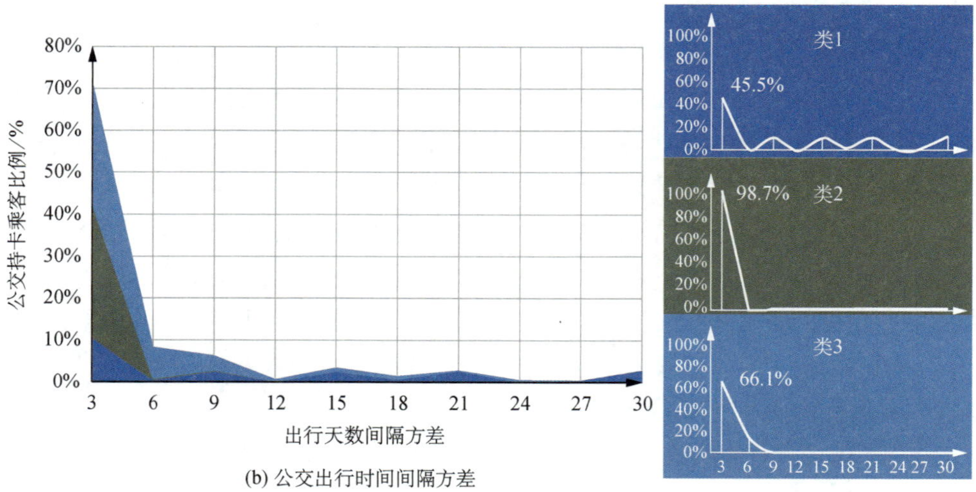

(b) 公交出行时间间隔方差

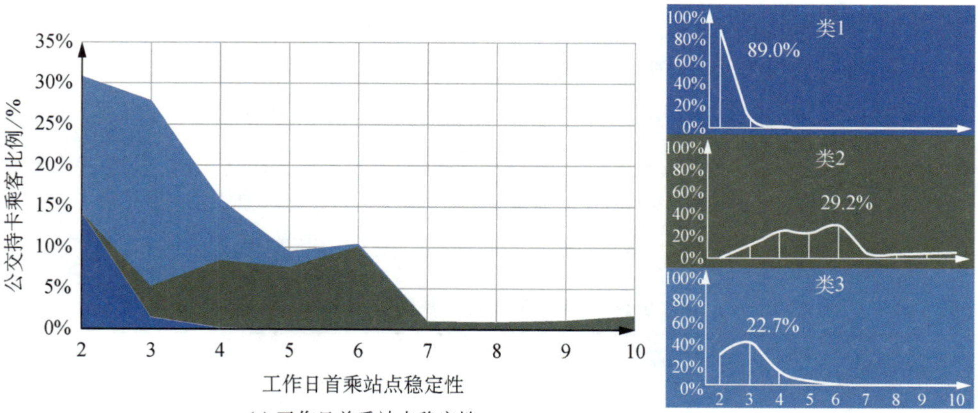

(c) 工作日首乘站点稳定性

注：左侧子图为聚类指标分类分布堆积图，右侧的子图为不同类别聚类指标的分布特性。

图 4-13　小样本调查中不同类别的大数据属性分布

4.4.2 依据宏观结构指导意愿调查抽样

城市交通治理关联到各方利益的协调与平衡，案例分析或者小样本问卷调查是深入了解问题不可或缺的方法；但是，进行此类工作必须高度注意避免选择性偏差和幸存者偏差。选择性偏差指在研究过程中因样本选择的非随机性而导致得到的结论存在偏差，是人为主观的选择不合理而导致的数据偏差；幸存者偏差指的是只能看到经过某种筛选产生的结果，而没有意识到筛选的过程，因此忽略了被筛选掉的关键信息。

以针对通勤人群的案例分析和小样本调查为例，一个非常重要的问题在于把握这类人群空间活动和分布的一般特征，从而合理选择研究对象。需要先对城市空间活动有一个整体了解，即识别具有通勤出行特征的活动分布，并识别居民活动 OD 矩阵的内在模块化空间分布结构[2]，而后根据问题具体安排案例分析，或者分区深入进行相关调查。

事实上，在通过移动通信等手段获取的空间活动信息中，既包括各种随机性活动，也包括特殊事件引发的活动。希望探索一种可以从中识别稳定成分的方法，并借此探寻其内在的模块化结构。

矩阵分解提供了在混入各种噪声的信号中探寻规律性成分的方法，借此可以将空间活动矩阵(原始矩阵)分解为低秩矩阵、稀疏矩阵和噪声矩阵，即

$$\text{原始矩阵}\ \boldsymbol{M} = \text{低秩矩阵}\ \boldsymbol{L} + \text{稀疏矩阵}\ \boldsymbol{S} + \text{噪声矩阵}\ \boldsymbol{N}$$

示例采用基于上海市 2018 年 11 月 4—30 日共 27 天手机信令数据获得的 500 m 栅格间 OD 信息，所获得的矩阵分解如图 4-14 所示。其中低秩矩阵 $\boldsymbol{M}$ 反映了这一期间稳定性空间活动，稀疏矩阵 $\boldsymbol{S}$ 反映了临时性活动所产生的空间波动(2018 年 11 月 5—10 日在上海国家会展中心举办中国国际进口博览会；同年 11 月 27—30 日在上海新国际博览中心举办第九届中国国际工程机械、建材机械、矿山机械、工程车辆及设备博览会等)，噪声矩阵则反映了随机扰动影响。

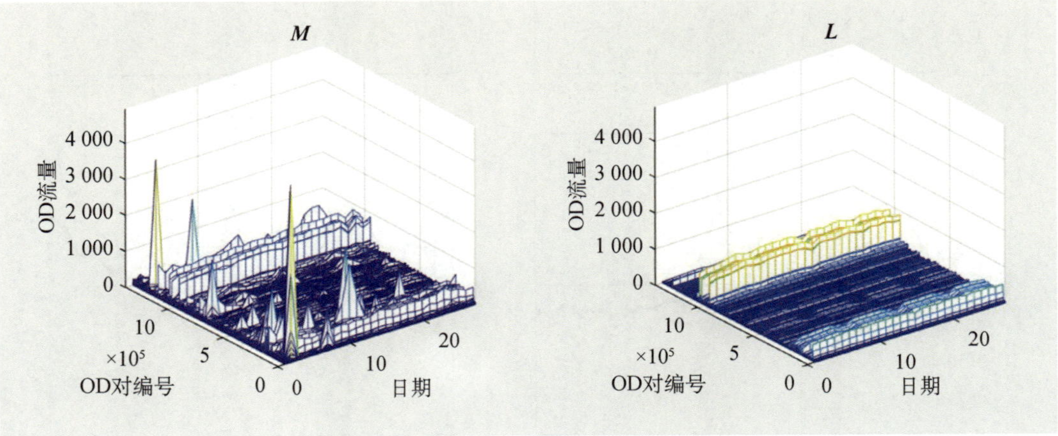

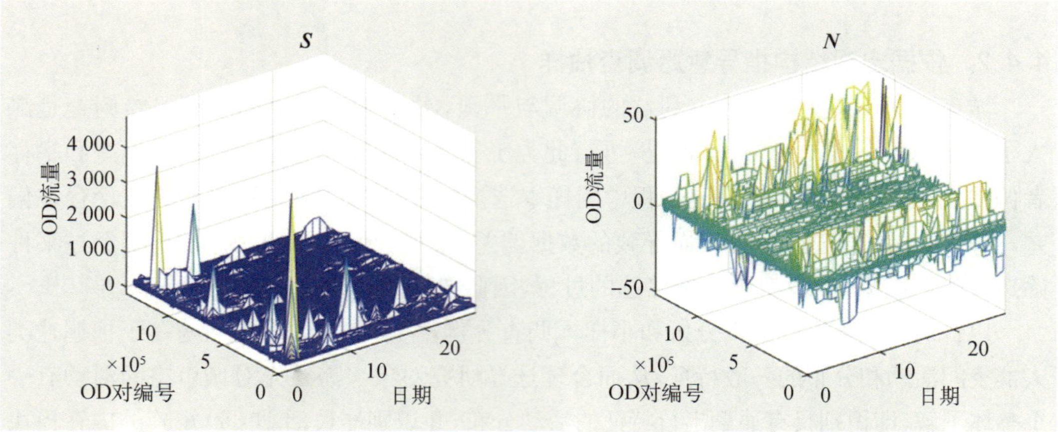

注：**M** 为原始矩阵，**L** 为低秩矩阵，**S** 为稀疏矩阵，**N** 为噪声矩阵。

图 4-14　上海市 500 m×500 m 栅格间 OD 数据矩阵分解后的结果

采用主成分分析方法，将低秩矩阵进一步分解成 4 个主成分叠加(图 4-15)，可以看到其中的主成分 2 反映了通勤所产生的 OD 交通波动。将主成分 2 的矩阵视为复杂网络，通过非重叠社区发现算法识别其中的模块化结构，获得如图 4-16 所示的空间分区结构。其中，负权重部分代表与通勤活动关联的周末规律性空间活动关系；正权重部分代表与通勤活动关联的工作日规律性空间活动关系。

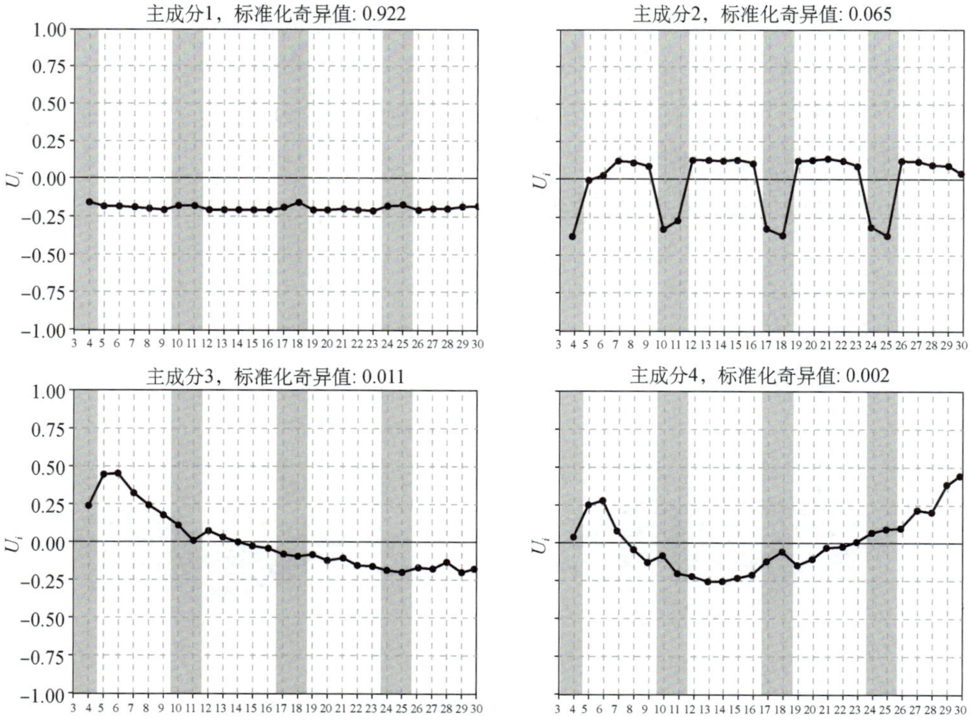

图 4-15　低秩矩阵中的主成分时间向量

(a) 对负权重　　　　(b) 对正权重

图 4-16　低秩矩阵主成分 2 的社区发现结果

当然,也可以采用从移动通信数据中判别的通勤交通 OD,通过社区识别算法探寻内在的模块化结构(图 4-17)。

图 4-17　上海市通勤交通模块化结构

细心的读者会发现同一批数据用两种方法获得的模块化结构虽然有很大的相似性，但还是存在一定的差异。由于数据处理逻辑不同，两种方法各有利弊，需要根据实际情况加以取舍，这也反映出由于大数据中的盖然性，在适度对比评判的基础上明确数据处理逻辑的重要性。

参考文献

[1] 王贤卫. 居民生活时间分配与出行行为关联研究[D]. 上海：同济大学，2017.

[2] 贺璇，段征宇，陈川. 上海市通勤者时间分配、出行行为与生活质量特征分析[J]. 上海城市规划，2021(5)：96-102.

[3] 李玮峰. 基于移动通信数据的居民活动空间分析[D]. 上海：同济大学，2018.

[4] Xiong Y, Zhang J. Effects of land use and transport on young adults' quality of life[J]. Travel Behaviour and Society, 2016(5): 37-47.

[5] Cervero R, Day J. Residential relocation and commuting behavior in Shanghai, China: the case for transit oriented development[R]. Berkeley: UC Berkeley, 2008.

[6] Yang J. Transportation implications of land development in a transitional economy: evidence from housing relocation in Beijing[J]. Transportation Research Record, 2006, 1954(1): 7-14.

[7] Ye R, Titheridge H. Satisfaction with the commute: the role of travel mode choice, built environment and attitudes[J]. Transportation Research Part D: Transport and Environment, 2017(52): 535-547.

[8] Mouratidis K, Ettema D, NæSS P. Urban form, travel behavior, and travel satisfaction[J]. Transportation Research Part A: Policy and Practice, 2019(129): 306-320.

[9] Christian T J. Trade-offs between commuting time and health-related activities[J]. Journal of Urban Health, 2012, 89(5): 746-757.

[10] Delmelle E C, Haslauer E, Prinz T. Social satisfaction, commuting and neighborhoods[J]. Journal of Transport Geography, 2013(30): 110-116.

[11] Cao X, Chai Y. Gender role-based differences in time allocation: case study of Shenzhen, China [J]. Transportation Research Record, 2007, 2014(1): 58-66.

[12] Handy S, Thigpen C. Commute quality and its implications for commute satisfaction: exploring the role of mode, location, and other factors[J]. Travel Behaviour and Society, 2019(16): 241-248.

[13] Páez A, Whalen K. Enjoyment of commute: a comparison of different transportation modes[J]. Transportation Research Part A: Policy and Practice, 2010, 44(7): 537-549.

[14] Smith O. Commute well-being differences by mode: evidence from Portland, Oregon, USA[J]. Journal of Transport & Health, 2017(4): 246-254.

[15] Zhu Z, Li Z, Chen H, et al. Subjective well-being in China: how much does commuting matter? [J]. Transportation, 2019, 46(4): 1505-1524.

[16] Stutzer A, Frey B S. Stress that doesn't pay: the commuting paradox[J]. Scandinavian Journal

of Economics，2008，110(2)：339-366.

[17] Brown W J，Mishra G，Lee C，et al. Leisure time physical activity in Australian women：relationship with well being and symptoms[J]. Research Quarterly for Exercise and Sport，2000，71(3)：206-216.

[18] Krueger A B，Kahneman D，Fischler C，et al. Time use and subjective well-being in France and the US[J]. Social Indicators Research，2009，93(1)：7-18.

[19] Wiese C W，Kuykendall L，Tay L. Get active? A meta-analysis of leisure-time physical activity and subjective well-being[J]. The Journal of Positive Psychology，2018，13(1)：57-66.

[20] WHOQOL GROUP. The World Health Organization Quality of Life Assessment (WHOQOL)：position paper from the World Health Organization[J]. Social Science and Medicine，1995，41(10)：1403-1409.

[21] Zhang J，Van ACKER V. Life-oriented travel behavior research：an overview[J]. Transportation Research Part A：Policy and Practice，2017(104)：167-178.

[22] Clark B，Chatterjee K，Martin A，et al. How commuting affects subjective wellbeing[J]. Transportation，2020，47(6)：2777-2805.

[23] Mokhtarian P L. Subjective well-being and travel：retrospect and prospect[J]. Transportation，2019，46(2)：493-513.

[24] 孙世超. 通勤人群公交方式使用行为分析方法研究[D]. 上海：同济大学，2016.

[25] 袁佳. 基于 IC 卡数据的公交乘客时空分布特征分析[D]. 上海：同济大学，2017.

5 跨领域合作——面对疫情的协作能力[1]

近年来,全球不断出现的新发传染病已成为人类必须要面对的严峻现实。继SARS、甲型 H1N1 流感、埃博拉病毒、寨卡病毒之后,新型冠状病毒肺炎(以下简称新冠肺炎)疫情肆虐全球,传染病导致的大灾难重回公众视野。随着全球化和城市化进程的不断加速,人口高度集聚,致使传染病传播速度加快,对经济社会的负面影响急剧增大,防控形势十分严峻。因此,如何最大限度地减轻新发重大疫情的影响、减少各方面损失,已成为国际社会的重大关切问题。从学术角度来说,这涉及整体政府协同治理的概念,即政府组织通过"联合""协调""协同"和"协作"方式,实现国家政策和政府管理功能与活动的整合[2]。在整体治理模式推进过程中,技能基础与支持性文化具有同等重要的地位。

从这次新冠肺炎疫情情况来看,交通行业面对疫情防控需要具备三方面的技术能力:疫情传播风险评估、行业自身的应对措施,以及从历史数据中提取特征支持构建仿真模型和知识图谱。

5.1 突发公共卫生事件下城市疫情传播风险评估

在全球化和城市化背景下,通达便捷的交通网络引发人员的频繁流动,成为疫情快速扩散的重要原因,制定有针对性的交通应急管控措施是阻断病毒传播的重要手段。交通行业充分利用自身对城市空间流动的经验,借助移动通信信令数据所提供的人员流动信息,提供城市疫情传播风险评估,是参与整体政府协同治理的当务之急。

5.1.1 人员流动与疫情传播

城市系统的复杂性导致其运行过程中充满不确定性,风险管控防治一直是城市治理中受到关注的重要问题。2020 年,新冠肺炎疫情的暴发对全球的社会、经济和环境等方面都造成了较大程度的负面影响[3],面向传染病的风险治理与应急管理成为重要的研究领域。

在疫情暴发的早期阶段,相关研究关注新冠肺炎的流行病学和临床特征[4,5],在流行病学调查的基础上,通过经典仓室模型和机器学习方法预测疫情的传播趋势[6-10]。随着疫情防控进入常态化阶段,研究者开始反思如何提高公共卫生体系的应急能力,利用多源时空大数据对疫情传播的时空模式进行分析,挖掘影响传播的潜在因素[11-16]。

虽然人口流动性一直都是疫情传播分析的基础,但是现有研究仍然存在一定的局限性。首先,此前多数研究聚焦于国际和省际等区域人口流动对疫情传播的影响[17-19],缺少从城市居民的日常活动的视角分析疫情在城市内部的传播。其次,以往研究一般通过航班数据[20]和交通传感器数据[21]等对人口流动性进行刻画,没有充分挖掘移动通信数据反映城市内部居民活动模式的潜力。最重要的是,以住虽然对新冠肺炎的传播模式进行了大量深入的研究,构建了复杂的数学模型作为决策支持,但多数研究只是对疫情传播的影响因素进行识别,对传播趋势进行预测,尚未形成一个系统的疫情传播风险分析框架。

因此,需要开展基于移动通信数据的研究,建立以群体移动性为核心的城市传染病疫情传播风险评估方法。

人的聚集和流动是新冠肺炎等呼吸道传染病大规模暴发的关键因素,而疫情初期的“输入型”病例是病毒在城市内部传播和扩散的根源。因此,非常有必要在对“输入型”高风险群体进行识别的基础上建立模型,辨识不同时段、不同区域的暴露和传播风险,为疫情预警和防控提供决策支持。

5.1.2 基于移动通信数据的城市疫情传播风险评估方法

在疫情暴发初期,病毒伴随城际出行由初始暴发地(高风险城市)扩散至其他城市,进而在未被感染的城市内部迅速蔓延。因此,风险评估的基础是对城市中的不同活动群体进行识别,并对其移动模式进行刻画。风险评估的总体框架(图 5-1)可以划分为四个部分:①高风险群体识别;②群体移动网络构建;③疫情风险量化评估;④疫情风险时空特征分析。具体而言,首先利用手机信令数据提取用户的多日连续活动链,根据活动地点筛选识别潜在高风险群体;在对个体进行分类的基础上,将研究区域划分为大小相同的网格,以网格对各类活动群体进行集计,并将网格作为节点构建群体移动网络;基于群体移动网络,将疫情传播风险划分为节点的内部暴露风险和对外传播风险,使用聚类分析、时间序列分析和复杂网络理论等方法提取风险时空特征。

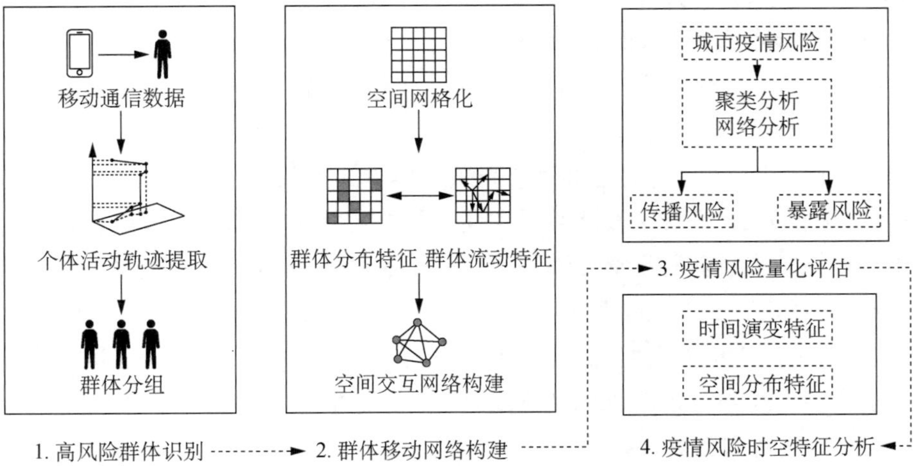

图 5-1 城市疫情风险评估总体框架

对移动通信信令数据进行数据清洗和纠错之后,将用户连续停留超过 30 min 的地点定义为活动点,并计算活动时间,进而将移动通信数据转换为用户的时空数据序列。每一条数据记录包括活动的地理位置、开始时间和结束时间。

在对数据进行预处理的基础上，根据手机数据中反映的用户活动轨迹，从用户群体筛分出高风险群体，即潜在感染者和易感群体。由于在疫情暴发初期难以准确地检测出感染者，并且大规模检测的成本较高，因此可以通过一个较为粗糙但较为保险的规则进行推断：在过去 T 日内（T 为传染病的潜伏期，即从暴露到出现症状之间的时间），在高风险城市活动过的用户将被标记为高风险人员，其他用户则被标记为非高风险人员。

1. 人口流动网络的构建

虽然移动通信数据以用户为单位进行采集，从个体的角度评估感染风险具有一定的可行性，但个体行为的复杂性导致不同群体（例如不同性别和年龄）之间和不同地点发生的接触行为都不尽相同，需要消耗大量的计算资源进行仿真模拟[22]。为了提高方法的实用性，可以采用集计方法对活动人口进行统计，并构建人口流动网络，实现区域传播风险的评估。

与移动通信信令数据的精度相匹配，将研究区域划分为 500 m×500 m 的网格，将每个网格视为独立空间单元（当获得特许可以使用更高精度数据时，空间单元划分可以进一步细化）。对于每一天的活动数据，在活动时段内（上午 6 点至晚上 9 点）按小时分别统计当日网格内高风险和非高风险群体的数量，计算当日每小时的平均值作为网格内的高风险和非高风险群体平均活动人数。

通过移动通信数据获取空间活动 OD 矩阵，并在此基础上构建反映人口流动性的空间交互网络 $G(V, E, W)$，其中，V 表示网络的节点，即活动地点对应的网格单元；E 表示节点之间的连边，用户在活动地点之间的移动使两个节点形成一条连边；W 表示边的权重，即每日节点之间的 OD 流量。

2. 疫情传播风险的评估

1）节点内暴露风险

“暴露风险”被定义为在易感群体与高风险群体的接触下产生新感染者的风险。由于不考虑接触行为的异质性，因此假设在同一网格内活动的各类群体能够随意地接触彼此，新增的感染人数随着易感群体和高风险群体数量的增加而增加（图 5-2）。当活动群体被分为高风险和非高风险两类时，其聚集模式可能呈现四类情况。其中，在第一象限的模式下容易产生更多的新感染者，因此具有更高的暴露风险。为了进一步探究暴露风险的分布情况，将高风险群体和非高风险群体的数量视为网格单元的两个特征，通过 K-means 算法对网格进行聚类分析[22]。

2）节点间传播风险

传播风险指的是在活动时段内由某一节点向外输出高风险群体的风险。与暴露风险相比，传播风险关注节点之间的联系，而不是节点内部的活动和接触。在网络分析中，中心性是衡量节点重要性的指标。选择紧密度中心性作为评价指标，通过节点之间的出行联系强度，对节点的中心性进行刻画。

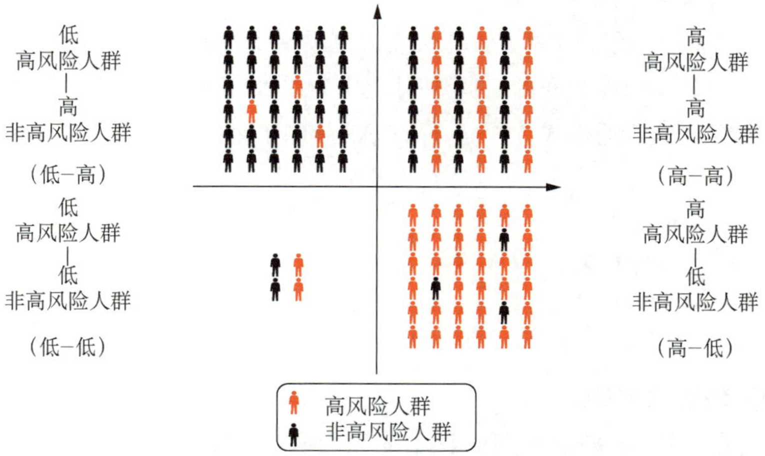

图 5-2　群体聚集模式示意图

对于人口流动网络，相邻节点之间连边的关联距离可表示为：

$$d_i = \frac{1}{q_{st}} \tag{5-1}$$

式中，d_i 是相邻节点 s 和 t 之间边 i 的关联距离；q_{st} 是节点 s 和 t 之间的高风险群体流量。

根据连边距离可计算任意节点之间的最短路径，因此节点紧密度中心性的定义如下：

$$C_v = \frac{n-1}{\sum_{u=1}^{n-1} sd_{vu}} \tag{5-2}$$

式中，C_v 是节点 v 的紧密度中心性；n 是网络中的节点数量；sd_{vu} 是节点 v 和 u 之间最短路径的关联距离，是能够到达节点的节点数量，是节点之间最短路径的关联距离。

将通过紧密度中心性反映的高风险群体从当前节点移动到其他节点的概率，以及采用节点内的高风险群体平均活动人数表征潜在的、有可能移动至其他节点的高风险群体数量的共同作用，定义节点间传播风险：

$$ITR_v = HHG_v \times C_v \tag{5-3}$$

式中，ITR_v 是节点间传播风险；C_v 是节点 v 的标准化紧密度中心性；HHG_v 是节点 v 中的高风险群体平均活动人数。

为了使风险评估结果更可靠，引入时间序列聚类方法对传播风险的变化趋势作进一步分析。根据每日的风险评估结果，为各个节点构建传播风险时间序列，使用动态时间规整算法度量两个时间序列之间的相似程度。以各个节点传播风险时间序列的相似程度为判别依据，使用 K-means 算法对时间序列进行聚类，通过所属类型区分某一时期内不同节点传播风险评估值。

与欧氏距离相比，动态时间规整算法能够更灵活地捕获到时间序列之间的相似性。该算法通过将两个非线性对齐的时间序列转化为线性序列，基于动态规划的思想找到两个序列之间的最佳匹配模式。因此，序列之间的相似性可表示为：

$$D(A_i, B_j) = \delta(a_i, b_j) + \min\{D(A_i, B_{j-1})\} \tag{5-4}$$

式中，A_i 表示序列 $\langle a_1, \cdots, a_i \rangle$；$B_j$ 表示序列 $\langle b_1, \cdots, b_j \rangle$；$\delta(a_i, b_j)$ 表示 a_i 和 b_j 之间的距离。

5.1.3 疫情传播分析算例

采用上海市 2020 年疫情初期的移动通信数据作为算例，验证上述方法的使用可行性。

1. 研究区域和研究时段

上海分为 16 个市辖区和 403 个交通小区。其中，被外环路所包围的是上海的中心城区（图 5-3 的红色区域）。除了中心城区，对外交通枢纽也具有较大的活动强度。

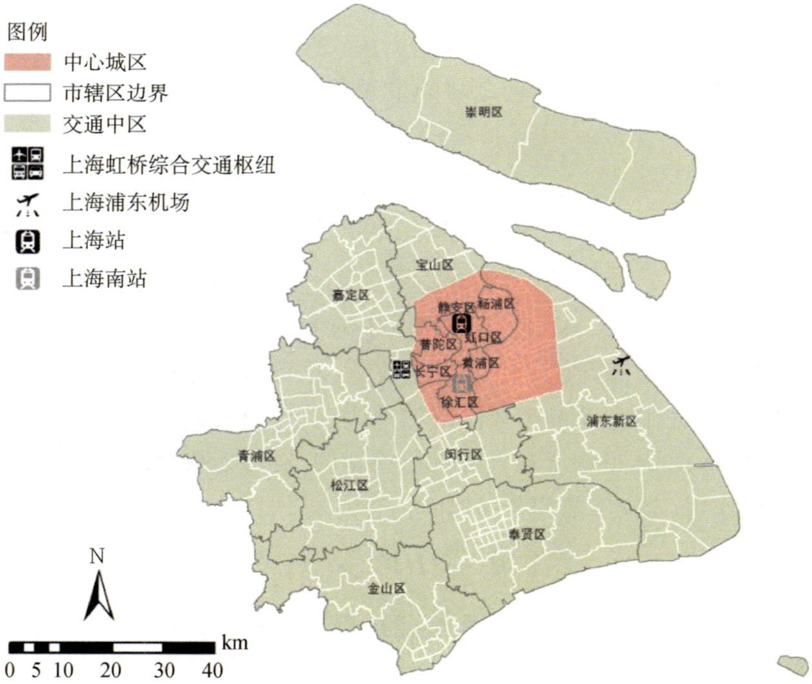

图 5-3 研究区域及交通分区示意[①]

① 本图及其后所采用的底图为上海市交通规划等使用的交通分区图，源于上海市城市规划设计研究院，其中的白色分界线是交通中区边界。

根据上海市卫生健康委员会的公示数据，上海市首例新冠肺炎病例于 2020 年 1 月 20 日确诊[图 5-4(a)]。假定潜伏期为 14 天，该确诊病例可能在 1 月 10 日已经被感染，而上海在 1 月 24 日启动重大突发公共卫生事件一级响应，因此 1 月 10 日至 1 月 24 日可以被看作是上海疫情暴发的初期。在此期间，高风险群体随着返乡过年的春运大潮进入上海，同时又缺少针对性的防疫措施，因此将 1 月 10 日至 1 月 24 日作为研究时段进行分析。图 5-4(b)(c)分别为 1 月 10 日至 2 月 28 日疫情变化趋势和活动人口变化趋势。

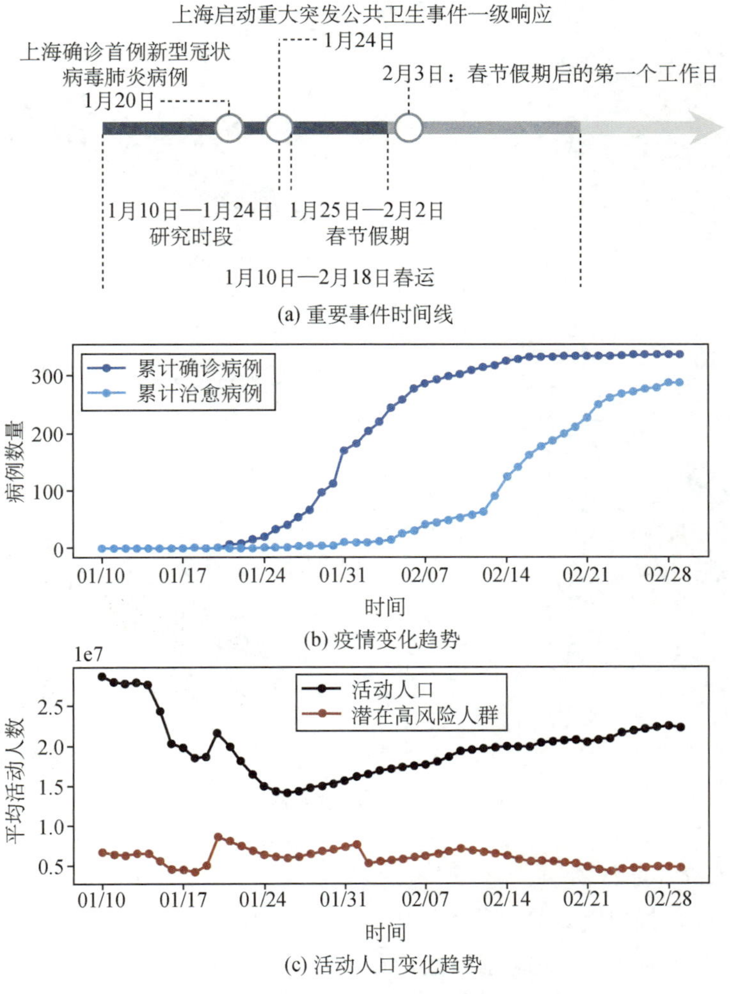

图 5-4　上海市疫情重大事件及重要数据变化(2020 年 1 月 10 日至 2 月 28 日期间)

2. 暴露风险计算结果

暴露风险的计算结果如图 5-5 所示。各网格的高风险人员数量与非高风险人员数量呈正相关，即活动人口越密集的区域通常存在越多的高风险人员。依据聚类结果将网格划分为 4 种类型。其中，高风险网格(类簇 4)集中在繁华且人口密度较大的金融中心(如陆家嘴)和商业区(如南京路步行街)。从整体上看，城市中心区域的暴露风险远高于郊区，与活动人口的空间分布模式相似。对比图 5-5(a)(b)两图可以看出，工作日和周末的高风险网格数量大致相同，但是类簇 4 在工作日的划分阈值更高，说明暴露风险也相对更高。

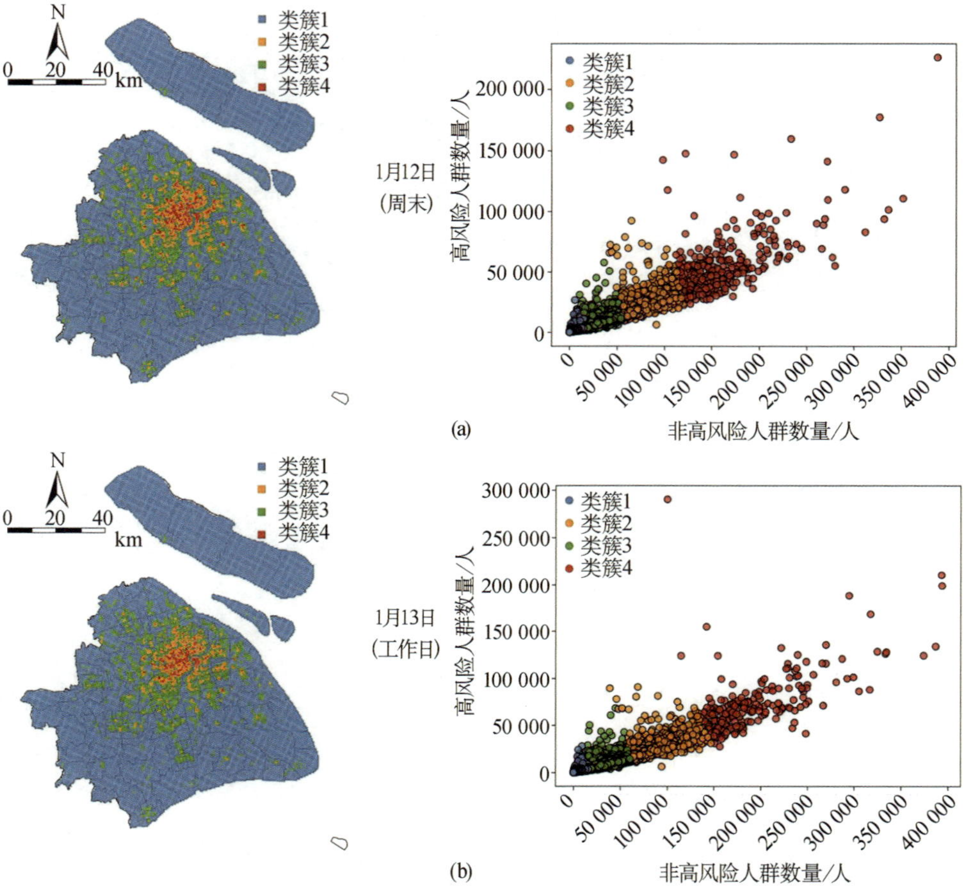

图 5-5　暴露风险评估结果

3. 传播风险计算结果

根据节点间传播风险计算结果，采用 Jenks 自然间断点分级法将网格分为 5 类进行可视化。如图 5-6 所示，高风险网格数量在 1 月 20 日至 24 日期间逐渐减少，最终只有城市中心和交通枢纽存在少量高风险网格。由于传播风险与流动性和高风险群体活动人数有关，而该时段内上海市的高风险群体数量处于增长状态，说明初步防疫措施和相关新闻报道可能引发居民自觉减少出行次数，进而使节点流动性减弱。

通过动态时间规整算法对节点间传播风险进行时间序列聚类分析(图 5-7)。网格被划分为 4 类：类簇 1 的传播风险接近于 0；类簇 2 的传播风险较高且持续时间较长；类簇 3 和类簇 4 属于中风险区域，传播风险时间波动幅度较大。

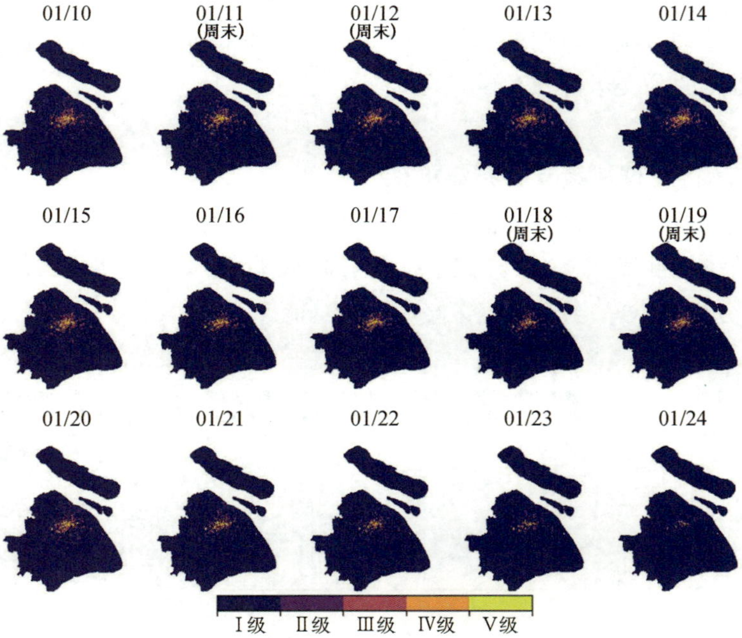

图 5-6 传播风险空间分布(2020 年 1 月 10 日至 1 月 24 日)

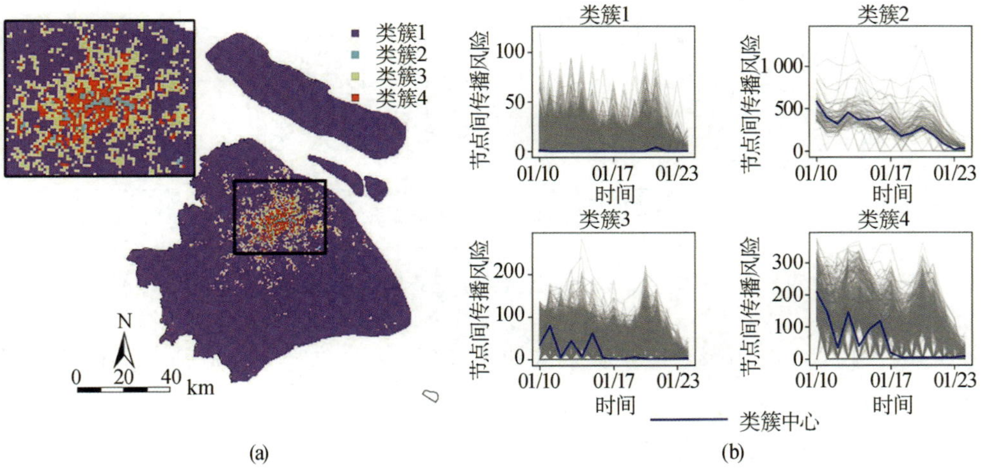

图 5-7 传播风险时间序列聚类结果

5.2 基于大数据的城市公共交通运行管理决策支持[24]

公共交通在重大疫情防控过程中承担着阻断病毒传播(如停运高风险线路,实施跳站、跨线运行等)和保障复工复产的功能,其地位和作用至关重要。为主动响应重大疫情防控决策需求，公共交通系统迫切需要融入现有的应急管理体系和联防联控机制，完善现有的信息管理系统和数据分析技术，提出科学系统的防疫策略，为疫情期间的出行保障提供精细化的公交运行方案。

5.2.1 公交运行管理决策支持系统框架

面向重大疫情动态变化下的精细化决策需求，构建面向疫情防控的公共交通运行管理决策支持系统框架（图 5-8）。该系统框架主要包括公共卫生事件案例库、多源数据融合库、数据分析技术库、公交防疫策略库四个功能库。

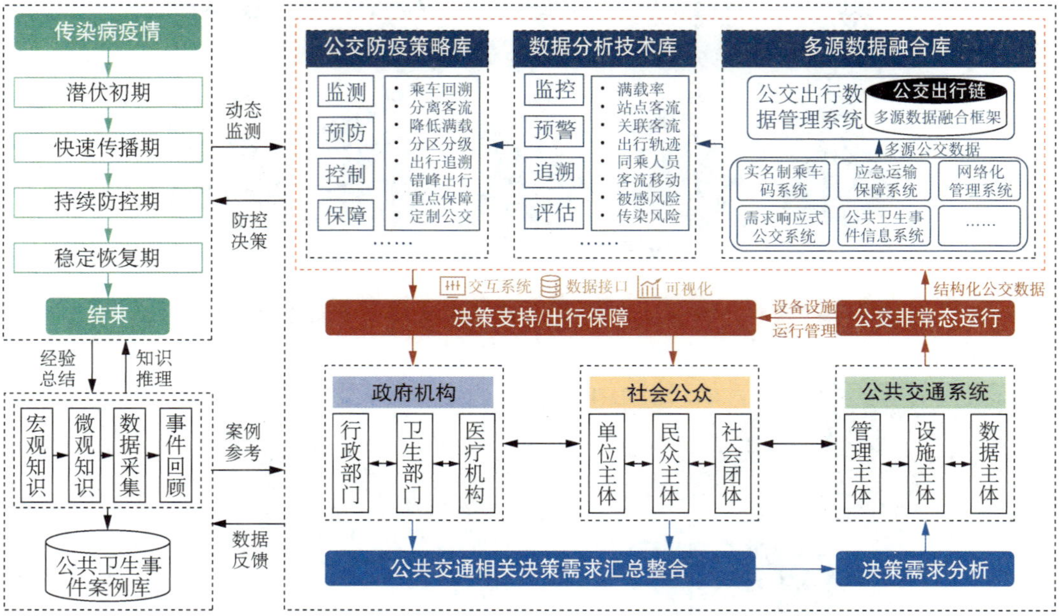

图 5-8　面向疫情防控的公共交通运行管理决策支持系统框架

公共卫生事件案例库用于存储案例知识经验，辅助政府进行疫情态势研判和政策制定，应由防疫相关部门机构共同构建；多源数据融合库用于构建常规公交、快速公交（BRT）和轨道交通三网融合的乘客公交出行链，并基于公交出行链融合其他相关作为决策支持系统的数据分析基础；数据分析技术库基于公交出行数据管理系统的出行链融合数据，建立数据分析指标体系和算法模型，应用一种或多种技术对客流的产生、移动、接触等场景进行分析追踪并提取出行特征，结果以多种形式发布给政府部门和医疗机构，实现面向疫情防控的监测、预警、追溯、评估等功能。公交防疫策略库与疫情各阶段的政府决策需求相对应，实现疫情期间的动态监测、预防、控制和出行保障。公交防疫策略的制定实施由各种数据分析技术、公交数据管理系统及其他应急系统等提供支持。

基于结构化公交数据构建的乘客出行链描述了基本的乘客出行信息，可以结合其他多源数据实现不同疫情防控场景下的数据分析需求，如采用车内监控视频数据判断感染者在公交车辆中与其他乘客的密切接触情况等。基于公交出行链的多源数据融合框架如图 5-9 所示。

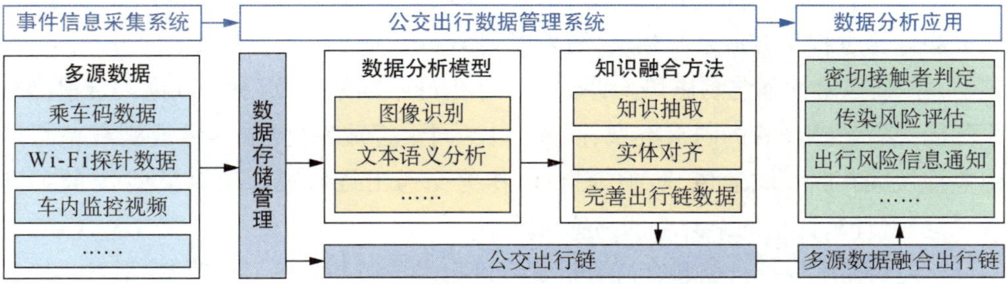

图 5-9　基于公交出行链的多源数据融合框架 Wi-Fi

5.2.2　面向疫情防控的分析技术与防控策略

面向本次疫情防控的决策支持需求，基于 6 种基础性公共交通数据分析技术，进行一定组合形成防疫期间的对策方法(表 5-1)。将这些方法与结合乘客出行模式识别算法[25]相结合，能够针对特定群体(如医护人员等)更加精细化地分析其公交出行特征。

表 5-1　　组合数据分析技术实现复杂功能

<table>
<tr><th colspan="2" rowspan="2">基本功能</th><th colspan="2">监控</th><th colspan="4">追溯</th></tr>
<tr><th>站点客流</th><th>满载率</th><th>出行轨迹</th><th>同乘人员</th><th>客流来源</th><th>客流流向</th></tr>
<tr><td rowspan="2">监控</td><td>站点客流</td><td></td><td></td><td></td><td></td><td colspan="2">调整公交车辆运营方式</td></tr>
<tr><td>满载率</td><td>线路站点调整</td><td></td><td></td><td></td><td colspan="2">线网调整优化</td></tr>
<tr><td rowspan="4">追溯</td><td>出行轨迹</td><td colspan="2">同乘/同候传播风险评估</td><td></td><td></td><td colspan="2">公交走廊识别</td></tr>
<tr><td>同乘人员</td><td></td><td colspan="2">同乘易感风险评估</td><td></td><td colspan="2">辅助社区监督隔离</td></tr>
<tr><td>客流来源</td><td rowspan="2">换乘客流分析</td><td rowspan="2">定制公交</td><td></td><td></td><td></td><td></td></tr>
<tr><td>客流流向</td><td colspan="2">关联客流分析</td><td>换乘衔接分析</td><td></td></tr>
</table>

下面以与疫情防控相关的数据分析技术为例，介绍如何设计指标与算法。

(1) 站点客流监控与车辆满载率监控。“车辆满载率”定义为车上乘客数与车型定员人数之比，基于乘客出行链数据统计站点上下客流实现客流量监控，再计算车上乘客数实现车辆满载率监控。

(2) 感染者出行轨迹查询与同乘人员追溯。首先，基于感染者公交卡号，在乘客出行链数据中查询匹配，得到感染者完整详细的公交出行轨迹；其次，基于出行轨迹和出行链数据使用匹配算法提取同乘车辆的人员信息。同乘乘客存在直接同乘和间接同乘两种情况：与感染者直接同乘经过至少一个区间为直接同乘；搭乘了感染者乘坐过的车辆为间接同乘。有研究表明，两类同乘人员均存在感染风险。

(3) 客流来源和流向追溯。以客流来源追溯为例，对于指定区域，计算方法为先通过空间分析搜索区域周边一定范围内的公交站点，作为出行结束站点在出行链数据中进行匹配，得到相关乘客的出行链，追溯出行链起始站点即为客流来源站点分布；客流流向追溯计算过程与客流来源相反，结果得到离开指定区域的客流及去向分布。

(4) 传播风险评估与易感风险评估。以车内同乘场景为例，利用同乘人员追溯结果提取各同乘者与感染者的同乘类型、同乘时长、同乘客流密度(乘客数或满载率)，结合车内监控视频判断车厢通风、防护等指标，作为交通出行易感度计算模型[26]的关键参数，通过模型计算评估同乘乘客的易感风险。

(5) 关联客流分析。关联客流分析可以进行多层级的分析，例如与感染者直接关联的同乘乘客作为一级关联客流，二级关联客流为一级关联客流的关联客流，以此类推。

(6) 辅助社区监督隔离。对于同乘人员追溯识别到具有易感风险的同乘乘客，可通过客流来源或流向追溯获得其居住小区，并通过网格化管理平台通知相应街道和小区的工作人员，上门寻访并监督其居家隔离或前往医院隔离就诊。

根据疫情各阶段的政府决策需求和社会公众出行需求，构建公共交通防疫策略预案(表 5-2)。需要注意的是，相关策略的实施时期并不局限于疫情的某一阶段，应结合疫情的实际情况和防控需求综合考虑。

表 5-2　　公共交通防疫策略与支持技术和系统

<table>
<tr><th>疫情阶段</th><th>公共交通防疫策略</th><th>支持技术</th><th>支持系统</th></tr>
<tr><td rowspan="5">潜伏初期</td><td>乘车信息回溯预案</td><td>公交多源数据融合</td><td>实名制乘车码系统</td></tr>
<tr><td>构建公共交通乘客出行链数据</td><td>公交多源数据融合</td><td rowspan="4">公交出行数据管理系统</td></tr>
<tr><td>引导分离站点客流</td><td>站点客流监控</td></tr>
<tr><td>降低车辆满载率</td><td>车辆满载率监控</td></tr>
<tr><td>关联客流监测与分析</td><td>关联客流分析</td></tr>
<tr><td rowspan="5">快速传播期</td><td>分区分级管理</td><td>实时疫情数据采集更新</td><td>网格化管理系统</td></tr>
<tr><td>保障必要交通出行</td><td>客流来源追溯</td><td>应急运输保障系统</td></tr>
<tr><td>重点疫区出行监控追踪</td><td>客流流向追溯</td><td rowspan="6">公交出行数据管理系统</td></tr>
<tr><td>感染者出行轨迹追溯</td><td>出行轨迹追溯</td></tr>
<tr><td>感染者同乘人员追溯</td><td>同乘人员追溯</td></tr>
<tr><td rowspan="4">持续防控期</td><td>灵活开行生活性公交线路</td><td>站点客流监控</td></tr>
<tr><td>加强站点换乘衔接</td><td>站点客流监控</td></tr>
<tr><td>弹性错峰出行</td><td>车辆满载率监控</td></tr>
<tr><td>定制化公交</td><td>智能设计线路</td><td>需求响应式公交系统</td></tr>
<tr><td>恢复稳定期</td><td>保持出行者距离</td><td>站点客流监控</td><td>公交出行数据管理系统</td></tr>
</table>

5.2.3 算例分析

以厦门市为例，验证所提出的决策支持框架和模型算法的合理性。厦门全市下辖6个区，常住人口429万人，其中约一半人口居住在岛内。采用2018年的厦门实际数据作为测试数据进行技术验证，当时厦门公交由常规公交、BRT和轨道交通，共约340条公交线路、3条BRT和1条轨道构成。

1. 潜伏初期的关联客流分析与预警疏导

根据厦门分为岛内和岛外的地理特点，基于出行次数统计发现三类代表性的乘客：Ⅰ类乘客以岛外出行为主，出行次数较少；Ⅱ类乘客来往于岛外与岛内市中心，出行次数中等；Ⅲ类乘客主要在岛内市中心出行且次数较多。图5-10所示三类典型乘客的出行站点和一、二级关联客流核密度分布，有助于理解所形成的关联传播关系。厦门客流关联扩散的三个重点是长距离出行、高频次出行和高换乘站点。出现疫情预警后，可以针对三个重点采取以下措施降低客流间的接触：①建议居民减少非通勤的长距离出行；②建议控制岛内非通勤出行，减少或避免换乘；③换乘站对客流进行物理分离，控制公交车辆满载率，从而减少乘客间的密切接触；④对公交车辆、站台、候车厅等场所进行定时消毒。

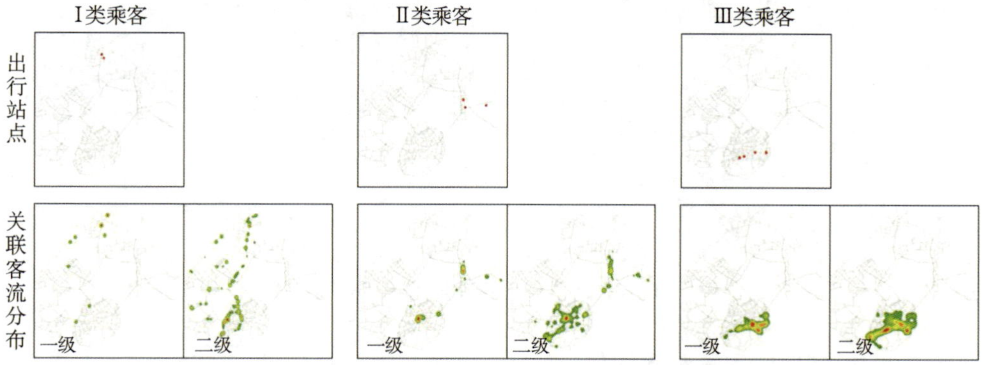

图5-10 典型乘客出行关联客流核密度分布图示例

2. 快速传播期的感染者追溯与出行保障

1）感染者出行轨迹与同乘人员追溯

以某公交卡号的乘客为例，假设其于2018年7月16日确诊，使用乘客出行链数据查询其2018年7月15日的出行记录（表5-3）。依据《新型冠状病毒感染的肺炎诊疗方案（第五版）》中对病毒潜伏期的说明，最长可进行14天的出行追溯。

公交司乘人员与感染者在车厢中同乘时间长，感染风险较大，应由公交公司负责及时通知并安排医学诊断。基于表5-3中的数据，将相应发车班次信息递交公交公司后台，查询当日排班信息即可寻找到相应司乘人员。

表 5-3　　某公交卡号 2018 年 7 月 15 日的出行记录

编号	上车时间	下车时间	车辆编号	班次号	线路	上车站点	下车站点
1	8:23:05	8:53:33	—	—	地铁 1 号	厦门北	集美软件园
2	10:48:45	11:16:29	—	—	地铁 1 号	集美软件园	乌石浦
3	15:37:57	15:42:53	089××	11	46 路	湖里万达广场站	金山站
4	15:46:50	16:01:00	—	—	快 1 路	金山站	莲坂站
5	18:08:50	18:17:41	—	—	快 3 路	莲坂站	洪文站

以编号 3 的常规公交出行记录为例，该感染者的同乘人员情况如图 5-11 所示，有 33 名乘客乘坐该车辆。此外，感染者上车站点客流较高(站台候车乘客也应纳入传染风险评估参考)，并且在感染者下车后的一段时间内车内客流仍处于一个较高的水平。因此，该感染者可能具有较大的传播风险性。

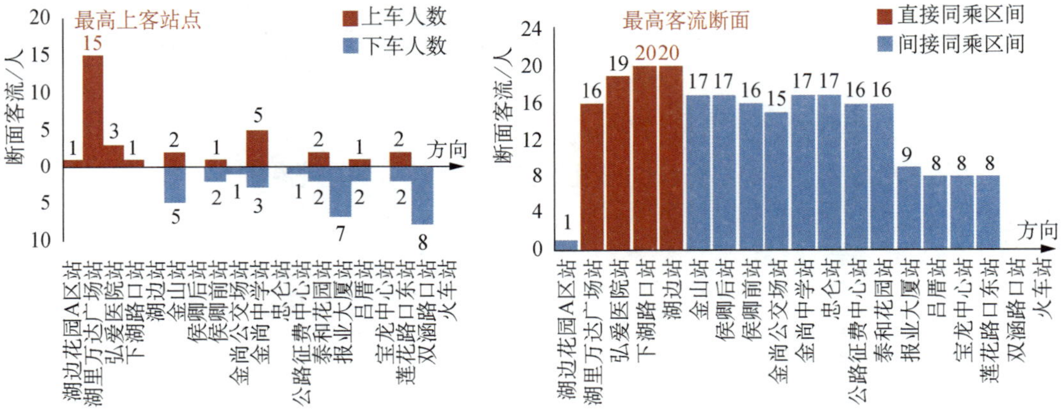

图 5-11　46 路站点上下客流和断面客流统计

将感染者、直接同乘人员和间接同乘人员的信息作为数据接口发布给医学人员，用于辅助流行病学调查，以出行链数据形式存储。从三类乘客中分别抽取一位个案加以示例说明(表 5-4)。

表 5-4　　同乘人员数据接口

字段	示例		
乘客类别	感染者	直接同乘人员	间接同乘人员
卡号	801201303272××××	001543××××	042194××××
线路名称	46 路	46 路	46 路
车辆编号	089××	089××	089××

（续表）

字段	示例		
班次号	11	11	11
上车时间	15:37:57	15:37:16	15:50:09
上车站点名	湖里万达广场站	湖里万达广场站	金尚中学站
下车时间	15:42:53	15:49:44	15:58:59
下车站点名	金山站	金尚中学站	报业大厦站

2）医护人员出行保障

疫情期间应全力保障医护人员的出行，通过对医护人员的客流来源追溯，安排合适的公交通勤方式。如图 5-12 所示，以厦门大学附属第一医院为例，根据空间关系分析、三网融合数据及乘客出行模式识别算法，470 位乘客被标记为医护人员。医护人员来源分布以岛内为主，极小部分在岛外；绝大部分医护人员采用一次公交出行直达医院，少部分岛内医护人员换乘一次也可到达医院，换乘出行仅占总出行的 2.9%。

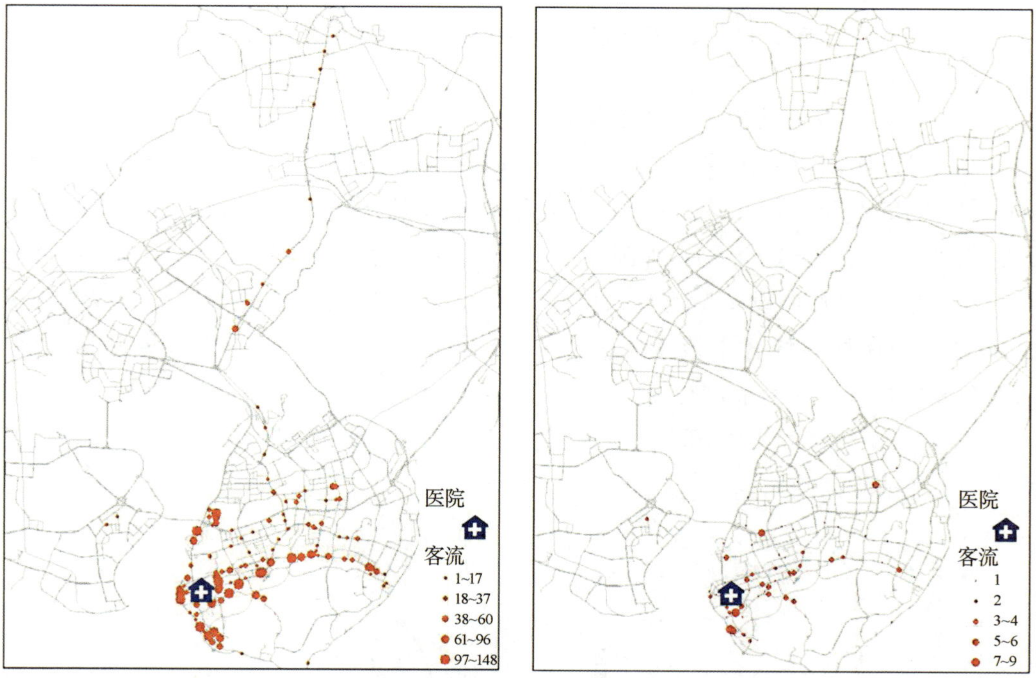

图 5-12　无换乘和有换乘医护人员客流来源追溯结果

医护人员的直达公交线路客流分担情况如图 5-13 所示：公交 19 路分担客流最多，公交 8 路和 32 路分担客流相对较少。为了保障疫情期间医院员工的正常通勤和居民就医，可以从以下几方面采取措施：①重点保障医院直达线路在疫情期间的运营，高客流线路视疫情情况调整发车间隔，严格限制车辆满载率，中客流线路定点开行，低客流线路可以考虑调整或延长以覆盖更多客源点，减少换乘等待时间；②公交车辆可以面向医院和民众分开设置，以免医护人员和民众发生交叉感染，服务医护人员的车辆主要在医院换班时按需开行；③医院周边及换乘站点设置共享单车网点，每天动态调度；④较大的医护人员客源点可定制专用“一站式”直达公交；⑤对于出行较远或换乘不便的医护人员及其他特殊情况，可调配网约车、出租车专门接送。

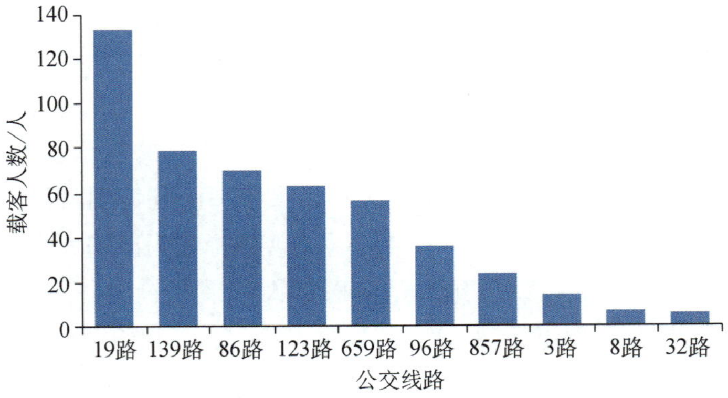

图 5-13　厦门市各直达医院公交线路通勤客流分担情况

3. 持续防控期的复工复产出行保障

复工复产阶段，对于恢复通勤上班的区域放开交通限制，但要控制车辆的满载率，保持乘客间的安全距离。基于站点上下客流监控数据，从高客流断面监控和高客流时段监控两个方面安排公交运营，保障出行。以图 5-14 所示常规公交 659 路早高峰和全天的客流监控为例，假设车型定员人数约 100 人，客流满载率超过 50%部分以阴影标出，则该公交在早高峰客流超载较多，晚高峰后客流很少。对此可以采取两种措施：①根据客流时段调整发车频次，在早高峰期间缩小发车间隔，在晚高峰期间增大发车间隔；②调整车辆运营方式，在早高峰根据主要上下客流站点穿插大站车，在晚高峰后开行夜间班车或小区间车。

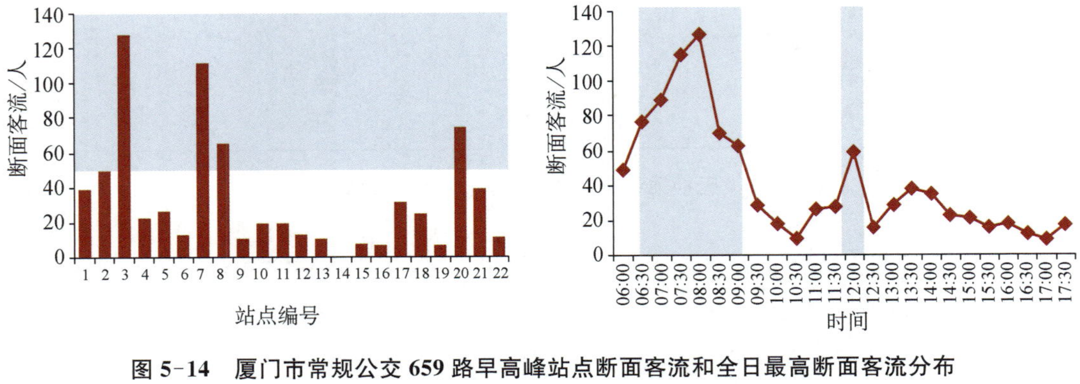

图 5-14　厦门市常规公交 659 路早高峰站点断面客流和全日最高断面客流分布

5.3 疫情期间人员流动与交通状态变化

2020年新冠肺炎疫情的暴发与春节假期时间叠加，这一期间的人口迁移与交通状态演变是一项重要的数据资源，深入挖掘其中的内在信息，一方面有助于建立相关的仿真模型，提升未来应对类似突发事件的科学决策能力；另一方面便于作为案例的特征数据加以记录，进而在所建立的案例库中根据特征查询。

作为回顾性数据资源，不能满足于原始数据的记录，也不能停留在简单的统计分析上，需要提取其中的特征信息为构建模型和知识图谱奠定基础。

5.3.1 疫情与春节叠加后的人口迁移情况

百度迁徙数据反映了新冠肺炎疫情期间的城际人员流动情况，通过连续时间观测获得的数据属于高维数据，采用数据降维来提取其中的基本时空变化特征，是展开研究工作的首要任务。以2020年1月1日至2月23日的城市人口迁移规模和城市间人口迁移起讫点(OD)数据为例，说明通过奇异值分解从时空OD矩阵中提取时间特征向量和空间特征向量的方法。

1. 数据资源与基本特征参数

“百度迁徙”即百度地图春节人口迁徙大数据，以春运人口迁徙密集、中国手机渗透率高为基础，对百度拥有的定位大数据进行全样本数据处理、分析和挖掘，将数亿部手机的定位数据变化映射为人群迁徙轨迹，能够直观、全面地反映春运期间全国人口流动的整体情况以及城际交通运输需求的时空间分布特征。在此使用的“百度迁徙”数据主要包括两部分:迁徙规模指数和迁徙分布数据。

迁徙规模指数主要反映指定城市 i 在指定日期 s 的城际客流规模，不同日期、不同城市间的迁徙规模指数可进行横向比较。其中，迁入指数 II_i^s 表示在指定日期 s 迁入城市 i 的客流规模，迁出指数 IO_i^s 表示在指定日期 s 迁出城市 j 的客流规模。

迁徙分布数据主要反映指定城市 i 在指定日期 s 的迁入来源地分布和迁出目的地分布。其中，迁入来源地比例 RI_{ij}^s 表示从城市 j 前往城市 i 的客流与城市 i 当天总到达客流的比值，迁出目的地比例 RO_{ij}^s 则表示从城市 i 前往城市 j 的客流与城市 i 当天总出发人口的比值。

定义指定日期 s 从城市 i 迁至城市 j 的城际客流规模指数 Q_{ij}^s，即

$$Q_{ij}^s = II_i^s \times RI_{ij}^s \tag{5-5}$$

由此，即可建立指定日期 s 的城际客流指数OD矩阵 $\boldsymbol{D}_s$。同时，按天对城际客流规模指数 Q_{ij}^s 进行求和，得到全国日城际客流规模指数总量 Z^s，即

$$Z^s = \sum_i \sum_j Q_{ij}^s \tag{5-6}$$

设定累计迁移净流量和人口恢复率两个特征指标对城际客流趋势进行描述。

累计迁移净流量 V_i^t 是以 2020 年 1 月 1 日为研究时段起始日期，反映指定城市 i 截至结束日期 t 的城际客流主流趋势，即

$$V_i^t = \sum_{t_0 \leqslant s \leqslant t} II_i^s - \sum_{t_0 \leqslant s \leqslant t} IO_i^s \tag{5-7}$$

式中，t_0 和 t 分别为研究时段的起始日期和结束日期；s 为起始日期至结束日期内的指定日期；若 $V_i^t > 0$，则表示该城市截至结束时间 t 的主要客流流向为净流入；若 $V_i^t < 0$，则表示该城市出现了客流净流出现象。

通过人口恢复率 H_i^T 反映指定城市 i 在指定时段 $T = [t_1, t_2]$ 内的人口恢复情况，即

$$H_i^T = \frac{V_i^{t_2} - V_i^{t_1}}{|V_i^{t_1}|} \times 100\% \tag{5-8}$$

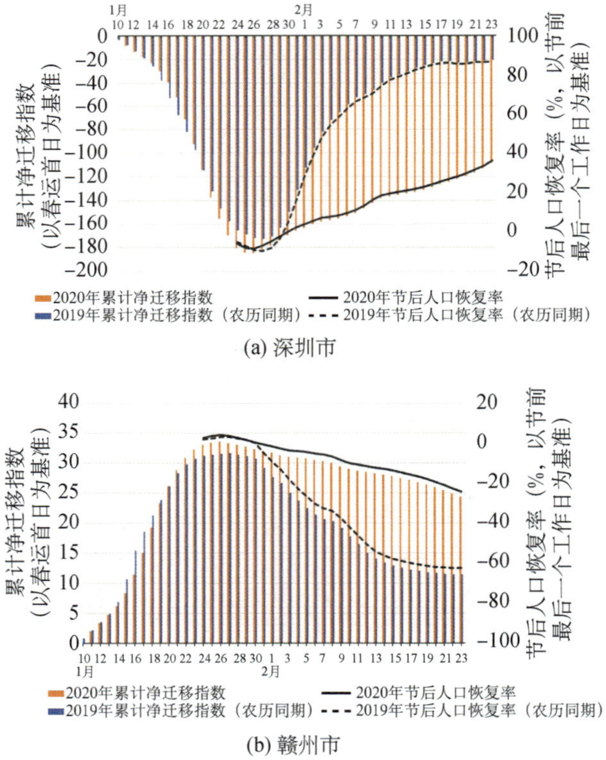

(a) 深圳市

(b) 赣州市

注：横坐标日期为 2020 年公历日期，2020 年农历春节是 1 月 25 日，2019 年农历春节是 2 月 5 日，2019 年数据按照农历日期与 2020 年相对应。

图 5-15 典型城市的城际人员迁移时间分布

若 $H_i^T > 0$，则表示该城市在时间段 T 内出现客流回流现象；若 $H_i^T < 0$，则表示该城市在时间段 T 内出现人口净流出现象。

2. 数据的初步判读

进行数据初步判读的目的，是研判数据序列中需要保留的有价值的信息内容，确定特征信息提取的要求。

1）疫情影响下城际人员流动的时间特征

为了概略性地了解疫情影响下城际流动客流的时间特征，选取典型城市计算 2020 年春运期间的累计迁移净流量和人口恢复率，并与 2019 年农历同期的特征指标进行比较（图 5-15）。作为珠三角的区域中心城市之一的深圳市，是节前人员净流出、节后人员净流入城市的典型代表；作为重要的劳动力输出地的赣州市，呈

现节前人员净流入、节后人员净流出的代表性特征。整体来看，两个城市城际人员流动以 1 月 23 日为界，分成两个不同阶段。在武汉关闭对外通道和部分省市启动重大突发公共卫生事件一级响应之前，城际人员流动趋势与 2019 年基本一致；而在 1 月 23 日之后，城际人员流动较往年显著降低，截至 2 月 23 日，节后人口恢复率大大低于 2019 年。

按天对城际客流指数 Q_{ij}^{s} 进行求和，得到全国日城际客流规模指数总量 Z^{s} 的变化情况(图 5-16)。1 月 23 日前的全国城际客流规模稳定在高位；1 月 23 日后，法定春节假期期间城际客流规模逐日下降，至 2 月 6 日达到最低点；2 月 9 日由于绝大部分省市开始复工，城际客流规模小幅回升，但仍维持在低位，直至 2 月 16 日后开始稳步回升。整个变化曲线除了整体趋势以外，还存在多个局部峰值。

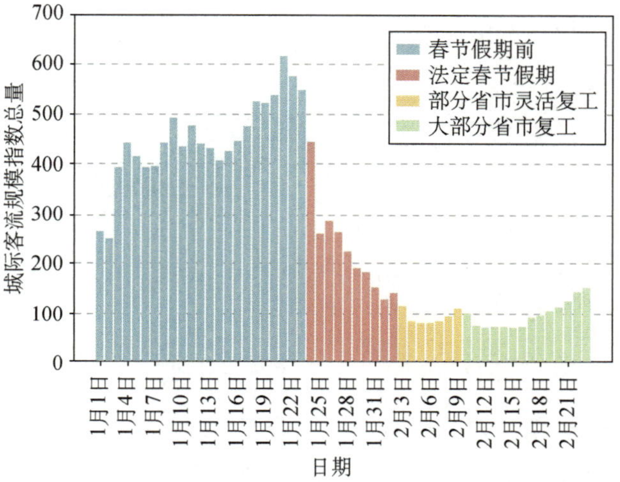

图 5-16　城际客流规模指数总量

2) 疫情影响下城际人员流动的空间特征

根据城际人员流动的时间分布特征，以 1 月 23 日为关键节点对节前返乡客流的空间格局进行分析；以 2 月 9 日、2 月 16 日、2 月 23 日为关键节点，对疫情影响下节后返程客流的空间格局进行分析。

将结束日期 t 设为 2020 年 1 月 23 日，计算不同地级市截至节前最后一个工作日的累计迁移净流量(图 5-17)。图中暖色调表示该城市在节前的主要客流流向为净流入，冷色调则表示该城市在节前出现人口净流出现象。

春节前全国范围内的城际交通运输需求保持总体平衡，但从地理空间分布上来看仍存在较为明显的差异。节前的城际客流净流出集聚地主要集中在三类区域，即三大城市群(京津冀城市群、长三角城市群和珠三角城市群)、东部沿海地区以及各省会城市，而河南、湖南、湖北、安徽、江西、重庆等传统的劳动力输出地则是节前客流净流入的高值区域。

进一步计算节后人口恢复率，反映各城市在节后的人口恢复情况。将 t_1 设为 2020 年 1 月 23 日，t_2 分别设为 2 月 9 日、2 月 16 日和 2 月 23 日，分别计算节后不同时间节点相较

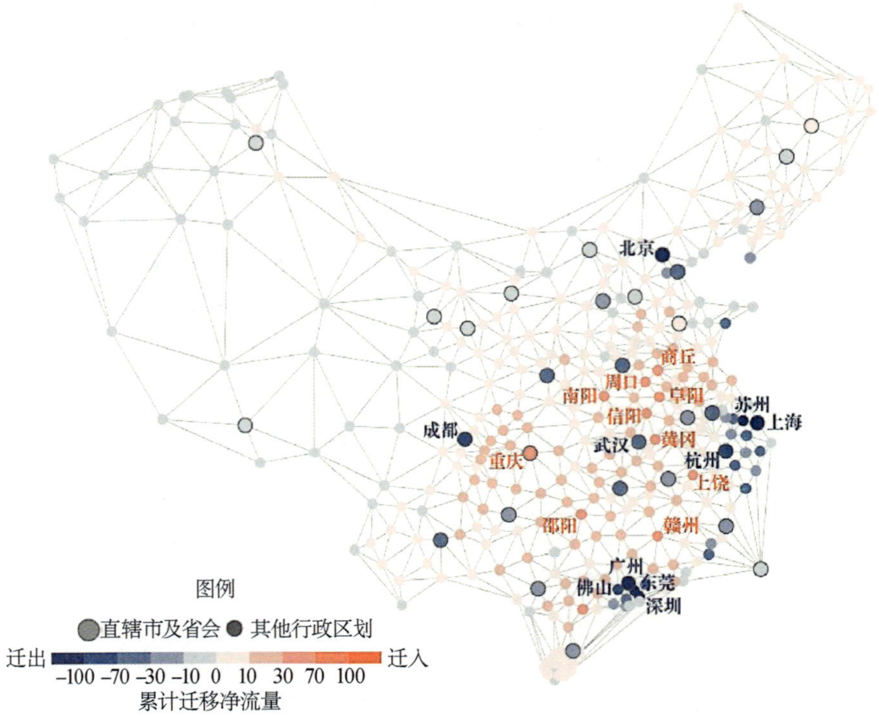

图 5-17　春节前人口迁移累计净流量

于节前最后一个工作日的人口恢复率，得到节后各地的人口恢复情况(图 5-18)。图中暖色调表示该城市在春节后出现人员回流现象，冷色调则表示该城市在春节后出现人员净流出现象。

自 2 月 9 日起，全国绝大部分城市复工，部分返程客流开始逐步回流，但复工后的全国城际人员流动整体仍保持在低位，截至 2 月 16 日仅有约 35%的城市人口恢复率超过 25%。复工后半个月内，城际人员流动逐渐复苏，截至 2 月 23 日约有 80%的城市人口恢复率超过 25%，包括三大城市群和绝大部分省会城市。

在节前的三类人员净流出集聚地中，三大城市群和省会城市的人口恢复率较高，截至 2 月 23 日，回流已达到节前流出人口的约 40%规模。而部分东部沿海城市由于受到疫情的影响，尚未出现明显的返程人员回流现象。节后主要的人员输出地与节前净流入区域基本吻合，但疫情的影响导致湖北以及与其邻近的河南、重庆、贵州和陕西等传统劳动力输出地的城际人员流动仍保持在低位，截至 2 月 23 日，节后输出的客流尚不及节前到达客流的 25%。

从上述研判结果来看，疫情期间人员的空间流动在时间上具有完全不同于往年的差异性表现，且空间上具有很大的地区差异。在通过高维数据压缩提取整个时空变化规律的过程中，希望获得与空间及时间分布相关的特征属性。

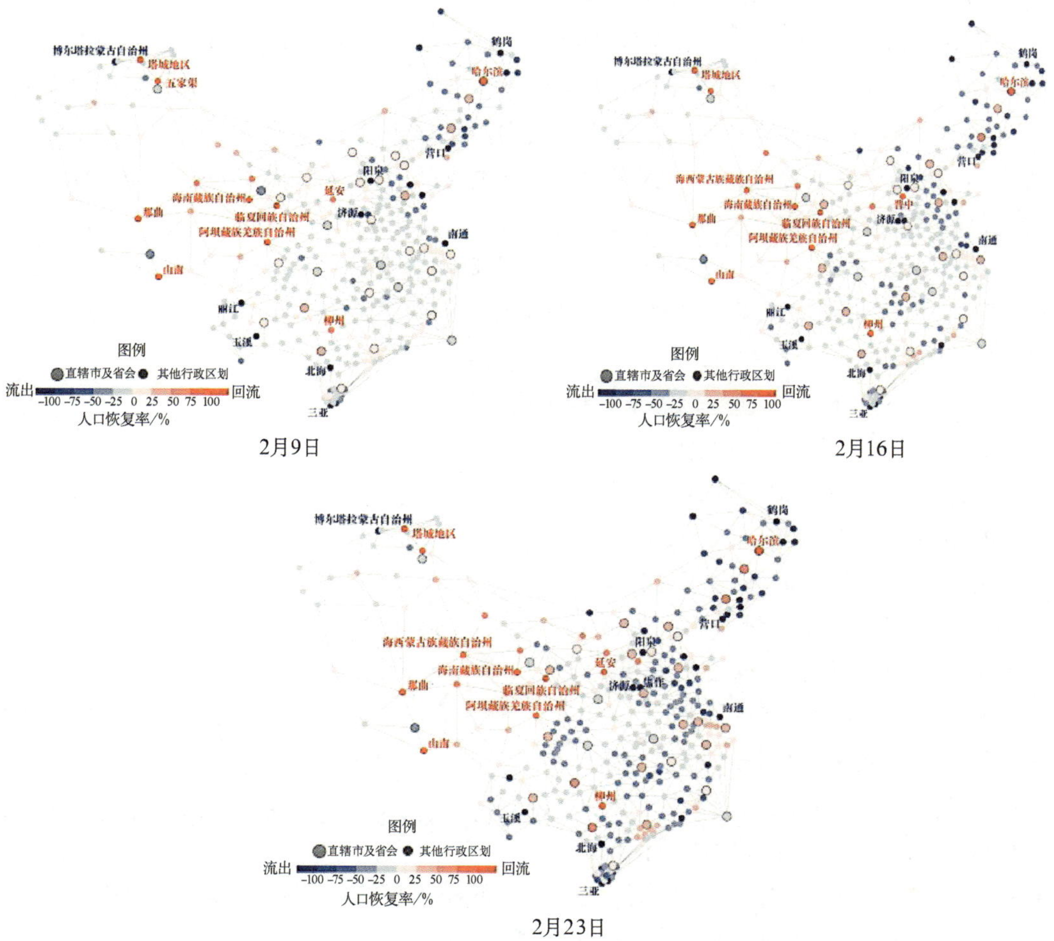

2月9日　　2月16日

2月23日

图 5-18　不同时间节点的节后人口恢复率

3. 疫情期间城际人员流动的特征提取

1）基于奇异值分解的城际交通运输时空 OD 矩阵分解

由于疫情期间城际人员流动在时间和空间上均表现出不同以往的分布差异，针对时空矩阵 $\boldsymbol{M}$ 采用奇异值分解方法来实现高维矩阵降维的目的。奇异值分解是一种基本的矩阵分解工具，它可以将一个矩阵划分为线性不相关的多个部分。

对 2020 年 1 月 1 日至 2 月 23 日的人口迁移时空 OD 矩阵进行奇异值分解，假设指定日期 s 的城际交通运输时空 OD 矩阵为 $\boldsymbol{D}_s$，包含 n 个 OD 对，将 $\boldsymbol{D}_s$ 转化为 $1\times n$ 的行向量 $\boldsymbol{d}_s$，m 天的城际客流可以表示为 $m\times n$ 的 OD 矩阵 $\boldsymbol{M}$，则通过奇异值分解的方法，人口迁移时空 OD 矩阵可以表示为三个矩阵的乘积，即

$$M = USV^T = \sum_{h=1}^{r} \delta_h u_h v_h^T \tag{5-9}$$

式中，$u_h v_h^T$ 为 $m \times n$ 矩阵，并且秩为 1。

由此，人口迁移时空 OD 矩阵可以分解为 r 个秩为 1 的矩阵，奇异值 δ_h 是 $\boldsymbol{M}$ 中 $u_h v_h^T$ 的权重。可以解释为几项时空波动谱以各自振幅 δ_h 叠加后形成了整个状态波动变化过程，将这些时空波动谱定义为时空模式。其中左奇异矩阵 $\boldsymbol{U}$ 反映了时间维度上的变化模式，u_h 表示交通状况变化时间模式中的第 h 主成分；右奇异矩阵 $\boldsymbol{V}$ 反映了空间维度上的变化模式，v_h 表示空间模式中的第 h 主成分。

在将高维的时空 OD 矩阵映射至低维空间的过程中，假设保留奇异值较大的 k 项（$1 \leqslant k \leqslant r$），舍去奇异值较小的项，则得到较低维度空间的时空 OD 近似矩阵 $\hat{\boldsymbol{M}}$。

2）疫情期间城际交通运输需求结构识别

通过奇异值分解对内地 2020 年 1 月 1 日至 2 月 23 日城际交通运输时空 OD 矩阵进行分解降维，得到疫情影响下城际人员流动的时间演化模式和空间分布模式。奇异值是衡量城际人员流动时空 OD 矩阵各模式贡献度的指标，奇异值越大，则对应模式所代表的时空 OD 矩阵原始信息越多。根据奇异值分布碎石图发现（图 5-19），最大的奇异值数值远大于其他奇异值，且奇异值数值的下降速度很快。取最大的 4 项奇异值，其所对应的需求模式能够代表 53.7%的时空 OD 矩阵原始信息，第 5 项奇异值后保持极小的变化幅度。

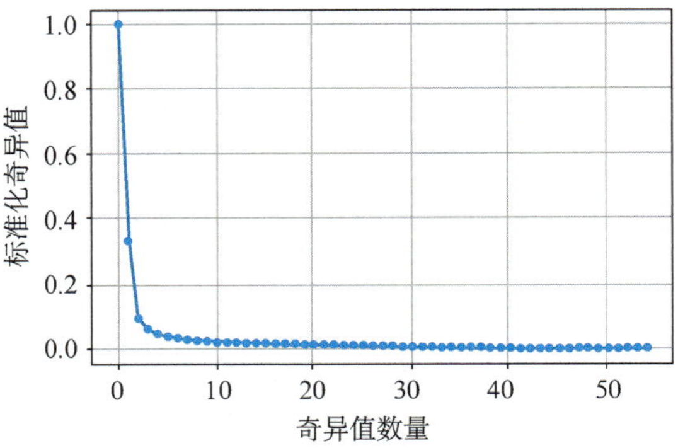

图 5-19　城际交通运输时空 OD 矩阵标准奇异值分布

根据奇异值数量和取值，可以从疫情影响下的城际交通运输中识别出 4 种较为典型的需求模式和客流类型。在图 5-20 至图 5-23 中，显示了各类模式城际人员流动的时间单位向量、空间向量，以及根据人员流入/流出集计获得的流入/流出贡献；图中暖色调表示正向波动，冷色调表示负向波动，颜色的深浅表示对应波动的显著程度。结合时间单位向量和空间单位向量观察各类型城际人员流动的波动情况，若某个时间段内时间向量出现显著波动，而某个城市的空间特征向量或流入/流出贡献存在同向的显著波动，表明该种类型需求在对应的时间段和空间范围出现了显著增长；反之，时间单位向量和空间单位向量出现了异向波动，则表明该种类型需求在对应的时间段和空间范围显著降低。

人员流动模式Ⅰ代表全国城市间的日常基本流动（图 5-20）。该模式以 2020 年 1 月 23 日为界，前后两个阶段的时间流波动均较为平稳，但时间空间向量数值由前一阶段的 0.2 下降至后一阶段的 0.034。在春节长假效应和多地应对疫情所采取的交通管控措施共同影响下，城市间的日常人员空间流动在短时间内下降了 83%。从空间分布来看，模式类型Ⅰ主要源于四大城市群(包括京津冀、长三角、珠三角以及成渝城市群)、绝大多数省会城市与全国其他地级市间的日常流动。

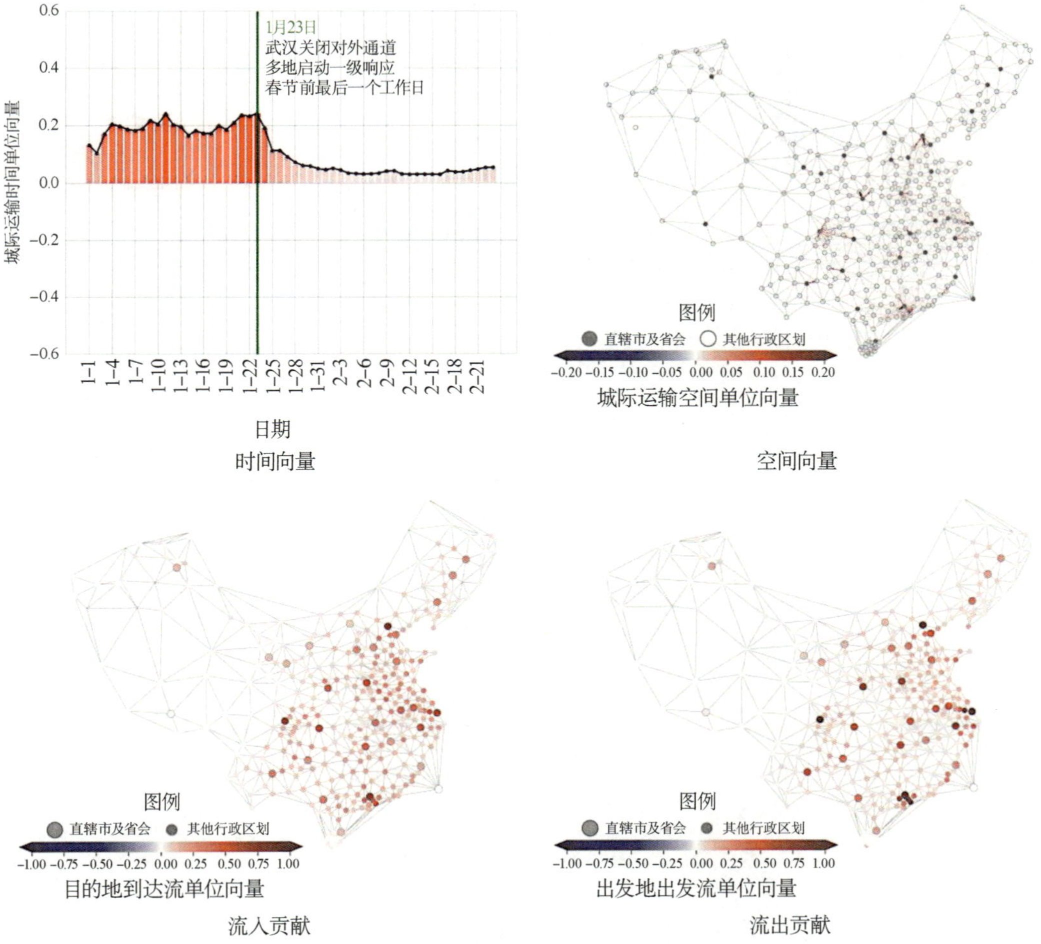

图 5-20 客流类型Ⅰ奇异值(0.337)分解结果

人员流动模式Ⅱ反映了节前返乡流动特征(图 5-21)。自 2020 年 1 月 10 日启动春运后，时间向量在 1 月 16 日开始出现正值，至 1 月 23 日达到正向最大值，并且在春节长假开始后逐步下降，至 1 月 26 日后回到负值。在 1 月 16 日至 1 月 26 日期间出现明显的正向波动，代表由于节前返乡引发的城际流动在这一时期有较为明显的增长。对应 1 月 16 日至 1 月 26 日期间模式Ⅱ的空间分布特征，结合时间和空间单位向量，节前返乡客流主要从三大城市群(京津冀、长三角、珠三角城市群)、绝大部分省会城市和东部沿海地区出发，目的地的分布呈现较为明显的层级效应和地理邻近效应。

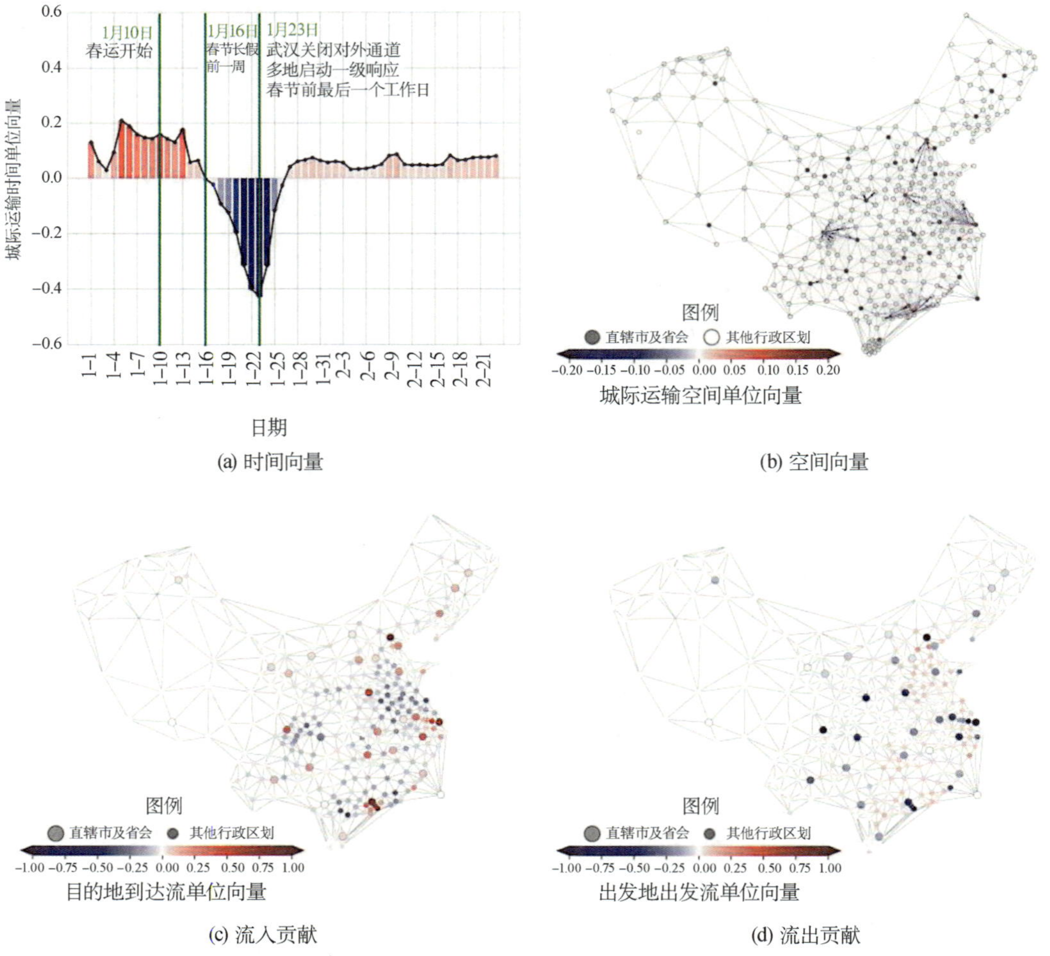

图 5-21 客流类型Ⅱ奇异值(0.095)分解结果

人员流动模式Ⅲ反映节后返程需求(图 5-22)。时间向量在 2020 年 1 月 24 日春节长假开始后,出现了三次较为明显的正向波动,分别在 1 月 27 日、2 月 9 日和 2 月 23 日达到三次波动的正向最大值。由于疫情前期交通管控措施和节后复工措施的不确定性较大,节后返程的第一次高峰较往年的返程高峰明显提前,但返程客流在 1 月 27 日国务院宣布春节假期延长后开始逐步下降。第二次返程高峰则是由于绝大部分省市宣布 2 月 10 日起正式复工,在复工前的周日达到第二次正向波动的最大值。第三次返程高峰出现在 2 月 23 日,由于观察时段的限制,没能全面反映出第三次正向波动的持续时长和高峰时间。从返程需求的空间分布特征来看,结合时间和空间单位向量,节后返程客流的流向与节前返乡客流的流向基本相反,节前人员净流出的三大城市群(京津冀、长三角、珠三角城市群)和部分省会城市成为节后返程客流的目的地[图 5-22(b)—(d)]。然而,受到疫情的影响,湖北省及其邻近地区的节后人员迁移增长不明显,部分东部沿海地区的返程到达需求也尚未得到释放。

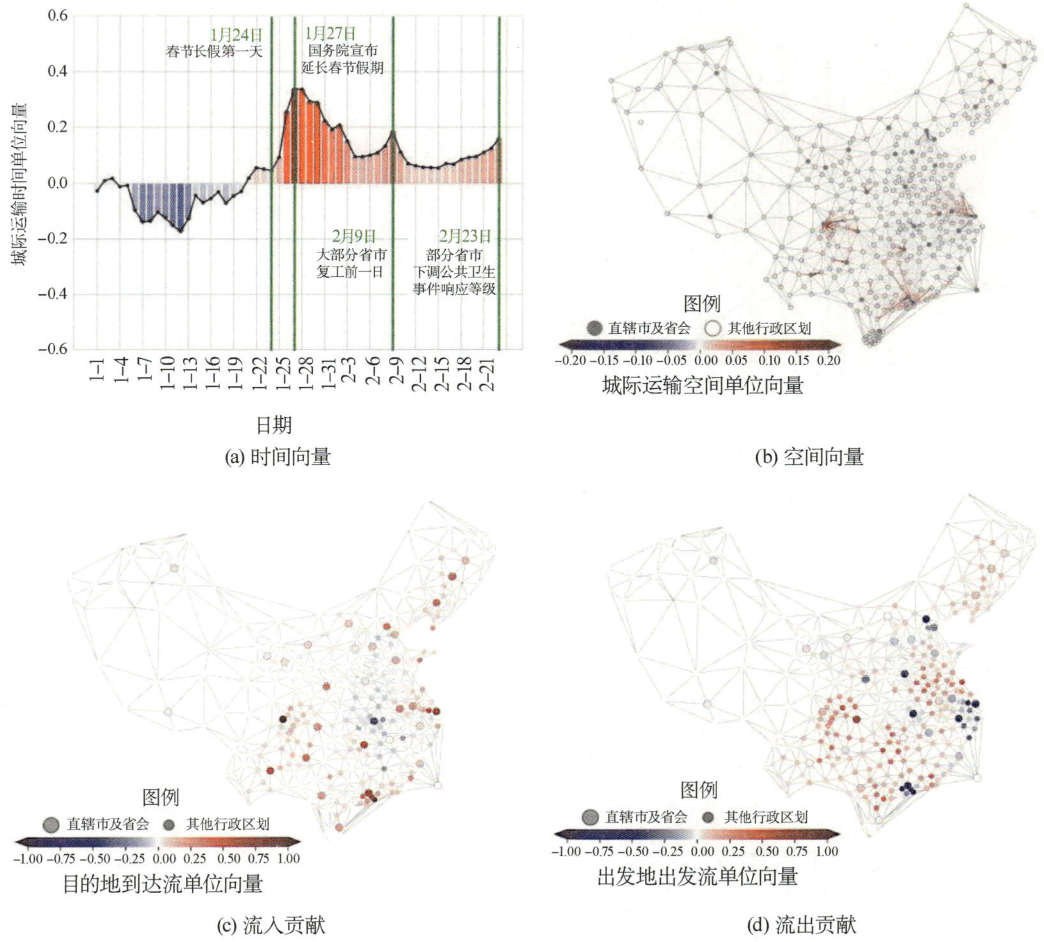

图 5-22　客流类型Ⅲ奇异值(0.060)分解结果

人员流动模式Ⅳ代表在局部地区出现的错峰客流(图 5-23)。在春运开始后,先后出现了一次正向波动和一次负向波动。正向波动从 2020 年 1 月 13 日开始,在 1 月 18 日春节前一周的周末达到高峰,并在 1 月 22 日变回负值。从正向波动的空间分布特征来看,城际客流显著增大的流向基本集中在长三角城市群和珠三角城市群,且由两大城市群出发至各自邻近的劳动力输出地。长三角城市群和珠三角城市群吸纳了大量外来劳动力,春运压力较大,该次正向波动代表了两大城市群外来劳动力提前错峰返乡的城际客流。负向波动从 1 月 22 日开始,至 1 月 24 日除夕当天达到高峰,并在 1 月 27 日变回正值。从负向波动的空间分布特征来看,郑州、长沙、西安、贵阳等内陆省会城市向邻近地级市的短途客流在除夕前后显著增大,负向波动代表了部分内陆省会城市的短途返乡需求。

在四种主要的需求类型中,明显反映疫情影响特征的主要是客流类型Ⅰ和Ⅲ,即城市间的日常交通运输和春节后的返程客流,客流类型Ⅱ和Ⅳ的城际人员流动在疫情出现后已基本消失。在两种影响较大的模式中,客流类型Ⅰ的奇异值远大于后三种需求

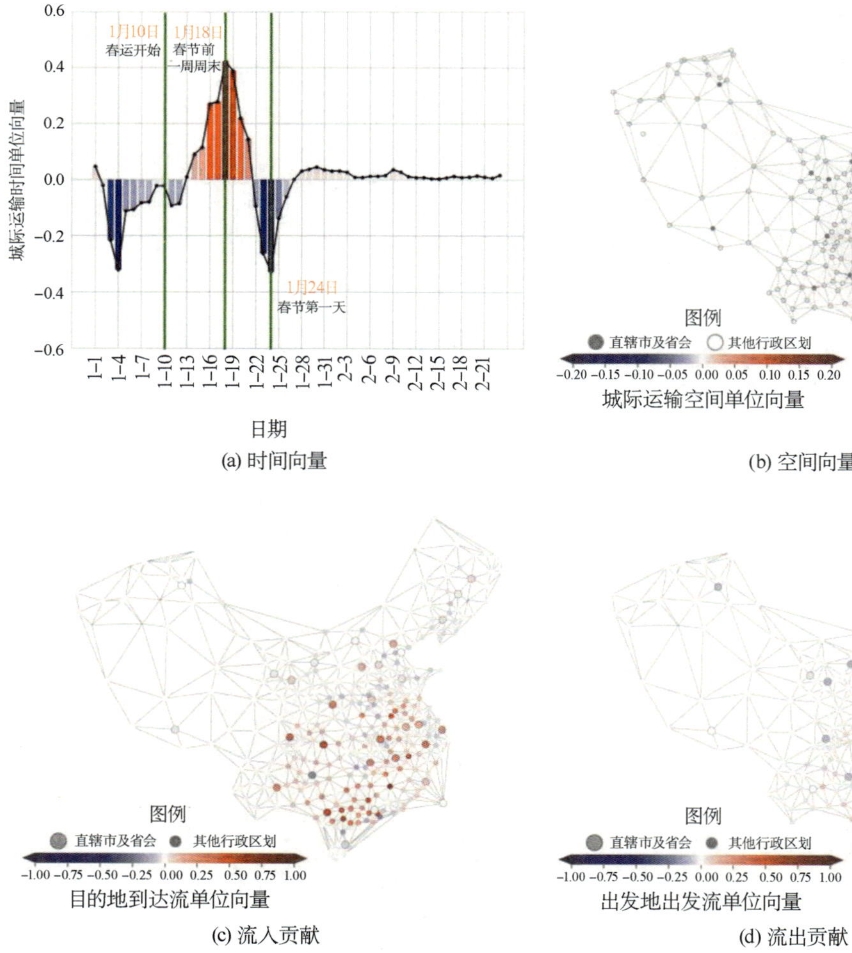

图 5-23 客流类型Ⅳ奇异值(0.045)分解结果

类型,因此可推断疫情对日常城际人员流动所带来的影响可能远大于对春运交通的影响。由于节前返乡客流规模较往年没有明显变化,而节后返程需求的释放明显放缓,因而客流类型Ⅲ在疫情的影响下,将呈现持续时间较长、需求波动复杂的特点。长时间、分批次的返程需求释放以及涉及曾经发生疫情地区人员逐步流入,对人口流入城市的疫情防控带来较大压力。

5.3.2 疫情期间的城市交通状态演变[27-28]

对城市交通状态的连续观测,提供了疫情期间交通状态演变过程的记录。与上节的讨论相同,对于城市交通状态连续观测获得的时空 OD 矩阵,也需要通过矩阵分解获得相关模式信息。

1. 有待探索的疫情期间城市交通变化

相关研究表明,疫情蔓延与出行行为之间存在着显著的相互作用[29-31],同时居民出行行为的变化进一步导致了交通系统状态的复杂变化。一方面,在疫情暴发初期,交通系统是助长病毒传播的重要渠道。许多国家或城市发布了强制居家令,以防止和控制病毒传播。研究表明,武汉市政府及时的出行禁令有效减缓了疫情向外扩散的速度(疫情传播到其他城市的时间推迟了 2.91 天),并最终阻止了疫情在中国大规模蔓延。另一方面,交通系统在支持疫情后恢复生产方面发挥着重要作用,社会经济复苏的征兆首先显现在交通系统运行状态的变化之中。

传统应急交通对策研究主要集中在自然灾害或不利天气条件(如飓风、暴雨等)下道路上的疏散拥堵模式[32-34],针对罕见突发公共卫生事件的实证研究很少。由于后者与前两者在延续时间和关注问题等方面都有很大的区别,传统的应急交通组织经验并不适用。在突发公共卫生事件期间,重要的是通过暂停运输系统来控制病毒的传播,居民的出行行为会受多种因素影响而发生变化[35-37]。从交通应急管控状态到城市社会经济活动恢复,城市交通状况经历了一个复杂的演变过程。

为了厘清 2020 年新冠肺炎疫情前后上海市道路交通拥堵的时空变化特征,基于百度地图提供的上海市 2020 年第一季度 446 个交通片区的小时平均车速数据,采用奇异值分解算法提取时间向量和空间向量,并对主要的时空变化模式进行分析。

研究的时段为 2020 年 1 月 1 日至 3 月 15 日。上海疫情自 2020 年 1 月 20 日出现第 1 例确诊病例,之后确诊病例数迅速增加;2 月中旬,疫情的扩散得到了较好的控制;3 月,上海出现了一些输入性病例,通过集中隔离 14 天、核酸检测追踪接触等严格措施进行管理,疫情并未出现反弹;3 月下旬,疫情基本得到控制(图 5-24)。

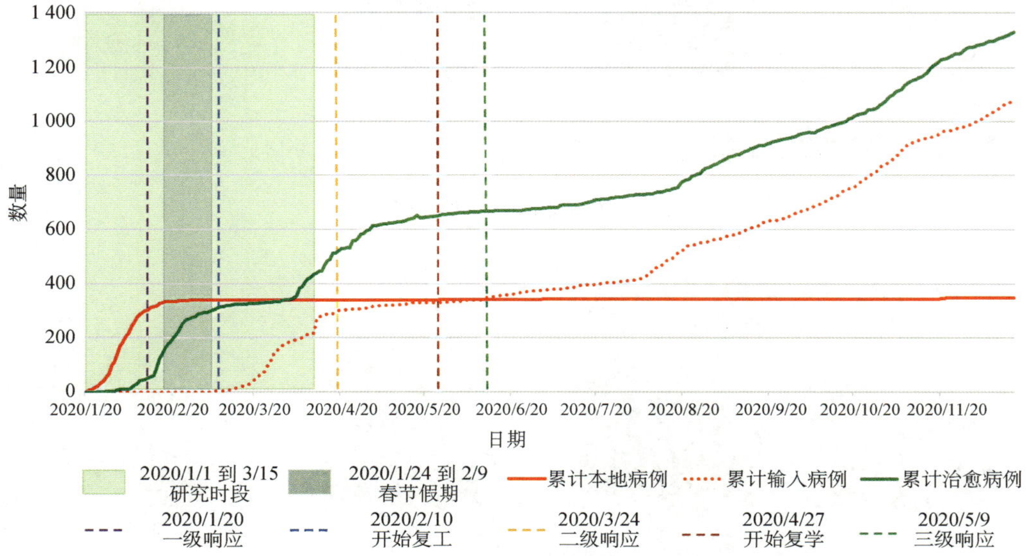

图 5-24　上海 2020 年新冠肺炎病例数量变化情况

2. 路网交通状态的整体变化

受到疫情冲击的城市,各种社会活动的恢复呈现出一个过程。城市交通状态对疫情前状态的回归，从一个侧面反映了上述各种社会活动恢复正常的过程，间接反映出员工逐步回归岗位、企业运转逐步恢复正常、顾客重新回到商业场所等方面的变化，对于公共政策制定具有参考价值。

基于上海 2020 年疫情数据记录这一过程的交通变化特征，将复工第一周、第二周和第五周不同时间段内各个交通分区的平均速度与设定的基准周速度进行比较。分别计算和说明早高峰、晚高峰和平峰时段的速度变化率(图 5-25)。

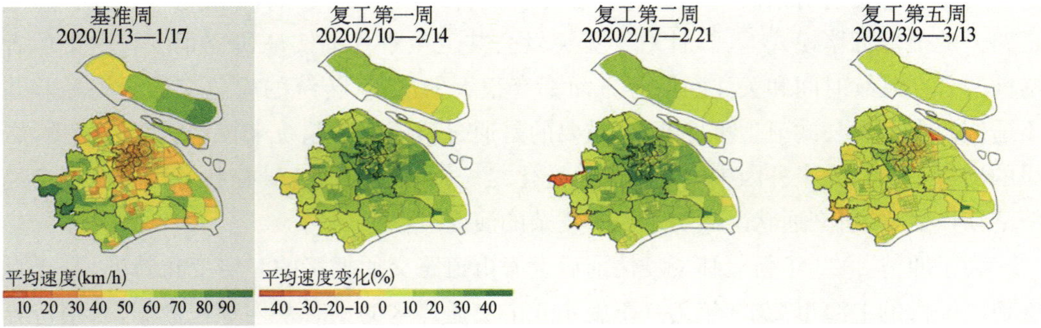

(a) 早高峰(上午7时至8时)

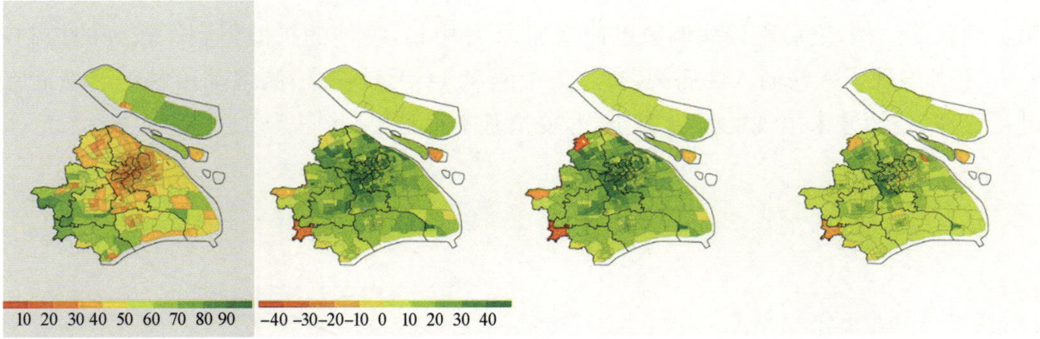

(b) 晚高峰(下午5时至6时)

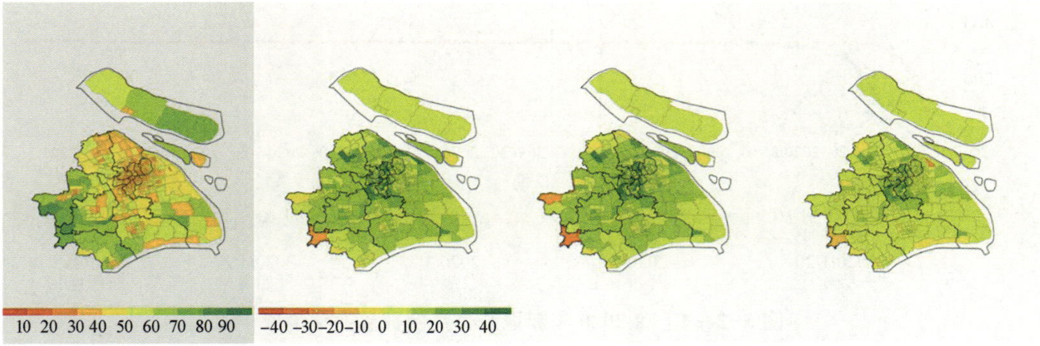

(c) 平峰(早晚高峰以外的时段)

图 5-25 上海市 2020 年 1 月 13 日至 3 月 13 日各周各时段分区平均速度变化率

在复工的第一周，大部分交通分区的平均车速变化率为正，显示在疫情期间实施出行管制令的作用下，整体交通状况处于非拥堵状态。随着疫情得到控制，经济复苏，机动化出行率增高。随着时间推移，高峰时段逐渐重现交通拥堵状态，但晚高峰的恢复速度慢于早高峰，平峰时段仍然处于非拥堵状态。这种情况反映出疫情影响了人们的出行行为：除了必要的通勤外，许多人减少了其他类型的出行，且更多的人转向私人交通工具通勤（图 5-25，图 5-26）。

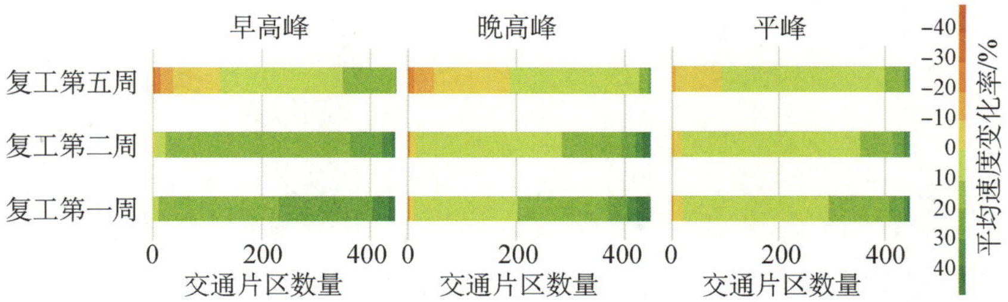

图 5-26　上海市不同变化率对应交通分区的数量对比

值得关注的是，与基准周相比，远郊少数分区的平均速度显著下降，推断可能是上海入境点进行全面检查所导致。

3. 路网拥堵状态的时空模式

疫情期间城市道路运行车速出现的变化可以视为空间轴上异构分布与时间轴上波动的联合作用的结果。通过矩阵分解提取其奇异值和时间及空间向量，从数学角度提取交通分区车速时空矩阵中的稳定成分，能够对访客空间活动提供有价值的特征信息。

仍然采用奇异值分解来对上海市区车速时空矩阵进行降维分析，排列前三位的奇异值占比 60.2%（图 5-27），对应的前三个时间向量与空间向量的向量积，构成时空矩阵主成分的三种时空变化模式。

对于时间向量，关注其值的符号、波动幅度及变化方向（图 5-28）；对于空间向量，关注其值的符号和大小（图 5-29）。

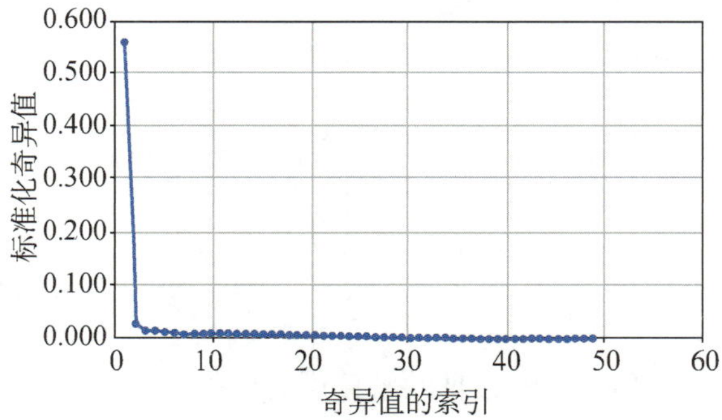

图 5-27　标准化后奇异值排序

时空模式Ⅰ（奇异值 0.559）代表了相对稳定的主体部分，其时间向量和空间向量中的各个分量均为正值，时间曲线没有大幅度波动形成的波峰或波谷。春节长假开始后，在疫情期间出行限制政策和春节人口流出的共同影响下，平均速度呈现明显上升趋势。随着 2020 年 2 月 9 日之后上海恢复工作和生产，曲线逐渐下降接近代表疫情前的蓝色曲线。

时空模式Ⅱ(奇异值 0.028)反映了与通勤活动相关联的波动部分,城市内部空间活动为主体的变化部分。注意时间向量[图 5-28(b)]中几条时间曲线向参照曲线回归的情况,高峰时段曲线逐渐接近蓝色曲线,但平峰时段没有发生明显的变化。模式Ⅱ反映出,尽管通勤活动较快回归,但其他社会活动的回归则是一个较慢的过程。

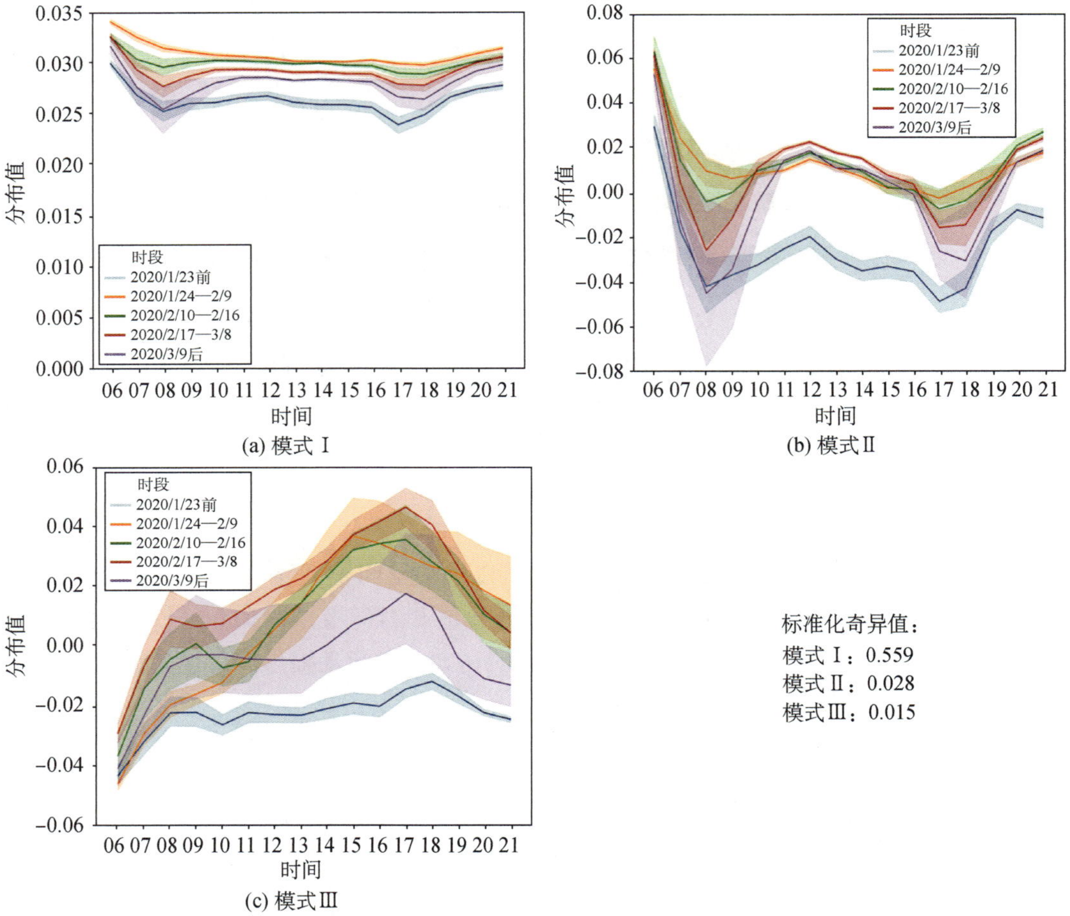

图 5-28　三类模式的时间向量

对时空模式Ⅲ的解读中,注意到空间向量绝对值较大分区主要位于城市外围,可以认为这一模式所反映的变化主要是与城市对外联系相关联活动的修复过程。空间向量大部分为正值,时间向量中作为参照的疫情前蓝色曲线波动不明显且均为负值,反映出疫情前该模式主要为负补偿作用(车速降低)。1 月 23 日至 3 月 8 日的三条曲线(橙色、绿色和红色曲线)相比参照曲线在 11 点至 17 点之间有明显的正向波峰,这意味着在空间分布值为冷色调的片区中,平均速度显著降低,并在 17 点左右达到最低值。空间向量分布为暖色调区域为正向补偿,与疫情前情况相反。这一模式反映出城市恢复过程中,与外向联系关联紧密的空间活动的恢复速度,慢于城市自身通勤互动的恢复速度。

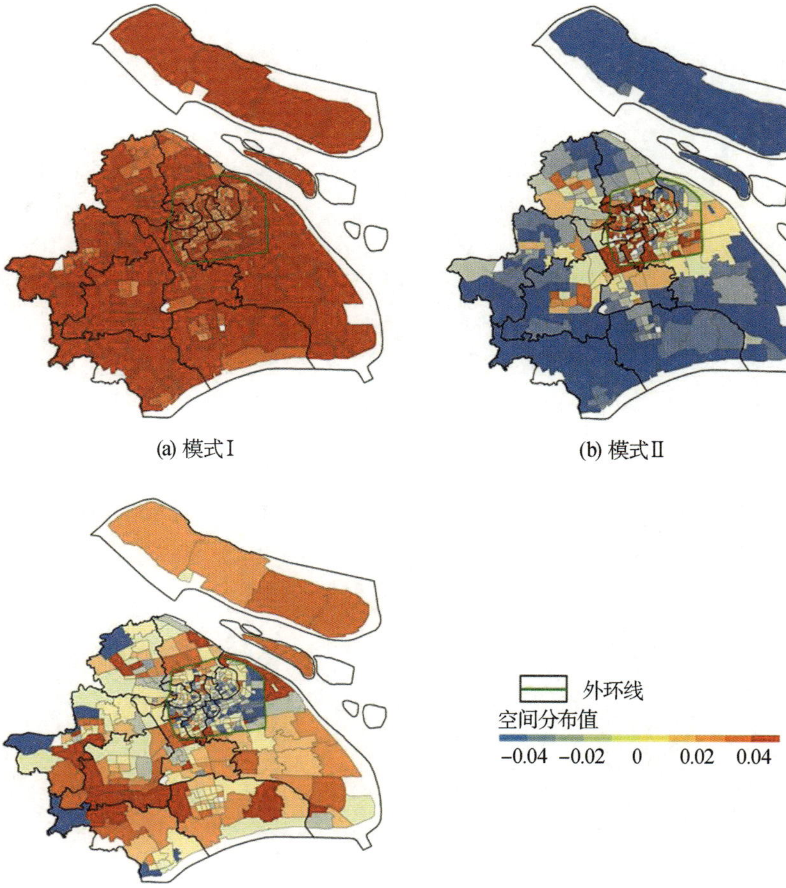

(c) 模式Ⅲ

图 5-29 三类模式的空间向量

5.4 面对疫情反复冲击构建韧性物流运输体系[38]

5.4.1 2022 年疫情冲击下的公路物流运输

2022 年 3—5 月间上海市再次受到严重的疫情冲击，全市新冠肺炎确诊者及无症状感染者总数超过 60 万人，城市经历了长达 2 个月的静默期。与 2020 年疫情时处春节期间不同，加上同期全国各地均有艰巨的防疫任务，本次疫情对城市的生产活动产生了极大影响。

2022 年疫情形势严峻之后，全国相当部分高速公路收费站和服务区曾经出现关停情况，加之各地疫情防控要求所产生的影响，致使 2020 年 4 月逐步恢复并在 2021 年正常运行的全国卡车运输迅速跌入低谷(图 5-30)。受到疫情严重影响的吉林省、上海市则更为严重(图 5-31)。

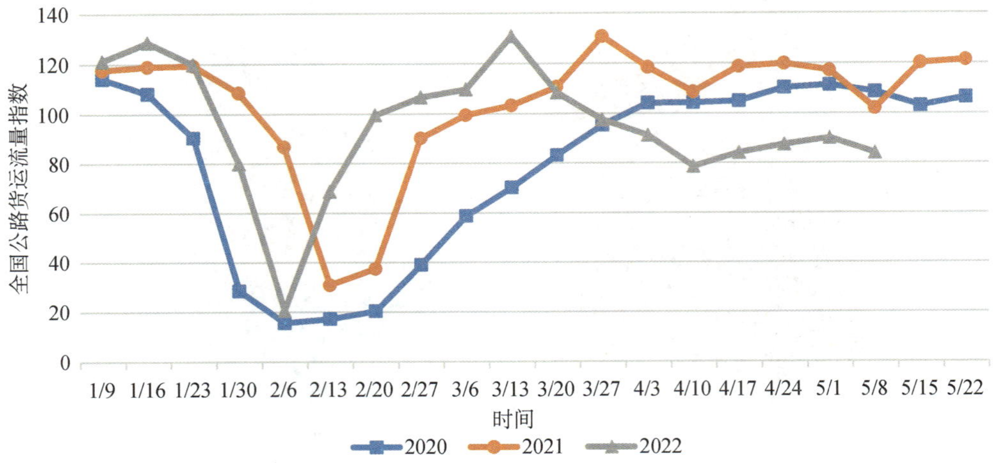

图 5-30　全国公路货运流量指数 2020—2022 年 1—5 月期间对比

数据来源:G7 物联(www. g7. com. cn)

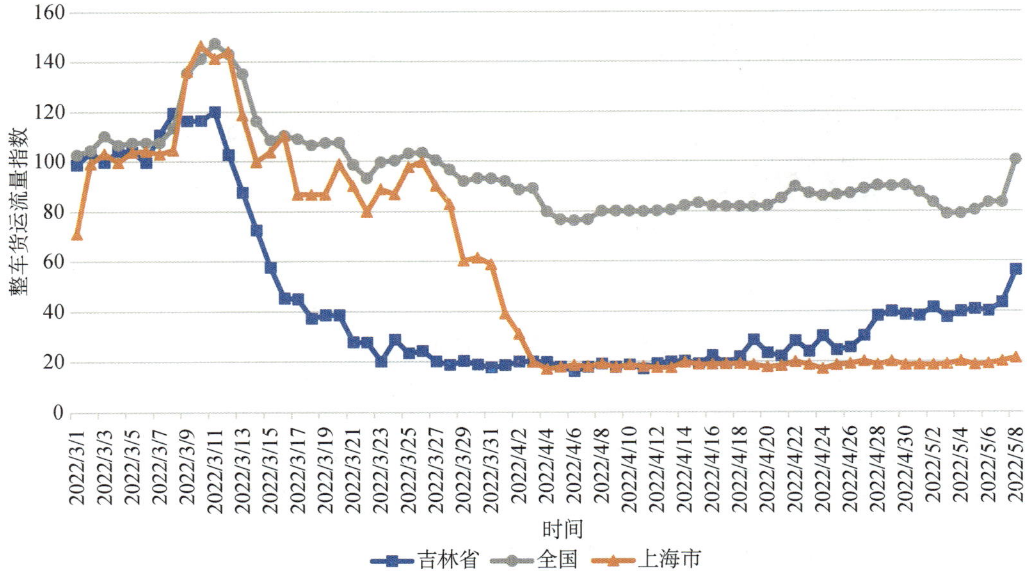

图 5-31　吉林省、上海市整车货运流量指数(2022 年 3 月 1 日—5 月 8 日)

数据来源:G7 物联(www. g7. com. cn)

5.4.2　政府与企业采取的各种对策

面对疫情的严重冲击,国务院及交通运输部针对交通运输进行了一系列紧急部署(表 5-5)。2022 年 4 月 18 日,国务院副总理刘鹤出席全国保障物流畅通促进产业链供应链稳定电视电话会议并部署十项重要举措。4 月 27 日,国务院总理李克强主持召开国务院常务会议,听取交通物流保通保畅工作汇报,要求进一步打通堵点、畅通循环;强调要统筹疫情防控和物流畅通保供，加强部门协同和跨区联动，畅通国际国内物流。4 月 29 日，习近平总书记主持召开中共中央政治局会议并强调，要组织好重要民生商品供应，保障城市核心功能运转，稳控安全生产形势，维护社会大局稳定；要坚持全国一盘棋，确保交通物流畅通，确保重点产业链供应链、抗疫保供企业、关键基础设施正常运转。

表 5-5　　2022 年 4 月 11 日国务院及交通运输部所作紧急部署要点

国务院（4 月 11 日通知）	精准实施通行管理，不得随意限制
	通信行程卡“白名单”管理
	货车司机基本服务保障
交通运输部（根据国务院通知 4 月 11 日做出相关部署）	充分认识统筹做好公路交通疫情防控和保交保畅工作的重要意义
	科学精准做好公路疫情防控工作
	千方百计保障服务区正常运行，有条件的服务区，可设置高、中风险地区和冷链物流的停放专区及司乘人员休息专区，或者设置集装箱运输车辆等货车临时专用服务区，实施闭环管理
交通运输部（根据国务院通知 4 月 11 日做出相关部署）	科学合理设置公路防疫检查点
	协调联动加强路网运行监测调度
	全面排查处置防疫检查点设置、收费站和服务区关停等情况，力争尽快恢复运行
	强化督导检查推动任务落细落实

各地方政府则根据自身情况采取了一系列具体措施，包括几种基本类型：根据产业链、供应链诉求，设立工业、信息化领域及交通运输行业保运转重点企业“白名单”，集中资源予以优先保障；采用无接触运输转换衔接，例如深港跨境运输综合接驳站，上海市平湖、昆山应急生活物资保供中转站，杭州市“人货分离”管理的物流货车接驳机制等，采用甩挂接驳、交接运输等方式保障受到疫情强烈影响地区的基本运行；发放车辆通行证，除了全国统一式样重点物资通行证以外，各地还发放了一系列相关通行证，例如上海市道路运输货运行业重点物资运输车辆通行证、上港集团防疫通行证、上海市配送寄递人员电子通行证、进出天津疫情防控应急物资运输车辆通行证等；有效运用线上管理平台，例如广州市交通运输局与广州市政务服务数据管理局联合推出的“穗货运”小程序、上海市国际贸易“单一窗口复工复产”小程序、上海市国际贸易“海运电放提单在线交单系统”等。

大型运输企业与地方政府协作开展运输方式调整，例如上港集团针对进出口贸易推出“陆转水”服务优化集疏运，中远海运打造多个“路改水”运输方案，深圳市 2 月下旬启动了供港跨境铁路货运列车项目，以及“盐田—香港”海运天天班供港海上快线，通过集约化运输组织有序保障供港跨境物资运输等。

针对疫情对供应链的冲击，相关企业采取多种措施加以应对(表 5-6)。尽管如此，疫情造成供应链混乱，堵点不断传导扩散，企业面临高缺货率和高库存率双重风险，为应对疫情采用分仓策略导致成本上升等诸多问题，对国民经济和人民生活正常运行带来极大挑战，需要采用常态化与应急处置能够有效结合，大幅度降低供应链不确定性风险的相关对策。

表 5-6　　2022 年疫情期间部分物流企业的保障对策

企业	对策
京东物流	仓配一体，分仓发货：依托自身强大的仓运配多级分仓网络，实现全流程端到端一体化快速分仓
	解决企业四大需求场景，助力复工：企业上下游物资运输、物资暂存、最后一公里配送、“服务＋”需求
	“短驳＋志愿服务”的末端服务模式，解决“最后 100 米”
顺丰	即时转仓、快速分仓，疫情期间高效接仓保障发货
	无人机助力“最后一公里”
发网	五项专项服务：全国分仓、无忧接仓、即时转仓、无忧配送、无忧速配
天地汇	甩挂运输支援上海
货车宝	上线货车司机疫情防控神助手：中高风险区域查询、各地入城申报电子通行证、高速公路出入口服务区关闭情况查询、核酸报告查询等
好运宝	上线货车防疫监测系统
中国邮政	无人投递车、智能机械手
赢彻科技	通过 L3 级智能重卡实现自动驾驶运营

5.4.3　韧性物流运输体系的概念

新冠肺炎疫情冲击下所出现的居民生活物资供应保障困难、企业供应链脆弱等问题，暴露出我国社会物流体系存在的缺陷。与此同时，各地实际操作中产生的经验教训，也为今后的工作提供了参考。

本次疫情政府与企业虽然采取了许多对策，并在较短时间内克服了城市社会活动静默所造成的居民生活物资保障困难，但是在极为重要的 B2B 陆上运输环节出现的问题，反映出应急对策并不能从根本上减轻供应链所面临的问题，也提示我们应急物流运输并不能替代韧性物流运输体系建设(图 5-32)。

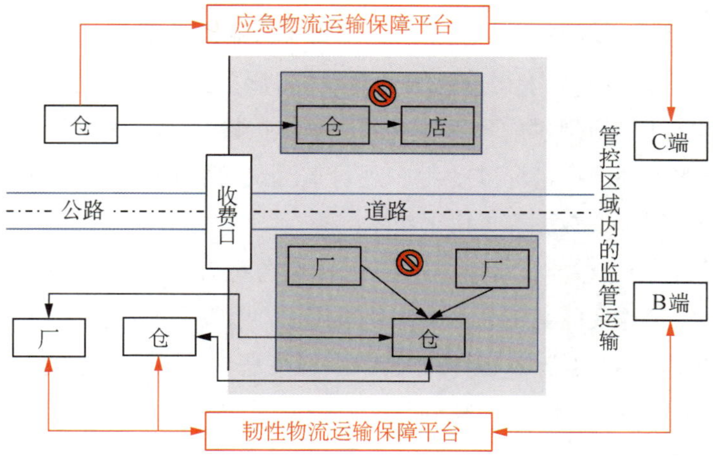

图 5-32　应急物流运输保障与韧性物流运输保障的概念示意

应急物流不是以经济效益原则为目标，而要以时间效益最大化和灾害损失最小化为根本目标，必须在不确定的情况下争分夺秒，以实现对应急需求最大可能的快速和精准化响应。相对于常态物流而言，应急物流不仅是在物资、运输载体、流程和速度上有着不同的要求，更为重要的是供需双方的信息对称性。

韧性的关注点在于将灾害及外部冲击下的恢复能力，转变为系统自身的抵抗与重组能力，并进一步转变为系统不断适应和学习能力的过程，体现出应对不确定性的能力。面对疫情，韧性物流运输体系所需要具备的功能包括：联系广域范围的运输网络闭环运作能力、运输方式及路由的转换弹性、封控区范围内的闭环作业管控能力、外部冲击面前的应急运行组织能力、“平战结合”的运营模式等。与此相适应的体系要素包括：依托甩挂、交接等运输方式的节点运输网络，在封控区域内的监管运输，集约化的运输组织主体，能够与应急指挥快速连接的运输信息系统，快速响应的组织网络资源等。在现有的运输体系中，韧性物流运输实现“门到门”覆盖的短板是卡车运输环节。由于历史原因，卡车运输行业的“小散乱差”成为 B2B 物流服务体系中的薄弱环节，也成为韧性物流运输体系建设的关键问题。

从技术角度来说，与韧性物流运输体系关联紧密的相当部分要素已经在实践中得到应用。例如美国纽约从 1981 年开始推进的货运车辆路径管理[39]，为货运车辆遵循规定路径完成运输任务的组织监管提供了经验；技术领域中为解决港城矛盾研究的地下物流系统方案[40]，为建立相对封闭运行的港口集疏通道提供了借鉴；国内不断推进的甩挂运输，是疫情期间无接触交接运输的有效解决方案[41]；传化、天地汇等一批不断成长的运输组织平台企业，提供了韧性物流运输体系可依赖的运营组织基础；天猫等电商平台有效组织分散化经营主体并引导其实现整体目标的做法[42]，则是一种在卡车运输领域可以效仿的行动模板。

近年来快速发展一些新技术，更是为韧性物流运输体系展现出良好的发展前景。

在物联网和区块链基础上构建的智能合约，将服务约定扩展为一个可监督的管理过程，充分利用区块链所提供的不可篡改和群体维护特性，物联网所提供的客观感知记录能力，将各个服务环节质量标准变为客观可追溯的过程记录，为作业过程中的协同、保险理赔取证、合同争议裁决等提供了技术支撑。

通过市场设计制定差异化供给与多样化需求之间的匹配规则，能够充分利用卡车运输市场中，卡车运输实际承担者具有服务质量、信用等多方面的差异，以及不同类型需求产生服务要求差异的特点，创新市场规则，改变恶性价格造成市场退化问题。

将这些不同类型的技术要素整合起来，就构成了韧性物流运输服务体系，并产生相应的社会效益(表 5-7)。

表 5-7　　韧性物流运输体系要素及产生效益

系统要素	地方政府	司机	客户企业
节点运输体系	满足防疫要求的可控闭环作业系统、可依靠的资源	处于闭环中可保持业务不被中断，降低感染风险	可控的供应链风险
市域货车运行监管	透明化的流动、局部可控的防疫对策	可遵循且可证的工作要求	可预见、可查询的运输过程
运输组织平台	可依靠的组织资源、司机闭环管理的组织者	货源、金融、保险、后勤等方面的支持	清晰的业务联络通道
智能合约	保障市场运行秩序	明细且可证的责任	作业过程的透明化，既有利于计划，也便于追责
市场设计	良好的市场环境、避免“劣币淘汰良币”	提供更好服务将得到响应回报	更加合理和多样化的服务选择
地下物流系统	减轻港城矛盾，释放土地红利，封闭式作业系统	减轻拥堵造成的延误	运输可靠性
多式运输联港	集约化、非接触的综合货运枢纽	作业效率提升	应急状态下的快速响应

5.4.4　政企合作推进韧性物流运输体系建设

在我国现代治理体系中，社会物流[43]应是保障整个社会经济、政治和生产活动的基本服务体系，政府通过公共资源配置，支持网络型企业以市场化方式提供公共物流服务，并保障重大自然灾害和公共事件情况下社会的正常运行。本次疫情的经验教训告诉我们：韧性物流运输体系建设是投资及营商环境的重要影响因素，在这一领域中需要政府与企业合作，在克服相关市场失灵问题的同时，又充分发挥市场机制的作用，实现“平战结合”的体系建设目标。

疫情冲击下我国的社会物流体系暴露了一些关键性短板。

(1) 卡车运输成为综合运输的体系瓶颈。相比较集约化运作能力较强的航空、铁路、远洋海运等方式，总体上处于“小散乱”状态的卡车运输制约了系统的抗损能力。

(2) 缺少能够有效保障公路干线畅通的节点运输体系作为应急运输支撑。采用甩挂运输、交接运输运作模式的企业运营主体没有形成大规模网络覆盖。

(3) 能够承担闭环防疫组织功能的运输组织平台企业的实体枢纽节点布局有限，既没能形成广域独立承担应急运输的能力，也缺乏相互联动及与各地政府间的应急协调组织机制。

(4) 当城市整体处于管控状态时，由于缺少常态化货运车辆运行监控系统的技术支持，应急状态下难以有效地监控和指挥市域范围内的道路货物运输活动。

(5) 城市封闭状态下保障居民生活物资的商业配送服务体系中，承担“最后一公里”的末端快递人员闭环防疫管理缺乏设施依托。

(6) 对生产体系中 B2B 物流环节的社会化保障问题重视不够，在疫情冲击造成市场行为混乱的情况下，缺少依靠强有力网络体系支撑的骨干企业来承担应急供应链保障任务的对策预案。

韧性物流体系构建正是针对这些暴露的问题，通过系统集成创新弥补短板的建设过程。韧性物流运输并非一种单纯的技术应用，也不是个别企业能够独立胜任的工作，而是一个行业性、网络化的体系建设，涉及众多要素和复杂关系。构建韧性物流运输体系过程中，政府需要责无旁贷地扮演主导角色。这既意味着责任，也意味着在顶层设计、资源配置、市场环境建设、产业政策等诸多方面必须完成的任务。韧性物流运输的顶层设计是一个突出问题导向、突出多方协作、突出跨学科技术应用的过程，对已有经验教训的深入总结与反思，是工作的起步，也是正确把握方向的关键。

韧性物流运输体系中亟待突破的关键，是依托我国庞大高速公路网建立节点输运系统(图 5-33)，以高速公路服务区、物流园区等为支撑，以运输组织平台企业为主体，建立起“平战结合”的干线运输体系。这不仅是韧性物流体系的着力点，也是交通强国的重要任务领域。以在节点运输系统中具有重要地位的甩挂运输为例，牵引车辆与挂车比例已经成为衡量一个国家公路运输水平的重要标志，相比于发达国家 1∶1.3 的指标，我国目前 1∶1.12 左右的行业水平已经明显落后。但是要实现甩挂运输的快速发展，需要克服卡车运输行业集约化程度低、市场规制放松、货运站场适配性低、信息基础薄弱、技术标准分化等障碍。

韧性物流运输体系建设是一个市场环境下的成长过程，提出合理技术分级和评价指标，定期进行评估诊断，有助于消除生产和商业过程中的不可预见性，改善投资和营商环境。与水平分级相适应，明确发展路线图，建立相应的评价指标，制

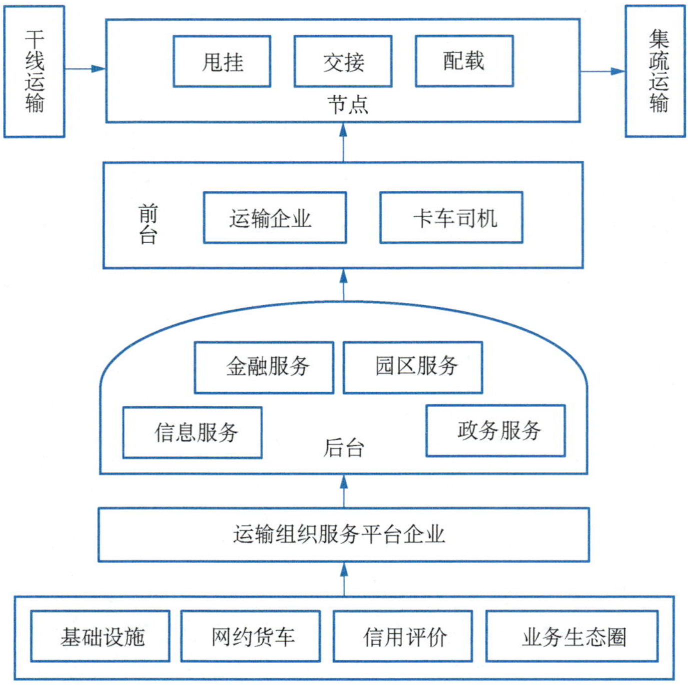

图 5-33　节点运输系统示意

定相应的发展规划，是政府的重要职责。作为一种讨论，笔者提出如下分级方式供参考（表 5-8）。

表 5-8　　韧性物流运输体系技术水平分级建议

水平分级	Level 0	Level 1	Level 2	Level 3	Level 4
状态特征	无整合	信息的整合	设施、信息、金融、保险的服务整合	市场环境及产业生态的整合	社会体系整合
具体表现	单一、分散的服务	针对供需双方的撮合模式服务	单一平台企业提供运输组织综合服务	智能合约的推广、客观信用体系的建立	监管、供应商协作、法律保障

韧性物流运输体系发展可以采用“政府指导，多方参与”的模式，“自上而下”（政府主导的顶层设计与推进策略）与“自下而上”（企业主导的应用试点与推广模式）同步推进的策略（图 5-34）。

在国际经济政治大变局背景下，完善社会物流体系中的韧性物流运输服务，以及应对灾害及公共卫生重大事件的应急物流服务，既是经济领域中的大事，也是社会治理领域中的大事。构建韧性物流运输体系应该成为交通强国战略的重要任务领域，城市在其中扮演了关键支撑点的角色，通过交通运输部与关键枢纽城市的部市合作加以推进，是发挥我国制度优势的合理选择。

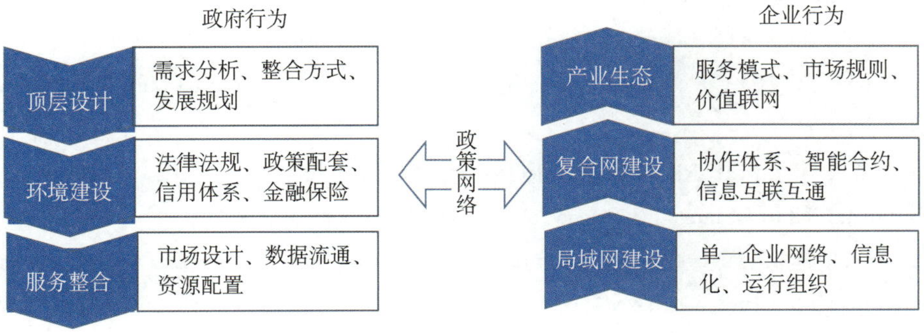

图 5-34　政府指导，多方参与的推进策略

参考文献

[1] Gan T, Li W, He L, et al. City pandemic risk evaluation using mobile phone data: the case of Shanghai during COVID-19. ISPRS International Journal of Geo-Information, 2020, 9(12):715.

[2] 孙迎春. 现代政府治理新趋势:整体政府跨界协同治理[J]. 中国发展观察, 2014(9):4.

[3] Jiang P, Fu X, Van Fan Y, et al. Spatial-temporal potential exposure risk analytics and urban sustainability impacts related to COVID-19 mitigation: a perspective from car mobility behaviour [J]. Journal of Cleaner Production, 2020, 279: 123673.

[4] Zhu Na, Zhang Dingyu, Wang Wenling, et al. A novel coronavirus from patients with pneumonia in China, 2019[J]. New England Journal of Medicine, 2020, 382(8):727-733.

[5] Wang C, Horby P W, Hayden F G, et al. A novel coronavirus outbreak of global health concern [J]. The Lancet, 2020, 395(10223): 470-473.

[6] Boldog P, Tekeli T, Vizi Z, et al. Risk assessment of novel coronavirus COVID-19 outbreaks outside China[J]. Journal of Clinical Medicine, 2020, 9(2): 571.

[7] Tomar A, Gupta N. Prediction for the spread of COVID-19 in India and effectiveness of preventive measures[J]. Science of The Total Environment, 2020,728(2): 138762.

[8] Yang Z, Zeng Z, Wang K, et al. Modified SEIR and AI prediction of the epidemics trend of COVID-19 in China under public health interventions[J]. Journal of Thoracic Disease, 2020, 12(3): 165.

[9] Arora P, Kumar H, Panigrahi B K. Prediction and analysis of COVID-19 positive cases using deep learning models: a descriptive case study of India[J]. Chaos, Solitons & Fractals, 2020, 139: 110017.

[10] Fan C, Liu L, Guo W, et al. Prediction of epidemic spread of the 2019 novel coronavirus driven by Spring Festival transportation in China: a population-based study[J]. International Journal of Environmental Research and Public Health, 2020, 17(5): 1679.

[11] Kang D, Choi H, Kim J-H, et al. Spatial epidemic dynamics of the COVID-19 outbreak in China

[J]. International Journal of Infectious Diseases, 2020, 94: 96-102.

[12] Gupta A, Pradhan B, Maulud K N A. Estimating the impact of daily weather on the temporal pattern of COVID-19 outbreak in India[J]. Earth Systems and Environment, 2020, 4(3): 523-534.

[13] Mollalo A, Vahedi B, Rivera K M. GIS-based spatial modeling of COVID-19 incidence rate in the continental United States[J]. Science of The Total Environment, 2020, 728: 138884.

[14] Liu Y, He Z, Zhou X. Space-Time variation and spatial differentiation of COVID-19 confirmed cases in Hubei Province based on extended GWR[J]. ISPRS International Journal of Geo-Information, 2020, 9(9): 536.

[15] Thakar V. Unfolding events in space and time: geospatial insights into COVID-19 diffusion in Washington State during the initial stage of the outbreak[J]. ISPRS International Journal of Geo-Information, 2020, 9(6): 382.

[16] Peng Z, Wang R, Liu L, et al. Exploring urban spatial features of COVID-19 transmission in Wuhan based on social media data[J]. ISPRS International Journal of Geo-Information, 2020, 9(6): 402.

[17] Gilbert M, Pullano G, Pinotti F, et al. Preparedness and vulnerability of African countries against importations of COVID-19: a modelling study[J]. The Lancet, 2020, 395(10227): 871-877.

[18] Pourghasemi H R, Pouyan S, Heidari B, et al. Spatial modeling, risk mapping, change detection, and outbreak trend analysis of coronavirus(COVID-19) in Iran(days between February 19 and June 14, 2020)[J]. International Journal of Infectious Diseases, 2020, 98: 90-108.

[19] Liu J, Zhou J, Yao J, et al. Impact of meteorological factors on the COVID-19 transmission: a multi-city study in China[J]. Science of the Total Environment, 2020, 726: 138513.

[20] Zhuang Z, Zhao S, Lin Q, et al. Preliminary estimation of the novel coronavirus disease(COVID-19) cases in Iran: A modelling analysis based on overseas cases and air travel data[J]. International Journal of Infectious Diseases, 2020, 94: 29-31.

[21] Cartenì A, Di Francesco L, Martino M. How mobility habits influenced the spread of the COVID-19 pandemic: Results from the Italian case study[J]. Science of the Total Environment, 2020, 741: 140489.

[22] Mossong J, Hens N, Jit M, et al. Social contacts and mixing patterns relevant to the spread of infectious diseases[J]. PLoS Med, 2008, 5(3): e74.

[23] Satopaa V, Albrecht J, Irwin D, et al. Finding a "kneedle" in a haystack: Detecting knee points in system behavior[C]//2011 31st international conference on distributed computing systems workshops, IEEE, 2011: 166-171.

[24] 李健,陈田,张懿木. 面向传染病疫情防控的公共交通运行管理决策支持研究[J]. 中国公路学报, 2020,33(11):30-42.

[25] 张懿木，黄永粲，李健，等. 基于二阶聚类算法的常规公交乘客出行特征分析——以厦门为例[J]. 综合运输，2020，42(3)：120-6.

[26] 张毅，王雪成，毕清华. 基于新型冠状病毒传播机理的交通出行易感度研究[J]. 交通运输研究，2020，6(1)：73-80.

[27] 何凌晖，余庆，李玮峰，等. 新冠肺炎疫情影响下的城际交通运输需求分析[J]. 城市交通，2021，18(3)，51-61.

[28] Li J, Xu P, Li W. Urban road congestion patterns under the COVID-19 pandemic: a case study in Shanghai[J]. International Journal of Transportation Science and Technology, 2021, 10(2): 212-222.

[29] Huang J, Wang H, Fan M, et al. Understanding the impact of the COVID-19 pandemic on transportation-related behaviors with human mobility data[C]//Proceedings of the 26th ACM SIGKDD International Conference on Knowledge Discovery & Data Mining, 2020: 3443-3450.

[30] Neuburger L, Egger R. Travel risk perception and travel behaviour during the COVID-19 pandemic 2020: a case study of the DACH region[J]. Current Issues in Tourism, Taylor & Francis, 2020, 24(5): 1-14.

[31] Oum T H, Wang K. Socially optimal lockdown and travel restrictions for fighting communicable virus including COVID-19[J]. Transport Policy, Elsevier, 2020, 96(2): 94-100.

[32] Li J, Ozbay K, Bartin B. Effects of Hurricanes Irene and Sandy in New Jersey: traffic patterns and highway disruptions during evacuations[J]. Natural Hazards, Springer, 2015, 78(3): 2081-2107.

[33] Li J, Ozbay K. Hurricane Irene evacuation traffic patterns in New Jersey[J]. Natural Hazards Review, American Society of Civil Engineers, 2015, 16(2): 05014006.

[34] Wolshon B, McArdle B. Temporospatial analysis of Hurricane Katrina regional evacuation traffic patterns[J]. Journal of Infrastructure Systems, American Society of Civil Engineers, 2009, 15(1): 12-20.

[35] Arimura M, Ha T V, Okumura K, et al. Changes in urban mobility in Sapporo city, Japan due to the Covid-19 emergency declarations [J]. Transportation Research Interdisciplinary Perspectives, Elsevier, 2020, 7: 100212.

[36] de Haas M, Faber R, Hamersma M. How COVID-19 and the Dutch "intelligent lockdown" change activities, work and travel behaviour: evidence from longitudinal data in the Netherlands [J]. Transportation Research Interdisciplinary Perspectives, Elsevier, 2020, 6: 100150.

[37] Fatmi M R. COVID-19 impact on urban mobility[J]. Journal of Urban Management, Elsevier, 2020, 9(3): 270-275.

[38] 杨东援. 加快韧性物流运输体系的构建[R]. 上海：上海市交通委员会科技委员会学术交流会，2022.

[39] New York City Department of Transportation. 2022 New York City truck route map[CM/OL].

New York: New York City Department of Transportation, 2022. http://nyc. gov/html/dot/html/motorist/trucks. shtml.

[40] 钱七虎. 建设特大城市地下快速路和地下物流系统——解决中国特大城市交通问题的新思路[J]. 科技导报,2004(4):3-6.

[41] 纪红青. 新时代新物流——疫情加速"货运高铁"时代的到来[R]. 上海:上海市交通委员会科技委员会,2022.

[42] 云靖. 天猫物流[R]. 上海:同济大学,2013.

[43] 裘炜毅,杨东援. 社会物流系统的绩效衡量[J]. 城市规划学刊,2003(3):61-64.

6 夯实社会治理基石——保障基本交通服务

社会治理是国家治理的重要领域，保障基本公共服务、改善民生是社会治理的重要组成部分，是推动实现共建、共治、共享社会治理格局的重要基石。将这一任务分解到城市交通领域，则体现在基本交通服务水平显著提升、交通服务均等化程度不断提高、社会力量参与机制不断健全等方面。

城市交通服务市场正在发生变革，一方面供给侧出现平台型服务等新型市场模式，另一方面需求侧正在向个性化、多样化不断演变。共享单车野蛮发展留下的“一地鸡毛”，网络预约出租汽车（以下简称网约车）给出租车市场带来的苦恼，新能源车辆快速发展给牌照控制政策带来的冲击等，均反映了城市交通服务在社会治理方面遭遇的挑战。交通服务体系是一个历史范畴的概念，伴随社会进步需要与时俱进地界定基本公共服务和非基本公共服务的界限，动态平衡交通服务提供主体之间的平等关系，健全公共服务绩效评估的方法与制度。

6.1 共享单车在城市交通服务体系中的定位

国内共享单车在经历了起步阶段的疯狂发展以后，已逐步冷静下来走上了平稳发展的道路。正确界定共享单车在城市交通服务体系中的属性，是城市交通领域中社会治理必须回答的问题。

6.1.1 实证数据的初步判读

为研判共享单车在城市交通服务体系中的属性，对上海市无桩共享单车（DLBS）订单数据（2019 年 5 月 1 日至 5 月 31 日）与上海轨道交通出行数据（2019 年 5 月 1 日至 5 月 12 日）之间的关系进行探讨。分析时间范围内，上海共享单车产生超 3 300 万人次的骑行，平均每天覆盖约 107 万人次；轨道交通累计出行 7 000 万人次，日均出行 586 万人次，日周转率分布如图 6-1 所示。

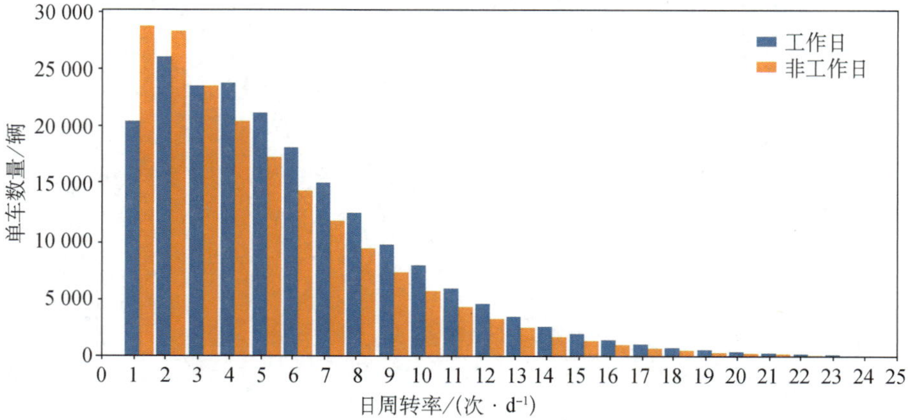

图 6-1 上海市共享单车周转率（2019 年 5 月 1 日至 5 月 31 日）

从共享单车的骑行距离和使用时间来看，平均行程在工作日为 1 250.9 m，非工作日为 1 199.3 m。共享单车骑行距离分布有明显的尖峰和厚尾。移动距离在 600～700 m 时，概率密度达到峰值，移动距离达 1 000 m 后，概率密度明显减小，反映出大部分人将之用于短途出行的特征(图 6-2)。

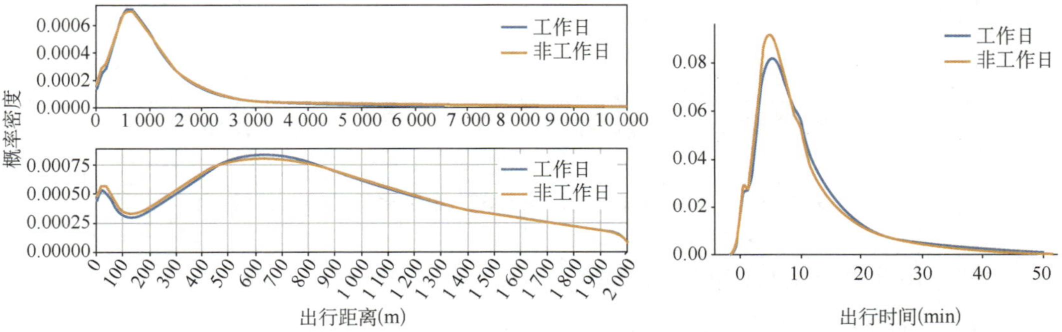

图 6-2　共享单车骑行距离及骑行时间分布

从骑行距离来看，短距离交通占有相当大的比重，直观判断在上海市交通环境中，其与轨道交通之间存在密切关联。由于不能直接追踪行为主体在轨道与共享单车之间的连续出行行为，需要根据共享单车起讫点(OD)与轨道车站的关系推断两者之间的关联。

6.1.2　共享单车与轨道交通关联使用模式的识别

假设共享单车使用与轨道交通之间存在如下三种模式的关系。

(1) 重合模式。重合是指使用无桩共享单车完成的行程与轨道交通在时空上具有替代效果。

(2) 衔接模式。轨道交通是整个行程的主导交通方式，使用共享单车完成整个行程的“第一公里”或“最后一公里”。在空间上，共享单车行程的起点或终点或两者都靠近地铁站；在时间上，共享单车出行在地铁服务时间范围之内，且行程持续时间不会太长。

(3) 补充模式。表示共享单车的使用与轨道交通服务基本不相关，属于在地铁服务时间和空间覆盖范围以外的使用。

判读共享单车使用起讫点与轨道站点距离之间的关系(图 6-3)可以看到，分布密度函数中有两个峰值：80～100 m、400～600 m，在 240～280 m 有一个低谷。第一个峰值与地铁站周围的自行车停车设施及车辆集聚有关；第二个峰值可能与用户短距接驳的起点或目的地有关；两个峰值之间的低谷代表共享单车需求的空间集聚效应减弱，因而可以将 260 m 作为区分地铁站周围共享单车需求的阈值。

根据以上讨论，如图 6-4 所示，将地铁周边空间划分为 A，B，C 三个区域，根据共享单车骑行起讫点与三个区域的关系，来判别共享单车的使用类型(图 6-4)。

A 区为距地铁站 260 m 范围内的区域。如果使用共享单车的行程在 A 区开始或结

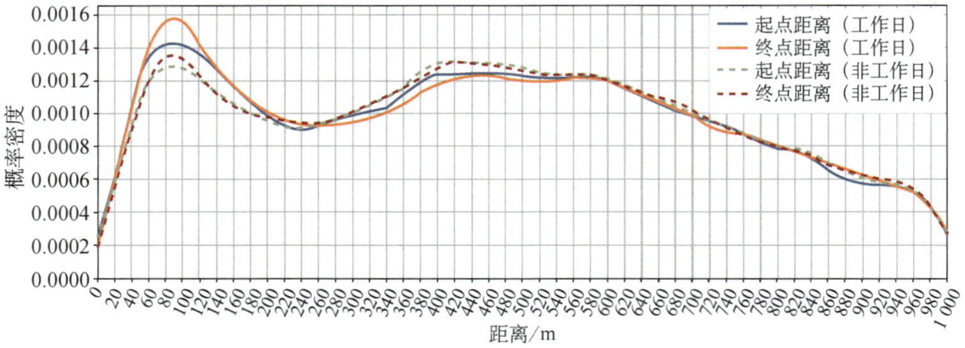

图 6-3　共享单车使用起讫点与轨道车站距离之间的关系

束，用户使用共享单车与地铁进行接驳的可能性较大。数据显示，有 21.20%的工作日共享单车行程和 23.23%的非工作日共享单车行程在地铁站周围的 A 区开始或结束。

B 区为距离地铁站 260～1 000 m 范围内的区域。该区域位于地铁站的影响范围内，但在舒适步行距离之外。有 53.45%的工作日共享单车行程和 59.78%的非工作日共享单车行程在地铁站周围的 B 区开始或结束。

C 区为距离地铁站 1 000 m 以上的区域。

根据共享单车起讫点位置行程的持续时间和距离，我们提出 5 种场景来表达共享单车和地铁之间的关系(图 6-4)。

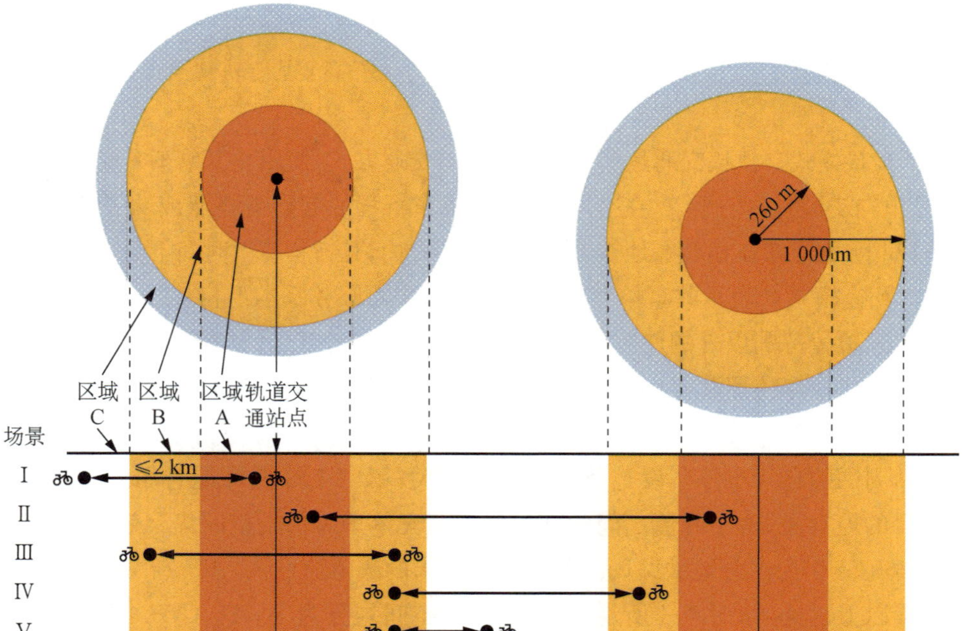

图 6-4　共享单车与地铁关联性的 5 种场景

场景Ⅰ:同一站点 A 区与 B/C 区之间的短距离行程,属于衔接性质。

场景Ⅱ:不同站点 A 区之间的行程,属于重合性质。

场景Ⅲ:同一站点 B 区之间的行程,属于补充性质。

场景Ⅳ:不同站点 B 区之间的行程,属于重合性质。

场景Ⅴ:B 区与 C 区之间的行程,属于补充性质。

据此假设获得的共享单车使用模式比例见图 6-5。从中可以看到,共享单车与轨道交通之间主要是衔接和补充关系。

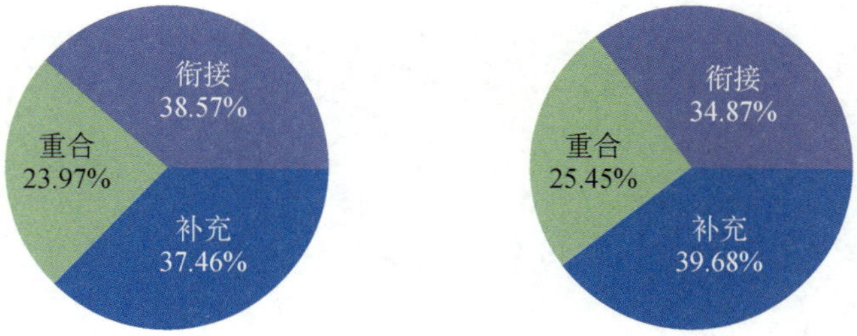

(a) 工作日　　(b) 非工作日

图 6-5　共享单车工作日与非工作日不同使用模式的比例

不同模式共享单车使用数量的时间分布如图 6-6 所示,无桩共享单车骑行时间在工作日和周末的分布存在明显差异。所有三种无桩共享单车使用模式在工作日都会出现早晚的高峰,而非工作日峰值相对平缓。三种模式在工作日和非工作日都存在高峰时段特征。

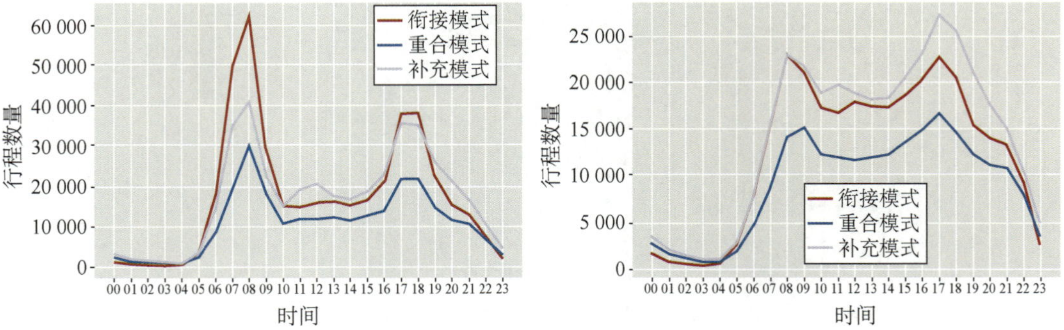

(a) 工作日　　(b) 非工作日

图 6-6　不同模式共享单车使用数量的时间变化

6.1.3　不同模式共享单车使用的空间分布

对不同使用模式共享单车的空间分布进行分析,有利于更加深刻地理解其使用价值。

在图 6-7 中可以看到衔接模式共享单车使用的空间分布。衔接比例最高的复兴岛站、同济大学站、国权路站、三门路站、武威路站 5 个地铁站，所处地区有一些共同特点：位于城市核心和外围地区之间，站点周边分布的大型居住区、校区或产业园区造成路网密度缺陷。

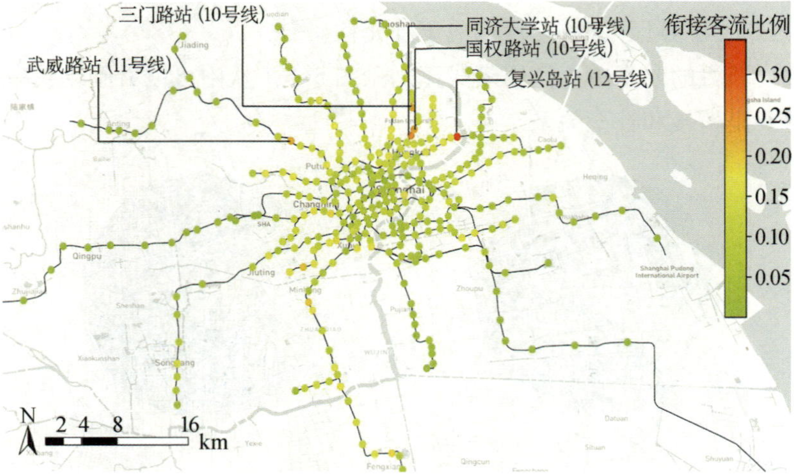

(a) 工作日

(b) 非工作日

图 6-7　共享单车衔接模式的空间分布

在图 6-8 显示的重合模式空间分布中，值得关注的特点是，聚集现象都出现在从外围地区到城市核心区域的第一个换乘站之前的区段。很可能是有相当部分的使用者在这一区段用共享单车替代地铁中的拥挤区段，或者利用共享单车减少地铁换乘，而并非放弃地铁。

图 6-9 则显示出共享单车在轨道交通覆盖不足区域(图中用红色圈标注地区)的作用——增强了该地区的流动性，并提升了公共交通网络的可达性。

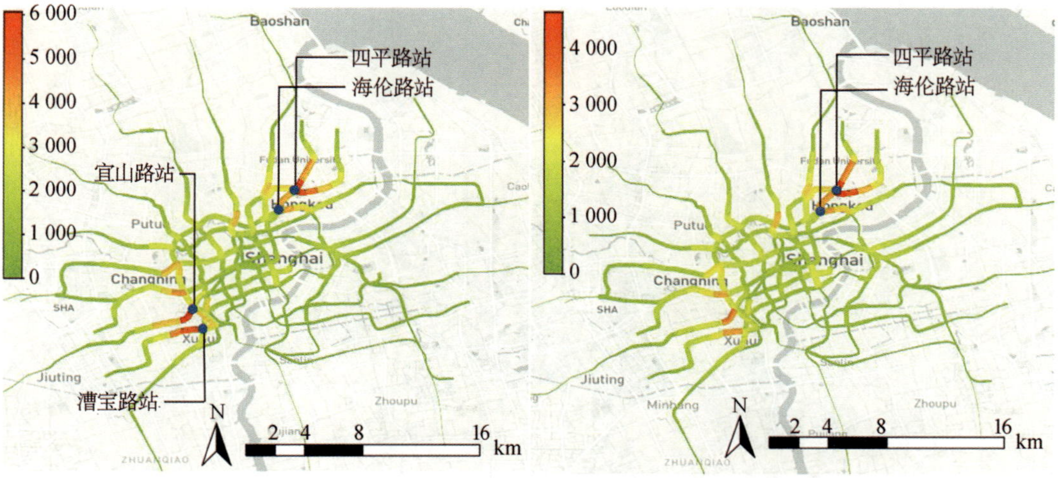

(a) 工作日　　(b) 非工作日

图 6-8　共享单车重合模式使用的空间分布

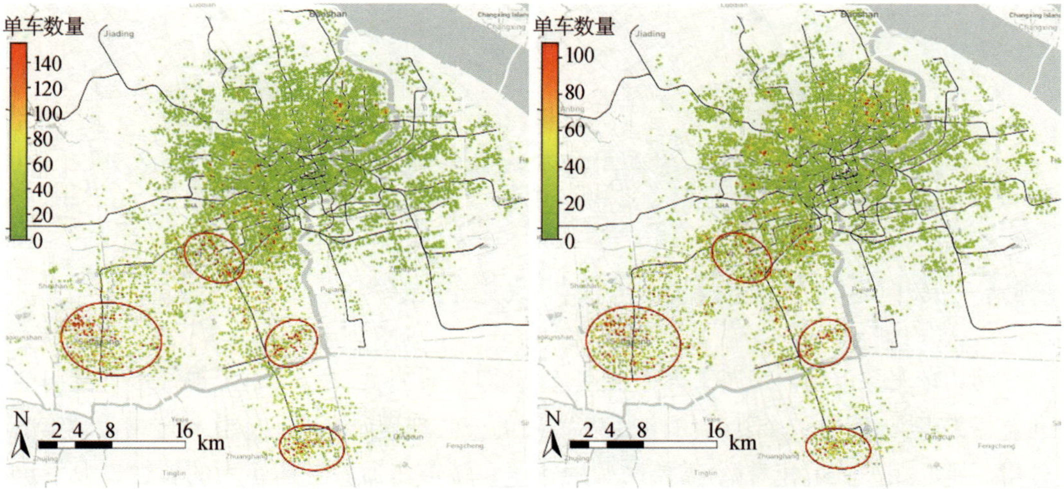

(a) 工作日　　(b) 非工作日

图 6-9　共享单车补充模式使用的空间分布

另外，根据轨道交通站点周边共享单车的使用分布范围(图 6-10)，可以认识到共享单车对于扩展轨道服务空间覆盖方面所发挥的作用。

综上，共享单车在以轨道交通为主干/主体的城市交通服务体系中，拥有不容忽视的地位。共享单车提供的交通服务方式属于绿色交通，其使用率中相当大的一部分与作为公共交通方式主体或主干的轨道相关联，因而共享单车属于城市交通领域中的基础性公共服务范畴。

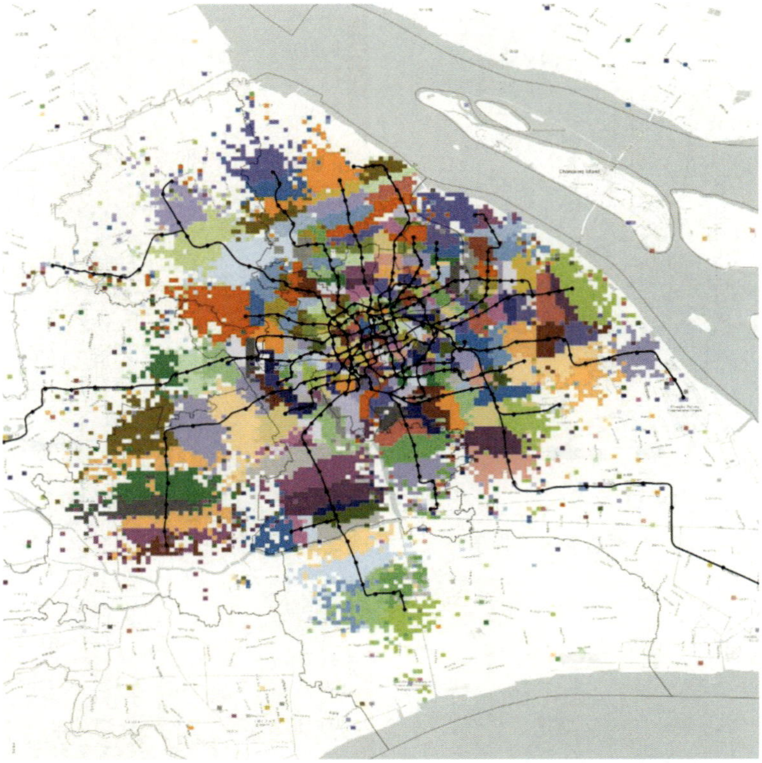

图 6-10 共享单车接驳轨交的使用分布范围[1]

6.2 关于网约车规模精细化管控政策的思考

网约车服务市场治理属于合作治理范畴,即来自公共、私人、非营利等多个部门的利益相关者,为解决一个复杂的、涉及多方面的公共难题而协同工作并制定相关政策的过程。研究相关政策和对策,需要明确网约车在城市交通服务体系中的属性以及解决其问题的途径。

6.2.1 依托平台企业的网约车发展

网约车是一类备受关注的新兴出行方式,目前已成为居民出行的重要选择,其市场规模也在不断扩大。截至 2021 年 6 月,我国网约车用户规模已达 3.97 亿,已覆盖全国 400 多个城市,总订单量超过 43.1 亿单。全国共有 236 家公司取得网约车平台经营许可,各地共发放网约车驾驶员证 349.3 万本,车辆运输证 132.7 万本。

网约车出现的初衷是通过差异化服务、可预约机制、拼车模式创新、聚合服务等巡游出租车业态暂时无法提供的运营组织模式为市场提供服务。在资本的推动下,网约车迅速培育起用户群体和服务市场需求，网约车与巡游出租车实际市场的日益重合引发了两者间的激烈竞争。表 6-1 中显示出的上海市巡游出租车和网约出租车单车运营特征数据表明，巡游出租车日均载客车次和日均行驶里程均呈下降趋势：单车日均载客车次从 2015 年的 30 次下降到 2019 年的 21 次，截至 2021 年 6 月已经下降到 15 次；单车日均行驶里程从 2015 年的 220 km 下降到 2021 年的 163 km。网约车单车日均载客车次和日均行驶里程均呈上升趋势：单车日均载客车次从 2017 年的 12 次增长到 2019 年的 13 次，2021 年上半年已恢复至疫情前水平；单车日均行驶里程从 2017 年的 63 km 增长到 2021 年的 115 km，增长了 82.5%。从单车工作强度的统计数据来看，网约车的运营日益专职化，这与其共享出行初期的定位设定大相径庭。

表 6-1　　上海市巡游出租车与网约车单车工作强度[1]

工作强度	巡游出租车			网约车	
	2015	2017	2019	2017	2019
日均运营里程/(km・车$^{-1}$)	341	334	329	—	—
日均载客里程/(km・车$^{-1}$)	220	213	203	63	101
日均载客车次/(车次・车$^{-1}$)	30	25	21	12	13
运距/km	7.3	8.6	9.6	5.3	8.1

从发展和市场需求角度来看，网约车以具有资本背景的平台企业作为基础，其市场运作力和适应力具有很强的优势；但是，网约车的运行组织具有较大的松散性，并不能完全取代巡游出租车在城市交通基础服务体系中的作用。在此背景下，及时制定市场规则，避免无序竞争开始提上相关政策议事日程。

Hayek 在理论上证明了计划经济不能实现资源的最优配置，因此获得 1974 年诺贝尔经济学奖；与其同一年代的 Leonid Hurwicz 证明了市场经济也不能实现资源的最优配置，2007 年金融危机以事实证明了他的理论的正确性和有效性，他于 2007 年获得诺贝尔经济学奖。2013 年，诺贝尔经济学奖获得者 Alvin E. Roth 创立了市场设计理论，通过市场设计来达到资源的最优配置[2]。所谓“市场设计”，是微观经济学中具有特定内涵的专用名词，它所讨论的市场失效，是针对双边匹配市场（即你在选择商品或者服务，但同时你也被选择，例如学校招生）所产生的问题，所提出的对策也不是否定市场机制，而是强调需要制定某种市场规则，使得在这种规则下的市场选择行为能够实现资源的最优配置。通过市场设计不断调整规则，市场能够更好地工作。

在很多市场上，商品/服务是私有的，但同时又是不可分割和非同质的，传统假定的充分竞争是不成立的。市场设计就是制定规则。它设计的是规则，而不是结果。网约车和巡游出租车营运方式的不同，决定了它们所提供服务的非同质性。同时，网约车和巡游出租车的服务对象也存在一定程度的差异。对于交通市场来说，稳定匹配状态是非常重要的。所谓“稳定匹配状态”，是不同的交通服务供应商和交通需求者分别获得自身中意的供需匹配，这是新背景下出租车市场管理需要认真研究的问题。

针对传统出租车市场供应的规模管控，是避免过度竞争的行业监管的重要手段。与巡游出租车的牌照发放数量限制相似，这种方法也是通过限制许可和资格总量的方式来防止行业规模的过度扩大。在网约车快速发展背景下，这种管控方法自然被用来缓解网约车和巡游出租汽车之间的矛盾。目前，网约车总量和规模管控已在多个城市得到重视和实践，例如南京和厦门通过暂停受理网约车登记或新增运力许可来控制网约车规模的扩大，北京和上海等城市通过限制申请人的户籍来控制许可和证件的发放。

网约车与巡游出租车存在运营方式上的差异，这可能使得适用于巡游出租车的规模管控手段并不适合网约车。巡游出租车驾驶员大多是将客运服务作为自己的职业，并与巡游出租车企业签订合同，以较为稳定的、有规律的、较高强度的运行模式提供服务，因此巡游出租车群体也表现出较为稳定和同质的运营特征（工作天数、运营时长等），对巡游出租车群体采用统一的规模管控手段有着较好的适用性；而网约车是一类个体性较强的运作方式，其“共享”的特征使得网约车驾驶员在取得运营资格后可以随时进行客运活动，依据自己的时间安排和车辆的使用情况来调整运行模式，因此存在专职网约车驾驶员、兼职网约车驾驶员和顺风车驾驶员等不同类型，在这样的情况下依旧采用统一的、静态的管控手段可能会对管控效率的提升有所影响。

6.2.2 网约车的管控方式[3]

Alvin E. Roth 提出了市场设计的四个原则，分别为保持稠密度、避免阻塞、保证安全和简单方便应用，这一思想同样适用于对网约车的管理。针对网约车的不同模式、时间特征、空间特征，设计和实施差异化的管控手段，大致可以分为分类管控、分时管控和分区管控三个方向。

1. 分类管控

网约车较强的个体性使得其群体内部存在不同种类的运行模式，从不同角度可以进行不同的分类，但从精细化管控的角度出发，可基于网约车的运营活跃性、稳定性和模式特征进行分类。针对不同类别模式的网约车设计、采用不同的管控手段和政策，有利于在减少对网约车驾驶员过度约束的同时，提高网约车规模管控的效率。表 6-2 和图 6-11 是利用厦门市 2017 年 12 月的网约车订单数据，对网约车运行模式进行聚类分析得到的结果。所采用的聚类依据是车辆在研究时段内的出行天数、日均载客次数、连续活跃间隔天数变异系数（指车辆每两次连续数日运营之间的间隔天数是否稳定，以此衡量出行的规律性）、日均载客次数变异系数。

表 6-2　　厦门市网约车运营情况聚类结果概况

聚类中心	专职网约车 P_1	兼职网约车 P_2	不活跃网约车 P_3
活跃天数/d	27.180	13.680	3.012
连续活跃间隔天数变异系数	0.094	0.536	0.239
日均载客次数/(次・d^{-1})	14.449	5.431	1.328
日载客次数变异系数	0.407	0.706	0.032
车辆数量/辆	4 401	2 459	1 475
占总数百分比	52.801%	29.502%	17.697%

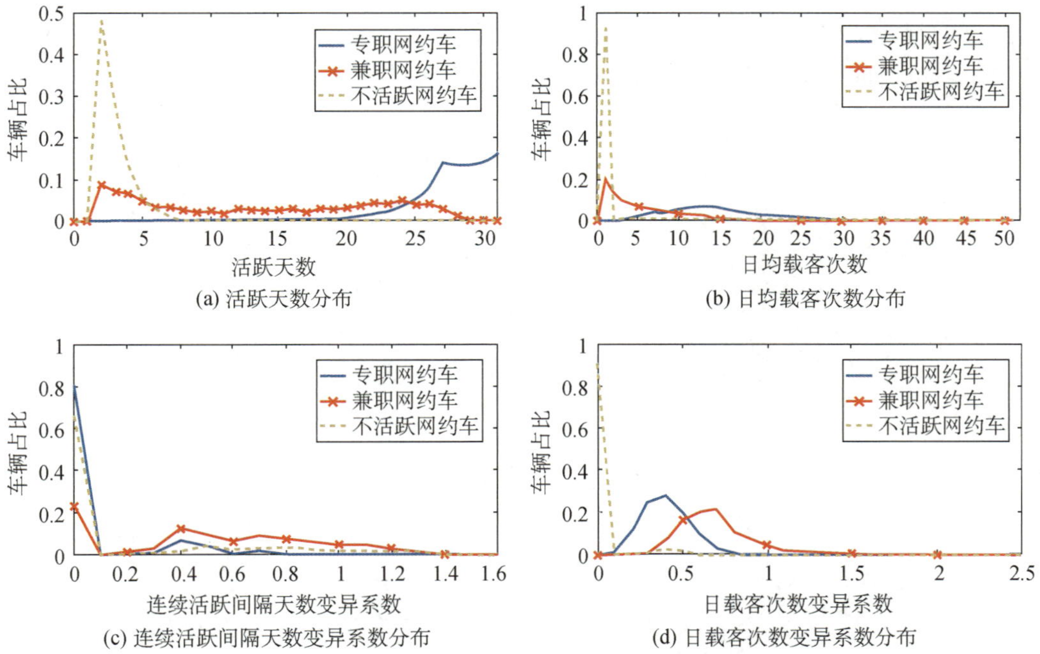

图 6-11　厦门市三类网约车聚类指标分布

聚类结果中包括三类网约车，从图 6-11 中指标分布情况来看，各类网约车的聚类指标分布集中在不同区间，这说明在网约车总体中确实可能存在不同运行模式的群体。根据三类网约车的指标特征，将其划分为专职网约车(P_1)、兼职网约车(P_2)和不活跃网约车(P_3)三种类型。对于专职网约车，其具有和巡游出租车相似的特征，例如出行天数多、日均载客次数多等。尽管在绝对水平上略低于巡游出租车，但总体特征相近，在进行市场管控时可以考虑对两者采用相似的手段和政策，以保持市场竞争相对公平。对于兼职网约车，其出行天数和载客强度都处于中间水平，因为这类网约车可能是在驾驶员本职工作时间之外运营，对于这类网约车则可以结合其运营时间特征和兼职模式发放相应的牌照进行管控。例如工作日上班、周末兼职开网约车的驾驶员可申请周末特别运营牌照；而不活跃的网约车，大多是在乘客需求特别旺盛（节假日等）的时候，偶然上路接单，可以用发放节假日特别牌照的方法对其进行管理。

实际上，已有一些国内外城市对网约车进行了分类管控的尝试和实践。我国山东省枣庄市曾在 2020 年 4 月发布的《枣庄市网络预约出租汽车经营服务管理规定（征求意见稿）》中提出对网约车进行"全时经营"和"分时经营"的差异化管理，其中"分时经营"的车辆派单数量有上限，但申请流程相对简单。在美国芝加哥地区，将网约车公司持有的执照根据驾驶员的工作时间长短分为两种，工作时间短的要求较低，工作时间长的则要求较高。

2. 分时管控

分时管控是指对高峰/平峰、工作日/周末、旅游旺季/淡季等进行差异化的规模管控，以实现兼顾网约车从业人员的工作需求和运力的合理供给。网约车和巡游出租车的运行时间特征差异，以及网约车群体内存在不同运行模式造成的差异，产生了针对网约车运行的时间特征进行设计以制定精细化分时管控政策的必要性。

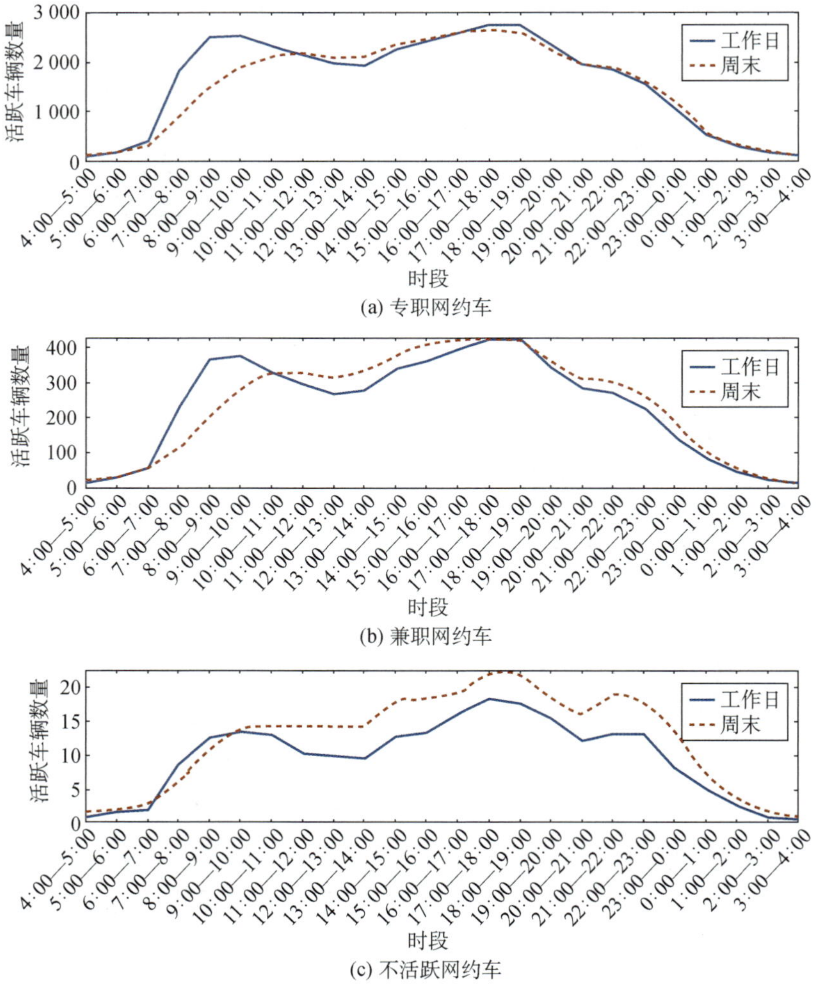

图 6-12　三类网约车活跃车辆数小时变化图

图 6-12 和图 6-13 在网约车运行模式分类的基础上，进一步对比了三类网约车活跃车辆数量的小时变化和日变化情况。从图 6-12 中可以看出，专职网约车的活跃车辆数量变化趋势在工作日和周末除早高峰时段之外的时段基本一致，而兼职网约车和不活跃网约车群体则表现出周末的活跃性略高于工作日的特征，尤其是不活跃网约车群体，周末活跃性几乎全天高于工作日。

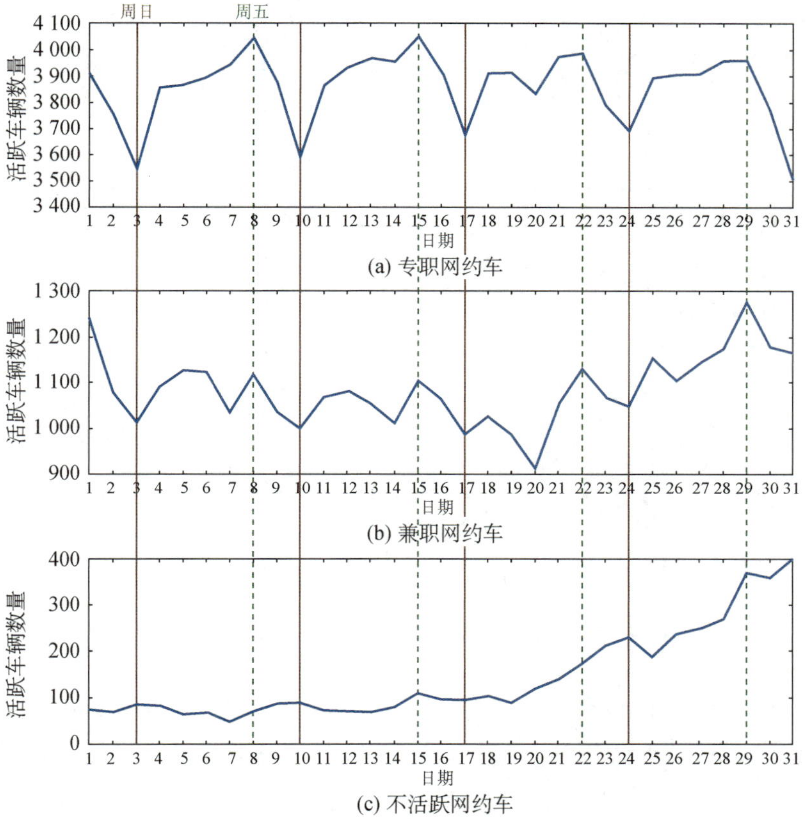

图 6-13　三类网约车活跃车辆数日变化图

从图 6-13 可见专职网约车的活跃车辆数量日变化有明显周期性；兼职网约车无显著特征；不活跃网约车则表现出在临近月末时由于节假日活动数量明显增加的趋势。

图 6-14 将运行模式较相似的专职网约车与巡游出租车进行了对比，可见以专职网约车为代表的网约车的活跃性波动频率和幅度要比巡游出租车更明显，尤其是在早晚高峰时段。巡游出租车活跃车辆数量在 16:00—17:00 略有减少，可能是换班行为导致的短暂活跃性波动。由此可见，依据网约车的时间特征进行数量和规模的管控能够缓解其与巡游出租车的矛盾，形成互补的效果。例如通过合理范围内的补贴和调价鼓励网约车在 16:00—17:00 运营，以补充运力；发放仅支持高峰时段上路接单的网约车牌照等。

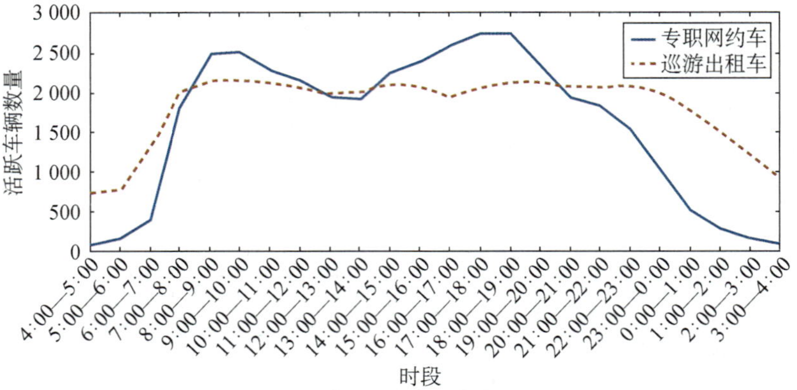

(a) 工作日活跃车辆数变化趋势

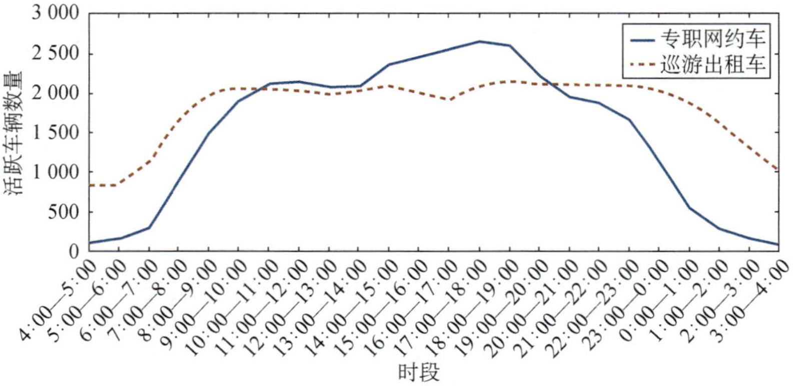

(b) 周末活跃车辆数变化趋势

图 6-14　专职网约车和巡游出租车活跃车辆数小时变化图

关于分时管控，国内也有一些思路相似的管控经验，例如上海市曾在 2014 年禁止在早晚高峰(每日 7:30—9:30、16:30—18:30)使用打车软件约车。该规定设计的初衷是防止过度的恶性竞争导致早晚高峰时段的交通拥堵，在对网约车的合法性进行了定义和监管后，该规定取消，其中也有对保障早晚高峰运力的考量。2020 年，上海多家网约车平台发起了早高峰免佣金计划，鼓励驾驶员早高峰接单，一方面可以提高疫情后从业人员的收入，另一方面可以补充高峰时段的运力供给。综合来看，禁止所有网约车在某些时间的服务可能会影响从业人员的收入和整体运力的供给，但不对高峰时段的车辆规模加以管控，又可能影响高峰时段的交通状况。因此，采用类似发放早晚高峰特别车牌并动态调控发放数量的方式，可以在这两者中寻求一个平衡点。

3. 分区管控

分区管控主要包含两个方面，分别指基于网约车运行的空间特征制定相应的跨区调度政策，以及结合空间特征和区域需求特征对区域内的网约车规模进行常态化管控。图 6-15 和图 6-16 显示了厦门三类网约车在工作日和周末的上下车热点区域(主要是大型交通枢纽、商业圈和热门旅游景点等)的分布。对比三类网约车上下车的热点区

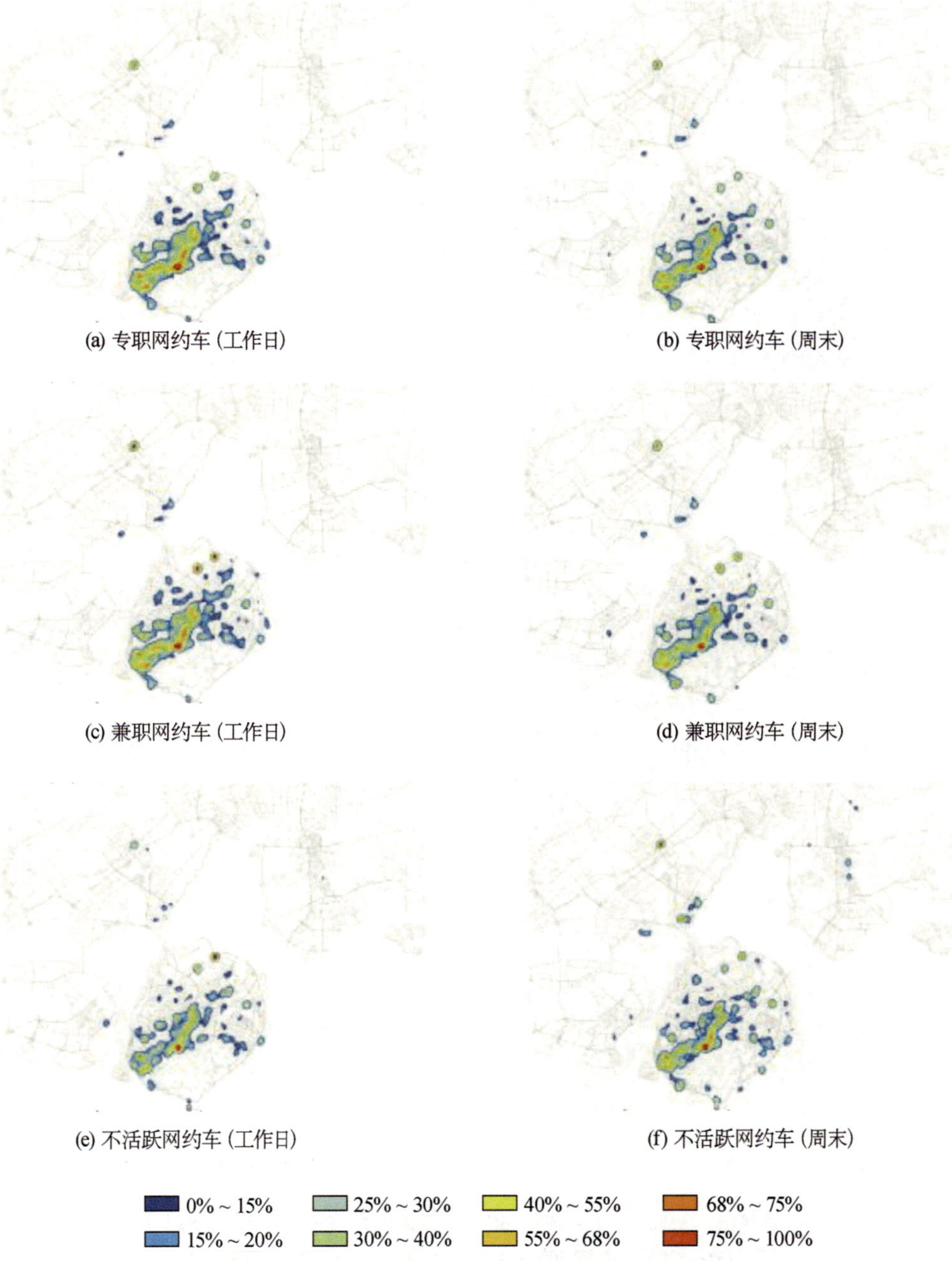

图 6-15　厦门市三类网约车出发点热点分布

域，发现并无明显差异。然而，从总体上来看，热点区域几乎都分布在厦门岛内，岛外分布极少，而地铁在岛外的覆盖也相当有限。

网约车既是公共交通的补充，又是一类比巡游出租车更灵活的出行方式，因此可以通过一些适当的补贴来激励岛内网约车向岛外调度。同时，也可以发放一类仅限岛外运行

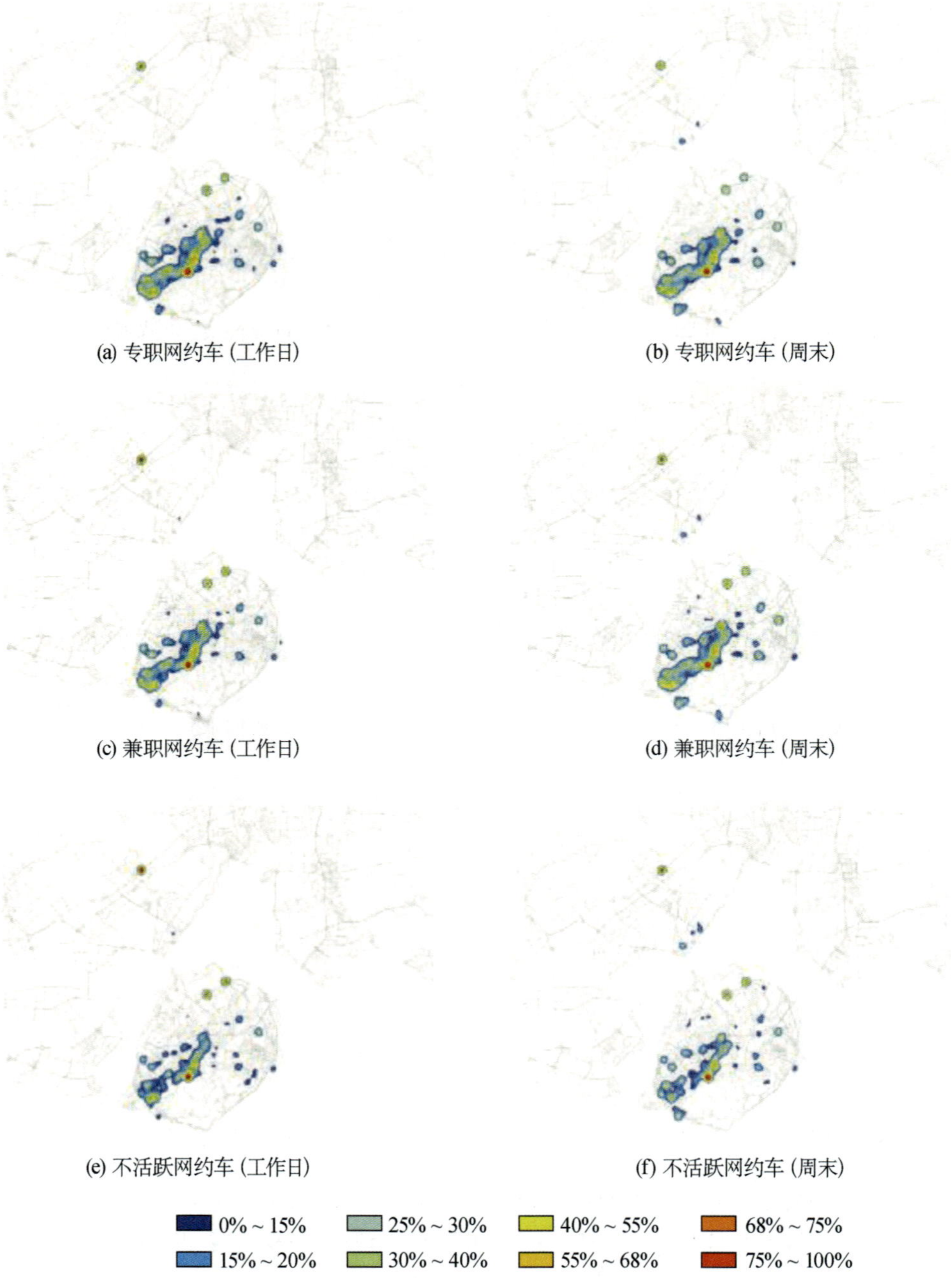

图 6-16　厦门市三类网约车目的地热点分布

的网约车牌照，以此鼓励岛外有空闲私家车的居民转变为交通运力的提供者。从工作日和周末的对比来看，从交通枢纽出发的出行者在工作日更倾向于使用网约车，因为工作日枢纽处的热度略高于周末。因此，针对工作日和周末，对枢纽周边的网约车出入管控可以适当差异化处理。除此之外，在节假日或旅游旺季时，会产生某类或某几类网约车的活跃热点空间分布差异，例如不活跃网约车可能会在节假日和旅游旺季时更活跃，而从其运营目的分析，热点可能会更多地分布在景区和热门商圈。由于研究时段内仅有周末，而并没有节假日，因此该推测有待验证，但动态地进行分区规模管控可能是一个重要的思路。

6.3 城市如何面对电动自行车的使用

在城市交通服务体系中，电动自行车是一种充满矛盾与争论的交通方式。管理者与使用者、不同交通参与者对其的态度存在很大分歧。为了确定电动自行车在城市交通体系中的定位，需要研究通勤交通中电动自行车的使用状况。

6.3.1 对城市通勤交通的关注

由住房和城乡建设部城市交通基础设施监测与治理实验室、中国城市规划设计研究院所发布的《中国主要城市通勤监测报告》[4]，以互联网位置服务和移动通信运营商手机数据为依据，选取 42 个中国主要城市，汇聚 2.3 亿人的大数据职住和通勤样本，以通勤时间、通勤空间、通勤交通三个方面的 10 项指标，表征了我国城市居民的通勤状况。该报告为探索建立与民生密切关联的指标体系、检验城市政府的管控能力与治理水平、监测百姓生活品质的提高实效提供科学支撑。在 2020 年通勤监测研究成果的基础上，"平均通勤时耗""幸福通勤比重"和"轨道覆盖通勤比重"3 项指标已被纳入住房和城乡建设部"2021 年城市体检指标体系"；"城市 45 min 通勤人口比重"已作为住房和城乡建设部《"十四五"全国城乡人居环境建设规划》的主要指标之一。

已有的研究表明，日常通勤活动是居民生活的重要组成部分，由此产生的压力与焦虑情绪会对行为主体的生活幸福感产生负面影响[5]。在针对通勤满意度与主观幸福感的影响机理研究中，通勤时间被认为是会对两者产生重要影响的因素[6]——过长的通勤时间会进一步压缩睡眠、休憩以及娱乐时间，因此造成个人生活幸福感降低，并影响其心理健康[7, 8]。

通勤方式的选择被认为是通勤时间以外影响通勤满意度的另一个重要因素。Lades 等[9]的研究工作认为，慢行交通方式（步行、自行车）会使通勤人群获得更高的通勤满意度与生活幸福感。Eriksson 等[10]则认为小汽车通勤会增加通勤者的安全感与舒适性，从而更有助于提升个人的通勤满意度与生活幸福感。

我国城市居民的通勤方式和社会环境与国外有较大的差异，各种通勤交通方式对通勤满意度和生活幸福感的影响，需要独立研究并加以判断。

6.3.2 针对通勤满意度的调查分析[11]

为了研究上海市不同区位居民的通勤满意度，针对上海内、中、外环区域内通勤者进行了问卷调查，获得有效样本 479 份，受访者的社会经济属性情况如表 6-3 所示。

表 6-3　　受访者社会经济属性的描述性统计结果

样本特征	描述统计(占比)	通勤满意度均值	主观幸福感均值
性别	女(41.3%)	3.69	3.93
	男(58.7%)	3.80	4.07
年龄	20～30 岁(36.1%)	3.71	4.00
	30～40 岁(41.1%)	3.83	4.04
	40～50 岁(17.5%)	3.67	3.94
	50～60 岁(3.8%)	3.89	4.17
	60～70 岁(1.5%)	3.86	4.00
婚姻	未婚(18.8%)	3.58	3.99
	已婚(81.2%)	3.80	4.02
住房类型	租房(37.8%)	3.70	3.95
	自购房(62.2%)	3.79	4.05
家庭年收入	<12 万元(28.2%)	3.47	3.88
	12 万～20 万元(30.7%)	3.81	4.05
	20 万～30 万元(21.1%)	3.80	4.07
	30 万～40 万元(11.9%)	3.96	4.07
	40 万元(8.1%)	4.13	4.08
户籍	非本地户籍(43.4%)	3.70	3.99
	本地户籍(56.6%)	3.80	4.03
学历	初中及以下(4.2%)	3.80	4.15
	高中(17.5%)	3.70	3.92
	大专(23.6%)	3.79	4.03
	大学(47.6%)	3.79	4.03
	研究生及以上(7.1%)	3.59	3.97

不同通勤方式统计特征(表 6-4)表明,通勤人群交通方式中,慢行交通方式(步行、自行车)占比 10.3%,电动自行车占比 19.2%,小汽车占比 24.2%,公共交通(含常规公交车、轨道交通)占比 41.9%。使用常规公交方式的平均通勤时间最长(88 min),使用步行、自行车以及电动自行车方式的通勤时间较为接近且明显短于其他交通方式。在通勤距离方面,使用公共交通的平均通勤距离远超过其余通勤方式,使用自行车与电动自行车的通勤距离较为接近。此外,单因素方差分析(Analysis of Variance, ANOVA)的结果表明,使用电动自行车、小汽车、其他方式的通勤群体间主观幸福感差异显著。

表 6-4　　不同通勤方式的统计特征差异性分析结果

出行方式	占比	平均通行时间/min	平均通勤距离/km	通勤满意度均值	主观幸福感均值	ANOVA（*P* 值）
步行	6.1%	25	1.3	4.0	4.1	0.464
自行车	4.2%	26	6.3	4.0	4.1	0.562
电动自行车	19.2%	28	5.7	3.9	4.0	0.071*
常规公交车	10.0%	88	15.9	3.5	3.9	0.331
轨道交通	31.9%	59	13.1	3.8	4.0	0.453
小汽车	24.2%	39	8.3	3.9	4.1	0.053*
其他方式	4.4%	71	12.2	3.3	3.7	0.022**

注：* 显著性水平为 10%，** 显著性水平为 5%。

6.3.3　通过模型的认识深化

利用路径分析模型评估通勤方式选择对个体通勤满意度与主观幸福感的影响。参考已有研究做出模型假设，通过初始模型检验，形成调整后的路径分析模型（图 6-17）。

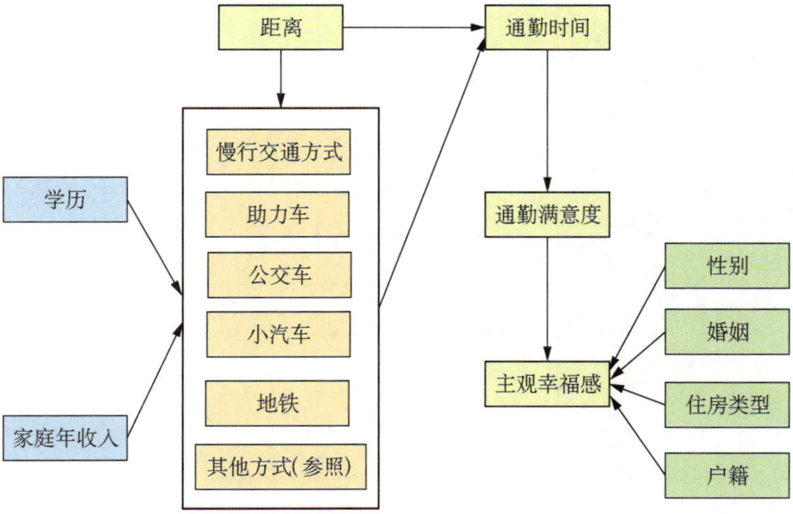

图 6-17　调整后的路径分析模型

本研究中模型路径系数的显著性估计情况如表 6-5 所示(其中，以“其他交通方式”作为通勤方式哑变量编码的参照项，未显示在结果中)，并从中得到以下判断结果。

表 6-5　　　　　　路径系数估计结果

作用路径	标准化回归系数	标准误差	P 值
家庭年收入→慢行交通方式	−0.121	0.008	**
家庭年收入→电动自行车	0.062	0.010	0.153
家庭年收入→常规公交	−0.126	0.008	**
家庭年收入→地铁	−0.023	0.013	0.609
家庭年收入→小汽车	0.210	0.011	***
学历→慢行交通方式	−0.075	0.013	*
学历→电动自行车	−0.225	0.018	***
学历→常规公交	−0.047	0.013	0.292
学历→地铁	0.116	0.022	**
学历→小汽车	0.124	0.019	**
距离→慢行交通方式	−0.240	0.001	***
距离→电动自行车	−0.191	0.002	***
距离→常规公交	0.216	0.001	***
距离→地铁	0.224	0.002	***
距离→小汽车	−0.079	0.002	*
距离→通勤时间	0.613	0.085	***
慢行交通方式→通勤时间	−0.304	4.067	***
电动自行车→通勤时间	−0.438	3.768	***
公交车→通勤时间	0.088	4.045	**
地铁→通勤时间	−0.256	3.610	***
小汽车→通勤时间	−0.378	3.668	***
通勤时间→通勤满意度	−0.152	0.001	***
住房类型→主观幸福感	0.140	0.091	**
性别→主观幸福感	0.077	0.055	**
户籍→主观幸福感	−0.097	0.084	*
婚姻→主观幸福感	−0.067	0.071	*
通勤满意度→主观幸福感	0.528	0.032	***

注：* 显著性水平为 10%，** 显著性水平为 5%，*** 显著性水平为 1%。表中慢行交通方式包含自行车和步行。

(1) 通勤方式选择与家庭年收入、学历存在显著关系。其中，家庭年收入越高，选择小汽车通勤的比例越大(0.210)，而选择常规公交(−0.126)或者慢行交通方式

(−0.121)的比例则越小。此外,家庭年收入与选择电动自行车或地铁方式通勤无显著关联,高学历人群更倾向于使用小汽车(0.124)和地铁(0.116)作为通勤方式,电动自行车(−0.225)和慢行交通通勤方式(−0.075)与相对较低的学历水平相关性较高,而学历水平与常规公交通勤人群没有显著关联。

(2) 通勤方式选择还受通勤距离的直接影响,并且两者均与通勤时间存在显著关系。其中,通勤距离越长,通勤者越倾向于使用常规公交(0.216)与地铁(0.224),而使用电动自行车(−0.191)、慢行交通方式(−0.240)以及小汽车(−0.079)的比例较小,这表明公共交通在长距离通勤中占据主导地位,而电动自行车、慢行交通方式则更多用于较短距离通勤。此外,通勤时间也受到不同通勤方式的影响。除公交(0.088)外,其他所有通勤方式对通勤时间均有负相关性,表明与参照项的通勤时间相比,常规公交花费通勤者时间最长,而电动自行车(−0.438)、小汽车(−0.378)、慢行交通方式(−0.304)等花费时间较短。

(3) 通勤满意度受通勤时间的直接作用,且通勤满意度显著影响通勤人群的主观幸福感。其中,通勤时间对通勤满意度有负向作用(−0.152),表明通勤时间越长则不利于通勤满意度的提升。通勤满意度与主观幸福感有正相关关系(0.528),说明提升个人通勤满意度可以促进其主观幸福感的提升。

(4) 住房类型、性别、户籍、婚姻对通勤者主观幸福感产生直接效应。其中有房相对租房、男性相对女性、本地户籍相对非本地户籍、未婚相对已婚群体具有更高的主观幸福感,说明社会经济属性的确会对个人幸福感产生影响,与假设符合。

根据不同通勤方式的直接与间接效用,可以得到通勤方式选择对通勤满意度与主观幸福感的总体效用(表6-6)。结果显示,使用小汽车(0.03)、慢行交通方式(0.024)和地铁(0.021)对通勤满意度与主观幸福感有正向影响;常规公交通勤人群的主观幸福感处于最低水平(−0.007);电动自行车通勤者的主观幸福感(0.035)在所有方式中处于最高水平,相比使用慢行交通方式对幸福感的提升更加明显。电动自行车具有低成本、高效率、可实现门到门出行等的通勤特点,其通勤者享有更高的通勤满意度和主观幸福感。

表6-6　　通勤方式选择对通勤满意度与主观幸福感的总体效用

通勤方式	通勤时间	通勤满意度	主观幸福感
小汽车	−0.378***	0.057***	0.030***
地铁	−0.257***	0.039***	0.021***
公交车	0.088**	−0.013**	−0.007**
电动自行车	−0.438***	0.067***	0.035***
慢行交通方式	−0.304***	0.046***	0.024***

注:* 显著性水平为10%,** 显著性水平为5%,*** 显著性水平为1%。

在本节研究中可以看到，电动自行车对于社会学意义上的特定群体在一定距离内的通勤交通来说，具有不可替代的重要地位。

6.3.4 电动自行车的社会协同治理

电动自行车既是当前发展阶段不能忽视的交通方式，又是引发交通事故、影响交通秩序的重要因素。由于管理难度大，超标电动自行车数量巨大、路边摆放混乱、安全事故严重、交通违法现象多等诸多问题，电动自行车已成为两会代表和社会关注的热点之一。

对电动自行车的管理和社会协同治理，需要多方的共同努力，表 6-7 为涉及电动自行车治理的相关部门或单位及其相关职责。

表 6-7　　电动自行车治理中相关部门或单位的任务

部门或单位	职责
公安机关交通管理部门	注册、登记、备案和道路通行管理等工作
市场监督管理部门	非机动车或电动自行车相关产品生产、销售、维修等活动的市场监管工作
交通运输主管部门	负责互联网租赁电动自行车的行业监管以及非机动车公共交通系统建设管理等工作
综合行政执法	协调辅助作用
自然资源和规划部门	相关规划及土地资源配置
消防管理部门	电动自行车充电安全教育与管理
经济和信息化部门	协调辅助作用
生态环境部门	协调辅助作用
城乡建设等部门	充电设施
电动自行车行业协会	发挥行业自律、完善行业治理的组织作用
互联网租赁电动自行车企业	企业自身的内部管理
快递企业、外卖企业	企业自身的内部管理

为将传统的政府一元治理变为社会协同治理，营造公众参与的良好氛围，培养治理主体的权利意识、法治意识及规则意识等，应给予共享电动自行车一个清晰的定位和发展方向，推进共享电动自行车的规范发展，这也是激发各治理主体积极性和创造性的重要前提（表 6-8）。

表 6-8　　电动自行车社会协同治理所需要完成的工作

层级	需要完成的工作
宏观层面	完善相关立法
	完善相关技术标准体系
	给予共享电动自行车一个清晰的定位和发展方向，推进共享电动自行车规范发展
	充分挖掘共享骑行在“双碳”目标、“公众健康”等方面的积极作用，合理有序地引导共享电单车健康发展
中观层面	保障电动自行车路权，优化电动自行车出行环境
	电动自行车停放空间的配置
	构建一套标准、安全、实惠的两轮电动车基础能源网络
微观层面	加强对电动自行车生产、销售、退出的全流程监管
	加强电动自行车执法的前期技术工作准备

6.4 对弱势群体的关注[12]

根据 2020 年 11 月实施的第七次人口普查结果，上海 60 岁及以上的老年人口占总人口的 23.4%。与 2010 年第六次全国人口普查相比，60 岁及以上人口的比重提高了 8.3 个百分点，65 岁及以上人口的比重提高了 6.2 个百分点，老龄化趋势明显。面对不断增加的老龄化群体，轨道车站无障碍设施的优化刻不容缓。

由于历史原因，城市轨道车站无障碍设施存在一定程度的建设缺陷。在特定授权下，可以采用手机信令数据获取老年乘客轨道交通使用信息，与轨道站点无障碍设施配置信息相结合，根据供需关系确定优先改造目标。

6.4.1 轨道车站老年乘客需求分析

本研究使用的数据截至 2019 年 5 月，上海地铁网络共有 15 条地铁线路和 337 个车站。通过上海地铁官网可获得地铁车站无障碍设施及出入口数据，其属性包括地铁站名称、线路号、无障碍设施类型、设施位置、入口数量等。在上海地铁网络中，地铁站的无障碍设施平均数量为每站 2.7 个，约一半的地铁站设置了 2 个无障碍设施，只有 20% 左右的地铁站设置了 3 个以上无障碍设施。

基于移动通信信令数据可以检测老年人的居住地和使用地铁的信息。采用轨道车站实际运营中地铁站老年乘客进出站量表达实际需求规模，采用轨道车站 800 m 半径内所居住的老年人数量表达潜在的需求规模。需要说明的是，采用单一通信服务商数据时，需求规模只具备相对比较意义，并不代表老年人口的绝对值。实际需求与实际服务强度[式(6-1)]，潜在需求与潜在服务强度[式(6-2)]被用于分析地铁站设施供给类型。

$$T_{AD}=\frac{AD}{N_A} \tag{6-1}$$

$$T_{PD}=\frac{PD}{N_A} \tag{6-2}$$

式中，T_{AD} 定义为实际服务强度；T_{PD} 定义为潜在服务需求强度；AD 是地铁站实际需求量；PD 是地铁站潜在需求量；N_A 为地铁站无障碍设施数量。

根据实际使用需求和实际服务强度程度[式(6-3)]，可将地铁车站分为四种类型(P_{AD})：低需求低服务强度(类型 1)、低需求高服务强度(类型 2)、高需求低服务强度(类型 3)、高需求高服务强度(类型 4)。

$$P_{AD}=\begin{cases}1 & AD\leqslant M_{AD},\ T_{AD}\leqslant MT_{AD}\\2 & AD\leqslant M_{AD},\ T_{AD}\geqslant MT_{AD}\\3 & AD\geqslant M_{AD},\ T_{AD}\geqslant MT_{AD}\\4 & AD\geqslant M_{AD},\ T_{AD}\leqslant MT_{AD}\end{cases} \tag{6-3}$$

式中，M_{AD} 是所有站点潜在需求量中位数；MT_{AD} 表示所有站点实际服务强度中位数。

同样，根据潜在使用需求和潜在服务需求强度[式(6-4)]，可以将地铁站点分为与上述类似的四种类型(P_{PD})。

$$P_{PD}=\begin{cases}1 & PD\leqslant M_{PD},\ T_{PD}\leqslant MT_{PD}\\2 & PD\leqslant M_{PD},\ T_{PD}\geqslant MT_{PD}\\3 & PD\geqslant M_{PD},\ T_{PD}\geqslant MT_{PD}\\4 & PD\geqslant M_{PD},\ T_{PD}\leqslant MT_{PD}\end{cases} \tag{6-4}$$

式中，M_{PD} 是所有站点潜在需求量中位数；MT_{PD} 表示所有站点潜在服务需求强度中位数。

高实际服务强度和高潜在服务需求强度的地铁车站是最值得关注的部分，有必要加快改善其无障碍设施的供给。

6.4.2 上海轨道车站情况的评估

经研究分析(图 6-18)，在实际需求情况下，上海低需求低服务强度类型站点数量最多，占比约为 42.5%，以安亭、嘉松中路、唐镇等站点为代表；高需求高服务强度类型站点占比约为 42.5%，包括西藏北路、鞍山新村、顾村公园等站点；低需求高服务强度类型站点占比约为 6%，包括松江新城、上海图书馆、黄兴公园等站点；占比最低的为高需求低服务强度类型站点，占比约为 5.8%，以南翔、漕宝路以及东方体育中心站等为代表。

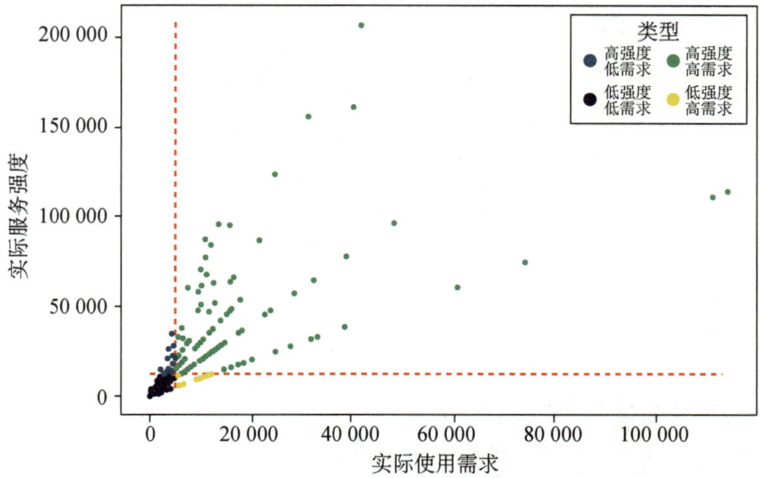

图 6-18　根据实际需求对地铁站点的分类

在潜在需求情况下，上海低需求低服务强度类型站点数量最多(46.8%)，以富锦路、远东大道、曹路等站点为代表；高需求高服务强度类型站点占比约为 42.5%，包括静安寺、南京东路、同济大学等站点；低需求高服务强度类型站点占比约为 5.5%，包括世纪大道、南京西路、龙华中路等站点；高需求低服务强度站点占比最低(5.2%)，以上海科技馆、七宝以及松江体育中心站等为代表(图 6-19)。

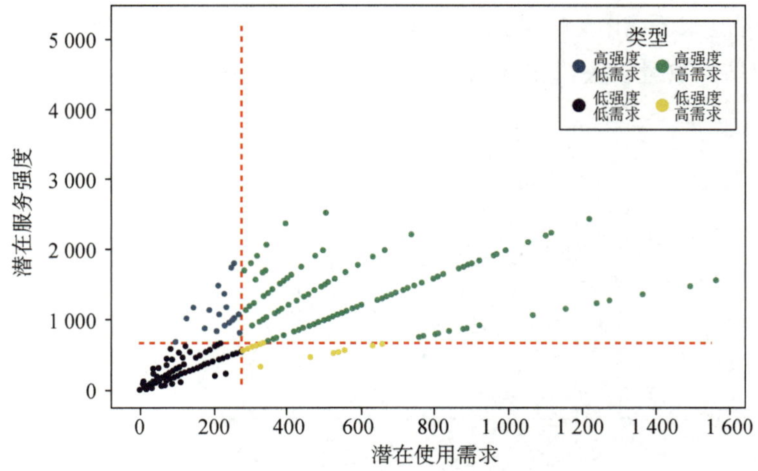

图 6-19　根据潜在需求对地铁站点的分类

从空间分布来看，外环外区域内站点低需求低服务强度类型占主要部分，中心城区高需求服务高强度类型占主要部分(图 6-20)。

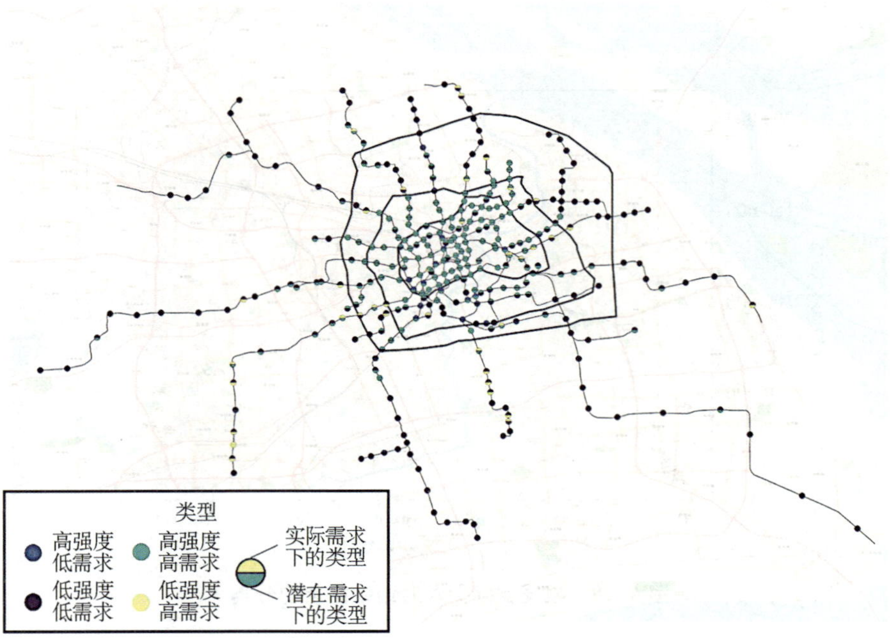

图 6-20　不同类型地铁车站的空间分布

下面更加细致地讨论包括出入口覆盖率、换乘站设施不平衡度和站点自助设施比的情况。定义出入口覆盖率为配置无障碍设施出入口数与出入口总数之间的比例，定义换乘站设施布局不平衡度为换乘站各线路设施数中最大值与换乘站各线路设施数中最小值的比值，定义站点自助设施比为站点自助设施数与站点无障碍设施数的比值。

从上海情况来看，出入口覆盖率整体并不高，均值为 0.36。出入口覆盖率 0.25，0.33，0.5 的站点数量较大，其站点数占比超过 63.3%(图 6-21)。

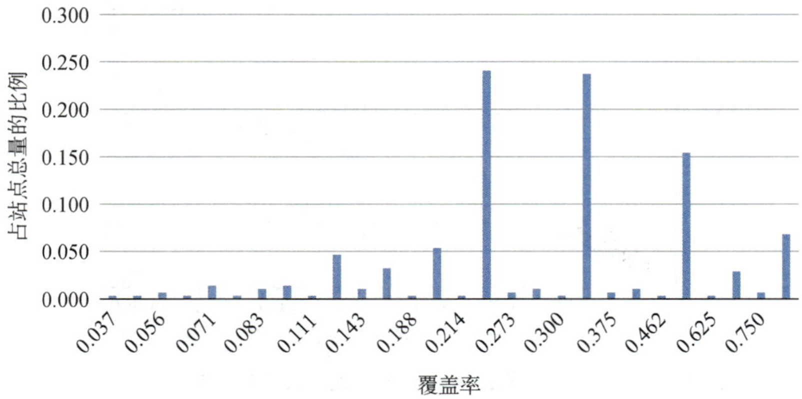

图 6-21　轨道车站无障碍设施出入口覆盖率分布

相较而言，郊区站点的出入口覆盖率比中心城区高，但站点间差异大(图 6-22)。

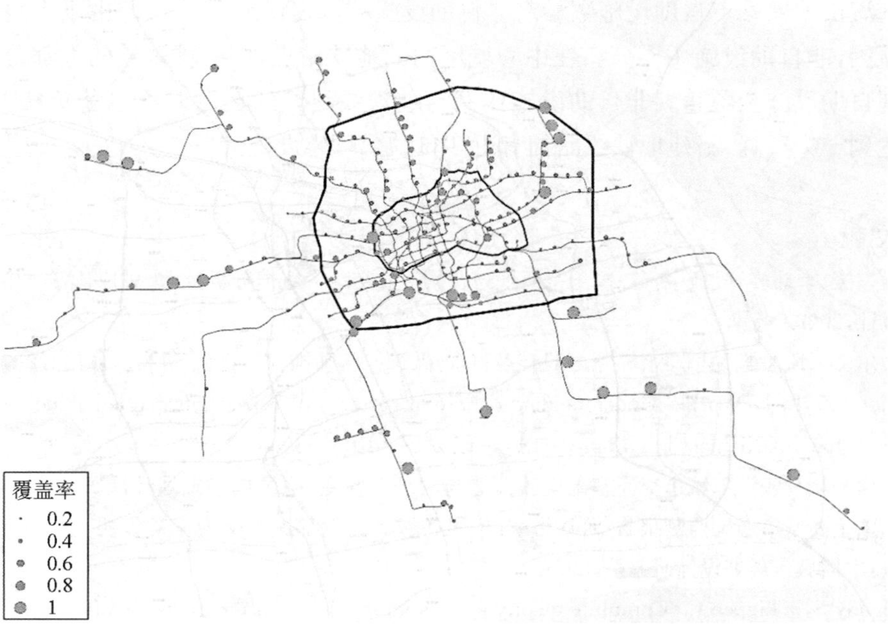

图 6-22　轨道车站无障碍设施出入口覆盖率的空间分布

上海市地铁换乘站主要分布于外环以内。换乘站设施平均不平衡度为 1.6，不平衡度主要处在 1.0～2.0 之间。不平衡度大于 2.0 站点数为 6 个，占全部换乘站数量的 9.7%，以龙阳路、成山路、上海火车站、汉中路、马当路和莘庄站为代表(图 6-23)。

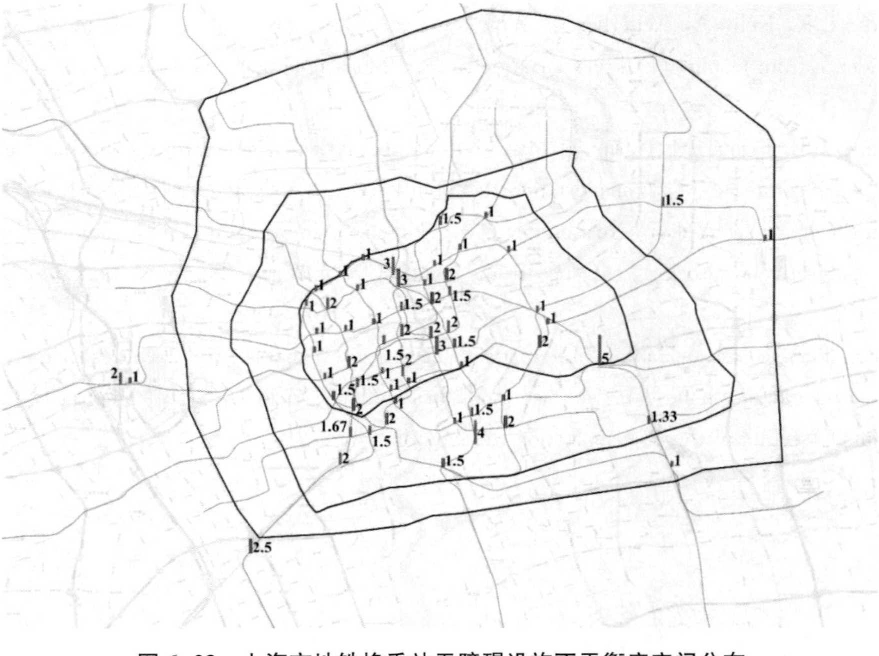

图 6-23　上海市地铁换乘站无障碍设施不平衡度空间分布

上海市地铁站点自助设施数量与非自助设施数量之比约为3∶1。由于土地限制和设计原因，非自助设施主要分布在中心城区内的地铁站点，中心城区外的大部分地铁站点实现自助设施全覆盖。非自助设施比例与地铁线路开通运营时序显著负相关，相关系数达到−0.571。新建地铁线路拥有更多自助无障碍设施。

参考文献

[1] 杨东援，李玮峰，段征宇，等. 国土空间规划背景下的交通大数据分析技术[M]. 上海：同济大学出版社，2022.

[2] 埃尔文・E. 罗斯. 共享经济：市场设计及其应用[M]. 傅帅雄，译. 北京：机械工业出版社，2016.

[3] Xiong Z, Li J, Wu H. Understanding operation patterns of urban online ride-hailing services: a case study of Xiamen[J]. Transport Policy, 2021, 101(9): 100-118.

[4] 住房和城乡建设部城市交通基础设施监测与治理实验室，中国城市规划设计研究院. 2021年度中国主要城市通勤监测报告[R]. 北京：住房和城乡建设部城市交通基础设施监测与治理实验室，中国城市规划设计研究院，2021.

[5] Handy S, Thigpen C. Commute quality and its implications for commute satisfaction: Exploring the role of mode, location, and other factors[J]. Travel Behaviour and Society, 2019, 16: 241-248.

[6] 赵一新. 通勤研究与城市治理[J]. 城市交通，2020，18(5)：8-9.

[7] 王贤卫. 居民生活时间分配与出行行为的关联研究[D]. 上海：同济大学，2017.

[8] Nie P, Sousa-Poza A. Commute time and subjective well-being in urban China[J]. China Economic Review, 2018, 48: 188-204.

[9] Lades L K, Kelly A, Kellerher L. Why is active travel more satisfying than motorized travel? Evidence from Dublin[J]. Transportation Research Part A: Policy and Practice, 2020, 136: 318-333.

[10] Eriksson L, Friman M, Gärling T. Perceived attributes of bus and car mediating satisfaction with the work commute[J]. Transportation Research Part A: Policy and Practice, 2013, 47: 87-96.

[11] Sun Shichao, Yao Yukun, Xu Lingyu, et al. The use of mopeds increases commute satisfaction and subjective well-being: evidence from Shanghai, China[J]. Transport Policy, 2022, 117: 60-73.

[12] Duan Zhengyu, Zhao Haoran, Lu Junxian. Evaluation of barrier-free facilities in metro station based on mobile phone data: A case study in Shanghai, China[C]. Washington D. C.: 101st Annual Meeting of the Transportation Research Board, 2022: 9-13.

7 共同创造——迎接新的技术变革

交通领域的技术变革和服务体系创新，提出了城市交通领域内的技术治理课题。从学术角度讨论的技术治理包括两种类型的问题。其一是政府治理向“技术化”转型，强调治理方式的规范化、技术化和标准化，其中已成为新的国家治理体制重要组成部分的典型代表是项目制[1]。所谓“项目制”是在财政体制的常规渠道外，打破原有的单位科层式模式，自上而下地以专项资金的方式配置资源，并指定各个流程和环节，技术化地完成预定目标。从上级任务发包到下级承接任务的过程中，有明确的政策目标，科学的项目设计、专家论证的过程，要求一事一议、专款专用、不得挪用，强调严格的监管程序、指标化的考核标准、可量化的激励措施、可视化的验收过程等。其二是将信息通信技术、互联网、物联网、大数据等技术手段引入政府治理和社会治理，进而推动治理方式的变革。作为“互联网＋”和“智能＋”国家战略的重要组成部分，2015 年，“互联网＋”行动计划被写入政府工作报告；随后，国务院陆续印发《关于积极推进“互联网＋”行动的指导意见》[2]《“互联网＋”人工智能三年行动实施方案》[3]《国务院关于印发新一代人工智能发展规划的通知》[4]等指导意见；2019 年，“智能＋”被写入政府工作报告。

交通领域为人工智能、物联网和区块链等新技术提供了重要的应用场景，也因此获得体系化创新的发展机遇。在交通领域新技术的应用过程中，一方面通过制定技术标准、构建测试平台、创建示范项目等方式，把握技术应用方向，加快技术应用进程；另一方面则建构相关技术环境，将大数据和新技术资源转变为决策能力，进而提升城市交通治理的行动效果。

7.1 先进技术催生体系化变革

交通领域的新技术应用不再限于对已有系统的改良，而是逐步转变成为对传统系统在新的发展理念、新的技术环境下的革新，因而必将对社会、对城市产生一系列的深远影响。

7.1.1 技术发展所推动的体系化变革

近年来，与城市交通密切相关的人工智能、通信技术等领域的科学和技术发展的一个突出特点，是代际提升与嫁接融合。

以人工智能为例，相比早期人工智能，当代人工智能有了本质性改变，从模仿人、辅助人来完成部分工作发展到根据授权依靠某种程度相对独立的机器智能来解决部分问题。

早期人工智能局限于对人类智能的模仿，例如模仿人类逻辑和推理的思维模式实现的机器证明，建立在对自然语言理解基础上的机器翻译，建立在传统经验搜索基础上的博弈，建立在知识管理基础上的专家系统，模仿人类认知的模式识别，模仿人类学习过程的机器学习等。

然而，近年来快速发展的人工智能已经进入新的阶段，在自我博弈、深度学习、大数据等技术，以及快速发展的计算能力支持下，取得了更高、更加系统的智能水平：大数据基础上的智能学习＋自我博弈进化，建立在资源共享和信息沟通之上基于网络的群体智能，将生物智能与机器智能紧密耦合的人机一体化混合智能，通过语言、图形、视觉、听觉及语义贯通实现非规范信息有效融合的跨媒体推理等，都呈现出代际提升的显著特点[5]（图 7-1）。

■ AIV1.0 扮演的是模仿与辅助角色
- 机器定理证明(逻辑和推理——仿解题者
- 机器翻译(自然语言理解）——仿译者
- 专家系统(问题求解和知识表达)——仿专家(医生)
- 博弈(树搜索)——仿弈者
- 模式识别(多媒体认知)——仿认知者
- 学习(神经网络)——仿初学者
- 机器人与智能控制(感知和控制)——仿生物动作

⇨

■ 新一代人工智能则截然不同
- 大数据智能将使得仅依靠自身经验和知识的管理人员和交通系统控制技术人员成为落伍者；
- 群体智能将促使开放与合作成为决策支持和动行服务中的主流；
- 人机混合智能将极大地提升系统控制能力和运行效率；
- 跨媒体推理将从本质上解决多元异构信息的应用；
- 自主智能装备——智能驾驶、智能车辆、智能物流

图 7-1　城市交通角度看人工智能的代际变化

技术嫁接进一步拓展了人工智能的发展前景。区块链技术帮助人们实现了价值联网[6]，使人们在互联网上能够如同传递信息一样方便、快速、低成本地传递价值。充分利用区块链去中心化、不可篡改、可溯源、匿名性、公开性等技术特点，并进一步与物联网技术结合，将促成市场运营中不可或缺的客观信用体系；依托区块链的智能合约，为人工智能应用提供可信数据和协同计算的保障。人工智能＋区块链，使得技术与商业模式协同变革成为现实（图 7-2）。

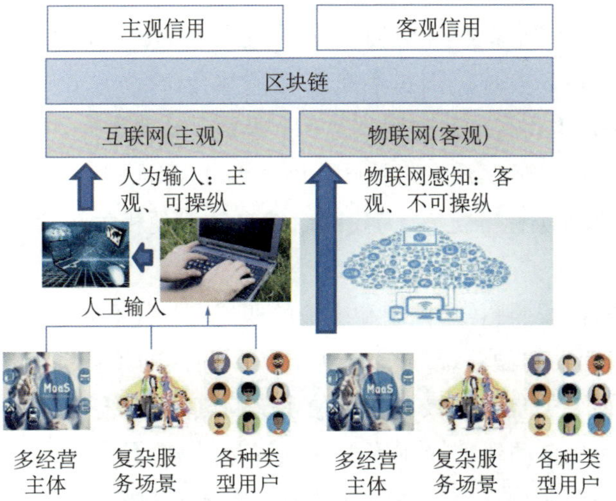

图 7-2　在物联网及区块链基础上创建客观信用体系示意

技术进步的代际变化，逐步改变了很多领域的整体结构，并将进一步促成行业的思维革命。这场思维革命涉及三个层次的问题(图 7-3)。

(1) 行业思维：通过技术应用解决行业内的紧迫问题(正如我们现在所做的)。

(2) 生态思维：通过系统变革解决行业在社会生态中面临的重大问题(正如我们已经看到的，城市交通所遭遇的是日益增高的人居环境要求与难以节制的个体化交通需求之间的矛盾)。

(3) 优势思维：通过行业能力的提升，推动社会发展与变革(正如“交通强国”战略、“双碳”目标等所期望的)。

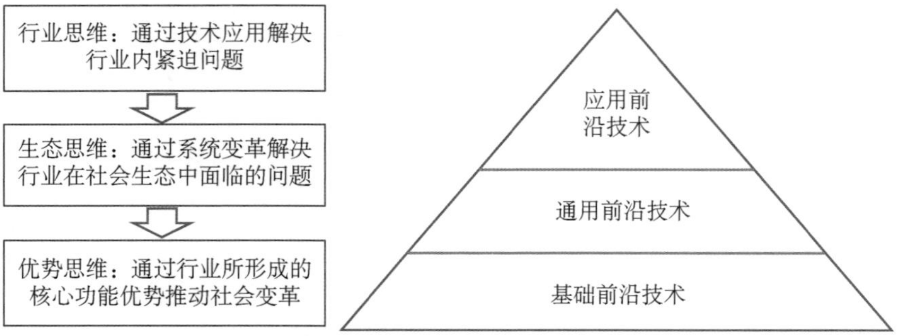

图 7-3 技术进步推动的思维变革

这些深层次的思维革命，是城市交通技术体系变革的基础性推动力。

7.1.2 智能技术在交通领域内的应用特点

交通领域中智能技术的典型应用包括智能驾驶、智能道路、智能物流、智能控制等方面，均呈现出系统化、体系化的大范围集成特征。

自动驾驶是一个递进式技术过程。针对自动驾驶，美国运输部(Department of Transportation, DOT)国家公路交通安全管理局(National Highway Traffic Safety Administration, NHTSA)和美国机动车工程师学会(Society of Automotive Engineers, SAE)所发布的相关标准将智能驾驶划分为 6 个级别。与此类似，中华人民共和国工业和信息化部也于 2020 年发布了《汽车驾驶自动化分级》推荐性国家标准[7]，作为我国智能网联汽车标准体系的基础类标准之一，为我国后续自动驾驶相关法律、法规、强制性标准的出台提供了支撑。

从功能角度来看，按照感知、控制和决策的职能分担，自动驾驶可以分为三种类型：第一类是带有初级辅助驾驶系统的汽车，系统提供简单的预警系统，人类驾驶员仍然承担主要驾驶责任；第二类是有高级辅助驾驶系统的汽车，系统能够针对较多场景的复杂工况，依靠机器感知和自动驾驶控制模型完成环境感知、预判，实现监视、预警、刹车及导向等相关功能，从而实现在限定条件和区域内的无人驾驶，但驾驶者仍然承担保障安全和正常运行的责任，需要保持对车辆运行状态和周边环境的监控，必要时需要接管车辆驾驶；第三类为完全脱离人工操控的智能汽车，可以无须人类驾驶员介入，在绝大多数环境中凭借汽车的软硬件完成所有操作决策。

智能驾驶涉及一个重要的概念——操作设计范围（Operational Design Domain，ODD），这指的是一组环境指标参数。自动驾驶系统根据各项指标参数条件自适应调整运行决策，从而确保在既定的环境条件下能够安全地运行。环境指标一般包括道路状况、车速、地理环境、自动驾驶系统运行的环境条件等。除了最高的 L5 级（完全自动驾驶）以外，车辆的自动驾驶功能被限定在 ODD 范围内。在既定的条件范围内，自动驾驶系统可以安全地操作运行；超过了 ODD 范围，自动驾驶系统就会存在风险。自动驾驶级别的提升，在某种程度上对应着自动驾驶系统 ODD 范围的不断扩大。

现有道路情况，特别是城市道路情况并不完全适合自动驾驶的要求。换句话来说，与当前水平自动驾驶车辆 ODD 适配的道路范围并不普遍。正是意识到这方面的问题，世界各国在研究智能驾驶的同时，展开了针对智能道路及车路协同的持续研发工作。

欧洲研发了基于合作的智能安全道路 COOPERS、智能安全车路系统 SAFESPOT 以及基于合作的车路系统 CVIS[8]。日本重点发展的两个主要车路协同项目为先进安全车辆 ASV 以及智能型公路系统 AHS[9]。美国已制定车路协同相关标准，主要包括用于车路环境无线通信的 IEEE1609 系列试验用标准[10]、用于车路短程通信的 IEEE 802.11P 标准、SAE J2735 专用短程通信标准以及 5.9GHz 专用短程通信标准。

2017 年我国发布《“十三五”现代综合交通运输体系发展规划》，提出加快智慧交通建设，提升道路信息化水平。2018 年 11 月，为进一步加强标准协同，全国汽车标准化技术委员会、全国通信标准化技术委员会/中国通信标准化协会、全国智能运输系统标准化技术委员会共同签署《关于加强汽车、智能交通、通信及交通管理 C-V2X 标准合作的框架协议》，推动 C-V2X 等新一代信息通信技术及其在汽车和交通行业应用等相关标准研究、制定及实施工作。2019 年 7 月，交通运输部为贯彻落实党中央、国务院关于推进数字经济发展的决策部署，促进先进信息技术与交通运输深度融合，印发了《数字交通发展规划纲要》[11]。

我国城市规模远大于其他国家，城市交通环境也较许多国家复杂。仅依靠单车的感知和控制能力，城市中的智能驾驶会遭遇极大的困难。因此，依靠对道路的智慧赋能，发挥道路的辅助感知、辅助决策、辅助避险等功能，实现车路协同对中国智能交通的发展具有重要意义。

7.1.3 车路协同与智慧化道路建设

在复杂情况下，单车能力的局限性往往会导致自动驾驶的失败。我国存在道路基础设施安全条件参差不齐，行驶车辆技术性能差异性大，混合交通环境复杂，交通参与者法规意识缺乏等问题，需要一个长期的改变过程。与此同时，自动驾驶技术推广初期，单车智能设备成本也是“拦路虎”，增大了行业领跑者的经营压力。

在此背景下，智能道路与智能车辆同步、融合、均衡地发展具有非常重要的现实意义。智能道路是通过数字化、信息化、智能化等手段，以现有道路为载体的新型交通基础设施。其近期目标是在土地/空间资源强约束、道路通行能力近乎饱和的情况下，进一步提升设施使用效率，降低复杂气候条件下的交通安全风险，提高基础设施养护效能；中期目标是适应新一代交通工具的应用要求；远期目标是通过智慧赋能，实现安全、绿色、高效等。

实现自动驾驶，从车辆的角度主要是完成速度控制、换道、跟驰、避让等操作，而从道路的角度来看，则是不同方向、不同车道的路权分配，以及不同路段的速度协调。由此产生车路协同决策的最基本任务——换道、路权、跟驰和速度控制需要进行统一的协同决策；在城市道路中，这一任务还将进一步扩展为与网络交通流管控的有机融合。借助智能道路的技术环境，道路在车路协同体系中发挥辅助感知、辅助控制、辅助决策的功能，将使得车与路在新的技术条件下更好地适配，从而增强自动驾驶的普适性。

为适应信息技术快速更新换代的发展特点，智能道路建设需要采用一种递进的推进方式，针对近期的急迫问题制定有限目标，考虑未来发展留有系统扩展的可能性，采用“安全的道路—适配的道路—智慧的道路”三步走的推进策略(图 7-4)。

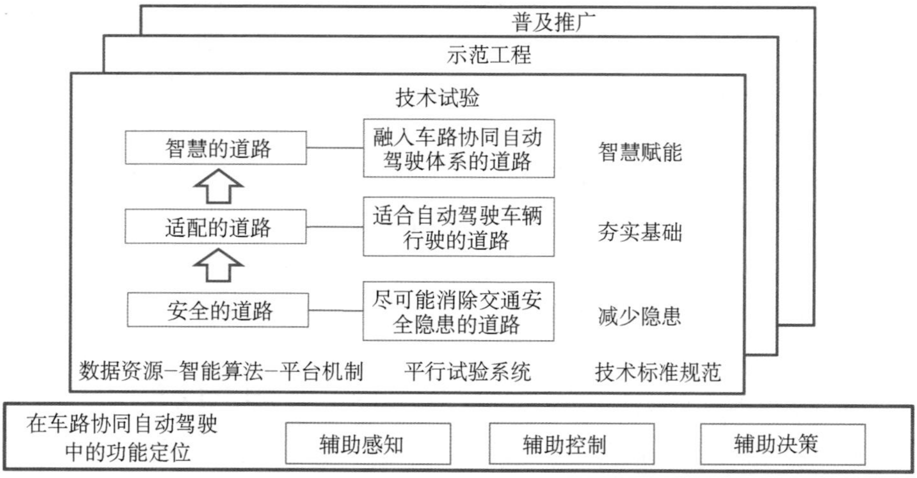

图 7-4　渐进式智能道路建设途径示意

7.1.4　从智能交通走向智慧交通

城市交通体系的基本任务，并非仅仅停留在空间连通，而是要在生态文明发展观以及以人民为中心的城市建设理念指导下，实现城市的空间关系(包括物理空间和社会空间双重意义)重组,并引导城市空间活动模式向可持续发展方向转型。因此,城市交通的智慧赋能不能只停留在提升物理系统运行效率的层面,必须升华到服务体系管控和社会系统调控的层级。由此决定了从智能交通到智慧交通的发展方向。

智能交通与智慧交通具有概念上的显著差异:所谓“智能交通”是在交通系统中引入信息和控制技术所产生的技术解决方案;而“智慧交通”是综合运用技术和政策手段,解决交通领域综合性社会问题的人机混合系统,属于“社会—技术”系统。

智慧交通具有层级化的体系结构(图 7-5),最里层属于物理系统智能控制,其功能目标是提升系统的运行效率,减少资源的占用,以及降低对环境的影响;中间层为服务体系管控,其功能目标是通过智慧赋能提升交通出行服务水平,提高运输企业运营效益,协调运营者之间的关系;顶层则是社会系统调控,其基本目标是以精明供给满足合理需求,实现可持续发展的目标。

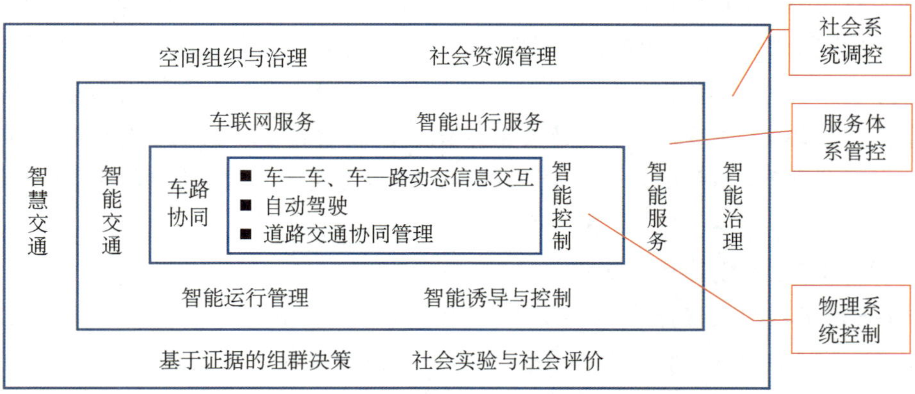

图 7-5 智慧交通的层级化结构

在物理系统智能控制层级,主导性的是物理规律。虽然自动驾驶模型需要考虑周边车辆受到人为干预(例如自动驾驶与人工驾驶并存状态)以及路权分配中的社会关系调整(例如公交优先原则),但基本还是属于物理系统的控制问题。

服务体系管控层级则进一步复杂化,需要考虑不同社会群体之间、需求者与服务供应商之间、不同服务供应商之间的各种关系,产生了市场设计和服务治理方面的问题,其决策已不能仅仅依据物理规律来定。

社会系统调控的主导手段是制度架构设计和公共政策。这一层级面对的是一个复杂适应系统,状态演化过程中的不确定性占据了更加重要的地位。城市交通状态演化的不确定性,来自各种行为主体为适应外部环境和相互关系进行的自主调节以及随机性规律、耗散系统[12]规律等,这种局面造成调控者只能实现有限预测。更为重要的是,系统控制者无法摆脱自身陷于系统之中的局限,其立场、视野、认识能力等都不再能够超脱事外,需要通过退馈控制来避免自身局限性[13],也就是要通过不断学习提升对问题的认识,修正自己预设的调控构想。

智慧交通的构建，是一个多元主体共同参与的“共同创造”过程。参与这个过程的行为主体可以划分几种类型：共同实施者——行为主体通过参与服务，形成过去由政府开展、实施活动的转移，例如清洁能源车辆的研发与推广；共同设计者——共同参与确定服务的内容和过程，例如共享单车等；发起者——主动制定具体服务的非政府行为主体，伴随城市交通服务市场细分以及新技术的不断发展，会有更多的创新服务发起者出现。

7.2 建构城市出行服务系统

城市交通的基本宗旨是提供服务，但这种服务不是满足无节制的需求。城市交通的基本矛盾不是“车—路”之间的矛盾，而是无节制的个体化交通需求与城市人居环境之间的矛盾。因此，实现精明供给与理性需求之间的平衡是城市交通的基本任务。

尽管新技术发展带来系统效率的提升，但是空间与环境资源约束并不会因此得到彻底解除，公交优先的国家战略不会因此而改变。面向未来的公共交通并非停留在传统概念上的公共交通体系，而是以适度集约化运作满足日益增长的个性化需求的创新体系。出行即服务(Mobility as a Service, MaaS)就是以此为目标的体系性对策探索。

7.2.1 MaaS 概念的提出与发展

MaaS 是将多种交通服务整合为一个有机整体的、根据需求响应的集成出行服务[14]。2013 年，MaaS 在瑞典哥德堡的 UbiGo 项目中得到初步实践。2014 年，在芬兰赫尔辛基举行的欧洲 ITS 大会上，MaaS 的概念被明确提出。2015 年，在法国波尔多举行的世界 ITS 大会上，欧洲 MaaS 联盟成立。2016 年 6 月，芬兰的 Whim 系统发布；10 月，Whim 在赫尔辛基进行示范应用。2017 年 9 月，欧洲 MaaS 联盟发布白皮书；10 月，UbiGo 宣布将在瑞典斯德哥尔摩重新启动；11 月，Whim 在芬兰赫尔辛基正式上线[15]。2018 年，在全球范围内，已有近 40 款 MaaS App 在 50 余个城市得到应用。预计 MaaS 市场将保持 49.5％的年增长率，至 2028 年，全球市场规模将达 17.5 亿美元[16]。MaaS 具有以下三个不同于以往交通领域系统概念的显著特点。

(1) 服务集成——为满足用户需求，MaaS 运营商提供了包括公交、小汽车共享、共享自行车、出租车或汽车租赁等一种或多种组合的交通服务。

(2) 票务集成——只需通过单个应用程序，一次性支付票务。

(3) 全过程、门到门、个性化——为用户提供最佳体验，满足个体的移动性需求，减少个体出行过程的不便以及整个出行服务系统的不便。

MaaS 的目标是提供一种私家车的替代出行服务，尽可能便捷、可持续，甚至更便宜，这有助于减少拥堵和运输能力的限制。MaaS 以用户为中心，通过统一的应用接口、支付渠道和票务系统，提供覆盖常规公交、轨道交通、出租车、共享交通等多种交通方式的个性化出行服务，构建无缝衔接的、协同的和可持续的交通生态系统。

相比传统公共交通，MaaS 具有更加复杂的系统组织结构，其参与者包括用户（出行者）、MaaS 运营商、B2B 集成商及交通服务提供方，关键流程包括服务提供、行程预订、运行监测及运营结算四个方面（图 7-6）。

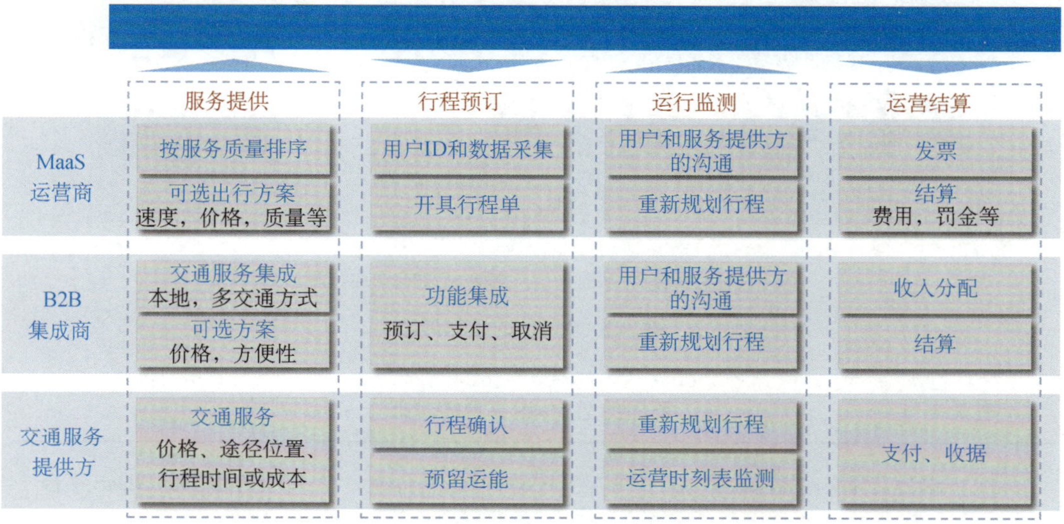

图 7-6 MaaS 的参与者和关键过程[17]

7.2.2 MaaS 总体架构与推进策略[18]

MaaS 总体架构由交通系统的一体化、集成的 MaaS 平台、票务和风险管理三部分组成（图 7-7）。

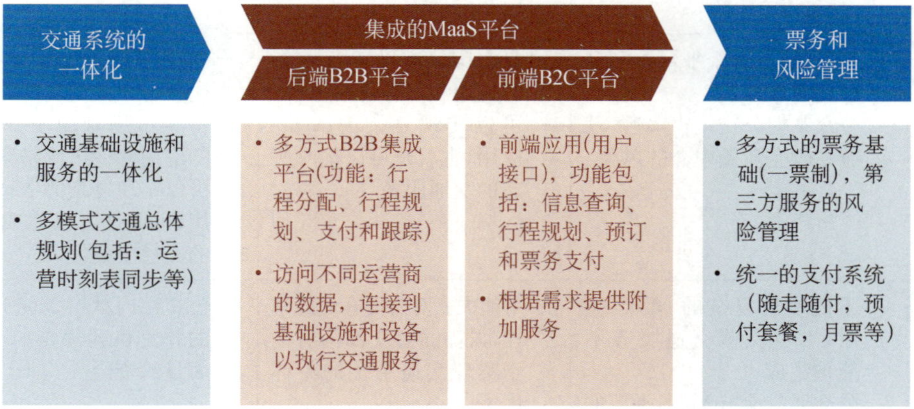

图 7-7 MaaS 的总体架构

从组织实施角度来看，MaaS 具有多样化的组织形态，包括以公交为主的 MaaS 平台、开放的 MaaS 平台和不完全开放的 MaaS 平台（图 7-8、表 7-1）。

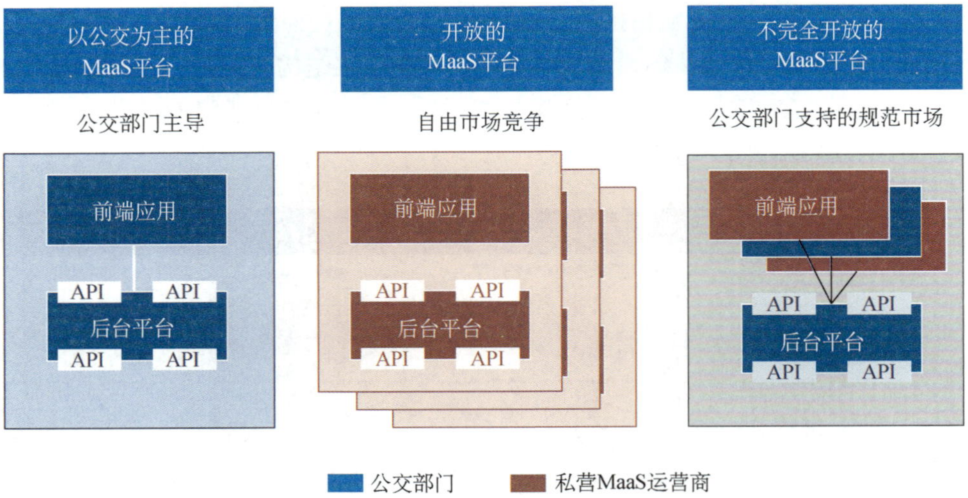

图 7-8 MaaS 的组织形态

表 7-1 不同类型 MaaS 平台的对比

组织形态	以公交为主的 MaaS 平台	开放的 MaaS 平台	不完全开放的 MaaS 平台
特点	• 公交部门开发和运营 MaaS 平台； • 公交数据和 API 不对第三方开放； • 集成平台不对第三方 B2C 平台开放； • 集成公交和民营交通服务（也可没有）	• 自由竞争市场：多个 MaaS 平台进行竞争，都集成了公交和民营交通服务； • 公交数据和 API 对第三方开放； • MaaS 服务漫游（覆盖市内和区域市场）	• 公交部门开发 B2B 平台； • 公交数据和 API 不对第三方开放； • 多个前端应用相互竞争
优点	• 简单：通过一个平台访问多种交通服务； • 公众掌握公交销售渠道，没有私营企业做中介的风险	• 自由市场有助于开发新的应用和促进价格竞争； • 可以实现复杂的 MaaS 应用，也就是可以集成所有的交通服务	• 公交部门对交通系统优化具有很强的支配作用； • 自由市场有助于开发新的应用和促进价格竞争； • 可以实现复杂的 MaaS 应用，也就是可以集成所有的交通服务
缺点	• 不能实现复杂的 MaaS 应用，不少民营交通服务不能被集成； • 公交部门承担 MaaS 平台的开发和运营成本，可能开发的 MaaS 平台是过时的或不受市场欢迎的； • 交通服务提供商的竞争激烈，但合作和共同开发较少	• 可能失去对公交客流的掌控，强势的公交部门有助于实现交通系统的整体优化； • 可能出现私营 MaaS 企业的垄断（一家独大）； • 无自有 MaaS 平台的运营商会存在做不了中介的风险	• 公交部门承担 MaaS 平台的开发和运营成本，需要大量的资金

（续表）

组织形态	以公交为主的 MaaS 平台	开放的 MaaS 平台	不完全开放的 MaaS 平台
案例	• Moovel Transit by KW(卡尔斯鲁厄) • S'Hail by RTA(迪拜) • HANNOVERmobil by Ustra(汉诺威)	• Whim by Maas Global(赫尔辛基，安特卫普) • HelloGo/Keolis(乌特勒支)	• Upstream B2B platform(维也纳，格拉茨，汉堡) • Ubigo(哥德堡)

1. *以公交为主的 MaaS 平台*

以公交为主的 MaaS 平台由公交部门开发和运营，公交数据和 API 不对第三方开放，集成平台也不对第三方 B2C 平台开放，以公共交通为主体进行系统集成，亦可适度集成民营交通服务。这一模式的优点在于平台关系组织较为简单，通过一个平台访问多种交通服务，公营部门管理掌握销售渠道，不存在私营企业作为中介的风险。缺点是不能实现灵活复杂的 MaaS 应用，不少民营交通服务不能被集成；公交部门承担了 MaaS 平台的开发和运营成本，公营部门运营效率问题可能导致 MaaS 平台跟不上需求变化，或服务产品不受市场欢迎；交通服务提供商之间以竞争关系为主，缺少合作和共同开发。

典型案例有：德国卡尔斯鲁厄的 Moovel Transit by KW 项目、阿联酋迪拜的 S'Hail by RTA 项目、德国汉诺威的 HANNOVERmobil by Ustra 项目等。

2. *开放的 MaaS 平台*

开放的 MaaS 平台是一种自由竞争市场，允许多个 MaaS 平台进行竞争，各个平台集成了公交和民营交通服务，公交数据和 API 对第三方开放，MaaS 实现服务漫游(覆盖市内和区域市场)。这一模式的优点在于自由市场竞争有助于开发新的应用和促进价格竞争，可以实现复杂的 MaaS 应用，能够集成所有的交通服务；缺点是可能丧失掌控公交客流的主动权。尽管强势公交部门有助于实现交通系统的整体优化，但仍然可能出现一家独大民营 MaaS 企业垄断市场的情况，且存在无自有 MaaS 平台的运营商无法参与中介等风险。

典型案例有：芬兰赫尔辛基和比利时安特卫普的 Whim by Maas Global 项目、荷兰乌特勒支的 HelloGo/Keolis 项目[19]。

3. *不完全开放的 MaaS 平台*

介于前两者之间的不完全开放的 MaaS 平台指的是公交部门开发 B2B 平台，公交数据和 API 不对第三方开放，多个前端应用存在相互竞争关系。其优点是公交部门对交通系统优化具有很强的支配作用，自由市场有助于开发新的应用和促进价格竞争，可以实现复杂的 MaaS 应用，具有集成所有交通服务的潜力；缺点是公交部门承担 MaaS 平台的开发和运营成本，需要大量的资金，与“以公交为主的 MaaS 平台”相比，受到的限制较多。

典型案例有：奥地利维也纳、格拉茨项目，德国汉堡的 Upstream B2B platform 项目，瑞典哥德堡 Ubigo 项目。

我国的 MaaS 发展可以采用“政府指导，多方参与”的模式，“自上而下”（政府主导的顶层设计）与“自下而上”（企业主导的应用试点）同步推进的策略（图 7-9）。参照国内外的发展经验，自上而下模式的典型案例有：芬兰赫尔辛基，Whim（2016）；中国台湾高雄，MenGo（2018）。自下而上模式的典型案例有：瑞典哥德堡，UbiGo（2014）；荷兰乌特勒支，HelloGo（2017）；日本国土交通省，19 个 MaaS 试点地区（2019），包括 6 个大都市近郊型/地方都市型、5 个近郊型/人口稀疏地区和 8 个观光型。

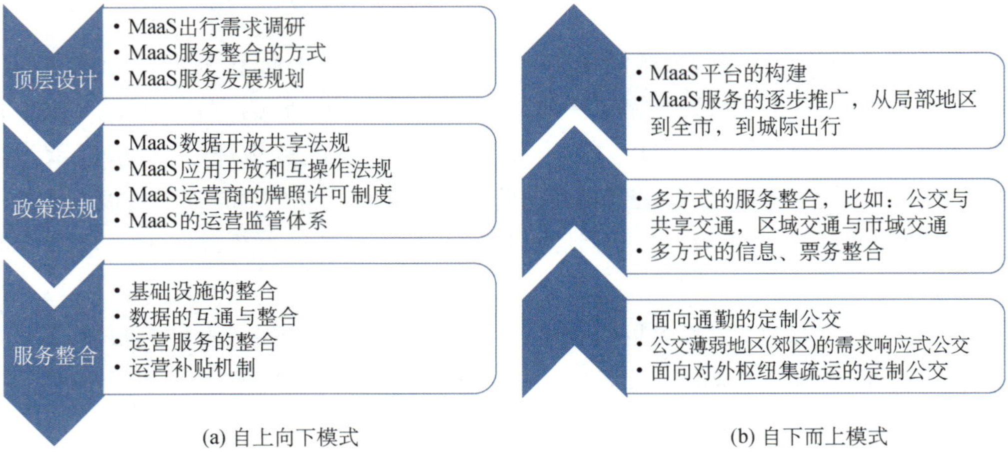

图 7-9 MaaS 推进策略

7.2.3 支撑 MaaS 发展的关键技术[20]

支撑 MaaS 发展的关键技术包括平台关键技术、规划关键技术、运营监管关键技术。

1. MaaS 平台关键技术

1）多模式服务整合

为实现 MaaS 平台对多模式交通服务整合，需要确定各交通服务提供的数据接口和服务接口，并制定相应的数据开放和服务互操作的技术标准和规范（表 7-2）。

表 7-2 各交通方式需要向 MaaS 平台开放的数据接口和服务接口

交通方式	数据接口	服务接口
公交	线路信息、车辆信息、运行计划； 车辆实时位置、车内乘客数量、空位信息等	费用估计、行程时间估计； 预订、票务、支付，月票套餐； 预订乘客信息等

（续表）

交通方式	数据接口	服务接口
地铁	线路信息、车辆信息、运行计划； 车内乘客数量、空位信息等	费用估计、行程时间估计； 预订、票务、支付，月票套餐； 预订乘客信息等
出租车/网约车	车辆信息、司机信息； 车辆实时位置、车辆载客状态等	费用估计、行程时间估计； 预订、支付； 预订乘客信息、行程规划等
租车	车辆信息、取车点信息等	费用估计、行程时间估计； 预订、票务、支付； 预订乘客信息、行程规划等
定制公交/合乘	车辆信息、司机信息； 车内乘客信息、空位信息、上车点信息等	费用估计、行程时间估计； 预订、票务、支付； 预订乘客信息、行程规划等
共享单车	车辆信息、车辆位置、取车点信息等	费用估计、行程时间估计； 预订、票务、支付，月票套餐； 预订乘客信息、行程规划等

2）预订与调度

在预订阶段，MaaS 平台集成所有可用交通服务，根据用户预订行程请求对行程进行分解，并分别向各交通服务商分配订单和预约。平台接收各阶段预定信息并整合反馈给用户，无问题则提示预定成功，并向用户展示行程具体流程；若其中某一阶段或多阶段服务预定失败，则向用户发送提示信息并提供备选方案（图 7-10）。

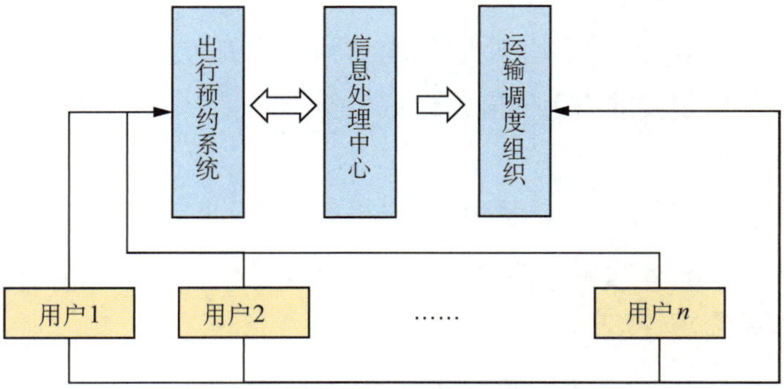

图 7-10　预定与调度系统构成示意

3）行程规划

MaaS 需要提供可靠的多模式出行行程规划功能，可以无倾向性地公开所有路径组合选择，包括可能形成竞争关系的公共和私人交通服务。同时，能够提供实时的基于位置的路线跟踪功能，并基于实时数据和 AI 预测提供实时路线更新、警报和新路径选项。实现这一愿景的技术要点在于：

(1) 用户偏好参数化。行程规划不仅需要提供所有模式的出行选项，并且必须根据最新交通状况，结合用户的个人偏好进行制定。参数化的用户偏好表征主要包括交通方式倾向、行程时间、舒适度(可忍耐等待时间、换乘次数、步行时间)和费用敏感度等内容。

(2) 针对随机到达交通需求，采用多模式最短路径的算法。在多种交通方式构成的系统中，部分线路可提供有关到达的实时信息，但存在无法实现实时信息的线路和交通方式，只能使用概率分布来估算到站信息。需要考虑行人、私人交通工具(自行车、汽车或电动助动车)、公交车和共享自行车等，也需要考虑用户个人偏好。其技术难点在于需要耦合多种交通方式衔接、交互、关联的路径优化算法，根据多用户个性化需求特征，提供多层次、多维度、多属性、多目标的实时最优路径。

4) 票务清分技术

MaaS 采用一站式购票和支付。一次出行往往涉及多种交通服务，因此需要按照某种规则，对票务收入进行清分，分配给不同交通服务商。其相关技术要点在于：

(1) 针对单一交通方式多运营商模式，可以采用基于最优路径的方法进行票务清分，即根据乘客偏好确定从起点到终点的最优路径，之后根据各运营商在最优路径上承担的出行段距离，进行费用清分。

(2) 针对多种交通方式多运营商模式，可以采用费率当量法进行票务清分，即根据不同交通方式的投入成本、交通服务质量、服务内容，对旅行过程中的单位旅行距离进行定价，之后根据出行链对费用进行清算。各交通方式之间有一个类似汇率的参考标准(费率当量)，作为票务清分的依据。

2. MaaS 规划关键技术

MaaS 面对的是需求和供给均不成熟、有待培育和开发的服务市场，因而科学合理的系统规划具有非常现实的应用价值。

1) 潜在需求分析

利用个体出行数据、车辆 OD 数据、公交出行数据、共享自行车数据等，识别 MaaS 服务的潜在需求，包括：公交服务的薄弱区域和时段，公交与地铁的衔接需求，城际交通与市域交通的衔接需求等(表 7-3)。

表 7-3　潜在需求的分析内容及分析方法

分析内容	分析方法
定制公交的潜在需求识别	基于手机定位信息提取小汽车出行轨迹；基于小汽车出行轨迹识别潜在的定制公交出行需求，确定定制公交的线路；利用热点分析，从潜在需求中确定定制公交的站点位置等

（续表）

分析内容	分析方法
合乘车的潜在需求识别	基于现状的出租车订单数据，根据出租车出行 OD 的时空关系进行匹配，识别潜在的合乘车需求；以出行时间、绕行距离等作为约束条件，对合乘车实施后的运营效果和节能减排效果进行评价等
共享单车接驳地铁的需求识别	基于地铁客流数据、共享单车营运数据，识别共享单车接驳地铁的行为；对地铁站点周边的共享单车接驳需求、停靠需求和影响范围进行分析；利用聚类方法，得到共享单车发展的政策分区等
共享单车的潜在需求识别	基于手机 App 定位信息，提取现状 OD 数据，并从中识别潜在的共享单车出行行为；识别潜在共享单车出行行为形成的空间联系结构，对共享单车运营分区、共享单车使用行为进行分析

2）基础设施空间使用权分配

MaaS 作为一种新型集约化交通服务，具有与公交服务类似的公共产品性质。MaaS 涉及的各种交通工具，在运行中与私家车等个体化交通方式在道路、停车等基础设施空间等方面存在竞争，需要重新对基础设施空间进行路权分配，以保障 MaaS 的运行效率（表 7-4）。

表 7-4　MaaS 涉及交通工具基础设施空间分配

基础设施空间	分配方式
道路行驶空间	设置 MaaS 专用路权车道（参照公交专用道、HOV 车道设置）
道路停靠空间	面向 MaaS 车辆的上下客需求，在特定路段设置 MaaS 车辆的停靠空间
自行车停放点	在地铁站点、商业和就业等客流聚集区的公共空间，为 MaaS 涉及的共享自行车、电动车提供停放空间
路外停放空间	在商业、就业和居住等客流聚集区的路外停车场，为 MaaS 车辆设置专门的停放空间
枢纽上下客空间	在机场、火车站等枢纽的停车场和车道边，为 MaaS 车辆设置专门的上下客停靠空间

3）公交线路规划

在 MaaS 环境下，公交线路规划方法将发生重要变化，根据乘客需求特征可以分为固定线路公交、半固定线路公交和需求响应公交。

（1）固定线路公交：可以通过手机数据、IC 卡、手机支付等数据，识别稳定交通需求，为稳定需求用户提供固定线路、固定时间表的公交服务。

（2）半固定线路公交：固定出行服务区域，不固定出行服务路线和发车时间。

（3）需求响应公交：顾客需求分布随机、出行时间分布随机，根据出行需求规划公交运行线路。

4）成本与收益分析

由于城市级 MaaS 的建设和运营投入巨大，需要在规划和可行性研究阶段，对 MaaS 的建设、运营成本和收益进行估算。分析成本与收益，需要充分考虑系统状态中存在的不确定性。

5）仿真分析与评估技术

服务于 MaaS 体系规划的仿真技术，建立在行为个体基本行为选择特征基础之上，需要说明具有进化博弈特征的发展进程，与集计型的交通流仿真具有完全不同的内在机理。其基本需求包括以下三点。

（1）将多种交通方式进行组合，例如公交、地铁、小汽车、出租车、共享交通等新型交通方式。

（2）实行复杂的选择行为，例如目的地选择、出发时刻选择、多模式交通方式选择、不同的路径选择准则（用户偏好）。

（3）多模式交通网络的路径规划分析。

MaaS 体系构建过程与整个城市交通系统的状态密切相关，且需要测试不同实施规模方案，并进行对比，因而要搭建针对数千万人口规模的城市级仿真系统，由此产生了较高仿真效率的要求。需要通过仿真进行方案测试的内容包括 MaaS 设施布局、运力投放规模、定价策略等；评估内容包括乘客出行成本（出行时间、等候时间、绕道时间等）、交通工具的使用情况（乘客人数）、交通系统状态、交通系统效率、能耗、环境排放、社会效益等。

3. MaaS 运营监管关键技术

MaaS 体系的推进与城市公共政策密不可分，因而产生公共管理部门对 MaaS 运营商、交通服务商进行运营监管的技术需求。监管内容主要包括服务绩效、运营安全、信息安全、社会责任和企业管理等（表 7-5），同时，需要制定监管范围和监管数据使用等相关法规，依法实施。

表 7-5　　MaaS 运营监管技术

监管领域	监管内容	支撑数据	数据来源
企业管理	企业 MaaS 运营许可 驾驶员从业资质 驾驶员权益保障 车辆运营资质	MaaS 运营商基础数据 交通服务提供商基础数据	MaaS 运营商 交通服务提供商
运营安全	交通违法行为 交通安全事故 车辆故障报修	交通服务提供商运营数据 城市交通监测数据	MaaS 运营平台 交通服务提供商运营平台 城市交警局 城市交通运输局等
服务绩效	运营违规行为 平台运营绩效评价 MaaS 运营绩效评价	MaaS 运营数据	MaaS 运营平台

（续表）

监管领域	监管内容	支撑数据	数据来源
信息安全	信息公开 信息安全	MaaS运营平台数据	MaaS运营平台
社会责任	客户投诉 媒体负面报道 政府部门批评与表彰	MaaS运营数据 媒体报道数据	MaaS运营平台 媒体报道

7.2.4 自动驾驶技术与MaaS的结合

随着自动驾驶技术的发展，自动驾驶技术与MaaS结合，形成共享自动驾驶服务的新型交通服务方式。为此，一方面需要构建面向自动驾驶的道路基础设施，另一方面需要动态评估共享自动驾驶服务对城市交通系统带来的影响。

1. 交通设施基础

基础设施需要完成的准备工作包括响应车联网基础设施需求、交通信息服务需求和交通安全服务需求。

响应车联网基础设施需求指的是面向智能网联需求，建设路侧感知设施、车路通信设备V2I、交通信息中心(C)与路侧设施(I)间通信设备C2I、隧道内外I2I通信设备、隧道内V2I通信设备等。

响应交通信息服务需求指的是提供静态和动态路径引导信息、行程时间估计信息、动态路况信息、交通管制信息、交通拥堵信息、信号相位时间、交通标志信息等。

响应交通安全服务需求指的是根据道路、交通和环境条件，提供事故高发路段警示、道路施工与障碍物警示、异常天气信息、紧急路况信息、交叉口防碰撞、行人防撞警示、车辆盲区警示等。

2. 共享自动驾驶服务

共享自动驾驶服务将对传统的城市交通系统产生重要影响，针对共享自动驾驶服务需要研究以下问题。

(1) 提供共享自动驾驶服务的车队规模需求。

(2) 共享自动驾驶服务环境下的城市交通负荷(交通量、车辆周转量)变化。

(3) 共享自动驾驶服务环境下的城市停车需求变化。

(4) 共享自动驾驶服务与城市公共交通的关系，是否存在完全取代城市公交系统的可能性。

(5) 共享自动驾驶服务的成本、环境效益和共享自动驾驶服务给交通服务运营模式带来的变化等。

7.3 多元主体参与的共同创造过程

智慧交通与 MaaS 虽然具有体系化的结构特点，但并非是集中控制的发展过程，而是一个由政府、企业、社会一起参与的共同创造过程。在这个过程中，有效的技术治理具有决定性意义。这一领域内技术治理任务包括就体系框架形成共识、技术需求的分析判断、技术标准的制定、任务识别与分解、基础性公共资源配置等。

7.3.1 共同创造的基本概念

共同创造是在产品或者服务价值创造过程中参与主体之间进行合作的过程，既是一个创新过程，也是一个参与主体知识增加的过程[21]。与传统知识创新仅将关注焦点局限于企业内部的知识增加和转移不同，知识经济时代的企业不是一个孤立的经济实体，在企业生态系统中与外部关联者以及其他实体进行合作和联合的知识创造，具有越来越重要的意义。共同创造所关联的知识生态系统是一个多层次的系统，具有跨组织边界并不断演进的特点。网络经济模式下典型公司的共同创造过程是通过综合自身知识和嵌入外部参与者的知识，并与厂商共同创造的动态过程（表 7-6）。

表 7-6　网络经济模式下典型公司的共同创造内容和参与者

公司/项目名称	共同创新内容	参与主体
鸿蒙生态	开源软件（软件开发知识）	软件、家电、电子元器件、互联网、文化传媒、智能出行、通信行业等领域企业，软件开发者等
维基百科/百度知道/雅虎问答	在线词典式知识	网上词条查询者和提供者
InnoCentive 创新平台	来自世界各地公司的创新难题	InnoCentive 公司、创新难题提供者、世界各地研究者
Skype 通信网络	清晰便捷的通话质量	Skype 公司、网络通话用户

城市交通领域的共同创造具有独特价值的创造形式。伴随政府解除产业管制(Deregulation)、新兴市场出现、行业规则出现新形式、科技与产业实现聚合，城市交通服务市场开始发生巨大的改变，智慧交通、MaaS 等的推进过程将带来新的价值创造形式。

传统的价值创造过程是公司在企业内部创造价值，然后在市场上与顾客进行价值交换，而智慧交通和 MaaS 体系的价值，必须由政府、公司、社会组织与顾客联合起来共同创造。传统的城市交通服务产品是由交通服务供应商根据政府要求，或者交通服务供应商自身对市场判断后独立提供的，而正如前面讨论过的，新的服务体系是在公共政策引导下，通过企业间以及政府、企业、社会组织、公众共同参与的服务再造过程。

在城市交通新型服务的共同创造过程中，以企业或产品为中心的价值创造观，需要转变为以知识为中心的共同创造价值观。这意味着城市交通技术治理中需要考虑：通过公共政策引导城市交通服务产品确定合理目标，建立政府、研究单位、服务供应商乃至公众共同参与服务产品设计的沟通机制，研究通过合作治理建构的良性市场环境，探索在市场设计和客观信用体系基础上的调控利益分配机制等。

7.3.2 交通领域共同创造过程中的政府职责

交通领域通过共同创造所实现的体系变革，对于社会发展具有重大影响。因此，需要高度重视政府在其中所承担的责任及发挥作用的方式。

1. 技术变革战略方向的掌控

城市交通并非单纯的物理系统，而是位于“物理—信息—社会”三元空间[22]中的系统，其任务是通过技术和政策手段解决社会问题。正如在共享单车无序发展阶段所看到的，绿色交通工具和光鲜的愿景，并不一定会带来社会的进步。

新技术发展给社会带来更多的美好憧憬，给行业带来了新的发展机遇，在这样的背景下，城市交通战略的方向是否需要调整，成为政府需要判断的新问题。

《2018 伦敦市长交通战略》(*The Mayor's Transport Strategy 2018*)提出应对城市人口持续增长，反思小汽车主导的交通战略，构建“挑战—愿景—战略”的政策框架。计划通过降低城市居民对私家车的依赖，引导交通出行模式向更加健康、更有效率的绿色出行方式转变，最终将伦敦打造成一个街道有活力、交通有效率、空间有魅力的宜居城市，实现 2041 年城市绿色出行比例(步行、自行车和公共交通)达到 80%的目标。

《纽约 2050 战略规划》(*OneNYS 2050: Building a Strong and Fair City*)强调致力于消除城市族群之间的矛盾冲突，同时保持开放、包容和奋进的初衷，明确了五大价值观，列明充满活力的民主、包容经济、活力街区、健康生活、公平卓越的教育、宜人气候、高效出行、现代的基础设施等八大愿景目标，提出了明确且具有针对性的三十项行动方案，建立了两个层级的指标体系用以对规划实施进行评价。

《巴黎大区 2030 战略规划》(*Ile-de-France 2030*)提出应对社会公平、全球气候变化、经济地位和吸引力的三大挑战，提出了一套可持续的发展理念，以及三个空间层面的规划策略：联结与组织、集聚与平衡、保护与增值。

将部分战略规划中所提出的与交通相关的战略目标汇总可以看到(表 7-7)，尽管智能驾驶技术已经取得一定进展，但是伴随其发展理念的认识深化，城市交通的关注点已经由设施规模、交通运行、机动性、公交分担率，向资源配置效率、可持续的移动性、韧性健康和绿色出行方式转变。

表 7-7　部分战略规划提出的与交通相关的目标

战略规划	战略目标
《交通强国建设纲要》	安全、便捷、高效、绿色、经济的现代化综合交通体系
《交通强国建设上海方案》	国际型、协同性、一体化的综合交通体系
《上海 2035 城市总体规划》	多层次、多类型的城市综合交通体系
《深圳市交通白皮书(2020)》	高效便捷、经济绿色、安全韧性、公平可达
《2018 伦敦市长交通战略》	街道有活力、交通有效率、空间有魅力的国际性宜居城市
《纽约 2050 战略规划》	让出行更加可靠、安全和可持续,让纽约人不再依赖汽车
《巴黎大区 2030 战略规划》	提升居民的日常生活质量,加强巴黎大都市区功能
《东京 2040 规划》	实现人、物、信息的自由交流

不难看出,通过智能驾驶等技术提升系统运行效率和服务水平,仅仅是众多任务中的一部分,不能脱离针对城市空间活动相关的整体战略背景,更不能脱离可持续发展的轨道。智能技术应用不能停留在单纯的设施使用效率方面,必须在更高的生态文明和社会进步目标指引下加以定位。

在社会公平发展的目标下,智能驾驶应该是一项惠及全民的技术。因此,通过道路的智慧赋能,实现辅助感知、辅助控制和辅助决策,让价格便宜但外部环境检测能力有限的车辆,仍然能够在尽可能多的场景下实现自动驾驶,具有超越技术层面的社会意义。

为了避免车辆停放(目前特大城市私人小汽车 80%时间处于停放状态)占用过多社会资源,提升城市的空间品质,对汽车共享使用模式的探索,借助物联网+区块链技术创建客观信用体系支持市场良性发展等,成为亟待解决的问题。

在空间资源约束下实现场所魅力与区域活力协调发展的目标,公交优先仍然是一项必要的战略抉择。在空间活动需求日益多样化的背景下,提供具有吸引力的公共交通服务,降低公共交通运营成本,其技术和服务模式创新并非是简单依靠市场机制就能够解决的问题。

2. 项目制在服务及技术变革中的作用

项目制作为自上而下资源配置形式,成为国家治理和贯彻政策任务的一个重要机制。借助项目制模式,国家财政通过转移支付的形式来配置资源,地方政府利用专项资金弥补财政缺口来运行公共财政,企业通过申请国家各级政府的专项资金项目来提高自己的收益率,出版、教学和科研等活动通过申请专项获得资助。需要认识到,项目制并非指某种项目的运行过程,也非单指项目管理的各类制度,它是一种能够将国家从中央到地方的各层级关系以及社会各领域统合起来的治理模式。项目制不仅是一种体制,也是一种能够使体制积极运转起来的机制;同时,项目制还是一种影响政府、社会集团乃至具体的个人构建决策和行动的战略和策略。

在城市交通技术和服务体系变革过程中，项目制成为力图发挥制度优势的重要技术治理模式。2000 年以来，我国以事本主义原则创建了各种与交通智慧赋能相关的项目。

2011 年 9 月 7 日，科技部设立“关于 863 计划现代交通技术领域智能车路协同关键技术研究主题项目”。项目课题由清华大学牵头，参加单位包括北京交通大学、北京航空航天大学、同济大学、长安汽车、国家 ITS 研究中心等十余所高校以及单位企业。

2015 年，经交通运输部审核批准，由金溢科技牵头联合交通运输部公路科学研究院、广东省交通集团有限公司、同济大学、清华大学深圳研究生院、北京汽车研究总院有限公司五家单位成立智能车路协同关键技术及装备行业研发中心。

2018 年，经科技部审核批准，“综合交通运输与智能交通”重点专项“车路协同环境下车辆群体智能控制理论与测试验证”项目启动。项目由清华大学牵头，联合东南大学、同济大学、北京交通大学、长安大学等 18 家单位，针对车路协同环境下人车路异构交通主体构成的新型混合交通系统，重点解决复杂混合交通群体智能决策机理等基础科学问题，突破车辆群体智能协同控制理论方法和关键技术，为中国车路协同系统技术体系建立与应用发展提供科技支撑。

2019 年，经科技部审核批准，“综合交通运输与智能交通”重点专项“城市交通智能治理大数据计算平台及应用示范”项目启动。项目由深圳市城市交通规划设计中心有限公司牵头，联合同济大学、中山大学、中国城市规划设计研究院、腾讯云计算有限责任公司、华为技术有限公司等 14 家单位，针对城市复杂巨系统的规律认知与高性能计算的应用需求，重点研究城市交通大数据的智能分析、在线研判、共享服务等关键技术，构建城市交通智能计算平台，为城市交通治理提供技术支撑。

从技术角度来说，城市交通的项目制需要在“场景—功能—技术”三个维度框架内增强确定具体技术目标的能力，其场景维度有赖于对城市交通发展目标及需求的理解，对城市交通智慧赋能路径的把握；其功能则需要与相关产业和运营商的技术研发工作紧密结合，从实践过程中加以提炼；其技术涉及基础性研发，科研单位、高校等在其中扮演重要角色。

经过多年实践，项目制逐步形成了一整套管理方法，包括立项过程中专家与部门参与的论证、项目遴选过程中的答辩评审、项目实施过程中的中期检查评估、项目验收过程中的专家评审和财务审查等。

尽管如此，还必须注意到标准化、专业化的技术过程中无法避免非正式运作的社会过程。政府复杂的角色设定，往往导致项目制呈现正、负两方面的社会效应。因此，除项目制自身需要不断改革以外，还应动员和组织社会资源与力量投入交通领域共同创新的过程之中，以补充项目制的缺陷，使其成为实现城市交通智能目标的重要手段。

3. 技术和服务体系变革的宏观环境建构

宏观环境对智慧交通与 MaaS 体系构建产生的影响的重要性不言而喻。MaaS 发展涉及市场、用户、法律和法规、技术和标准 4 个方面的关键要素(表 7-8),这些基本上都不是单个企业能够解决的问题。

表 7-8　MaaS 发展的关键要素

市场	用户	法律和法规	技术和标准
MaaS 生态系统需要对不同的服务提供方开放:对所有的服务商都没有排他性;没有供应商锁定现象(客户在供应商之间的转换成本低)	MaaS 以用户为核心;MaaS 以市场为核心	建立 MaaS 的法律环境,促进合作和共享;MaaS 交通模式的发展定位;MaaS 的运营监管	IT 系统之间的数据开放和交换;IT 系统之间的开放接口和相互操作
MaaS 开发需要开放的 API	MaaS 为用户创造价值	传统上为某种交通方式的法律法规,可能对多方式整合和 MaaS 不利	IT 系统需要提供足够的灵活性,以适应新的用户需求
数据的开放和管理	MaaS 为技术创新、产业、企业和政府部门创造价值	支持 MaaS 发展的政策环境	在现阶段很难为 MaaS 系统给出一个完整的 IT 系统框架
为公营和民营企业提供相应的法律保障	需要确立用户在 MaaS 服务中的权利,比如:权利法案的形式	数据开放和数据交换的法规	只能通过试点和试用才能得到可行的技术方案
提供广泛适用的技术规则和标准		政府部门的税收和采购政策会有很大的影响	高质量和可靠的数据交换是 MaaS 成功的前提

对智慧交通和 MaaS 体系发展水平进行分级评估,是推动相关部门和地方政府创建有利于变革的宏观环境的重要方式。这种评估的核心内容并非限于技术本身,而且关注运营成熟程度(表 7-9)和宏观发展环境评价(表 7-10)。

表 7-9　基于系统运营成熟度的 MaaS 分级

发展阶段	Ⅰ 导入规划期	Ⅱ 营运筹备期	Ⅲ 营运初始期	Ⅳ 营运扩大期	Ⅴ 营运成熟期
组织形态方案	公办公推	公办公筹	公办公营	公办民营	民办民营
(1) 法令体制充分性	法令体制欠缺检视配套法令体制	法令体制松绑调修配套法令体制	法令体制确立补足配套法令体制	法令体制强化更新配套法令体制	法令体制完备落实配套法令体制

（续表）

发展阶段	Ⅰ 导入规划期	Ⅱ 营运筹备期	Ⅲ 营运初始期	Ⅳ 营运扩大期	Ⅴ 营运成熟期
(2) 营运机制成熟度	尚无营运机制 筹划公司营运机制	营运机制试行 拟定组织营运机制	营运机制可行 建立组织营运机制	营运机制成型 扩大组织营运机制	营运机制成熟 推广组织营运机制
(3) 市场用户渗透率	尚无市场用户 多方推行社会宣导	市场用户试调 多方推动乘客宣导	市场用户试用 多方推行乘客招揽	市场用户累积 逐步扩大市场渗透	市场用户扩大 持续扩大市场渗透
(4) 财政资金支撑力	财务资金尚无 政府注资试办经费	财务资金欠缺 政府注资启动资金	财务资金亏损 政府注资发展基金	财务资金平衡 政府导入民间资金	财务资金充裕 政府核准上市筹资

表 7-10　　基于系统准备程度的 MaaS 分级

维度	指标	评价内容
政策准备	政策聚焦	当地政府是否在规划、财政、法令上有明确的措施支持 MaaS 发展
	停车政策	当地政府为了减少私人小汽车使用或支持共享小汽车出行，是否有针对性地制定停车政策
政府内部使用	内部指引	当地政府是否有意引导政府雇员在辖区内部使用可持续的机动方式出行
	共享出行使用	当地政府是否向共享交通运营商采购服务，供政府雇员在辖区内部出行使用
共享方式	共享经济	共享经济的发展水平，以及共享交通的市场渗透率
	公共交通	公共交通的发展水平，以及公共交通的获取渠道
共享理解度	集成平台	是否通过统一的 App 向公众提供 MaaS 服务
	可见性	公众获取共享交通的渠道，以及公众获取共享交通的便利程度

7.3.3　技术和服务体系变革中的共同创造商业模式

城市交通领域通过共同创造实现技术体系变革，是一个公益性和市场化有机结合的命题。

在共享单车推出之前，各个城市政府曾经大力推动公共自行车建设，但是除了个别城市之外，高昂的公共资源投入并没有为自行车的使用普及带来颠覆性变化。共享单车进入市场之后，依靠资本推手和相对成熟的运营模式，迅速形成了规模化的用户群和市场影响，反映出公益性领域市场机制的重要作用。然而，当资本推手占据主导地位时，共享单车进入恶性竞争状态，其后在政府市场规制强力干预下才逐步转入正轨。网约车的发展过程也显示出类似的情况。

为避免智慧交通和MaaS体系重蹈覆辙，针对共同创造过程积极推进顶层商业模式的市场设计非常重要。这种商业模式既需要保持总体目标和协调控制，又要避免难以发挥市场机制的作用。

共同创造的商业模式中的基本要素包括目标市场、价值命题、价值链及其网络定位、收入模式、成本结构和竞争策略等。图7-11提供了一个可供参考的MaaS营运总体架构示例。

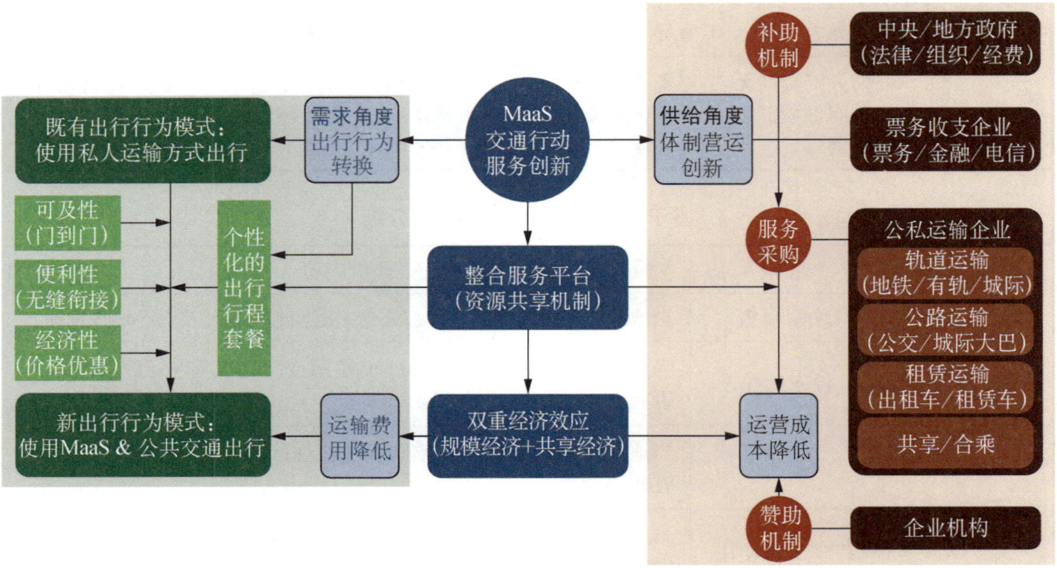

图7-11　MaaS营运总体架构

这一架构的特点是以政府主导行动为纲，同时带动需求侧和供给侧的变革。架构的核心是政府主导的行动，包括通过知识生产、公共资源配置、公共政策导向、社会舆情管理等方式，推动城市交通服务创新，促进理性需求和精明供给的供需平衡；通过公共资源投入、公共政策引导、公营企业行动等，实现服务平台的整合，建立新的服务体系核心；通过不断评估、调整具体行动，实现双重经济效应（规模效应和共享效应）。

在这一架构中，需要注意的是用户并非旁观者。MaaS体系的构建与移动群智感知[23]具有密切的关联，群智感知赋予用户更高的地位，帮助其参与到创造新型服务商业模式的过程之中，由此产生用户隐私等利益的保护、感知数据和平台的安全性、感知质效提升和资源优化利用等方面的问题[24, 25]。在推进MaaS服务的过程中，如何与用户实现更加紧密的合作，以及如何面对用户联盟等问题，均是城市交通智能治理中有待解决的课题。

参考文献

[1] 渠敬东. 项目制：一种新的国家治理体制[J]. 中国社会科学，2012(5)：113-130+207.

[2] 国务院. 关于积极推进“互联网+”行动的指导意见[EB/OL]. (2015-07-04)[2022-07-08]. http://www.gov.cn/zhengce/content/2015-07/04/content_10002.htm.

[3] 国家发展改革委，科技部，工业和信息化部，中央网信办. “互联网+”人工智能三年行动实施方案[EB/OL]. (2016-05-23)[2022-07-08]. http://www.gov.cn/xinwen/2016-05/23/content_5075944.htm.

[4] 国务院. 关于印发新一代人工智能发展规划的通知[EB/OL]. (2017-07-20)[2022-07-08]. http://www.gov.cn/zhengce/content/2017-07/20/content_5211996.htm

[5] 潘云鹤. 人工智能走向 2.0[J]. Engineering, 2016(4):51-61.

[6] 袁勇，王飞跃. 区块链技术发展现状与展望[J]. 自动化学报，2016,42(4):481-494.

[7] 陈云培.《汽车驾驶自动化分级》(GB/T 40429—2021)解析[J]. 汽车维护与修理，2021(21):68-70.

[8] Toulminet G, Boussuge J, Laurgeau C. Comparative synthesis of the 3 main European projects dealing with Cooperative Systems (CVIS, SAFESPOT and COOPERS) and description of COOPERS Demonstration Site 4[C]//Intelligent Transportation Systems, IEEE, 2008.

[9] Misener J A, Griffiths P, Johnson L, et al. Sensor-friendly freeways: investigation of progressive roadway changes to facilitate deployment of AHS[J]. Path Research Report, 2001.

[10] Grfling S, Mhnen P, Riihijrvi J. Performance evaluation of IEEE 1609 WAVE and IEEE 802.11p for vehicular communications[C]//International Conference on Ubiquitous & Future Networks. IEEE, 2010.

[11] 国务院. 交通运输部关于印发《数字交通发展规划纲要》的通知[EB/OL]. (2019-07-28)[2022-07-08]. http://www.gov.cn/xinwen/2019-07/28/content_5415971.htm.

[12] 李如生. 非平衡态热力学和耗散结构[M]. 北京：清华大学出版社，1986.

[13] 罗斯. 社会控制[M]. 秦志勇，毛永政，译. 北京：华夏出版社，1989.

[14] MaaS-Alliance[EB/OL]. [2022-07-08]. https://maas-alliance.eu/.

[15] Audouin M, Finger M. The development of Mobility-as-a-Service in the Helsinki metropolitan area: A multi-level governance analysis [J]. Research in Transportation Business and Management, 2018, 27: 24-35.

[16] European Commission. Horizon 2020 European Union funding for Research & Innovation. MaaS4EU Project Overview[R]. Bruxelles: European Commission, 2019.

[17] MaaS-Alliance. White Paper: Guidelines & Recommendations to create the foundations for a thriving MaaS Ecosystem[R]. Bruxelles: MaaS-Alliance, 2017.

[18] Authur D Little. The future of mobility 3.0: reinventing mobility in the era of disruption and creativity[R]. 2018.

[19] European Commission. Horizon 2020 European Union funding for Research & Innovation. MaaS4EU Project Overview[R]. Bruxelles: European Commission, 2019.

[20] 段征宇. 深圳 MaaS 架构设计与推进策略研究报告[R]. 上海：同济大学交通运输工程学院，2020.

[21] 张永成，郝冬冬. 开放式创新下的知识共同创造机理[J]. 情报杂志，2011,30(9):132-138.

[22] 潘云鹤. 世界的三元化和新一代人工智能[J]. 现代城市，2018(1):1-3.

[23] 陈荟慧,郭斌,於志文.移动群智感知应用[J].中兴通讯技术,2014(1):35-37.
[24] 王钲淇.移动群智感知网络发展面临安全挑战[J].科技导报,2015,33(24):114-117.
[25] 熊金波,马蓉,牛犇,等.移动群智感知中基于用户联盟匹配的隐私保护激励机制[J].计算机研究与发展,2018,55(7):1359-1370.

8 链式关联——城市交通的风险防范治理

我国特大城市和大城市集聚了众多人口，其在运行过程中隐藏着诸多风险。在公共安全理念已从快速响应向风险预防转变，从传统的救灾减灾向韧性提升、风险治理、协同应对的可持续发展方向转变的背景下，需要重新审视与城市交通相关的风险防范治理问题。

城市公共安全事件所具有的跨界和链式反应特征，要求突破行业思维，针对风险链构建协同响应机制。同时，由于突发事件的特殊性，其交通应急响应需求必须不断总结、吸取各种事件的经验教训，从中找寻规律，不断修正完善“前端感知—风险定位—专业评估—预警联动”的应对措施。

8.1 轨道故障造成的交通及社会影响

随着轨道交通规模的扩大，系统突发性交通事故的概率随之增加。由于轨道交通的大运量特征，轨道交通一旦发生故障会对城市交通系统产生一定冲击。从已有事故中吸取教训，是城市交通治理中的一项重要工作。移动通信信令数据，为回溯轨道交通事故发生后的人员疏解过程，以及分析所产生的影响程度提供了一种技术资源。

下面以 2011 年 9 月 27 日上海地铁 10 号线的追尾事故为例，采用手机信令数据，分析滞留乘客的疏散过程，以及追尾事故对后续通勤出行的影响。

8.1.1 基于移动通信信令数据的乘客疏解分析[1]

1. 背景情况

上海地铁 10 号线为 Y 字形线路，主线从新江湾城站至虹桥火车站，支线从龙溪路站到航中路站，全长 36 km，于 2010 年 4 月开通运营。2011 年 9 月，上海地铁日均客流量为 700 万人次，其中 10 号线为 48 万人次。2011 年 9 月 27 日，上海地铁 10 号线在豫园站至老西门站区间（位于中心城区）发生追尾事故（图 8-1、表 8-1）。

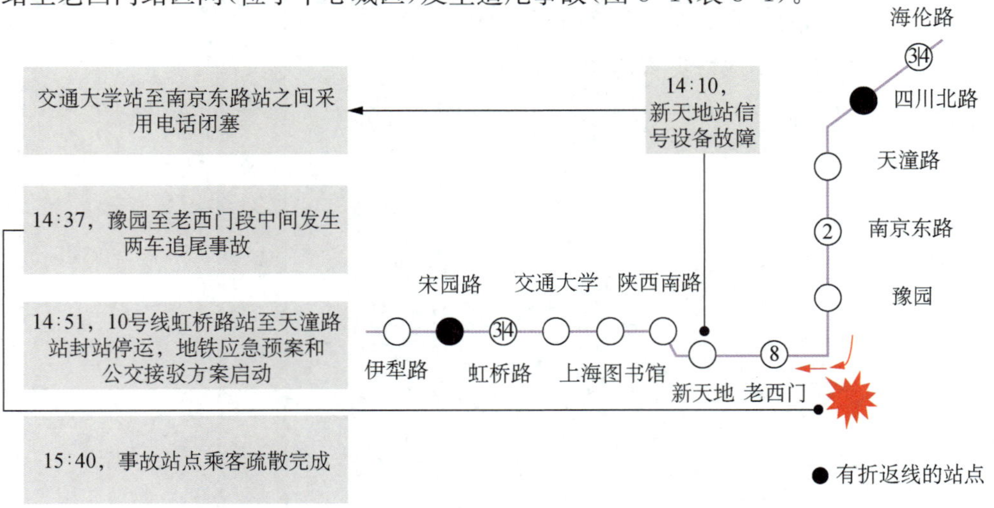

图 8-1 上海地铁 10 号线追尾事故位置示意

表 8-1　　2011 年 9 月 27 日上海地铁 10 号线事故发生及处理过程

时间	事件
9 月 27 日 14:10	10 号线信号设备发生故障,在交通大学站至南京东路站上下行区间采用电话闭塞调度方式
9 月 27 日 14:37	在豫园到老西门下行区间,发生了 1005 号车与 1016 号车的追尾事故
9 月 27 日 14:57	启动地铁应急预案,同时启动公交运营应急方案
9 月 27 日 15:40	列车上的乘客疏散完毕
9 月 27 日 16:00	1016 号车驶离事故现场
9 月 27 日 17:55	1005 号车完成抢修救援,驶离现场
9 月 28 日 20:00	10 号线恢复全线通行

事故发生以后,地铁运营公司立即启动应急预案,主要采用以下 4 个方面的措施。

(1) 立即疏散乘客,救治伤员,引导乘客及时由列车两头区间门向隧道两头疏散到老西门站和豫园站。

(2) 立即开展救援抢险,组织施工人员进入隧道,抢修受损列车和设备。

(3) 调整 10 号线运营方式,为了降低事故的影响,对伊犁路站至四川北路站的 11 个站实行封站处理,其余两段分别往虹桥枢纽和新江湾城站,采取小交路(part route)方式运行。

(4) 第一时间连续发布事故和救援信息,通过上海地铁网站、官方微博,电视台直播,地铁显示屏等渠道告知乘客和市民,并引导乘客换乘其他线路和交通方式出行。

为了保障居民出行,交通管理部门从 9 月 28 日 17:15 起,开通了应急公交接驳线路。按照 10 号线的停运区段站点配设临时公交接驳站点,首末班车时间与轨道运营时刻表对接,双向发车,共配车 100 辆。

2. *乘客疏散情况分析*

基于从移动通信数据中提取的 10 号线乘客手机信令数据,利用事故当天数据分析客流疏散情况;利用事故发生前一个星期的数据,识别 10 号线的通勤乘客,分析此次事故对通勤乘客产生的影响。

事故区段两端豫园站、老西门站 13:00—17:00 时段乘客总数变化信息,反映出乘客离站情况。选取同为星期二的 2011 年 9 月 20 日的同时段(13:00—17:00)10 号线乘客离站情况进行对比(图 8-2)。

对比图 8-2(a)(b)可见,由于追尾事故,9 月 27 日的老西门站和豫园站都出现了乘客滞留现象。

老西门站采用人工调度以后,站内的乘客开始累积;14:37,追尾事故发生以后,站内乘客先增加,及至 15:00,乘客数迅速下降了一半,之后,基本维持稳定;15:30 左右,

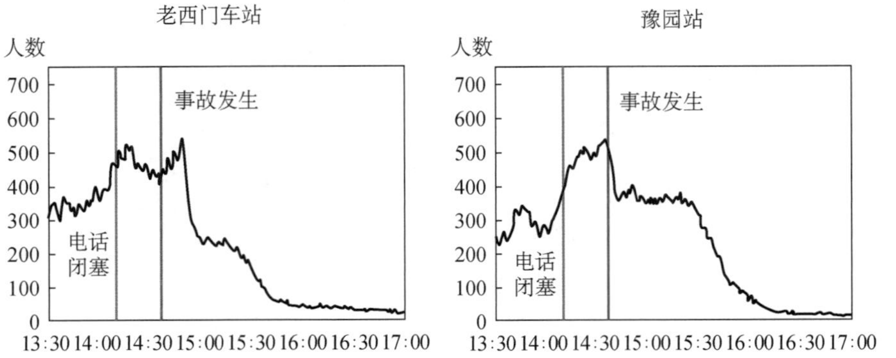

(a) 2011年9月27日13:00—17:00 10号线乘客的离站情况

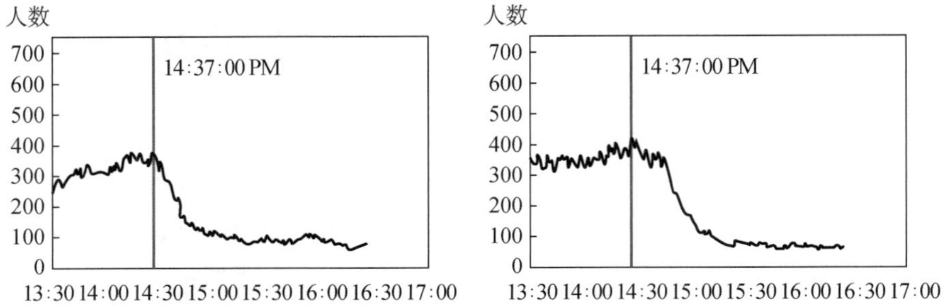

(b) 2011年9月20日13:00—17:00 10号线乘客的离站情况

图 8-2　2011 年 9 月 20 日与 9 月 27 日 10 号线相同时段两端车站客流变化

乘客开始陆续转移，15:40，乘客基本转移完毕。

豫园站采用人工调度以后，站内乘客开始增加；追尾事故发生以后，乘客数突降 1/4，之后，稳定不变；到 15:30 左右，乘客开始陆续转移，16:00 基本转移完毕。值得注意的是，事故发生后，豫园站的乘客数量突降，而老西门站的乘客却有所增加，推测这是当时 1016 号车的乘客被疏散至老西门站的缘故。事故后的客流疏散可分为以下 2 个阶段。

第 1 阶段，14:37—15:00，站内乘客得知事故发生后离开站点。

第 2 阶段，15:00—16:10，追尾车辆上的乘客被疏散到站厅，然后离开站点。

在第 2 阶段，豫园站滞留的乘客比老西门站多，且疏散速度较慢。两站的乘客都在 15:30 左右开始疏散，老西门站在 15:40 左右疏散完毕，而豫园站则到 16:10 左右才完成。其原因一方面是豫园滞留乘客较多；另一方面是老西门站是换乘站点，乘客可以通过 8 号线较快疏散。

从事故发生以后，事故车站（豫园站、老西门站）滞留乘客转移到其他地铁线路的情况（图 8-3）可知，本次事故使用地铁转移的乘客比例很高，而且疏散速度较快。使用地铁转移的滞留乘客累计达到 70%以上。

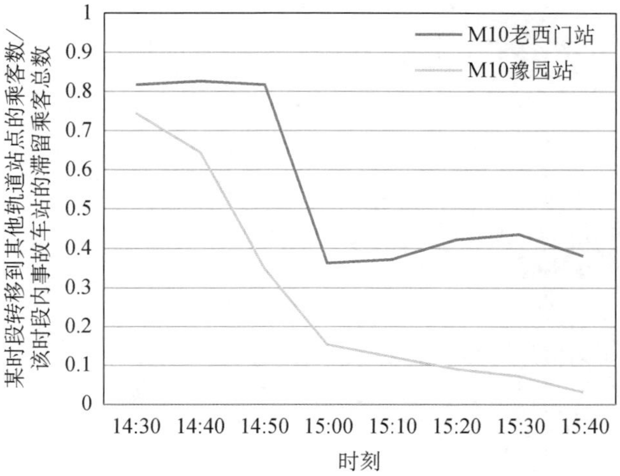

图 8-3　相关时段事故车站滞留乘客转移到其他轨道站点的比例

表 8-2 列出了客流疏散的 2 个阶段中利用地铁转移的乘客在各站点的分布情况。10 号线老西门站不论是第 1 阶段还是第 2 阶段，乘客基本上都转移到了 8 号线的老西门站；而 10 号线豫园站，第 1 阶段的滞留乘客主要转移到了 2 号线的南京东路站，第 2 阶段滞留乘客使用地铁转移的人数减少，但转移到 8 号线老西门站的乘客显著增加。

表 8-2　　利用地铁转移乘客在其他轨道站点的分布情况

转移站点	10 号线老西门站		10 号线豫园站	
	第 1 阶段	第 2 阶段	第 1 阶段	第 2 阶段
8 号线老西门站	99%	96%	1%	50%
2 号线南京东路站	—	—	70%	11%
其他站点	1%	4%	29%	39%
合计	100%	100%	100%	100%

采用地面交通方式疏散的乘客，可以通过各个时刻空间栅格中 10 号线的乘客分布加以掌握(图 8-4)。

从图 8-4 中可以看到，16:00，乘客虽然已经离开车站，但仍然非常集中，人群需要以更加有效的方式进行转移。16:15，此时站点附近人数显著减少，人群有了朝各个方向疏散的迹象，向西疏散的趋势较大。16:30，人群进一步疏散到市中心，并且向西疏散的趋势愈发明显。16:45，人群基本散开到市中心区域，并且可以发现有一股人群明显沿着 10 号线的方向移动。乘客的疏散方向主要分为两种：第一种是在市中心扩散；第二种是沿着原乘坐的地铁线方向移动。推测：第一种情况的乘客，可能取消了原来的出

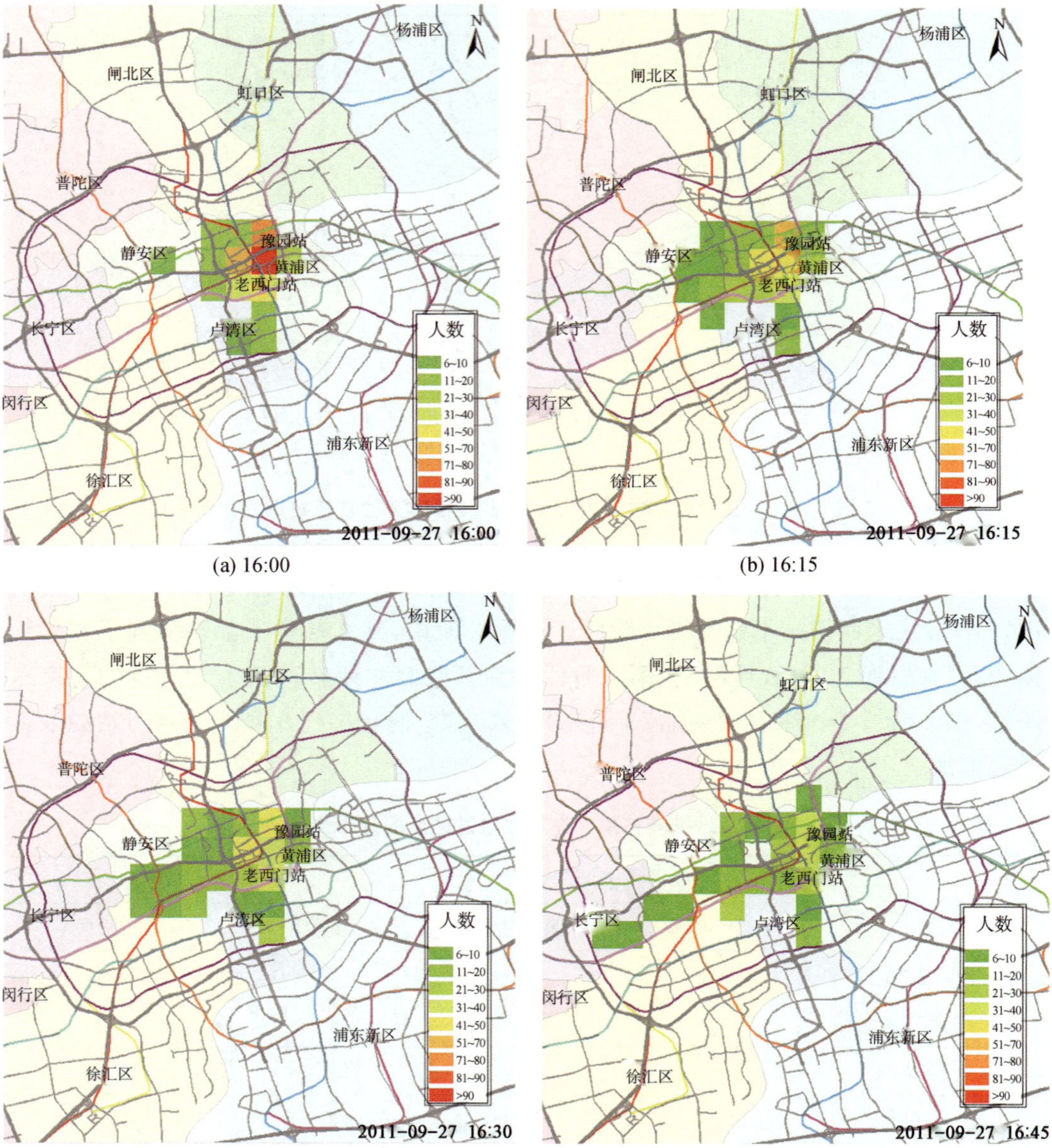

(a) 16:00　(b) 16:15

(c) 16:30　(d) 16:45

图 8-4　采用地面交通方式转移的乘客的疏散过程

行计划;第二种情况的乘客,由于 10 号线停运,可能选择出租车或应急巴士等继续原来的出行。

从疏散过程来看,由于地铁停运,乘客虽然不难离开事故地铁站,但真正转移还需要时间。两个站点的人群疏散直到 16:45 左右才基本完成,整个过程持续约 2 h。

3. 地铁停运对后续通勤出行的影响

利用移动通信信令数据对事故后通勤乘客的活动追踪可以看到:在事故当天

(9 月 27 日)的晚高峰时段(10 号线停运),65%的 10 号线通勤乘客,仍然采用地铁出行,主要的替代出行线路是平行于 10 号线的 1 号、3 号和 9 号线,以及轨道环线(4 号线)(图 8-5)。

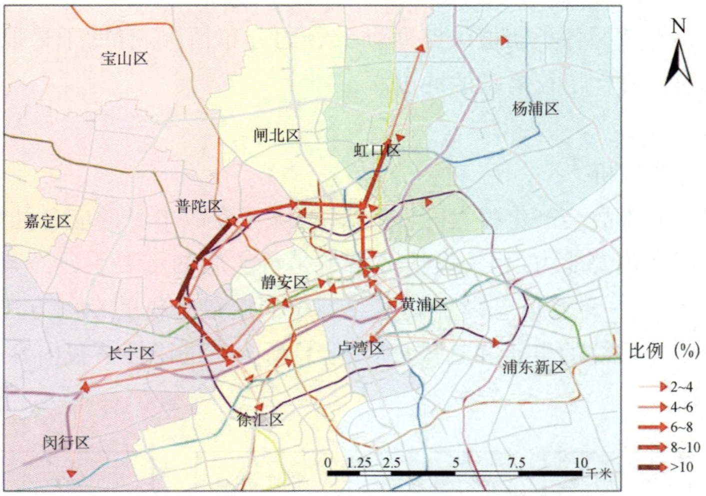

图 8-5　上海地铁 10 号线通勤乘客的主要替代出行线路(9 月 27 日晚高峰)

后续的 9 月 28 日(10 号线停运)情况与 9 月 27 日晚高峰时段类似,大部分 10 号线通勤乘客仍然采用地铁出行(图 8-6),并形成了稳定的替代出行线路。

10 号线恢复运营以后,尽管在 9 月 29 日—9 月 30 日,10 号线通勤乘客选择地铁出行呈现出一个逐渐恢复的过程,但大部分乘客还是很快回到了原来的通勤出行线路。

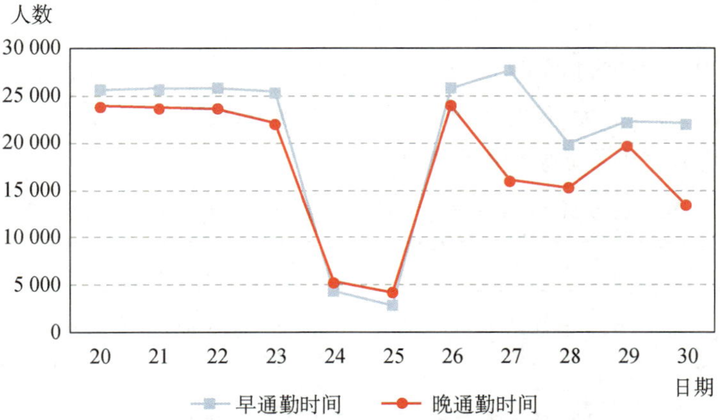

图 8-6　上海地铁 10 号线通勤乘客高峰时段选择地铁出行的人数

从上述分析可以看到,轨道成网对局部事故具有一定的抗冲击能力,大部分滞留乘客及后续替代出行主要依赖轨道网上的其他地铁线路。为应对临时客流增加的状况，应急巴士线路不仅仅需要设置在事故线路方向，还需要设置相关替代线路的接驳。对于事故滞留乘客的疏散，考虑到有部分乘客难以找到替代出行方式，增加出租车运力的供给也是必要的。此外，需要特别注意对轨道交通通勤客流的应急组织，如果能够通过移动通信数据动态掌握各条轨道线路通勤乘客的分布情况，有助于采取应急措施以减小交通事故对居民刚性出行需求的冲击。

8.1.2 相关舆情分析[2]

由于轨道交通事故会产生很大的社会影响，除了事故本身的应急处置之外，还需提高“风险链”辨识和预警能力，相关舆情分析就是可实施的重要手段。舆情分析一般采用的内容分析法，是一种对信息内容做客观系统的定量分析的专门方法。其目的是弄清或测验信息中本质性的事实和趋势；提示信息所含有的隐性情报内容；对事物发展做情报预测（图 8-7）。

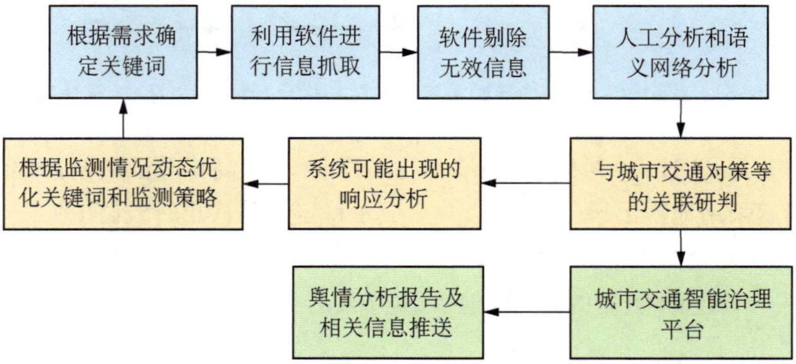

图 8-7　网络舆情分析的基本工作流程

回顾当年舆情发展过程可以看到，由于上海地铁 10 号线事故发生在 2011 年 7 月 23 日温州动车追尾事故后不久，因而引发网络舆情的高度关注（表 8-3）。上海市政府迅速应对，有效地完成了该事故的危机公关工作。

表 8-3　　2011 年 9 月 27 日上海地铁 10 号线事故后舆情发展的基本过程

时间	舆情发展过程
9 月 27 日 14 时 37 分	上海地铁 10 号线两列列车发生追尾事故，造成多人受伤。事故发生后，一些媒体在报道中使用的“轻度追尾”，引发微博网友的质疑
9 月 27 日 15 时 17 分	上海地铁官方微博首次证实“上海地铁 10 号线因设备故障导致该故障区段（豫园站至老西门站下行区段）两列列车碰擦”。此时，追尾事件进一步在微博、微信朋友圈广泛扩散

（续表）

时间	舆情发展过程
9 月 27 日晚	上海地铁在微博上首次进行了道歉，有关各方也联合举行了新闻发布会，披露事故、伤亡等信息。几项措施的同步推进，止住了谣言的扩散，引导舆论向正确的方向发展。截至次日 18 时 30 分，其微博共发布有关地铁事故的信息 63 条
9 月 28 日	上海市卫生局召开新闻发布会，对外公布了 10 号线追尾事故中最新统计的赴医院就诊检查人数情况。广大微博网友对受难群众表示关心
10 月 6 日	上海地铁“9・27”事故调查组公布事故调查结果：行车调度员违规发布电话闭塞命令，接车站值班员违规同意发车站的电话闭塞要求，导致 10 号线两列车追尾碰撞。认定“9・27”事故是一起造成重大社会影响的责任事故，12 名事故责任人员受到严肃处理。至此，上海地铁追尾事故的舆论关注度明显下降，呈消退趋势

根据当年信息环境特点，收集事故后第一周微博信息共计 8 977 条，事故后第二周微博信息共计 1 977 条，总计 10 954 条。

不同于一般舆情发展过程（图 8-8），本次事故迅速进入传播与暴发期（图 8-9），表 8-4 是对舆情暴发期、高潮期和消退期各阶段情况的阐述。

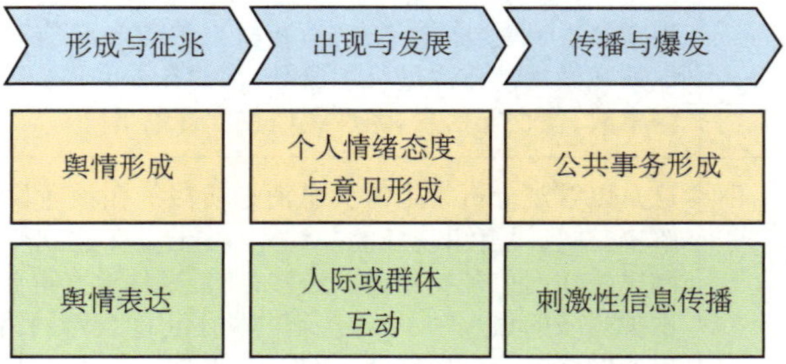

图 8-8　舆情发展的一般性过程

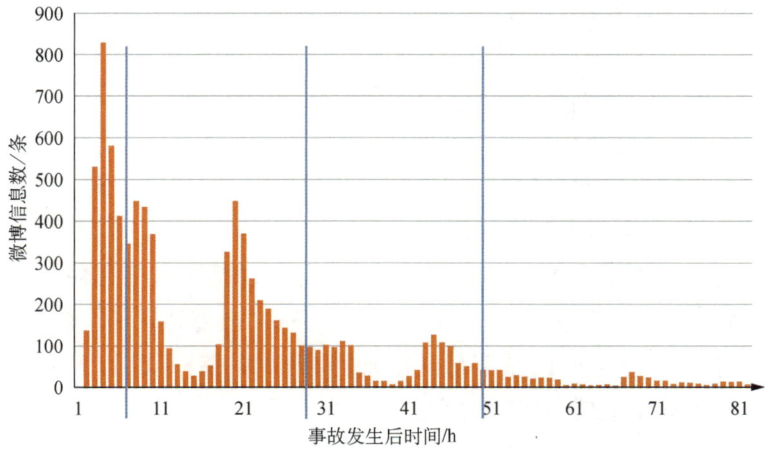

图 8-9　事故发生后相关微博信息数量的变化

表 8-4　　2011 年 9 月 27 日上海地铁 10 号线事故后各舆情阶段的情况

阶段	详情
舆情暴发期 (9 月 27 日 14—16 时)	这是以传播和关注为特征的发散阶段。在事故发生后的当天 14 时,舆情量迅速到达顶峰。网络舆情传播的集聚阶段主要有三个表现:一是网民访问和参与集聚快,相关舆情信息的点击量快速上升,在网上形成普遍关注的态势;二是网站议题设置集聚快,多个网站,特别是重点新闻网站和商业门户网站将相关舆情信息在显要位置加以呈现,并开设相关专题网页,集纳各种媒体对该主题的信息,形成多维信息链;三是网民意见集聚快,新闻跟帖、论坛发帖评论及跟帖等迅速集聚,将网民的意见和诉求集中地呈现出来。处于集聚阶段的网络舆情,其关注效应已经完成,为舆论朝各个方向发展都提供了契机,既存在着扩大积极的传播影响、形成正面传播效果的可能,也存在着增加负面舆论压力、扩散消极传播影响的可能。其关键在于如何把握网络舆情的走势,针对网民的意见诉求加以科学应对和有效引导
舆情高潮期 (9 月 27 日 16—24 时)	这是以曝光内幕和质疑为主体的热议阶段,即成为网络媒体的舆论焦点,同时传统媒体也大量参与相关舆情传播,形成网络媒体与传统媒体有效互动、相互促进的舆情发展态势,传统媒体和网络媒体纷纷将舆情进展作为重点传播议程加以呈现。处于热议阶段的网络舆情,由于媒体议程设置的凸显作用,网民的参与度进一步得到提高,媒介舆论压力进一步增大,舆情中民意诉求进一步强化。从舆情表象上看,对这一阶段所涉及的热议主题和相关责任主体可以用四个"点"来概括,即媒体报道热点、社会舆论焦点、学者研究热点和政府处理难点。当晚,上海地铁在微博上首次进行了道歉,有关各方也联合举行了新闻发布会,披露事故、伤亡等信息,随后舆情热度逐渐下降
舆情消退期 (9 月 28 日 0 时之后)	这是以客观分析为主的反思消退阶段。在该阶段,如果事件得到圆满解决,并且没有出现新的关注点,帖子量在达到峰值以后会迅速回落,网民关注度也开始减退或转移;如果事件没有得到圆满解决,将有可能出现更多的焦点帖子,这些新的帖子将隐含着网络舆情新的变化方向,也使网络舆情更加复杂。网络舆情的持续时间反映了其影响力和作用力的强弱:时间持续越长,空间扩展的范围越大,舆情的作用力和影响力也就越大,反之越小。舆情消退与 3 个因素有很大关系:①在第一或第二阶段中政府响应及时,处理措施得当,使网民的情绪得到缓解;②网络舆情事件的生命周期到了消退阶段,这个因素体现了网络舆情的时间性;③出现了新的更吸引网民注意力的事件,导致网民注意力转移

整个事件由地铁追尾发生的第一时间开始,舆情热度迅速上涨。对于地铁事件中的危机公关,可以从两个角度进行分析。

(1) 上海地铁主动公开事件及应对过程,赢得公众的谅解,把握住了舆论走向。事故发生以后,当天 15 时 17 分,上海地铁官方微博证实"上海地铁 10 号线因设备故障导致该故障区段(豫园站至老西门站下行区段)两列列车碰擦",同时,官方微博不断发布事故最新进展。当天晚上就追尾事故致歉,称"今天是上海地铁运营有史以来最黯淡的一天",地铁运营方的申通集团总裁俞光耀鞠躬道歉。此一系列动作,均在当日形成了诚恳致歉的舆论氛围，获得了网民的普遍认同。上海地铁在微博上写道："无论最终原因和责任怎样，给市民乘客造成的伤害和损失尤感愧疚。全力抢救伤员、尽快恢复运营、接受和配合有关部门对事故的调查和追责、坚决整改举一反三，再多致歉比起实际损害也显苍白，但还是要深深道歉。"可以说，上海地铁整个舆情应对过程处理得当，有利于整个事件的解决和化解。

(2) 政府应对及时，对策合理，利于舆情化解。20:30，事故发生 6 小时后，上海市政府新闻办就组织地铁相关部门和医疗卫生部门，对事故初步调查情况以及受伤乘客收治信息进行披露。新闻发布会的及时召开对上海地铁事故后舆情疏导起了重要作用。随后，上海市领导迅速赶往事故现场和收治伤员的医院，表达政府对乘客生命的重视、对人民群众的关心。对比温州动车事故，此次地铁事故政府应对能力有了很大的提升，为舆情化解打下了良好的基础。

8.2 交通事件与风险链防范

交通事件产生的局部影响，往往由于其传导、叠加，引发链式反应。这种反应有可能是大规模的交通拥堵，有可能由于其他方面的问题而造成重大事故，也有可能由于较大的社会影响而形成公共安全事件。风险防范治理需要针对潜在风险链，构建"前端感知—风险定位—专业评估—预警联动"的城市生命线工程安全运行与管控精细化治理模式，增强城市公共安全防范能力。

8.2.1 连锁响应引发的大面积瘫痪性拥堵

根据交通拥堵发生的频率和成因，可将其划分为常态性交通拥堵和偶发性交通拥堵[3]。常态性交通拥堵是一种周期性的路网交通拥堵状态，是在同一时间段和同一地点，由于交通需求过大而重复出现的交通拥堵，如城市内早晚高峰时期某些路段上的拥堵状况。这种拥堵具有一定可预见性，其拥堵发生形态较稳定，社会容忍度相对较高。

偶发性交通拥堵是某些偶发事件引起交通流大量增加或者道路通行能力下降而导致的交通拥堵，如大型活动、交通事故、恶劣天气等。根据交通拥堵的影响范围，偶发性交通拥堵又可以分为偶发性局部交通拥堵和偶发性大范围交通拥堵[4,5]。偶发性大范围交通拥堵具有波及面广、消散时间长等特征，因此其出现和扩散，可能导致整个城市道路网络的瘫痪。由于影响居民出行活动范围广，偶发性大范围交通拥堵往往容易引起强烈的社会反应[6]。

上海在 2009 年 9 月 30 日(周五)发生了全市范围内的大规模交通拥堵。选取同为 2009 年周五的 6 月 12 日、8 月 14 日和 8 月 21 日的数据，取平均值作为周五平均数据进行对比，对比指标采用高架道路与地面道路的平均车速及拥堵里程比例(图 8-10)，可以看到这次拥堵的影响程度和部分特征[7]。

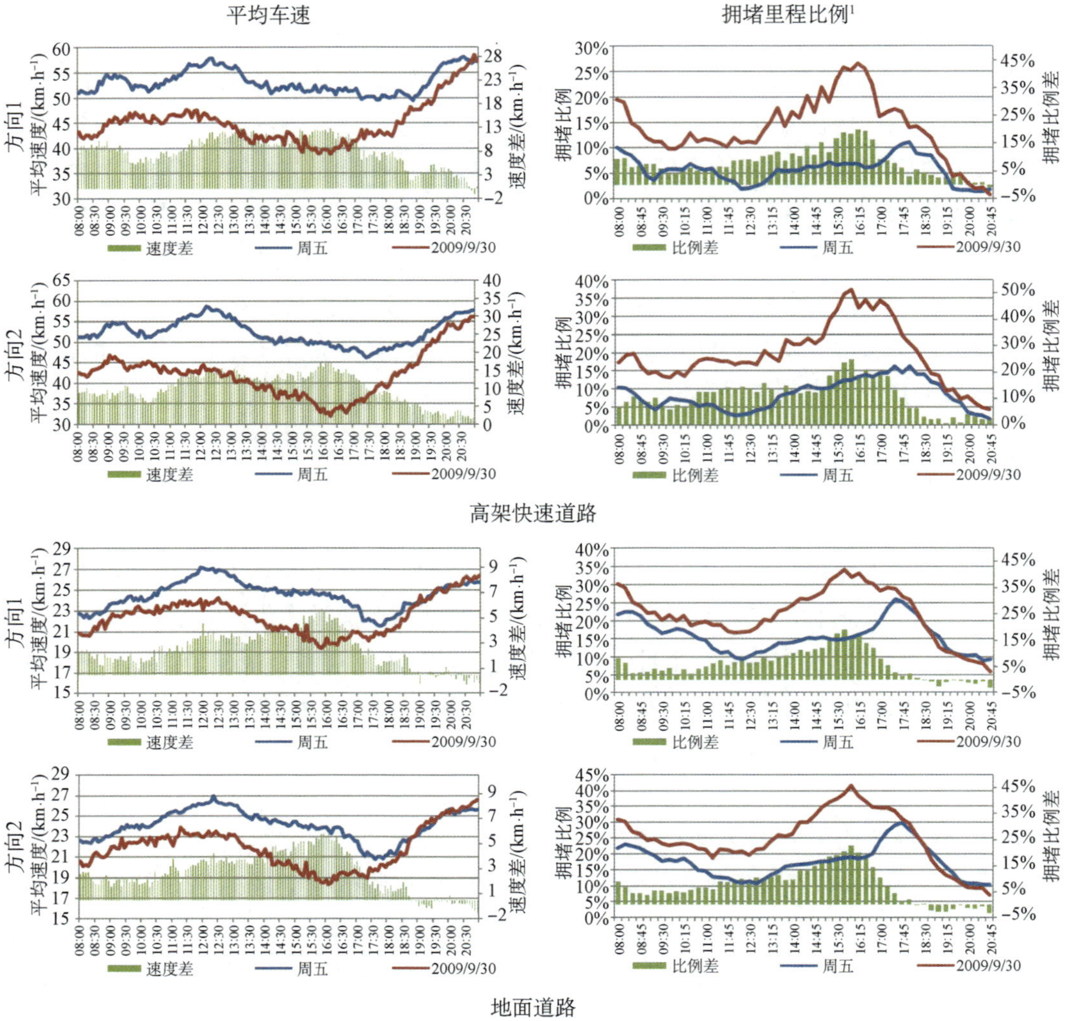

注：1指 7:00—9:00，17:00—19:00，车速低于 20 km/h 的拥堵路段里程占道路总里程的比例。

图 8-10　2009 年 9 月 30 日与同年周五的平均道路拥堵情况对比

从拥堵的空间分布来看，相比内环以内道路来说，外围地区拥堵路段的增加幅度显著(图 8-11)，反映出长假前出沪交通增加明显的特征。这次严重交通拥堵的成因是多方面的，相比于一般周五，进入快速道路系统的全天总流量略有增加(匝道进口流量增加小于 5%)，少量路段由于特殊情况进行交通管控，外围道路拥堵蔓延导致中心城区车辆无法疏解；相比于一般周五，中午期间没有出现能够疏解路网上的车辆的时间窗口等。各种因素在时间和空间上形成了一连串的事件链，传递、叠加后，最终形成全局瘫痪性拥堵。

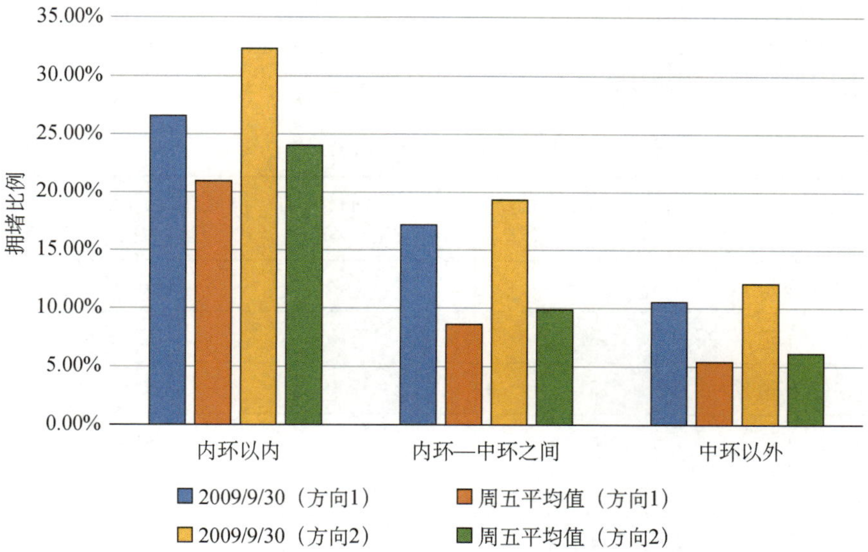

图 8-11 2009 年 9 月 30 日与一般周五拥堵比例对比

8.2.2 针对诱因的精准预警

事实上，大规模瘫痪性交通拥堵的诱因很多，交通事故、道路维护与施工、瓶颈部位交通负荷增加、大型活动、局部交通管制等都会成为诱因。此外，还有些外在因素会造成路网通行能力普遍下降，例如恶劣天气等。然而，诱因存在并不意味着拥堵必然发生，其关键在于能够及时打断事件链，避免风险的传导、叠加，并尽可能降低路网处于不稳定状态的风险。

为了防范大面积瘫痪性交通拥堵，需要通过对交通数据的不断分析，逐步积累对拥堵产生机理的认识和处置经验，构建"前端感知—风险定位—专业评估—预警联动"的城市生命线工程安全运行与管控精细化治理模式。

1. 关键路段识别

所谓"关键路段"是指在常态 OD 分布前提下，对道路网络整体连通功能会产生重要影响的路段，这些路段由于某种原因所产生的交通拥堵，会较快地引发连锁反应，传导到整个网络之中。Taylor 等[8]提出将广义出行时间增加(the increase in generalized travel cost)作为可达性衰减的测量指标。涂颖菲等[9]通过记录阻断每一对 OD 对连通的所有的路段集合，然后统计各条路段出现的次数并排序，将出现频率作为路网联通贡献关键指标。Lleras Echeverri 等[10]提出的一种分析每条路径失效的方法，将路网中的每条路径定义一个等级参数(Classification Parameter, CP)，当一条关键路径失效使得路网广义出行成本最大时，该条关键路径就具有较高的 CP 值。综合上述几种方法，可以构建同时考虑路段使用频率和中断后对路网连通性影响的关键路段识别方法。

由于道路交通的流量与密度、速度与流量之间具有非线性关系，达到拥堵临界状态后，会迅速滑向拥堵状态。因此，通过对关键路段交通状态的连续观测，识别其临界状态（表 8-5），对于及时采取措施、打破交通事件影响的传导与叠加具有重要作用。

表 8-5　上海市快速路交通流特征

高架道路断面	5 min 最大通行能力/(pcu·h^{-1}·车道$^{-1}$)	单车道通行能力/(pcu·h^{-1}·车道$^{-1}$)	自由流车速/(km·h^{-1})	临界车速/(km·h^{-1})
内环高架(2 车道)	149	1 800	80	39
南北高架(4 车道)	137	1 650	80	35
共和新路(3 车道)	151	1 800	80	40
延安高架(3 车道)	154	1 800	80	39
中环线(4 车道)	141	1 700	80	40
沪闵高架(3 车道)	142	1 700	80	41
逸仙高架(2 车道)	153	1 800	80	38

2. 交通需求管理措施的触发

路网由于超过承载能力处于不稳定的临界状态，是触发大规模瘫痪性拥堵的必要条件。针对机动车使用规模过大的调控手段是交通需求管理，例如限制某些类型牌照车辆的使用或单双号禁行等。道路网络承载能力与车辆运行需求之间的平衡是一个动态的过程，根据上海市道路拥堵指数的数据积累发现，一般工作日早晚高峰的中心城快速路拥堵里程①占比仅为 6%～8%，其中早高峰为 8%，晚高峰略低。2019 年全年，仅有 6 天快速路高峰拥堵比例超过 15%，且主要与交通量集聚有关：4 天出现在工作日周一早高峰，1 天出现在 9 月第一个周五，还有 1 天是由重大活动交通管控引起。

2013 版《上海市交通发展白皮书》中明确提出了“降低小客车使用强度以满足中心城日均 250 万辆小客车的使用需求”的目标，并将“快速路系统拥堵比例不超过 15%，以及高峰车速不低于 40 km/h”设定为快速路网拥堵水平的底限指标，以确保快速路系统发挥城市道路交通动脉的功能。也就是说，持续出现超过底线阈值情况，将成为启动需求管理措施的判断阈值。

8.2.3　从“风险链”角度对交通事件的再认识

传统的城市交通管理将交通事件/事故的管控视为物理系统的控制问题，而从城市交通治理角度看问题，需要从社会维度上重视其在风险链中的诱因作用。

---

① 车速低于 20 km/h 的拥堵路段里程。

【案例 1】 郑州京广快速路北隧道发生淹水倒灌事故[11]

2021 年 7 月 20 日，郑州京广快速路北隧道发生淹水倒灌事故。该事故共造成 6 人死亡，其中 2 人逃生时在隧道引坡段溺亡，1 人横穿京广快速路时滑入隧道引坡段溺亡，1 名郑州市城市隧道综合管理养护中心人员在隧道内值守时因公殉职，2 名中学生骑同一辆电动自行车驶入隧道后被困溺亡；事故造成 247 辆汽车被淹，其中隧道内 18 辆、引坡段 87 辆、隧道出口道路上 142 辆，车内均无遇难人员，隧道内没有公交车。经调查，这是一起由极端暴雨天气引发，郑州市隧道管理单位和有关部门封闭隧道、疏导交通不及时，造成的较大人员死亡和重大财产损失的责任事件。

在这起事故中，未及时疏导交通是其重要原因。7 月 20 日 15:38，北隧道西洞出口处路面发生车辆拥堵；15:46，郑州市城市隧道综合管理养护中心通过监控视频发现隧道引坡段明显堵车，但未及时报告和处置。当日，郑州市公安交管部门未按预案规定在隧道西洞出口处进行路面指挥，疏导堵车；安装在铁道天润花园制高点、新浦西街京广路现代儿童鞋城制高点的摄像头当天运行正常，可实时监控堵车情况，但公安交管部门未及时发现和处置。

在这起事故中，如果相关交通拥堵信息能够及时触发应急预案，风险链传导将被打断，重大损失将得以避免。

【案例 2】 郑州地铁隧道灌水事故[11]

同样在 2021 年 7 月 20 日的郑州，地铁 5 号线 04502 次列车行驶至海滩寺站至沙口路站上行区间时遭遇涝水灌入，失电迫停，经疏散救援，953 人安全撤出，14 人死亡。调查认定：这是一起由极端暴雨引发严重城市内涝（涝水冲毁五龙口停车场挡水围墙灌入地铁隧道），郑州市地铁集团有限公司和有关方面应对处置不力、行车指挥调度失误、违规变更五龙口停车场设计、对挡水围墙建设质量把关不严，从而造成重大人员伤亡的责任事件。

违规变更设计和建设施工质量差是此次事故的主因，特大暴雨是事故的诱因。郑州地铁集团有限公司为了物业开发擅自变更设计，将五龙口停车场运用库东移 30 m、地面布置更改为下沉 1.973 m，使停车场处于较深的低洼地带，自然排水条件变差，不符合《地铁设计规范》（GB 50157—2013）相关规定，属于重大设计变更，却未按规定上报审批。停车场挡水围墙施工质量不合格，未遵照真正的“百年一遇”的相关要求；建设单位未经充分论证，用施工临时围挡充当停车场西段部分围墙，比例占该段围墙总长度的 40%多，几乎没有挡水功能；施工期间，违反工程基本建设程序，对建设质量把关不严，围墙未按图纸要求做基础。加之，五龙口停车场附近明沟排涝功能严重受损。这些均是造成暴雨时地铁隧道灌水的直接原因。

在此情况下，事故发生后的一系列处置不力，加上错误执行上级领导防汛“五不”要求①，

---

① “五不”要求属于防汛工作常态化条件下的要求：重要水利工程不出事，因地质灾害小流域洪水人员伤亡不发生，重要交通不中断，居民家里不进水，局部地区不出现长时间积水。

导致风险链未能及时打断，最终酿成大祸。

首先在于未及时采取预警响应行动，2021 年 7 月 19 日至 20 日，气象部门多次发布暴雨红色预警后，郑州地铁未按有关预案要求加强检查巡视，对运营线路淹水倒灌隐患排查不到位；在 7 月 20 日 15:09 五龙口停车场多处临时围挡倒塌、16:00 地铁 5 号线多处进水的情况下，郑州地铁没有及时采取应急处置对策，直到 18:04 才发布线网停运指令，而此时列车已失电迫停。在整个事发过程中，应对处置管理混乱，没有启动应急响应，并且直到当日 19:48，地铁运营分公司才向郑州地铁集团有限公司值班处报告，导致 400 多名乘客已被困车厢 1 个多小时，严重延误了救援时机。

其次是行车指挥调度失误。20 日 17 时左右，涝水急速涌入地铁隧道后，因道岔发生故障报警，列车在海滩寺站被扣停车；在没有查清原因、不了解险情的情况下，于 17:46 列车被放行；17:47，水淹过轨面后，司机按照规定制动停车，但 OCC 主任调度员在未研判和掌握列车现场险情的情况下，下令列车退行约 30 m 后列车失电迫停，导致列车所在位置标高比退行前所在位置标高低约 75 cm，从而增加了车内水深，加重了车内被困乘客的险情。

在整个事故过程中，交通应急处置未能实现链式响应，相关应急行动没有被真正触发，即使再好的技术系统也难以发挥作用。

总结惨痛教训，重视建立与交通拥堵相关事件链、预案链支撑的综合应急管理方法和机制，全覆盖、无盲区、无遗漏地开展风险辨识活动。特别注意分析风险链的情况，通过评估按照不同级别确立风险等级，对城市交通领域中的风险列出风险清单，形成全方位的“风险管控图”，进而提高城市的隐患治理能力。

8.3 地震灾害的城市交通应急管控[12]

安全保障应彼此联动共同响应，从粗放型管理转变为以问题为导向、以解决问题为目标的精细化治理。面对地震灾害的城市交通需求可以划分为两个基本阶段：其一是应急救援阶段，以减少人员伤亡、保障救援活动为目标；其二是恢复重建阶段，主要目标是尽快恢复交通系统，为城市的重建与恢复创造条件。作为抗震交通预案，则需要完成相关防灾规划(图 8-12)，防患于未然。

8.3.1 城市地震危害及交通系统受损评估

与常态交通需求分析不同，地震灾害情况下的交通需求受到地震破坏程度的极大影响。其中，建筑物破坏是造成人员伤亡和物质损失的最主要原因。

通过理论分析方法或经验统计方法[13-14]得到的城市建筑物在不同地震烈度下的易损性矩阵(图 8-13)，将被用来预测城市建筑物在确定地震烈度下发生各种程度破坏的程度。由破坏概率乘以该地区某类建筑物的总量，即得到不同地震烈度时，建筑物和工

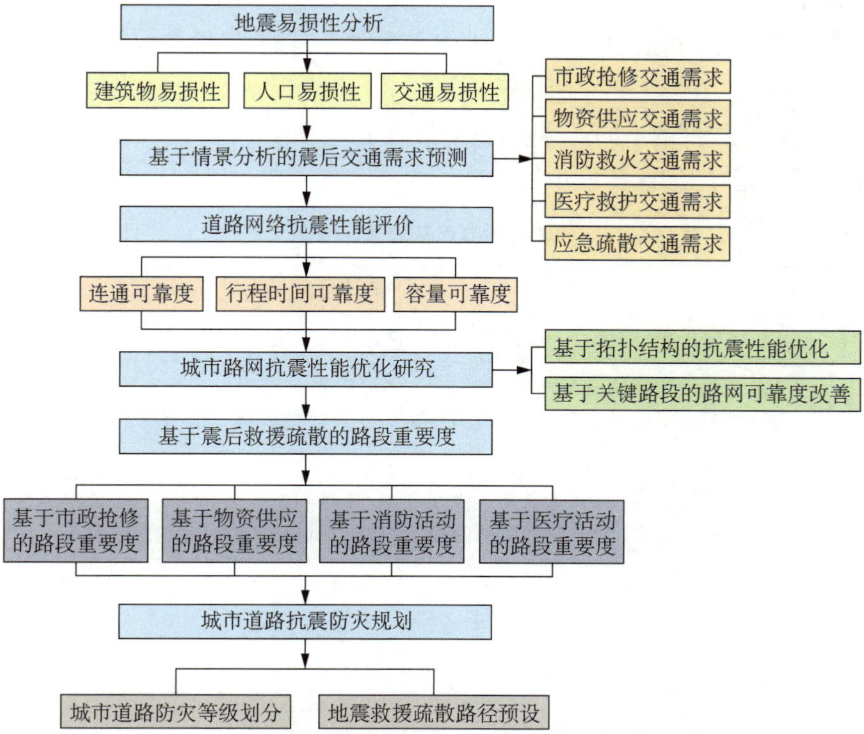

图 8-12　针对地震灾害的防灾交通规划工作流程

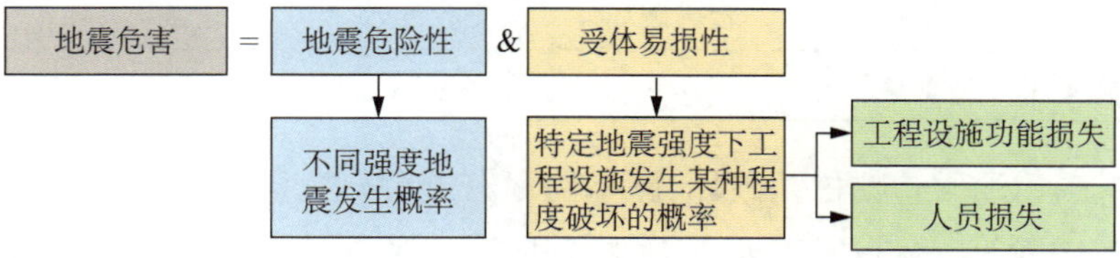

图 8-13　工程和结构设施易损性分析构成示意

程结构物发生各种等级破坏的总量，从而得到该地区的地震危害性等级，为城市地震应急预案的制定和震后紧急救援工作提供依据。

城市交通系统是生命线系统工程的重要组成部分。在发生地震的情况下，受灾城市的内部交通系统受到严重破坏，路面喷砂冒水、桥梁坍塌、街道被瓦砾阻塞、人员和车辆盲目流动、两侧建筑坍塌、次生火灾蔓延造成阻隔等因素会导致城市交通瘫痪，给次生灾害的控制和抢险救灾工作带来严重的影响。

桥梁震害预测方法包括经验统计法、规范校核法、Pushover 法等。经验统计法是先根据历史震害经验、桥梁抗震知识及桥梁样本所提供的资料，选择影响桥梁震害的主要因素，再根据大量震害样本进行各影响因素的影响方式和权值的统计回归，建立桥梁震害经验预测公式的一种地震安全评价方法。经验统计法不需要复杂计算就可以确定桥梁在未来地震中可能的破坏等级，使用起来经济方便，尤其是涉及某个地区或城市大量桥梁需要进行震害预测时。其中，日本土木工程学会方法[15]和 Buckle 方法[16]的适用范围更广泛一些。

依据桥梁震害程度的不同，一般将桥梁的震害等级分为毁坏、严重破坏、中等破坏、轻微破坏和基本完好五类(表 8-6)。

表 8-6　桥梁震害等级及其破坏描述

破坏等级	破坏描述
毁坏	墩台折损、倒塌、压屈、落梁，桥梁不能继续使用
严重破坏	主要承重结构破坏严重，如墩台滑移、断裂、严重倾斜，跨度明显变化，构件承载力明显降低并处于危险状态，桥梁需要大修或改建方能继续通车
中等破坏	主要承重结构破坏较重，如墩台轻微倾斜和变位，桩顶、桩与横系梁连接处、桥墩变截面处出现小裂缝，活动支座倾斜、移位固定支座损害，主梁纵横向变位，桥头引道下沉，桥梁承载力有所降低，经修复后可以正常使用
轻微破坏	非承重结构损坏，承重结构完好或出现允许范围内的裂缝，对结构承载力无影响，震后小修即可正常使用
基本完好	桥梁完好，非承载构件受轻微损伤，不影响桥梁结构的正常使用功能

根据桥梁各个等级的震害描述，规定桥梁单元的通行概率，如表 8-7 所示。

表 8-7　桥梁震害等级所对应的通行概率

震害等级	完好	轻微破坏	中等破坏	严重破坏	毁坏
通行概率	1.0	0.8	0.6	0.1	0

道路的震害，通常包括桥涵破坏、路基路面开裂、滑坡，路边建筑倒塌、路边发生火灾、交通信号中断等。分析时需要考虑地震烈度、峰值加速度、土层反应、边坡稳定、砂土液化等因素。对于道路路基、路面的震害，一般将破坏状态划分为毁坏、严重破坏、中等破坏、轻微破坏和基本完好 5 个等级，该等级与桥梁工程设施的破坏等级相匹配(表 8-8)。这 5 种情况基本上可以反映出路基、路面对震后交通系统的影响。

表 8-8　道路破坏等级划分标准

破坏等级	震害描述	平均震害指数
毁坏	路基、路面大范围臃包、沉陷、喷水冒砂，路基路面断裂，严重变形，丧失交通功能	1.0
严重破坏	路基、路面严重断裂，路面严重喷水冒砂、臃包、沉陷、路堤坍塌变形，交通中断，修复难度较大	0.7
中等破坏	路基、路面出现严重裂缝，路面沉陷或喷水冒砂，路肩小面积失稳、滑塌，已影响车辆的行驶速度，需及时修复，方可恢复通车	0.5

（续表）

破坏等级	震害描述	平均震害指数
轻微破坏	路面轻微变形，出现不同程度的裂缝、臃包、沉陷，一般车辆仍能运行，稍做补强即可恢复正常	0.3
基本完好	路基路面无损坏，或出现少量裂缝，对承载能力无影响，无须修复即可正常运行	0.1

8.3.2 地震应急预案及应急管理

城市的防灾规划是根据地震危险性分析和震害预测，找出城市防御地震灾害的各个薄弱环节，然后运用多种防震减灾手段，对各种减轻地震灾害的措施做出规划。按照城市防灾救灾规划工作的层次性，可以从防灾法规及规划、防灾空间系统、防灾生活圈以及防灾设施等层面来评价城市的抗震能力（图 8-14）。

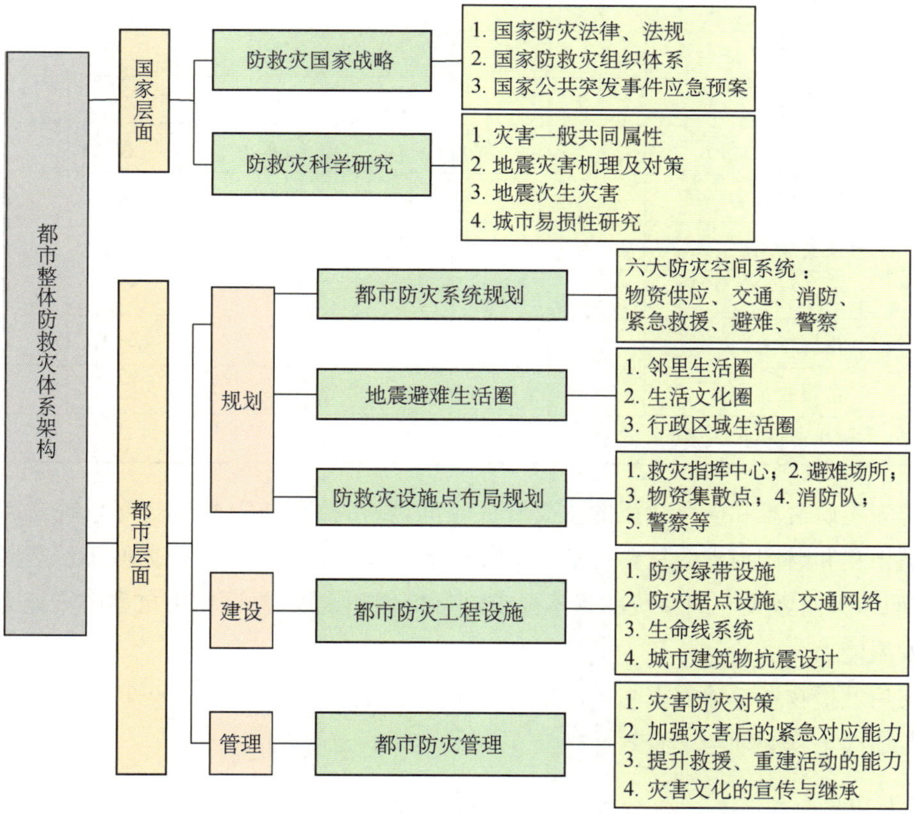

图 8-14 城市整体抗震防灾救灾体系架构

为了应对未来的灾害，城市需要构建自身的抗震防灾救灾空间系统。城市抗震防灾救灾空间系统是指震时能够用于居民避难、救援的开放空间（表 8-9）。参照国内外地震防灾和救援的经验教训，在此把城市抗震防灾救灾空间系统分为避难系统、道路系统、消防系统、医疗系统、物资供应系统及警察系统。

表 8-9　　城市抗震防灾救灾空间系统

空间系统	作业类型	发震期	混乱期	避难期	避难救援期	避难生活期	重建期
避难	紧急避难场所	◎	◎○		○		
	临时避难场所		◎○		○	○	
	临时收容场所				○▲	○▲	□
	中长期收容场所				○▲	○▲	▲□
道路	紧急避难道路	◎	◎				
	输送救援道路	◎	◎○		◎○	○	□
	消防避难道路	◎	○		○	○	□
	紧急道路	◎	◎○		○	○	□
消防	指挥所				○	○	□
	消防队				○	○	
医疗	临时医疗场所		○		○▲	○▲	
	中长期收容场所				○▲	○▲	▲
物资供应	接受场所		○		○	○	
	发放场所		○		○	○	
警察	指挥中心	◎	○		○	○	□
	情报收集		○		○	○	
备注	(主要活动)：◎避难；○救援；▲安置；□重建						

作为震后避难和应急救援的重要开放空间，城市抗震防灾救灾空间系统是震后减少人员伤亡和财产损失的重要设施。城市建成区和新城区都需要根据城市抗震防灾规划，按照六大防救灾空间系统的基本要求进行梳理和建设，提升城市抗震防灾能力和可持续发展能力。

灾后救援物资运输需求与居民集聚的层级化结构避难场所（表 8-10）相关联，交通运输生命线工程必须与之有效连接。

表 8-10　　层级化的城市避难场所

项目	紧急避难场所	临时避难收容场所	中长期收容场所
避难空间类型	绿地、邻里公园、广场、学校、空地、道路、停车场、体育场、车站、寺庙等	公园、中小学、社区公共空间、活动中心、政府机关设施	全市型公园、大型广场、学校、医疗机构、体育场馆

（续表）

项目	紧急避难场所	临时避难收容场所	中长期收容场所
避难服务半径/m	500～1 000	1 000～2 000	2 000～3 000
避难规模	50 人以上	100 人以上	10 000 m^2
人均避难面积/(m^2·人$^{-1}$)	0.5～1	1～2	2～3
周边道路宽度/m	10 以上	15 以上	20 以上
可承担功能	提供民众在余震或二次灾害来临时的安全避难空间，紧急聚合场所	情报收集、临时医疗、紧急救援中心	医疗救护中心、集散物资转运站、安置居民中心、防救灾指挥中心
避难时序	几个小时	1～10 天	10～30 天
避难场所数量	多	中等	少
支援单位	少	中等	多

8.3.3 城市道路系统生命线建设

“韧性”既是一种观念，也是一条路径，还是一个目标。韧性的核心要素是具有维持状态及恢复原状的能力。基于“韧性治理”，为有效应对自然灾害、事故灾难、次生灾害及灾害链，应逐步建立起以分类管理、分级负责、条块结合、属地管理为主的安全治理体系，着力构建内部融合、上下贯通、条块结合、部门联动、区域协同的安全治理新格局。

城市道路生命线工程需要满足地震灾后不同阶段的交通需求(图 8-15)。

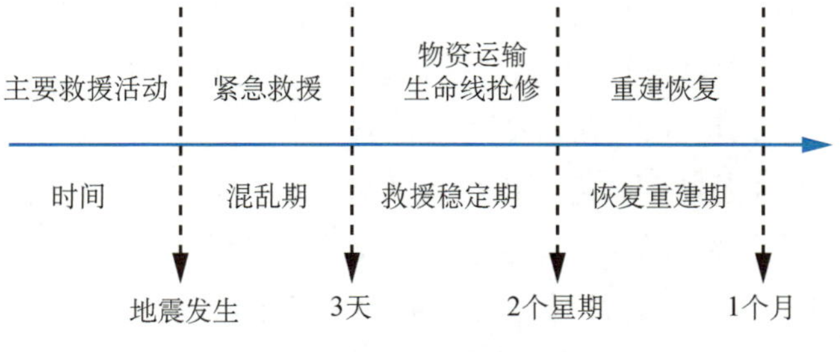

图 8-15　震后交通需求阶段划分

同时，灾后交通需要在应急交通管制的基础上加以保障。国际交通安全学会(International Association of Traffic and Safety Sciences，IATSS)在对美国北岭地震、日本阪神地震和中国台湾集集大地震进行资料分析的基础上，将震后活动分为 7 类，分别是紧急救援、生命线工程抢修、亲属安全确认、死者遗体处理、房屋拆除重建、上班(上学)等通勤交通、灾害研究报道。IATSS(1998)通过对相关部门的调查问卷，将震后救援活动分为 4 个阶段，并给出了各个阶段 7 类活动的优先级(表 8-11)。

表 8-11　　　　震后交通出行目的优先级

时间 优先级	0～3 天	4～10 天	11～20 天	21～30 天
1	生命线工程抢修	紧急救援	生命线工程抢修维护	工作通勤
2	紧急救援	生命线工程抢修维护	死者遗体处理	生命线工程抢修维护
3	死者遗体处理	灾害研究报道	灾害研究报道	房屋重建
4	灾害研究报道	死者遗体处理	房屋拆除重建	死者遗体处理
5	房屋拆除重建	房屋拆除重建	工作通勤	灾害研究报道
6	工作通勤	亲属安全确认	亲属安全确认	紧急救援
7	亲属安全确认	工作通勤	紧急救援	亲属安全确认

根据我国城市情况，紧急救援阶段需要优先保障消防交通需求、医疗救援交通需求、供水管网和电力系统等抢修交通需求，以及灾后物资供应交通需求。

地震引发的火灾等次生灾害的发生，往往是造成重大人员伤亡的原因。例如日本关东大地震造成 14 万人死亡，其中有 13 万人是死于震后的火灾；在 1995 年初的日本阪神大地震中，神户市发生火灾数百起，火灾烧毁建筑物一百多万平方米，其中最大一处蔓延一千多平方米，死于火灾的人数占地震死亡人数的 10%。因此，对震后火灾消防交通进行合理的预测，是城市抗震防灾路网规划和消防调度的重要内容。地震消防交通需求预测主要考虑以下几个因素：地震次生火灾着火危险度、地震次生火灾蔓延危险度和地震火灾可扑救性网络分析。

地震医疗救援交通需求主要受地震人员伤亡数量、医疗救援能力、救援体制等因素影响。卫生系统必须尽早知道死伤人员的概略数量和地点，才能及时确定派多少医疗队，派到什么地方，带多少药材和装备。因此，对人员伤亡的快速估算是震后医疗决策的重要前提，也是震后紧急救援阶段交通组织需要掌握的重要信息。

地震发生后，灾区大量人口进入避难场所，因此，避难人口的衣食住行是震后物资供应的重要内容。根据地震等级，确定地震救灾响应等级，由救灾指挥部根据避难总人口数乘以每人衣食住行方面的日用物资需求量来确定救灾物资的需求计划。因此，明确受灾人口数量及其急需救援物资，是合理安排地震物资紧急救援的首要任务，也是预测地震物资供应交通需求的重要内容。

供水管网是城市生命线工程的重要组成部分，是城市工业生产用水、居民生活用水及消防用水的源泉，是保证城市功能正常运行的重要环节，一旦遭到地震破坏，不仅带来生产、生活上的巨大困难，还会造成次生灾害。例如 1906 年美国旧金山大地震，市内三条主要输水管线遭到破坏，全市无水供应，只得任凭大火蔓延，燃烧三天三夜，致使市区十余平方公里建筑化为灰烬。1923 年日本关东大地震，东京房屋倒塌 13 万余栋，房屋倒塌引发多起火灾，由于供水中断无法及时抢救，又烧毁房屋 45 万栋。1976 年，我国唐山大地震，供水中断，只能以洒水车运水，以维持灾区最低限度的生活用水需求。因此，地震发生后，加快供水管网的震害抢修对于城市防震减灾至关重要。

电力系统由电厂、变电站、输电线路等组成，电力系统的震害预测包含变电站、电力设备和电力网络系统的震害预测。

在城市的建设管理中，城市的管理者常常面临的一个问题是：在有限的道路网络建设资金约束下，如何逐步提高道路网络的抗震性能，保证城市中某些节点对间的抗震服务水平。为此需要针对城市路网结构的实际情况，以及紧急避难设施、应急物资供应设施、医疗和消防机构的空间分布，进行路网联通可靠性分析。选择其中的关键路段组成应急生命线网络，提高该网络的抗震能力。

从上述讨论中可以看到，应对地震灾害的城市交通生命线工程是一个涉及众多部门、行业和领域的系统工程，最为重要的是将其真正纳入政策议程。

参考文献

[1] Duan Z Y, Lei Z X, Zhang M, et al. Understanding evacuation and impact of a metro collision on ridership using large-scale mobile phone data[J]. IET Intelligent Transport Systems, 2017, 11(8): 511-520.

[2] 车蓬禹，蒋竞纬，张瑞，等. 基于"微博文本挖掘"的轨道交通事故影响分析[R]. 上海：同济大学交通运输工程学院，2017.

[3] 黄欣，杨新苗，常玉林. 城市交通拥挤的成因探讨[J]. 交通运输工程与信息学报 . 2007，5(2)：108-114.

[4] Richard D, Alexander S, Michael C, et al. Methodology for measuring recurrent and nonrecurrent traffic congestion[J]. Transportation Research Record: Journal of the Transportation Research Board, 2004, 1867(1): 60-68.

[5] Alexander S, Pravin V, Karl F P. Measuring Recurrent and Non-recurrent Traffic Congestion [J]. Transportation Research Record: Journal of the Transportation Research Board, 2003, 1856: 118-124.

[6] Hall R W. Non-recurrent congestion: How big is the problem? Are traveler information systems the solution? [J]. Transportation Research Part C: Emerging Technologies, 1993, 1(1): 89-103.

[7] 钟秀. 偶发性大范围拥堵与常态性拥堵特征差异分析[D]. 上海：同济大学，2010.

[8] Taylor M A P, Sekhar S V C, D'Este G M. Application of accessibility based methods for vulnerability analysis of strategic road networks[J/OL]. Networks and Spatial Economics, 2006, 6(3):267-291. https://doi.org/10.1007/s11067-006-9284-9.

[9] 涂颖菲，杨超，陈小鸿. 路网拓扑脆弱性及关键路段分析[J]. 同济大学学报(自然科学版)，2010，38(3):364-367.

[10] Lleras-Echeverri G, Snchez-Silva M. Vulnerability analysis of highway networks, methodology and case study[J]. Proceedings of the Institution of Civil Engineers — Transport, 2001, 147(4): 223-230.

[11] 国务院灾害调查组. 河南郑州“7・20”特大暴雨灾害调查报告[R]. 北京：应急管理部，2022.
[12]李开兵. 城市交通系统抗震防灾规划研究[D]. 上海：同济大学，2007.
[13] 孙柏涛，张桂欣. 汶川 8.0 级地震中各类建筑结构地震易损性统计分析[J]. 土木工程学报，2012，45(5)：26-30.
[14] 刘吉夫. 宏观震害预测方法在小尺度空间上的适用性研究[M]. 北京：气象出版社，2011.
[15] Kawashima K. 日本公路桥的抗震鉴定和加固[J]. 杨海荣，郑琦，译. 国外桥梁，1997(2)：69-77，82.
[16] Buckle I G, Kim S H. A vulnerability assessment model for highway bridges[C]//New York: Technical Council on Lifeline Earthquake Engineering, Proceedings of the Fourth U. S. Conference. American Society of Civil Engineerings, 1995: 493-500.

9 在三元空间中思考城市交通治理

城市交通系统是处于物理—信息—社会三元空间的复杂自适应系统。信息技术对物理系统发挥着能力“倍增器”的作用，对社会生活和空间活动发挥着政策工具的作用。城市交通治理的基本途径，就是通过社会空间和信息空间之间的互动，形成物理空间中的合理结构。

9.1 城市交通系统在三元空间中的属性特征

在三元空间中讨论城市交通治理，有助于相关认识共同体和政策共同体对问题形成科学认知，有助于促成更好的行动策略，也有助于在政策执行过程中有效使用信息工具。

9.1.1 三元空间中对城市交通的再认识

城市交通属于复杂适应系统，系统中的主要要素具有三元空间中的属性特征，系统的复杂性也主要产生于行为主体在三元空间中发生的适应性演化(图 9-1)。

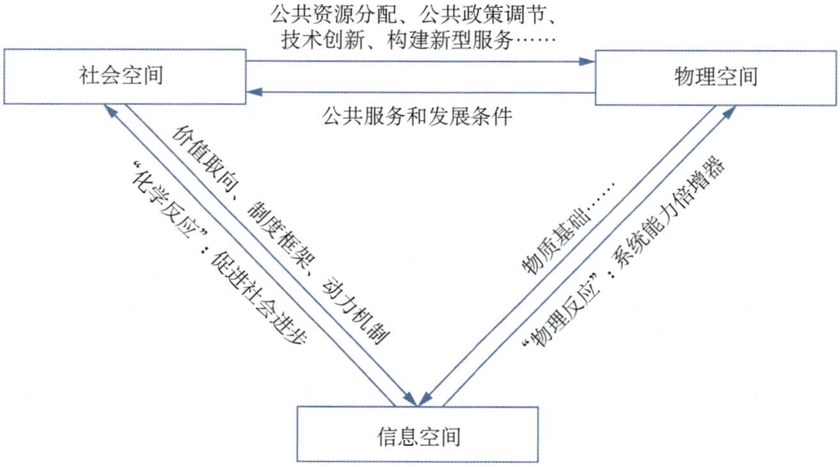

图 9-1 三元空间中的交通系统结构示意

对于城市交通系统在三元空间的属性研究，一方面是为了辨识城市交通系统中各种主体适应性行为的外部环境，另一方面是在宏观层面上分析信息空间对于物理空间及社会空间产生的影响。

物理空间是各种社会活动的载体，为社会空间中的各个群体和个体提供获得公共服务和发展机会的条件。不同于自然环境，城市的物理空间是各种社会过程的产物，公共资源分配、城市建造活动、市场活动等不断地塑造和改造物理空间。这种社会活动受到社会治理体制和社会空间结构的极大影响。

信息空间对物理空间发挥着能力“倍增器”的作用，一方面体现在通过信息技术和控制技术增强物理系统的运行效率，另一方面也表现为帮助物理空间中的行为者实现更优决策，提高了物理空间资源的使用效率。物理空间为信息空间提供赖以产生的物质载体的同时，也控制了物理及社会空间中各种活动向信息空间的映射能力，影响信息空间中映像的扭曲率和完整性。

社会空间不仅影响城市物理空间的建构及关系，还对信息空间施加各种作用。城市可被视为在物理空间中成长的社会空间，由于历史、经济等多方面原因，城市中的各种社会要素及其综合体在物理空间中具有分异特征。城市交通信息空间的建构是一个社会过程的结果，社会空间中的各种组织在信息空间建构过程中的地位和作用，将极大地影响信息空间的内部构成和质量，也在某种程度上主导了信息空间中各种要素的作用发挥。

在城市交通治理领域，很多社会因素不再属于外部变量，而是成为需要考虑其结构和关联的系统内部要素；信息技术不再限于对工程师的辅助价值，更是成为影响政策议程、支撑政策网络的战略性技术手段；交通系统中的网络流不再是抽象的物理要素，而是与不同社会群体利益息息相关的社会要素联系。

与交通学科向城市交通治理领域的拓展相适应，将城市交通系统视为处于物理—信息—社会三元空间的复杂自适应系统。这意味着为适应城市交通治理问题的需要，交通学科研究范围的扩展以及学科的交叉思维将占据重要位置，因而要求研究者的知识结构进行相应的调整，学科的知识构成、研究范式以及相关技术方法也需要实现变革。

9.1.2 城市交通的物理空间属性

城市交通物理空间可以表达为要素层与流动层两个基本层级。要素层由“场所＋网络”构成。在传统交通工程理论中，关注点聚焦于交通流动的研究，因而场所属性被淡化。伴随城市发展逻辑从专注于经济发展效率，转向生态文明和以人为本，城市交通的研究对象从车转向人，场所属性在交通研究中的地位重新受到重视。

城市交通系统所讨论的场所，强调的是人居环境和人的活动空间。事实上，我们所关注的慢行系统、“窄路密网”、街道等，均是与场所空间质量密切相关的概念。《2018伦敦市长交通战略》中关注的“街道有活力、交通有效率、空间有魅力”，从本质上说也更多关注了场所属性。

网络强调的是空间的联系与活动能力，其底层是交通基础设施网络，在此基础上构建了运输组织网络和交通服务网络。正是在这种物理空间网络的支撑下，在社会空间中形成了各种空间关系（企业关联网络、居民职住关联网络等），促成多样化且活跃程度不同的空间活动。

城市交通物理空间中的流动层是显在的人流、车流和物流，有别于社会空间中的社会网络（那虽然也是一种与流动/交流密切相关的关系，但并非完全为物理规律所支配)。物理空间中的流动层可以用更加便于与模型相联系的连续流、间断流、长距离流、短距离流等方式,或者用不同类型网络中的流动(公交客流、道路车流等)加以表达。与经典的物理流(电流、水流等)不同,城市交通物理空间流动层中的流动要素具有差异化的目的性和动力性能,属于异质流范畴;与通信网络中的信息流动不同,系统控制者并不掌握车辆、行人个体出行的全部信息,存在相当程度的管控"迷雾"。

传统城市交通规划、设计、管理等聚焦于网络的功能,通过网络结构与要素能力的配置,保障交通流在网络中高效流动,体现了一种以效率为核心的技术思想。在传统理论中讨论的"动静结合",仅指动态交通(流动)与静态交通(停车)之间的关系。当发展目标转向以人为中心之后,交通系统设计的任务呈现出多元性。城市交通治理目标首先转向协调场所魅力与网络活力之间的关系,网络设计也增加了对公共服务与发展机会的可及性关注。网络构成不仅需要考虑交通流的运行效率,而且需要协调道路网、公交专用道网、公交线网之间的关系,合理安排道路与街道的布局关系,乃至考虑在空间正义理念下对场所空间的覆盖。

以场所为对象的设计问题,除了传统上的交通枢纽、TOD、停车系统等内容以外,还包括以人的自由活动为首要目标的"无车区""超级街区"[1]等内容,人流仿真、空间品质评价等技术得到相应的发展。

场所与网络之间具有密切的关联,网络赋予场所活力,场所产生网络流动的动力。

经典区位论早就提出:区位活动是人类活动的最基本行为,是人们生活、工作的最初步和最低的要求,可以说,人类在地理空间上的每一个行为都可以视为是一次区位选择活动。现代的流空间理论,以网络和流诠释空间要素间的关系,以"中心流"替代"中心地"[2]。吴志强院士基于流空间理论,对中国的城市规划提出了"以流定形"的设想:探讨支撑我国城乡规划发展走向理性与科学的新范式,以"流"定"形"——从表层的形态挖掘其下的流动要素,从而制定和总结出城市发展模型和方法[3]。流空间理论和城市规划领域当前所说的"流"已经超越了物理空间的范畴,但仍然以物理空间中的网络为支撑。

与此同时,交通网络中的流动也会对场所空间产生负面的影响。正如我们见到的"城市病"中的交通拥堵症状,感受到的交通活动所产生的噪声、废气、震动对人居环境的影响,乃至交通便利引发人类过度活动对自然生态造成的破坏等,都是发展过程中必须解决的问题。

9.1.3 城市交通的信息空间属性

城市交通的信息空间结构,可以划分为表达空间物质载体(监测网络、计算网络、发布网络等)的基础网络层级,表达各种系统行为主体(决策者、执行者、行动者、参与者、使用者,以及他们所构建的各种组织)的关联网络层级,反映"数据—信息—知识"加工过程的进化层级,由物理和社会空间中的活动及关系映射到信息空间所形成的内容层级。四个层级之间具有有机联系，基础网络层所产生的数据资源，经过关联网络层级和进化层级之后，形成内容层级中的信息。

1. 基础网络层级

基础网络层级由软硬件要素所构成，其硬件是涉及采集—存储—加工—发布等环节的网络系统，软件则是由数据库（数据仓库）、信息源、数据分析系统等形成的有机整体。软硬件整合构成例如边缘计算、数字底座等系统概念。

城市交通信息空间的基础网络具有分布式、多元化的超网络结构特征。由于城市交通涉及社会空间中的众多组织，集中式管控的基础设施网络只能在局部范围和领域中存在，而整个信息空间的基础网络由众多局部网络组合而成，即由局部网络作为节点的超网络[4]。

伴随知识经济、共享经济的发展，城市交通信息空间基础网络层级的建设主体不再局限于政府、本行业的企业和组织，越来越多的互联网企业加入其中。其中既有腾讯、百度等互联网综合服务商，美团这样涉足共享单车的平台企业，联通、移动、电信等通信服务企业，也有类似新能源车辆生产商的售后追踪服务系统等。

技术发展和社会需求促使网络层从信息互联到价值互联的进化。传统互联网实现的是信息互联，随着区块链技术的引入，社区化治理、分布式网络架构、社会化协作等技术应用开始逐步推进，从信息互联跨向价值互联的进程已经开启。

2. 关联网络层级

关联网络层级表征的是将数据组织成为信息的关系结构，这一关系结构受到社会空间很大的影响，社会空间中的科层式关系和政策网络关系，均会影响到这一层级的拓扑结构、信息传递和发布通道的阻抗等；这一关系结构也与相关技术能力密切关联，其构成要素结构是否完备（数据基础设施、数据分析、数据应用、数据资源、开源软件），是否具备数据开放的"可用不可见、可用不可存、可控可计量"的治理环境等，将直接影响城市交通信息空间数据可信流通的成熟与可靠程度。

关联网络层级中的节点，包括信息生成、信息存储、信息发布等功能。受到社会空间中组织关系的影响，支配各个信息节点行为主体所掌握的数据资源是不对称的。行为主体所持有的立场、价值观、认识能力等，将对信息的生产与组织产生不可避免的影响，或者称之为信息"音染"，从而造成信息生成过程中的失真与渲染。

表征各个节点信息输出特征的是信度，表达节点间链接键特征的是通畅度，表达节点所获得的输入特征的是完备度，表达节点输出能力的是影响力。节点自身属性主要包括利用数据及信息，以及相关技术的能力。在同样的数据和技术环境中，对数据处理逻辑的理解极大地影响了信息节点利用数据及信息的能力。对此，通过大数据处理过程中非定制数据资源的使用来加以具体说明。

在关联网络中流动的包含两大信息类型：基于专项定制数据所产生的信息以及非专项定制数据所产生的信息。前者指针对特定需求，采用专项调查、专项观测等手段获得数据，针对这类数据进行符合技术规程加工后产生的信息；后者指并非为指定项目专门生产，从其他数据资源中间接提取数据所产生的信息，例如移动通信信令数据、POI数据等从其他用途信息系统中获取的信息，这部分信息往往具有盖然性特征。

这两类信息是根据原始数据采集的设计目的进行区分的。当同一数据源的数据，用以组织产生不同目的的信息时，有可能形成两种类型的信息。例如公共交通 IC 卡所产生的数据，用于获取单纯使用 IC 卡的公交乘客数量时，具有专项定制数据所产生的信息特征；由于公交 IC 卡数据中并没有包含上下车位置的直接信息，当其用于推断具有起讫点的乘客流量分布（公交客流 OD）时，就成为非专项定制数据所产生的信息。

事实上，在城市交通领域中所使用的大数据，绝大多数不是专项定制数据，而属于不完备数据。从中获取的许多交通相关特征均是在附加一定假设或者经过扩样处理以后获得的信息，同时由于多方面的复杂原因，所获得的基础数据质量往往并不理想且难以控制。

图 9-2 显示了乌鲁木齐市 2016 年 1—5 月月平均日移动通信信令数据量在 24 小时内的变化，不难判断其中部分日期应该存在数据异常的问题。然而，由于交通大数据分析单位并非直接数据采集单位，很难确定产生异常的原因，因此需要结合其他信息分析数据波动的情况，进而合理选取用于空间活动分析的数据。

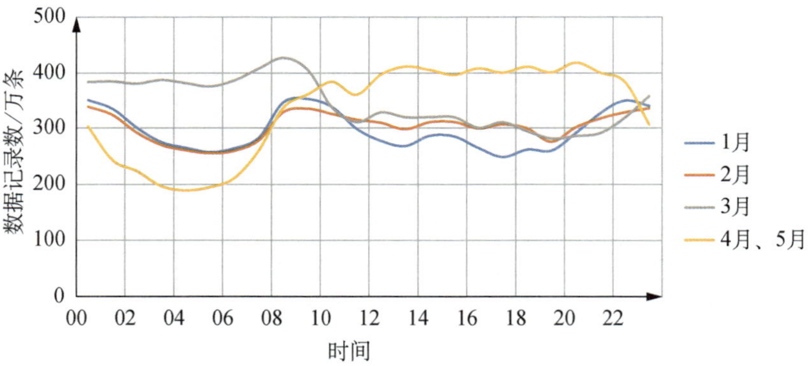

图 9-2　乌鲁木齐市 2016 年 1—5 月月平均日信令数据量在 24 小时内的变化

概括而言，信息空间中通过间接数据采用大数据分析手段获得的信息，存在数据清洗及数据纠偏方法的影响。数据的清洗、纠偏、扩样以及盖然性处理算法等，构成一定的数据加工逻辑。

3. 进化网络层级

进化网络层级说明的是从信息中提炼知识的过程，这也是与社会空间关联最为紧密的一个层级。

城市交通信息空间中的知识生产具有与传统知识生产模式完全不同的特征[5]。传统知识生产符合默顿范式的特征：知识生产主要在单一学科的认知语境中展开，学术兴趣发挥主导作用，同质性、等级制是其组织的主要特征，知识生产主要接受学术标准的评判。

然而，城市交通信息空间的知识生产模式，第一是具有跨学科的显著特点(表 9-1)：对交通行为的研究涉及经济学、心理学、社会学等方面的理论；车路协同涉及车辆、道路、信息等多个学科；交通对策涉及战略、制度框架、行为响应、政策杠杆等跨学科问题。第二是具有很强的应用导向特点，由于承受巨大需求压力，以及需要统筹经济、社会、生态环境等诸多要求，不得不放弃学科知识结构的同一性而突出应用语境。交通运输工程一级学科下属二级学科存在巨大的学科研究范式差异就是这方面的例证。第三是知识生产者的异质性和社会弥散性，由于关联到社会、经济的诸多方面以及各种类型企业的参与，具有不同知识背景、不同社会立场、抱有不同目的的各种技术人员、研究者和管理者，乃至不同程度的使用者都会参与其中，使得交通关联知识的生产具有很强的多方参与、共同生产的特点。并由此产生了第四个特点，就是知识检验很难依照完全公认成熟的学术标准，需要在承担社会责任的前提下，通过不断的探索和实践，以“大浪淘沙”的方式来加以检验。

表 9-1　　城市交通信息空间知识生产模式与传统模式的差异

传统知识生产模式	城市交通信息空间中的新模式
以单一学科为基础的知识生产	多专业领域的跨学科生产
学科体系框架下的知识生产	围绕应用语境的知识生产
标准化、规则化、“科学的”生产	交互作用的、沟通过程中的知识生产
同质性、具有组织的研究者	异质、具有社会弥散性的各类人员
研究实践遵循学科的科学规范	知识应用承担社会责任、具有反身性

因此，交通信息空间进化网络层级具有离散性、开放型结构，演化过程表现出进化博弈的显著特征，以此适应共同创新的新知识生产模式的要求。

4. *内容网络层级*

交通信息空间的内容网络层级，是直接面向使用者的信息界面，面对的是各种不同类型的使用者、多样化的需求、多元化的运作机制。

在内容网络层级中，既包含交通白皮书、技术标准、交通规划等政府组织的声音，也包含各种非政府组织、技术单位、研究单位发布的绿皮书、拥堵指数、发展指数等，乃至各种网络意见领袖的发言。

在这一层级上，不仅具有主题差异、影响力差异、可信度差异，还表现出虚拟空间作为现实中地理空间延伸和扩展的某种特性[6]，需要研究内容网络层级的空间结构形式与传统地理空间的异同及关联。在学术和技术观点上，由于所处实践环境和信息交流的地理空间差异，形成了差异化的知识空间分布。

尽管城市交通领域内知识追求的是客观真理，但是仍然不可避免地受到其背后多种影响因素“人际格局”的制约。例如国内大学和研究单位评价体系对SCI的偏好，使得信息空间的知识弱化了对于国内城市问题特殊性的关注，也限制了采用中文传播研究成果的广度；研究者传统学科背景，造成信息空间中知识产生新理论和方法在融会贯通方面的缺陷；国家级科研项目的立项和遴选方式受到的话语权影响，造成信息空间中结构的偏倚等。

9.1.4 城市交通的社会空间属性

城市交通需要以技术和政策手段来解决社会问题，对空间中社会要素分布及需求的理解，以及对于物理空间塑造及使用关联的社会行为的理解，是城市交通治理中的重要研究课题。

城市交通的社会空间属性，可以表达为三个基本维度（图9-3）：主动行为者（政府、社会组织及相关企业）维度、被动行为者（与交通及空间关联的社会利益群体）维度、空间中的社会活动（空间中的实践、对空间的认知以及空间的重塑）维度。主动行为者与被动行为者在空间中的社会活动维度上形成交集，达成一种诉求与秩序之间的动态平衡。

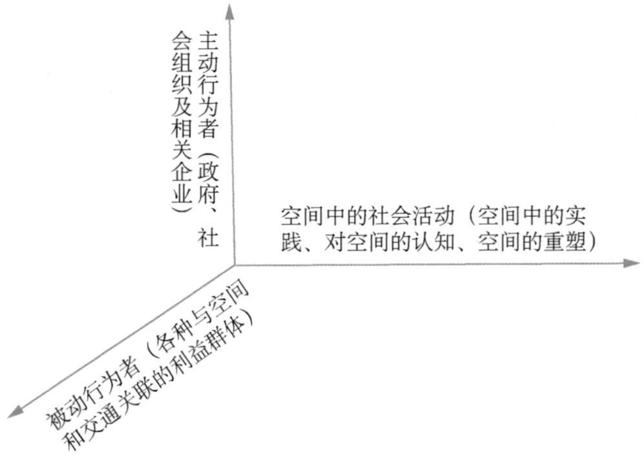

图9-3 社会空间的构成示意

1. 主动行为者维度

主动行为者维度表达了政府、社会组织、相关企业的属性特征。有关社会治理制度安排决定了城市交通社会空间中的主动行为者的利益诉求，一定程度上限定了其属性特征，影响其行为模式。在具有很强科层式结构的制度环境中，城市交通规划和设计企业容易陷入缺乏战略自主性的状态之中，其技术产品带有更多的上级意图解释性色彩。项目制在一定程度上改善了治理制度环境，激发了技术单位和地方政府一定程度上的主动性和积极性，但技术价值取向同样会受到隐性制度的束缚。网络型治理结构，将激发更多的能动性，对于城市交通这样急剧变革的领域来说有着重要的意义。

传统供给侧的相关组织与企业包括规划、设计、运营的相关企业，以及交通工具的生产企业。近年来，伴随智能驾驶、车路协同、智能网联等新技术概念的推广，越来越多的互联网和通信企业开始布局，并加入城市交通的供给侧。例如百度率先在自动驾驶领域追赶国际先头部队，华为紧随其后开始布局路侧端设备和芯片，阿里扬长避短选择车路协同生态，腾讯则明确定位于综合服务提供商。与此同时，车路协同等引发越来越多的资本市场关注（对此从表 9-2 中可以窥见一斑），由此导致的诉求和立场变化，在相当程度上影响到城市交通供给侧的企业行为。

表 9-2　　2019 年 6 月至 2020 年 3 月期间车路协同投资部分事件[7]

时间	标的公司	投资方	轮次	投资金额	投资方向
2019/6/19	千方科技	阿里巴巴	非控制权收购	36.95 亿元	高速公路机电系统的软硬件
2019/8/30	钛星交通智能	未披露	天使论	未披露	协作式智能红绿灯、自适应智能车道灯、自主式智能可变车道等解决方案
2019/10/14	宽凳科技	易行基金	A+轮	近亿元	高精地图众包
2019/12/30	星云互联	普华资本领投，浙民投、海拉、翱谱资本和天创资本跟投	A 轮	未披露	智能路测系统、车载设备
2020/3/20	华蛎智行	信中利领投，上汽投资跟投	Pre-A 轮	数千万元	包括智能车载设备和路侧设备、基于边缘计算的数据智能平台

2. *被动行为者维度*

被动行为者维度表达的是不同利益群体的空间分布，以及各自获得公共服务和发展机会的可及性，从而在不同程度上影响其诉求和行为。

一方面，与工程意义上的城市交通系统规划设计不同，城市交通社会治理视角下的研究对象不再是仅有物理属性的“抽象人”，而是被划分为不同社会群体的社会属性的“具象人”。正如图 9-4 所示，我国快速城镇化造成城市人口的“新”“老”差异，这些“具象人”在地理空间中的分布并不均匀。

另一方面，城市的公共服务条件空间分布不尽相同（图 9-5），城市不同区域进入公共交通的便利程度也存在显著的差异（图 9-6）。以上两方面所产生的叠加效应，形成了城市交通治理需要面对的空间正义问题[8]。

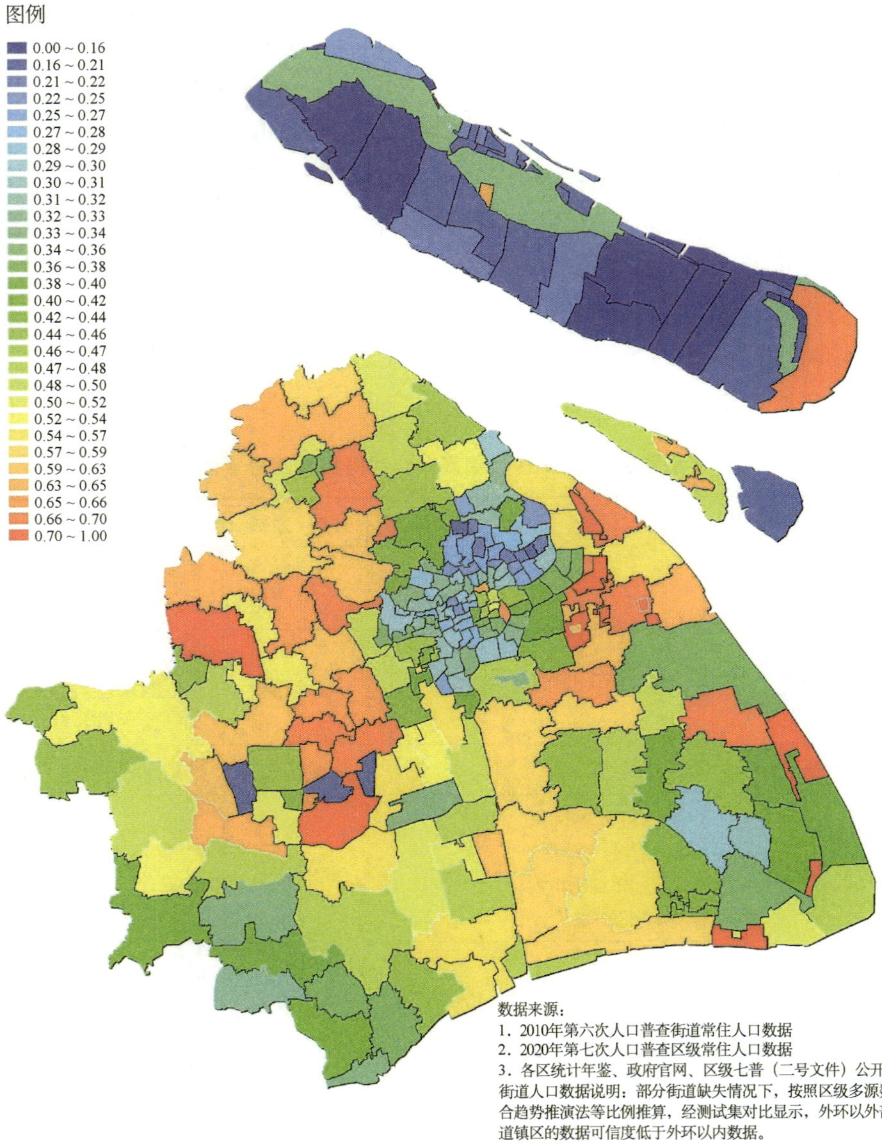

图 9-4　上海市外来常住人口所占常住人口比例空间分布(2020 年)

城市交通领域的网络功能不仅能保证物理空间中的流动，而且是社会空间中空间正义的技术支撑。传统交通工程理论中所关注的基于 OD 的供需关系，仅是网络功能的一种表象。城市中交通网络的内在本质，一方面是建立各种土地使用之间的关系，另一方面是为处于物理空间中的“人”赋予公共服务和发展机会的获取能力，称之为可及性(图 9-7)。因此，物理空间中网络属性特征对社会空间的影响，一方面是底层网络自身的物理能力，例如容量、速度等，另一方面是上层网络所提供的空间移动服务连接和覆盖能力，例如空间时间距离、空间可达性覆盖等。

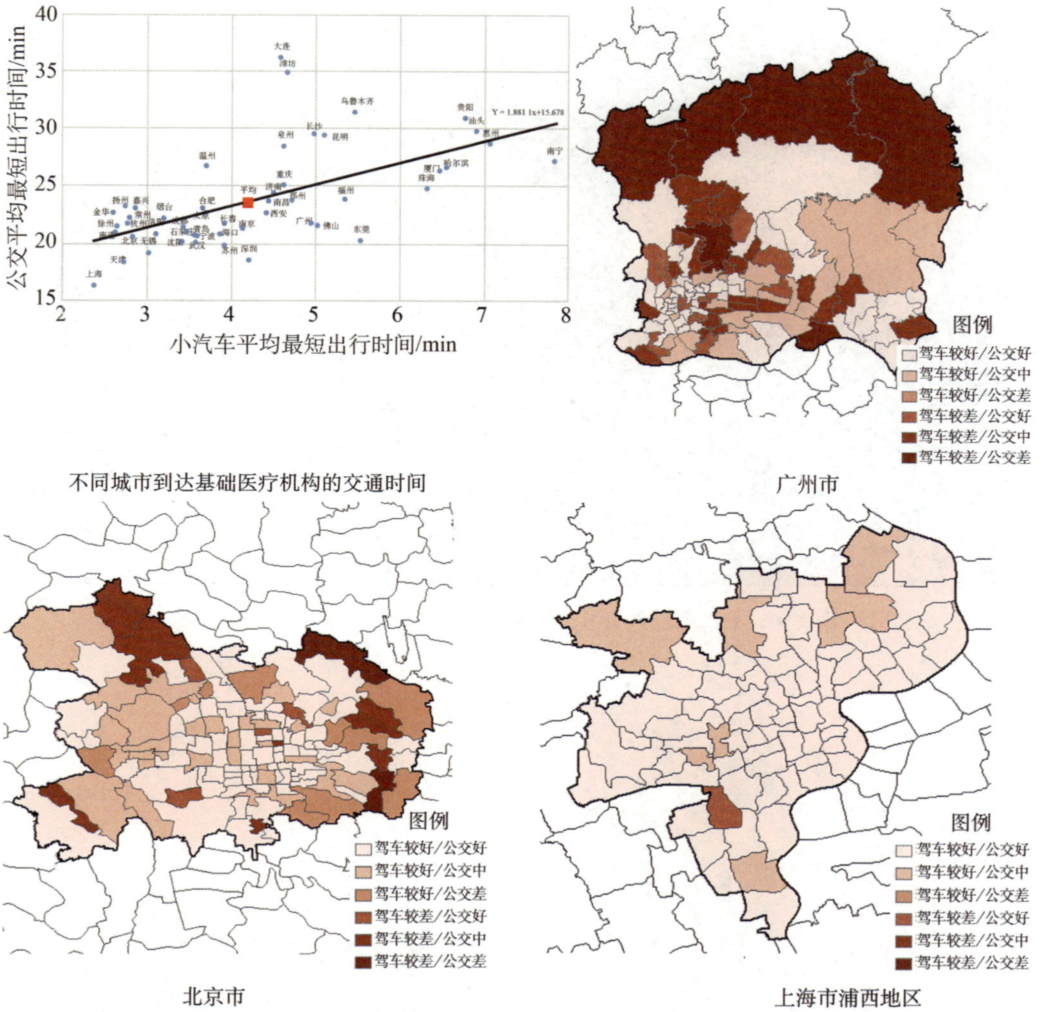

图 9-5　部分城市到达基础医疗机构的交通条件分布差异(2006 年数据)[9]

3. 空间中的社会活动维度

空间中的社会活动维度,反映了一种社会活动和在社会组织推动下实现的空间认识、空间生产与空间使用的过程。

城市社会治理的重要举措,推动与空间相关的制度变革。对上海市城市治理体系建设的概略梳理,有助于厘清社会空间中与政府关联的属性结构。1978—2018 年,上海市在推进城市治理体系建设方面主要有以下六大举措[11]。

(1) 着力转变政府职能。为满足不断变化的城市建设需要,上海市围绕转变政府职能,大力推进政府机构改革:1982—2018 年,持续开展了多次政府机构改革。从组织结构上,率先整合规划与国土部门,成立了规划与国土资源管理局,实现城市规划与土地利用规划“两规合一”;2000 年,全面开展行政审批制度改革,率先推进行政审批标准化

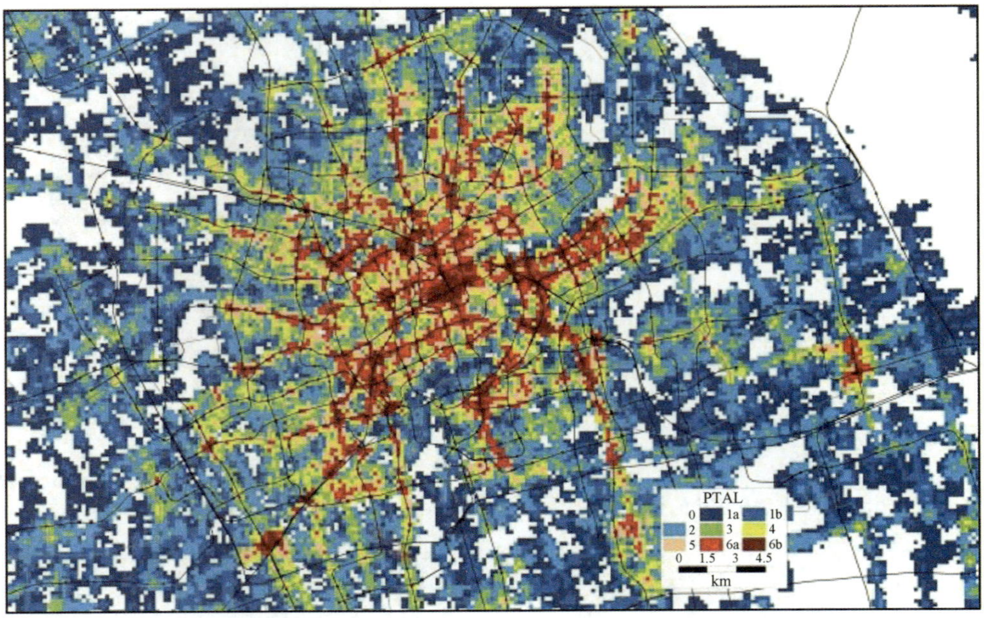

图 9-6 上海市进入公共交通系统便利性水平(PTAL)分布[10]

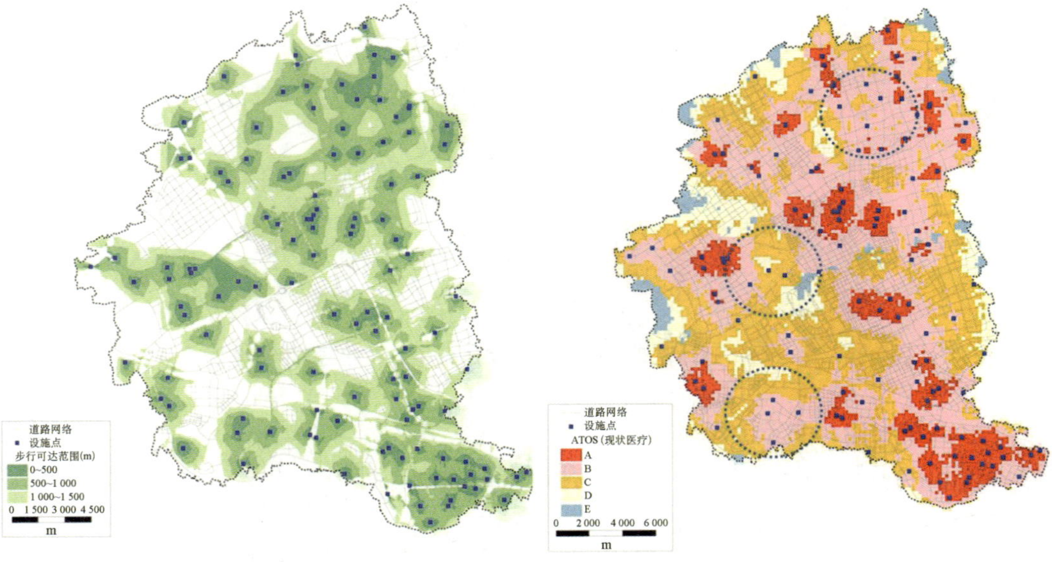

(a) 步行可达范围 (b) 医疗服务获取可及性评估

图 9-7 上海市嘉定区现状医疗设施步行可达范围和服务可及性

管理,实现行政审批评估评审改革;2004 年,在全国省级政府中率先制定出台了《上海市政府公开信息规定》。

(2) 着力探索“两级政府、三级管理、四级网络”的城市管理体制。通过下移管理重心、下放管理权力、下沉管理资源,在 20 世纪 90 年代后半期形成了独具特色的城市管理体制。

(3) 着力发挥企业和市场的作用。1995 年,上海将 19 个专业局改制为企业集团或者控股公司;2003 年,成立市国有资产监督管理委员会,采用政府购买服务方式,大力推进城市管理领域中养护作业的市场化;1999 年,上海社会信用体系建设在国内率先起步,着力构建以制度为核心、以数据为基础、以平台为抓手、以应用为关键、以行业为支撑的"五位一体"信用体系发展模式。

(4) 创新社会治理。上海在全国较早开展社区建设,自觉探索基层社会治理体系,由单位制、街居制向现代化社区制转型。至 2015 年年底,已在全市所有街镇建立网格化综合管理中心,形成了以空间、时间全覆盖,信息系统互联互通为特征的上海模式。

(5) 着力强化依法治市。2008 年,在筹备世界博览会期间,上海市人大常委会通过"决定"的形式,针对筹备工作中已经出现及可能的问题,授权上海市政府在社会治安、道路交通等领域,采用临时性行政管理措施,制定政府章程附属发布决定。在行政执法方面,以城管执法和市场监管两支队伍为关键突破点,探索建立符合工作规律和行业特点的单独序列管理制度,建设符合现代化国际大都市管理要求的职业化、专业化执法队伍。

(6) 着力加强社会主义民主政治。建立人大、政府、政协各负其责、协调一致的工作格局。通过组织设置、干部管理、运行机制和支持保障的改革,增强群众团体的工作力量;将各类资源下沉到基层,进一步加强群众团体的协同运作。初步形成了党政智库、科研院所智库、高校智库及智库协调发展的地方智库格局。上海在公众参与城市治理方面进行了积极的探索。

从上海市的实践过程中可以看到,城市治理体系变革过程具有从完善科层式模式效能逐步向更加开放的网络模式过渡的特点。在科层式的架构内,强调由训练有素的专业人员依照既定规则持续运作的行政(管理)体制。在此背景下,城市的空间生产和使用突出技术理性,行政官僚和技术精英发挥着主导作用。伴随"人民城市"理念的贯彻,公众参与城市规划活动的模式在不断探索中,社区规划师制度、在地组织等都在不断推进(参见附录 A)。

目前正在推进的国土空间规划体制,将与空间相关的规划政出多门的问题,作为国土空间治理的重要组成部分而进行改革。"建立国土空间规划体系并监督实施,将主体功能区规划、土地利用规划、城乡规划等空间规划融合为统一的国土空间规划,实现'多规合一',强化国土空间规划对各专项规划的指导约束作用,是党中央、国务院作出的重大部署"[12]。这对空间资源的使用与管理产生了深远的影响。

简而言之,社会空间中的政府关联属性包括组织结构、管理体制、政府与企业及市场的关系、社会治理模式、法律体系、民主政治。

城市居民的空间活动行为,包括居住选址、就业所形成的空间关系以及居民出行的交通方式选择行为,极大地影响了城市空间重塑。例如,尽管政府将公交优先确定为国家战略，但伴随出行需求的多样化与相对单一的公交服务之间矛盾的增大，城市居民的出行偏好仍然倾向于个体化交通，而 2020 年的新冠肺炎疫情冲击，更是使得常规公交运量快速下降。同时，由此加剧的道路交通矛盾又促使政府更加强化道路系统的建设。

尽管政府力图推动城市空间生产和空间使用的理性化的科学进程，但实际上针对城市空间的政策议程是一种多源流共同作用的过程[13]。问题源流伴随时代变迁，其矛盾焦点在不断变化，从早期的基础设施还欠账，到当前的不平衡、不充分，内在的基本矛盾不断演化，表象呈现出不同的形式。政治源流主导了地方政府和相关部门的政绩观，影响了政策议题的优先性。近年来，生态文明的发展观，以人民为中心的执政理念，极大地推动了城市空间治理的相关政策议题的形成。政策源流对政策议程的影响巨大，部门间的认识差异、政策网络的成熟程度、社会不同群体的话语权等，极大地影响了有关城市空间的政策制定过程（图 9-8）。

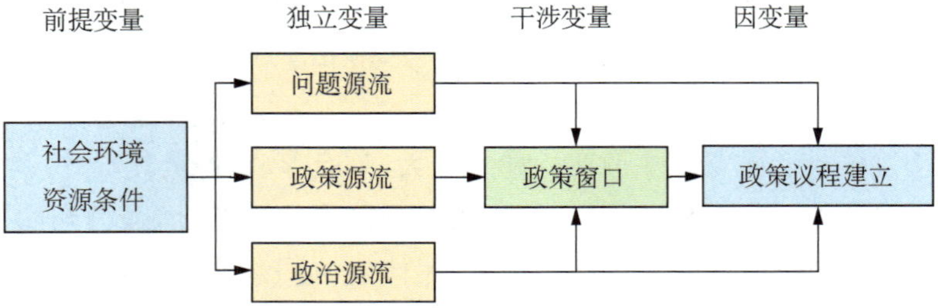

图 9-8　城市交通中的多源流与政策议程

9.2　信息空间的建构

信息空间的形成是一种社会与技术交互作用的过程。面对社会的质变和技术变革，城市交通治理的知识建构①成为信息空间最重要的内核。网络为信息空间知识建构提供了技术条件，不同类型行为主体对于问题的不同理解和解释，则形成了信息空间知识建构的广泛来源。

传统的知识生产和评价的方式寻求从制度上保障社会获得“正确”知识内容，广泛采用的同行评价机制背后，是社会公众对于专家权威性的集体认同，而学习者只是被动地接受、复制和传播知识。互联网时代信息空间中的知识内容是一种集体的共同创造过程，大量行为主体的参与和贡献构成了网络中重要的集体协同，不同行动者之间互动、探讨、分享、交流与合作，形成一种互动磋商并达成共识的过程。与此同时，网络环境下信息空间中的知识建构，正在造就一种知识生产与共享的新范式。正是在网络信

① 引用自建筑学的词汇，原指建造起一种构造，在此特指搭建起信息空间的结构。

息空间支持下，各种虚拟合作和协同创新方式得以实现。在此背景下，需要寻求新的质量控制机制为信息空间中知识生产提供保障，积极主动创造良性的信息空间建构成为城市交通治理的重要任务。

9.2.1 基础网络层级的“战场建设”

由于城市交通所具有的复杂适应系统属性，对其进行连续、全面的追踪观测，是城市交通规划、城市交通设计乃至城市交通管理不可或缺的技术基础；城市交通会产生复杂的社会影响，对此进行广泛的交流与沟通，是在不同社会群体中达成共识的前提条件；城市交通对策涉及广泛程度上社会利益的调整，客观、公正地评估各类群体在公共资源分配、交通政策、交通管理措施实施中的利益得失，是有效推进公众参与的保障；城市交通建设涉及不同部门和行业，及时充分的信息沟通，将有助于跨部门、跨领域的协同推进；城市交通学科正处于变革发展阶段，在跟踪学习国际研究成果的基础上，深化对中国城市交通行为的观察将促进自主创新的进程。这一切均有赖于基础数据的采集与共享，因此针对城市交通的基础数据采集、加工、发布网络的建设，具有在信息战争中与实战战场建设相类似的战略意义。

1. 基础数据采集

城市交通信息空间中的大部分数据，来自某种针对特定目的构建系统数据的开放共享。与单一用途的交通信息系统（例如道路交通信号控制系统等）不同，交通信息空间中基础网络层级的数据采集，关注通过将各种有价值系统有效地联结或网络化成有机的整体来获得更为全面的数据采集能力。这一数据采集体系具有非常明显的异构性：数据内涵、数据精度或者信度、数据结构、采样规模、采样频率等均存在很大的差异性。对于这种技术环境，如何实现规则基础上的数据共享，如何获得可信数据，如何做到适时响应，是关系到总体性能的主要问题。针对这种技术环境的技术治理手段，包括技术标准和技术规范，网络自治模式，以及基于区块链、人工智能等的技术工具辅助模式。

准确的数据定义是基础中的基础。以交通流参数为例，根据交通信息的采集位置和观测空间范围，观测技术可以分为地点采集和区间采集[14]；根据交通信息的观测视角，观测技术可以分为固定空间视角和随车视角[15-16]；根据与被观测对象的交互程度，观测技术可以分为独立式和交互式[17]（表 9-3）。

表 9-3　　交通流参数观测方法的类型

	地点采集	区间采集
根据交通信息的采集位置和观测空间范围	主要采集检测位置处的交通状态，例如感应线圈检测技术、微波检测技术、雷达检测技术	观测技术主要通过空间区间上成对布设的检测器，采集道路区段范围的交通状态，例如 GPS 浮动车技术、车牌照识别技术、车辆自动识别技术

（续表）

	固定空间视角	随车视角
根据交通信息的观测视角	从固定空间角度，以“旁观者”的视角“俯瞰”道路的交通状态，例如感应线圈检测技术、微波检测技术、雷达检测技术、车牌照识别技术、车辆自动识别技术	从被采集车辆的角度，以“参与者”的视角观测道路的交通状态，例如 GPS 浮动车技术
	独立式	交互式
根据与被观测对象的交互程度	观测技术的被检测车辆不会接收或者向检测系统发射信号，例如感应线圈检测技术、微波检测技术、雷达检测技术	观测技术需要被检测的车辆安装车载终端或者内置通信设备，与检测系统进行通信以生成车辆移动信息，例如 GPS 浮动车技术、车牌照识别技术、车辆自动识别技术

在不同的观测数据基础上，针对交通流的建模方式也有所不同[18]（图 9-9）。经典的交通模型体系多基于定点车流观测环境，根据固定时空间隔采集的观测数据，构建基于固定时间和空间坐标系的交通状态演变模型，且关注的交通状态参数多为流量、密度、速度。这类交通流模型被命名为欧拉坐标系（Euler，X-T）交通流模型[19-20]。在 X-T 交通流模型中，交通状态参数被构建为时间、空间变化的函数。Leclercq 和 Laval 等于 2007 年、2012 年先后发现在 X-T 坐标系以外的拉格朗日-时间（Lagrange-Time，N-T）坐标系和拉格朗日-空间（Lagrange-Space，N-X）坐标系[21]，统称为“拉格朗日（Lagrange）坐标系”。Leclercq，Laval，Jin 等[22-23]创新性地在时间、空间维度以外，提出了车辆维度。因此，拉格朗日坐标系也被称为“车辆（Vehicle）坐标系”。交通状态在拉格朗日坐标系中可描述为车辆与时间/空间的变化函数。

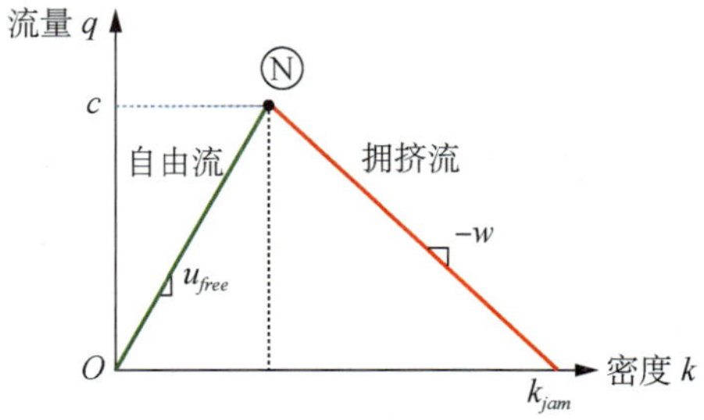

(a) 欧拉坐标系交通基本图

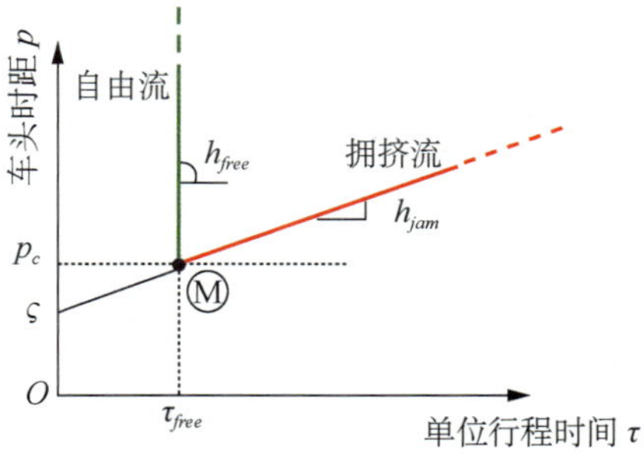

(b) 拉格朗日-空间坐标系交通基本图

图 9-9 欧拉坐标系与拉格朗日-空间坐标系中交通基本图对比

过多的细节说明将加重使用者的应用难度，合理地加以标准化有着越来越重要的意义（表 9-4）[24]。因此，准确的数据定义并非将数据类型无节制地细分，而应要求数据生产和发布者说明数据采集方法及处理逻辑，以应对某些差异性使用中的特殊要求。同时，作为技术治理的重要组成部分，应重视对于各种基础数据采集和处理方法所产生差异性的研究，为标准化提供相关的技术支撑。

表 9-4　相关的标准化经典理论

经典理论	具体内容
T. R. B. Sanders 的标准化理论[25]	1. 标准化从本质上看是社会有意识地努力达到简化的行为； 2. 标准化不仅是经济活动，而且是社会活动； 3. 出版标准如果不实施，就没有任何价值； 4. 在制定标准时，最基本的活动是选择以及将其固化； 5. 标准要在规定的时间内复审，必要时还应进行修订； 6. 在标准中规定产品的性能或其他特性时，为了判断物品是否同规定相符，必须规定进行试验的方法； 7. 关于国家标准以法律形式强制实施的必要性，应根据该标准的性质、社会工业化程度、现行的法律和客观形势等情况慎重地考虑
松浦四郎的标准化理论[26]	1. 标准化本质上是一种简化，是社会自觉努力的结果； 2. 简化就是减少某些事物的数量； 3. 标准化不仅能简化目前的复杂性，而且能预防未来产生不必要的复杂性； 4. 标准化是一项社会活动，各有关方面应相互协作来推动它； 5. 当简化有效时就是好的； 6. 标准化活动是克服过去形成的社会习惯的一种运动； 7. 必须根据不同的观点，仔细选取标准化主题和内容，优先顺序应从具体情况出发来加以考虑； 8. 对“全面经济”的含义，由于立场不同会有不同的看法； 9. 必须从长远观点出发来评价全面经济； 10. 当生产者的利益与消费者的利益发生矛盾时，首先照顾后者，理由是商品生产的目的在于消费或使用； 11. 使用简便，最重要的一条是“互换性”； 12. 互换性不仅适用于物质东西，而且适用于抽象的概念或思想； 13. 制定标准的活动基本上就是选择，然后保持稳定； 14. 标准必须定期评审，必要时进行修订，修订时间间隔视实际情况而定； 15. 制定标准的方法，应以全体一致为基础； 16. 采取法律形式强制实施标准的必要性，必须考虑标准的性质和社会工业化水平，慎重行事； 17. 有关人身安全和健康的标准，通过法律实施是必要的； 18. 用精确的数值定量地评价经济效果，仅对于使用范围狭窄的具体用户才有可能； 19. 在许多标准化项目中确定优先顺序，实际上是选择的第一步

2. 数据层和特征层的信息融合

信息技术中的信息融合概念包含的三个核心内容如下：第一，信息融合是在多个层次（在每个层次上进行相应级别的信息抽象）上完成对单一数据源获取的多种属性特征，以及多数据源信息的处理过程；第二，信息融合包括探测、互联、相关、估计以及信息组合等多个步骤；第三，信息融合结果包括由低层向高层的数据层融合、特征层融合以及决策层融合，基础网络层级涉及前两层级的信息融合问题。

数据层融合是指在特征样本采集中利用数据融合的方法，对采集样本进行评估和修补，以获得更高质量特征样本的技术方法。在城市交通领域，通过数据融合技术对单一数据源数据缺失和不完整等问题进行修补，实现提升数据精度/信度，以及最大限度扩展数据资源的目的。

以上海市综合交通调查为例，针对存在的调查误差、扩样误差等多方面影响，利用移动通信数据、轨道交通进出站闸机数据、车辆牌照数据等大数据资源，对于城市综合交通调查数据进行校核，并将调查样本获得的属性特征进行扩样，这是提高基础数据质量的重要工作（图 9-10）。

特征层融合是指在对多个特征样本（不同种类、不同采集源或者不同采集条件等）分别提取特征，或者对同一数据源数据利用不同数据提取方法来获取特征（全局的、局部的或者不同细节的）的基础上，利用数据融合方法对这些特征进行处理，得到一个修正的、更加具有抗扰动性的特征表达。

例如采用两种手段得到的道路行程时间检测数据——基于浮动车数据（Floating Car Data，FCD）和基于牌照识别（检测断面间）数据。经过对数据的分析可知，两种方法检测所获得的时间数据序列虽然具有各自长期的波动规律，但两者之间具有协整规律，存在着一个长期稳定的比例关系[28]。因此，可以利用这种协整关系将两种时间序列数据进行融合，从而得到更加准确的行程车速。即可以建立误差修正模型进行估计：

$$\Delta \ln P_t = \alpha \Delta \ln P_{t-1} + \beta \Delta \ln F_t + \gamma ecm_{t-1} + \varepsilon_t \tag{9-1}$$

式中，P_t 为基于牌照识别数据测定的行程车速；F_t 为基于 FCD 测定的行程车速；ecm_t 为误差修正序列；α，β，γ 为待定系数；ε_t 为信号噪声随机项。

在模型中，各差分项反映了变量短期波动的影响，被解释变量的波动可以分为两部分：一部分是短期波动，一部分是长期均衡。在根据实测数据构建的模型中，短期 FCD 的变化会引起牌照识别数据向相反方向的变化，而上一阶段牌照识别数据的波动，也会引起牌照识别数据反方向波动，反映了交通系统维持行程时间均衡的惯性，系数 γ 的数值大小反映了对偏离长期均衡的调整力度，表明误差修正模型的优势所在。

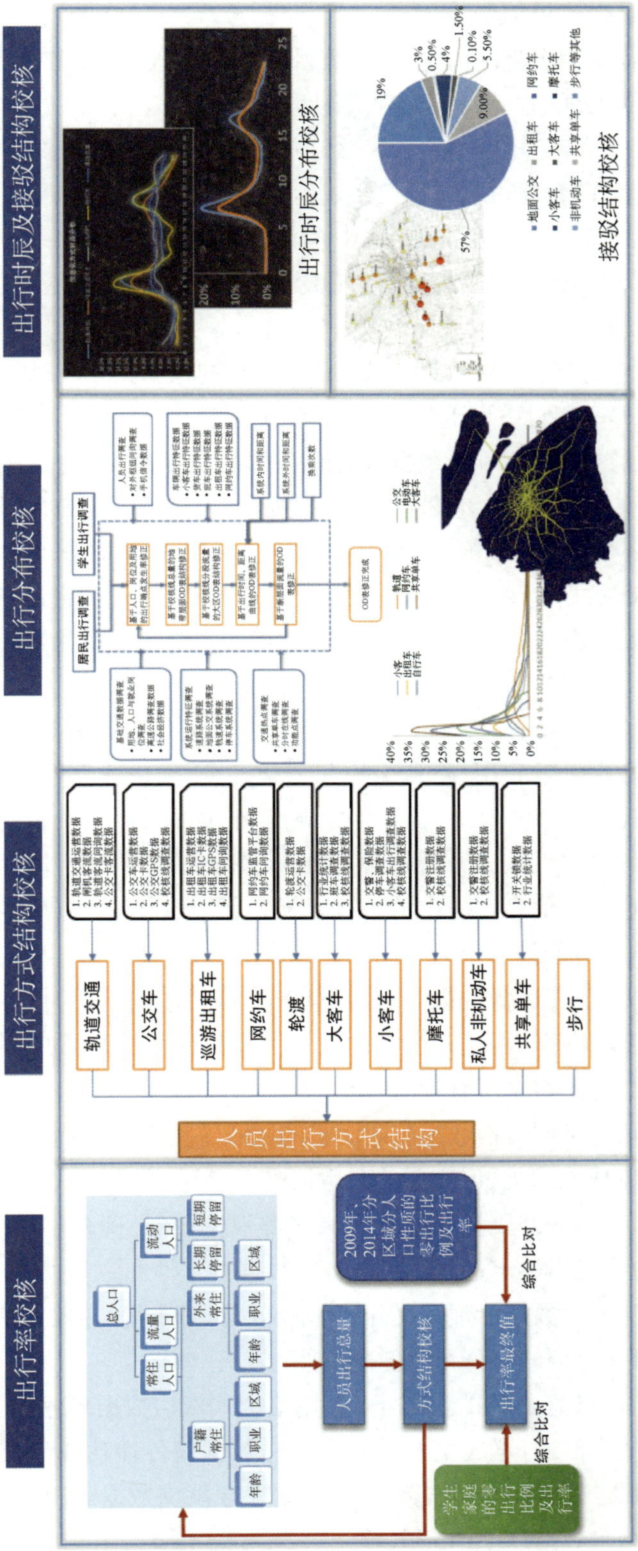

图 9-10 上海市交通调查人员出行特征数据融合处理示意[27]

9.2.2 关联网络层级的可信数据流通

城市交通需要借助信息空间的能力，突破目前的发展瓶颈。释放数据资源的潜能，是城市交通治理的重要任务。为此，必须实现可信、安全、透明、可计量的数据共享、流通、交换和交易。

伴随数字经济发展，数据可信流通已经成为受到广泛关注的重要问题。2019 年，德国正式提出“盖亚计划”，旨在为欧洲打造一个具备竞争力、安全和可靠的数据基础架构，包括数据生态系统、联邦服务和云计算、边缘计算和数据存储等基础设施生态系统。

2019 年，日本工业价值链协会发布《互联产业开放框架(CIOF)》，其特征为：一是采用数据流通合同形式定义数据的使用许可范围、供需双方的权利义务，以及数据使用过程中衍生的其他问题；二是采用自下而上的方式，由数据提供方和数据使用方直接进行对接，逐步形成双方认可的数据字典，保障数据流通的独立性；三是现场数据和相关数据资产由 CIOP 系统直接管理，并通过区块链技术保证数据按需加密和传输，以防数据伪造。

2020 年，欧盟委员会先后发布《欧洲数据战略》[29]和《欧洲数据治理条例》，提出在保证欧洲公共利益和数据提供者合法权益的条件下，构建工业、绿色政务、出行移动、健康、金融、能源、农业、公共管理、技能等九大数据空间，实现更广泛的数据资源释放和国际数据共享。

2021 年，我国发布《国民经济和社会发展第十四个五年规划和 2035 年远景目标纲要》，明确提出统筹数据开发利用、隐私保护和公共安全，加快建立数据资源产权、交易流通、跨境传输和安全保护等基础制度和标准规范，推动数据跨境流通。

尽管城市交通领域的大数据分析技术得到一定程度的发展，但还没能真正跨越数据流通的门槛。城市交通信息空间中的数据来源广泛且复杂，既包括移动通信信令数据、车辆牌照数据这样可能涉及个人空间活动隐私的数据，还有可能包括企业关键运营信息的货物运输数据、公交运营数据，以及可能产生社会影响的研讨中规划方案数据、工程设计方案数据等，因而需要通过必要的技术手段和市场规则保护个人隐私、企业商业信息、政策性信息，保护数据所有者的利益。

推动城市交通信息空间可信数据流通面临的困难主要有三方面：一是质量控制难，高质量数据是共享流通的基础，但交通关联数据来源广泛，采集方式多样，记录标准、频率和时间千差万别，导致数据质量参差不齐和资源浪费；二是确权难，交通关联数据涉及主体众多，主权边界难以界定；三是交易难，对数据安全性和数据所有者利益的担心，极大限制了数据的流通。数据治理需要开展前瞻布局，加强制度供给，平衡好开发与保护的关系，为数据要素价值的充分释放创造条件。

从技术角度来看，目前数据共享流通多使用集中式双边数据传输模式，一种是通过数据交易平台进行共享流通，达成交易的各方通过数据包传递达成的交易，在金融、政务、消费、证券等领域已经取得显著成效；另一种是基于明文数据 API 接口进行流通，将加工处理完的单方结果数据以 API 形式输出，一定程度保护了用户隐私信息以及降低二次利用的可能性，但同时也降低了数据价值融合的可行性，难以释放数据协同共享的价值。需要寻找一种新型数据共享流通的解决方案，在数据价值释放和数据安全需求中寻求平衡。

在此背景下，通过合作联盟方式打造可信数据空间，构建数据生态系统，是城市交通信息空间关联网络层级需要完成的重要任务。实现此目标需要解决的问题包括系统架构、技术视角、标准体系。

工业互联网产业联盟联合中国信息通信研究院提出的建立可信工业数据空间[30]，展示了一个可供参考的未来架构。中国信息通信研究院发布的《可信工业数据空间系统架构 1.0》白皮书中，调查了工业数据中供需双方的诉求（表 9-5）、消除数据流通顾虑的约束手段及数据管理技术手段（图 9-11）的情况，并提出了可信工业数据空间的系统架构（图 9-12），是一个值得参考的技术工作模板。

表 9-5　　工业数据流通中供需双方的需求[30]

数据提供方	数据使用方
双方达成明确的数据使用限定协议	数据来源清楚，可溯源
使用技术手段获知使用方是否按照协议执行	数据提供方身份可信
使用方具有可信的实名身份	数据质量有第三方保证
有技术手段可以保证合同的正常执行	数据集市可以提供数据目录
可信的监管方第三方权威机构等	数据交易过程中有第三方进行见证
数据使用完后销毁数据并提供证据	
监管方认定的数据流通场所	

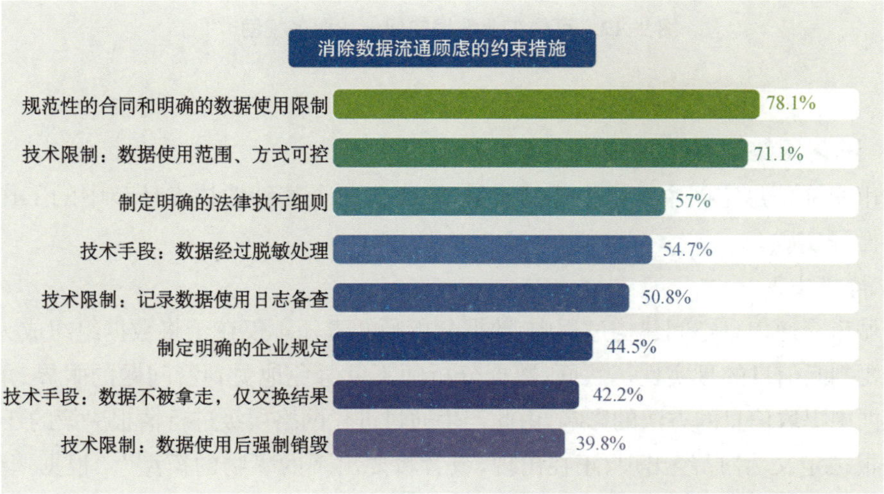

(a) 消除数据流通顾虑的约束手段

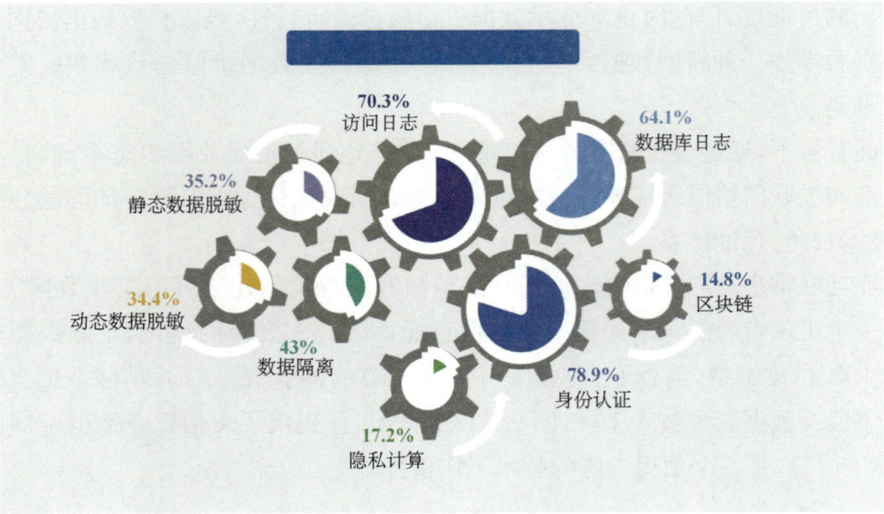

(b) 数据管理技术手段

图 9-11　消除数据流通顾虑的约束手段及数据管理技术手段[30]

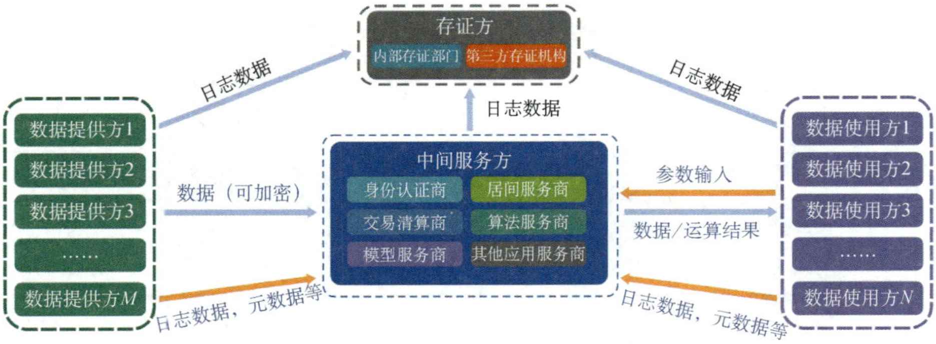

图 9-12　可信工业数据空间——业务视图[30]

9.2.3　进化网络层级中的知识生成

城市交通信息空间中知识生成的质量，取决于两个基础性技术环节中的工作：情报决策和循证实践。

1. 情报决策

在城市交通信息空间建构过程中，数据分析师的责任不仅在于将数据组织成为信息，而且还要判断信息的真实性。然而，数据分析师不可避免地受到看问题的眼界、角度，以及从数据中提取信息的方法的影响，由此产生通过进化网络层级进行情报决策的任务。

情报被定义为“已经出现、正在出现，或者将要出现的事物的模型”。根据情报所包含的信息，模型可能包含或多或少的细节，但不会是客观事物的绝对表现。而且，在制定城市交通对策过程中，决策者也并不需要客观事物的绝对表现，他们真正需要的是与决策问题相适应的抽象。因此，情报决策不仅意味着区分正确情报与虚假情报，而且需要淘汰多余的细节。

交通大数据分析中的情报决策分析与传统交通调查数据的质量控制不同，最关注的不是精度，而是与决策问题相适应的信度。由于所获得的绝大部分信息是间接信息，其信息密度具有局限性。在交通大数据分析情报决策中，一方面需要强调的是依据间接证据形成证据链，进而形成科学判断的能力；另一方面需要强调基于不完备数据的信度评估，明确与事实的模糊距离。前者强调多角度、多渠道获取相关信息后，通过专业逻辑进行判断；后者强调每种数据分析必须清晰地说明处理环节和可能产生的误差。大数据分析不怕误差存在（甚至是很大的误差），但是不知道误差程度则会导致信息完全无法使用。概括来说，交通大数据分析的情报决策过程包括观测数据压缩和特征提炼、根据关联判断因果、构建证据链形成情报决策判断三个基本步骤。

1）观测数据压缩和特征提炼

正确的情报决策是以严谨恰当的特征提炼为基础，随着技术资源的变化，特征提取方式也需要做相应的调整。例如，过去通过交通调查获得一天的 OD 数据，用以推算未来交通需求；现在，通过移动通信数据可获得数十天乃至更长时间的"OD"数据，如果只把这些数据通过数学平均变成一张日 OD 流量表，则在相当程度上丧失了时间维度上的波动特征信息。图 9-13 所显示的上海市和深圳市地铁 OD 时空数据，采用高维矩阵压缩算法[31]分解成为带有稳定规律的低秩空间矩阵（确定型）、带有特殊外界冲击特征

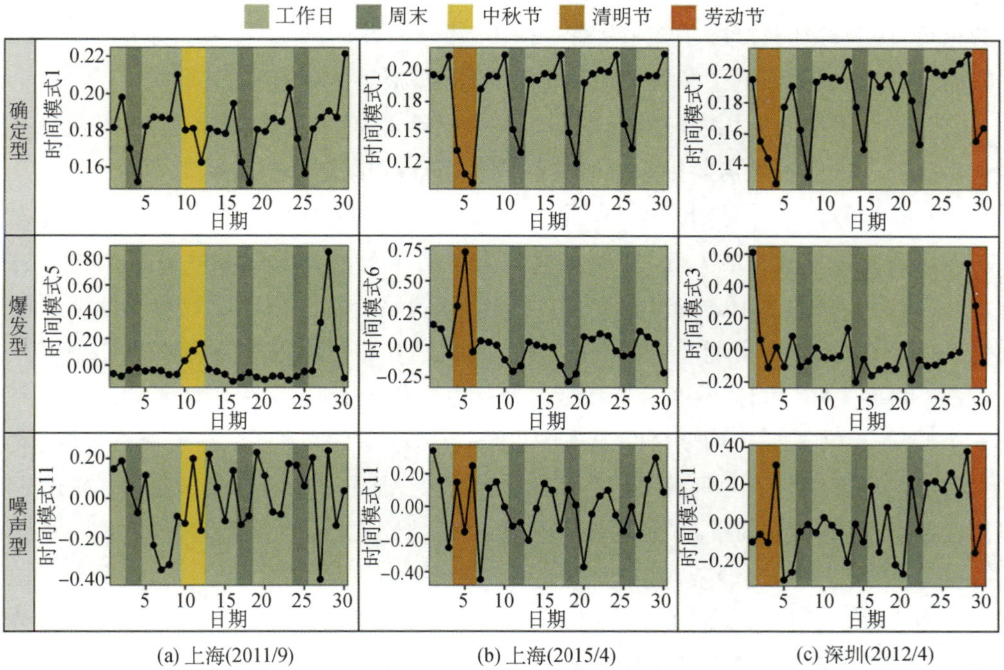

图 9-13　上海市与深圳市地铁 OD 的日变指数随日期的波动[32]

的稀疏空间矩阵(爆发型),以及具有随机扰动特征的随机空间矩阵(噪声型)之后,分别对应时间向量的变化,借此可了解常态客流的变化规律、节假日的影响,以及突发事故(如 2011 年 9 月 27 日上海地铁 10 号线列车追尾事故)所带来的影响。

2) 根据关联判断因果[33]

对于城市交通面临的大量前景性判断决策问题来说,最重要的信息是因果关系信息,但大数据分析应用最为困难的问题,恰恰是因果关系往往是一种被隐含在关联关系中的间接信息。因此,可信度评价最主要的任务,是确定所观察到的关联关系是否有可能隐含因果基础。

关联分析是大数据技术中普遍应用的简单、实用的技术,通过从大量数据中发掘存在中间的关联性或相关性,来识别事物中某些属性同时出现的规律和模式。数学意义上的关联关系是指变量之间的相关性,在一个变量发生变化的同时,另一个变量伴随发生变化,但不能确定一个变量所发生的变化是不是另一个变量变化的原因。当两个变量 X 和 Y 之间有关联关系时,对于这种关联关系的了解程度可以划分为由低到高的不同层次:①只能判别 X 和 Y 之间有关联关系;②可以识别关联关系的时序;③能够度量关联关系的强度;④能够确定两个变量的联合概率或联合频数分布。

因果关系是一个事件(因)和第二个事件(果)之间的作用关系,在数学形式上则表现为变量之间的依赖性,表达为原因变量变化引起结果变量变化的映射。对两个变量 X 和 Y 之间因果关系的了解程度同样具有由低到高的多个层次:① 只能确定 X 和 Y 之间有因果关系;② 可以判定 X 和 Y 两个变量中,何者为“因”,何者为“果”;③知道因果作用的正负方向及影响程度;④知道因果关系的部分条件;⑤知道因果关系的全部条件。一般而言,对因果关系的了解常常止步于第③层次,很难达到第④、⑤层次。

大多数城市交通应用领域的问题研究并非基于受控实验,而是依托自然观察或数据资料统计。因而首先需要排除虚假关联情况,即辨别问题中的关联类别。

(1) 虚假关联。所谓“虚假关联”是指变量与变量之间本无关联,但由于研究过程中存在偏倚或使用了错误的方法,使两变量间表现出了统计学上的关联关系。一般情况下,导致虚假关联的原因是选择偏倚、信息偏倚和偶然巧合。在宏微观嵌套框架下进行案例剖析,有助于了解可能产生偏倚的原因,为识别和避免出现虚假关联提供经验。

(2) 间接关联。间接关联是指变量与变量之间本无关联,但由于两者的发生都与另外某个变量有关,从而使两变量间表现出了统计学上的关联关系。一般而言,间接关联是真实的关联关系,但不具有因果关系,主要来源于混杂。根据专业知识,事先确定可能存在的混杂,在设计研究方案时保证研究组内的同质性(例如通过聚类进行概念分层),可以在研究中控制混杂,避免间接关联的产生。

在所发现的统计学关联关系中排除了虚假关联和间接关联,有助于提高因果关系判断的可信度,而这需要有针对性的系统研究成果和经验积累的支持。

在辨识因果关系的过程中,设计研究方案和确定判定证据是两个重要的技术环节。

研究设计方案对于证实因果关系的能力将产生重要的影响，在大数据环境下良好设计的大规模对照研究，所构建的多维视图有助于形成证据链来更加可靠地推断因果关系的成立。面对充满未知和不确定性的城市交通系统，并不存在绝对可信的标准来确定联系是否具有因果性，问题原因推导通常需要充分考虑赋予合理权重的各类型证据。在判定因果时，正确的时间顺序是必备条件，而对联系合理性、联系一致性和计量响应关系也应该给予认真关注。在城市交通因果分析中宜将如下条件作为判别的依据。

(1) 层次结构条件，即“因”为宏观层次要素(慢变量)，“果”则表现为微观行为选择表现(快变量)。

(2) 联系的合理性，当这种联系与本专业或者相关专业已经得到认可的其他知识相符合时，则为因果联系的可能性就大。

(3) 联系的一致性，所谓“一致性”是指并非利用个别案例，而是充分利用大样本观察的优势，在较为普遍的情况下都能够观察到同样或者类似的结果，若干研究者应用不同的观察设计方案得到相同结果，则更加支持其为因果联系的可能。

(4) 联系的强度，以必要的关联强度分析作为支撑，识别可能受混杂及偏倚影响的弱联系。

(5) 计量响应关系，作用检查要素增高(或减低)或时间延长(或缩短)而联系强度也随之升高(或降低)，则称它们之间存在“响应关系”，在无偏倚的研究中发现明显的计量响应关系，则强有力地支持因果联系。

(6) 可逆转性，在不存在作用检查因素的条件下，如果状态发生减少，则两者更可能是因果联系。

结合宏微观嵌套分析框架，可将交通领域的因果推断方法分为两个层面。

(1) 宏观分析层面——最有证明力的方法(most probative methodologies)，包括关联的计量关系、关联的强度、关联的效应，以及基于交通分析理论获取的关联合理性，基于大数据分析技术而展开。

(2) 微观案例剖析层面——最少证明力的方法(least probative methodologies)，包括研究报告、案例报告、调查报告、通过不可靠方法所得的组合证据(combining evidence from unreliable methodologies，每一个证据单独看来都是通过不可靠的科学方法所得，但结合在一起看又都指向同一个证明方向)，以及在宏观条件区分后的专项问卷调查基础上的行为分析。

第一层面为因果推断的主要证据，第二层面则只是在第一层面的基础上增加或减少证明力的辅助证据，离开第一层面的证据不能单独推断因果关系存在与否。

通过以上讨论，不难看出城市交通领域从关联到因果是一项需要持续观测、综合各种数据，并不断探讨的系统工程，很难完全由单个单位或者研究小组独立完成，需要合作知识生产模式的支持。对此将在 9.2.4 小节中进一步讨论。

3）构建证据链形成情报决策判断

构建证据链形成情报决策判断的过程，可以视为决策层信息融合的问题。决策层信息融合是指对数据层、特征层的处理分别进行评估，对单一角度（数据源）的特征向量进行匹配处理，获取各自的特征匹配分数，然后将多个匹配分数进行融合决策，实现问题识别。

信息科学领域内决策层信息融合通常包括匹配层融合和狭义决策层融合。匹配层通过效应指标对证据重要性进行评价，一般采用归因显著度和影响归因分数等表征 X 对 Y 的影响效应的度量。归因显著度指 Y 伴随 X 出现的比率与 Y 未伴随 X 出现的比率之差；影响归因分数的计算方式为：（受影响观察组的事件发生率－不受影响对照组的事件发生率）/受影响情况观察组的事件发生率。

基于简单特征（单一证据）的识别结果，匹配层输出的是单一判断的某种距离表达，然后根据一个确定的阈值做出是与非的判断；但是，对于多特征（多项证据）识别来说，匹配输出的结果往往是一个多维向量，向量中每一个要素表示一个不同来源的匹配结果，决策层融合算法研究的目的就是在这样一个向量空间做出类内或者类外的划分。目前，在狭义决策层研究最多的是基于贝叶斯网络[34]、D-S证据理论[35]和神经网络的融合算法[36]。

2. 循证实践

城市交通信息空间中最有价值的信息是解决前景性问题（prospective questions）的知识。

针对前景性问题的循证判断模式是传统预测概念的拓展，其能力产生于循证实践过程之中。也就是说，在面临判断决策结构上的不完整性、多因一果的不确定性和信息缺失的不利因素时，需要通过循证实践来增强判断能力。

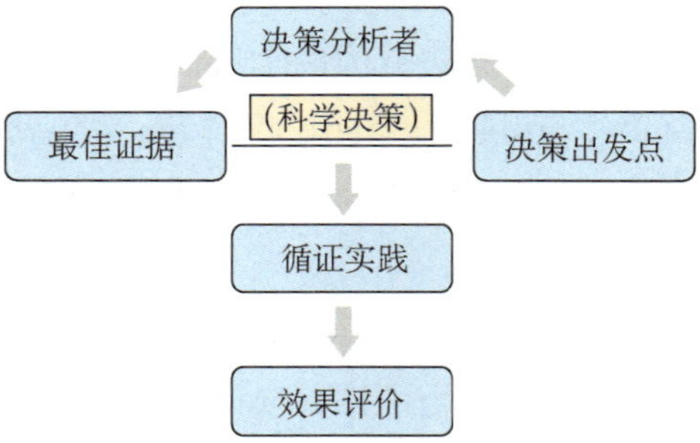

图 9-14　循证实践示意图

循证实践包括四个基本要素：决策分析者、决策研究对象、最佳证据和决策环境。城市交通领域循证科学应用的主体是决策分析者，决策依赖于决策分析者，但并不由决策分析者来决策。决策分析者需要发掘研究对象的问题，采用最佳证据做出相应决策分析（图 9-14）。

决策分析需要有充分的科学依据，即当下最佳证据（Current Best Evidence，CBE）。CBE的来源应当是被证明有效的研究成果，除了从教科书、学术专著、专业研究报告、研究方法与指南、学术刊物、二次研究资料库等中发掘最佳证据以外，在宏微观嵌套框架下的案例分析，因其所具有的系统性，具有最高的证据质量（参见 10.3 节中的讨论）。循证科学的本质是使用证据，而在使用证据的过程中发现证据缺乏、证据质量欠佳或存在需要进一步研究的缺陷，进而进入证据发掘的过程，即循证研究。

最佳证据的分析研究应建立在系统评价（systematic review）的基础上，用批评性接受的态度。循证源于问题，一般只能依据现存的理论、知识，结合循证者的经验进行分析和推导，从而提出相应的假设（hypothesis）；经反复论证，对有价值的研究予以立题，做出详尽的研究设计。抉择方案则需要考虑缘起和不利因素的特征和实践的应用。

对策略实施后的事态演变、结果判定是循证实践过程中的重要内容。持续追踪的研究需求，体现出本地规划设计单位参与循证实践的重要性。只有通过科学的循证分析过程，搞清楚影响结局的因素（预后因素，prognostic factor），才能从容地提出决策分析意见，调动能够改变结局的要素，最终达成目标。

9.2.4 内容网络层级中的知识组织

城市交通信息空间的知识组织主要涉及两方面的内容：运用知识图谱对于固化知识进行组织以满足查询等的需求；通过知识网络的组织方式以满足动态知识生产的需求。

1. 知识图谱技术的应用

城市交通学科本身呈现出学科交叉和学科边缘研究的特点，把握信息空间知识层的变化成为知识组织的一项任务。

源于Google的知识图谱技术，提供了一种从海量文本和图像中抽取结构化知识的手段。知识图谱技术逐步发展成为人工智能技术的重要组成部分，通过以结构化的方式描述客观世界中的概念、实体及其之间的关系的方式，提供了一种更好的组织、管理和理解互联网海量信息的能力，将互联网的信息表达成更加易于理解的人类认知形式。

交通领域中利用知识图谱把握研究动态的工作，已经取得了不少初步经验。例如，针对土地利用与交通关系研究[37]，基于Web of Science数据库中的678条英文文献与中国知网（CNKI）中557条中文文献记录，通过CiteSpace文献分析工具，分析了国内外相关领域的研究热点及其演化。结果表明，国内外研究热点演化趋势虽然相似，但在时间上存在差异。国外高频被引文献包括实证性和综述性文章，主要关注微观个体行为与建成环境之间的关系，公共交通和中国是最近两年的热点研究方向。国内高频被引论文多为宏观层面的研究，且更加聚焦于实践。

在公共自行车出行研究进展的知识图谱分析中[38]，采用知识图谱分析和传统文献研究相结合的方法，利用信息可视化软件CiteSpace对公共自行车出行研究的高被引文献、热点关键词、热点期刊、热点研究区域、热点作者进行梳理，得出的主要结论为：①研究内容和研究方法日趋多元化，研究主题聚焦于公共自行车用户及其出行特征，公共自行车出行的影响因素，公共自行车对其他交通方式以及健康、环境的影响；②不同地区公共自行车用户社会经济属性和出行特征存在差异，使用公共自行车的出行目的与出行时空分布紧密关联；③影响公共自行车出行的因素主要有用户感受、气候条件和建成环境，公共自行车出行对交通系统、城市环境及居民健康产生了积极影响；④中国公共自行车的发展实践需要从经营运作、规划管理、系统服务、宣传推广4个方面进行提升。

由深圳市城市交通规划设计研究中心牵头，中国城市规划设计研究院城市交通研究分院、同济大学、清华大学、中山大学共同参与的国家重点研发计划项目“城市交通智能治理大数据计算平台及应用示范”，以信息抽取、信息融合、知识推理、知识检索等交通知识图谱的构建和智能分析过程为主线，研究超大规模的广域时空交通知识表达和智能分析技术，构建亿级交通实体的大规模交通知识图谱，支持城市交通“短期状态迁移—中长期态势演化”的敏捷预测与可靠推演[39]。研究内容包括四个方面。

（1）面向城市交通智能治理的交通知识图谱设计及标准化：以城市人群的活动和出行为主线，研究多源异构交通大数据的知识表达。设计交通知识图谱，关联交通主体、出行与活动、交通设施、交通服务、活动空间与城市空间、交通事件、大型活动等城市交通相关实体，最终实现 20 类以上多源异构交通数据的知识表达，满足交通治理的典型应用场景需求。

（2）多元异构数据的信息抽取与信息融合技术：研发信息抽取和信息融合模型，基于多源异构交通大数据，构建亿级交通实体的知识图谱。重点研究交通实体的消歧和共指消解等技术，实现对不同数据源中相同交通实体的识别；基于地图匹配、公交上下车站点识别等时空轨迹识别算法，重点研究交通主体与活动/出行之间的关系，以及出行/活动与交通工具、交通服务和设施、环境等相关实体的关联关系识别。

（3）城市交通知识推理与城市画像技术：研发交通知识推理模型，从知识图谱中发现新的知识，实现全方位的城市画像构建，支撑城市交通的精准治理。重点研发人物画像模型、车辆画像模型、城市空间画像模型三种知识推理模型。

（4）基于图计算的城市交通知识检索：研发交通知识挖掘模型，为智能研判与态势推演等模型提供标准化的知识图谱程序模块。基于交通知识图谱强大的图计算能力，研发交通网络状态变化规律挖掘模型、个人活动/出行规律挖掘模型、交通事件影响挖掘模型、大型活动出行特征挖掘模型等。

该项目所构建的交通知识图谱，在人、货物、载运工具、交通设施、城市功能、产业布局等要素之间建立关联，包含 2 000 万个出行实体、2.9 亿图谱实体和 12.4 亿图谱关系。

城市交通信息空间中的知识面覆盖广，并且合作知识生产模式的地位日益重要。面对由此产生的知识内容碎片化的问题，通过知识图谱将其转变为有效的结构化组织具有重要意义。这是一项长期、艰巨的工作，需要坚持不懈的努力以及广泛的组织合作。

2. 知识网络的建构

知识网络面对的是为知识生产和知识服务的知识组织方法。由于城市交通系统演化的复杂性，以及研究任务的时变性，其知识组织必须围绕生产知识的“人”而展开，而不是以已经成熟固化的“死知识”为中心。因此，内容网络层级应将建构知识网络置于中心工作的位置。

1）知识网络的基础概念

所谓“知识网络”是知识参与者之间的社会网络[40]，能够实现个人、组织与组织外部的知识创造与传递。人们透过知识网络进行信息合作与交流，目标是把技术与人连接起来，实现智力资本、结构资本和用户资本的有效结合。知识网络的参与实体具有共同的关注，从而赋予知识网络以目的驱动的特点。

城市交通信息空间的知识网络可分为内部知识网络和外部知识网络，前者强调组织内部员工间与组织间的知识交流，后者强调组织外部的知识来源，包括依托社会组织形成的学术社区、围绕共同关注问题的非正式合作关系，以及行业以外的各种合作者等。

在城市交通信息空间的知识网络中，存在两种类型的组织实体：网络核心组织与从属组织。这类知识网络与针对城市交通治理建构的政策网络（参见 10.2.2 节）具有紧密关联。网络核心组织在议题网络、专业网络中发挥着骨干作用。

作为知识网络中积极引导知识共享的核心组织，积极推进与其他组织的合作，并将其融入知识网络之中。学会和行业协会作为核心组织的重要成员，所开展的各项知识管理活动贯穿整体知识网络的运作过程，也在相当大程度上影响了知识网络的构建成效。

知识网络中的网络从属组织，指基于某一领域的知识与核心组织展开知识共享的组织，包括企业、企业群体、科研院所、大学、咨询机构等。各从属组织所开展的活动可能只涉及知识网络运作中的一部分。

城市交通信息空间中知识网络的组织结构为多引力中心型组织结构，这是一种网络型的知识组织方式。作为网络节点的各参与机构具有对等的地位，与其他机构保持着多边的关系，每一个参与的机构自身都关注知识的探索与创造，但同时又希望通过参与网络来与其他机构共享知识[41]。

2）城市交通信息空间中知识网络的构成类型

城市交通信息空间中的知识网络构成类型可以划分为实践导向网络、学科建设网络、主题凝聚网络。

实践导向网络是针对发展中的重大实践问题，以相对稳定的组织结构为基础，以促进理念创新和经验交流为目的构建的知识网络。以中国城市交通规划学会为例，其历年年会的主题报告（附表 A-1）反映出对新的技术（智慧交通、车联网）、新的理念（城市包容性发展、有机更新等）、新的任务（节能减排、交通强国、社会治理等）、新的制度框架（国土空间规划等），以及对相关领域新动态的关注，发挥了知识网络中议题设置、经验交流、动态把握的作用；而由国内多个重要的城市交通规划设计单位、研究单位和大学共同参与的中国城市交通发展论坛，则通过主题设置（附表 A-2）、资料分享（论坛微信公众号、《城市交通》杂志）等，呈现了知识网络中知识管理的有效方式。这种类型知识网络中的主题设置强调根据实际发展与时俱进，反映出城市交通领域知识生产的实践问题导向特点。

学科建设网络更为关注理论体系的构建。以城市交通学学科建设网络为例，在汪光焘先生推动下同济大学成立的城市交通学研究院成为其中的网络核心组织，依托国家自然科学研究项目，多个大学、研究单位成为其中的核心成员，围绕学科建设的论坛及教材编写（附表 A-3），促成了网络的基本组织结构。根据教育部的要求，城市交通学定位于交叉学科建设范畴，因而围绕次目标形成知识网络具有显著的跨学科、跨领域特点。

主题凝聚网络围绕一个具有较长时间持续性关注主题，由网络核心组织展开追踪性研究工作，不断发布最新成果，吸引相关组织参与讨论。例如，中国城市规划设计研究院依托自身优势连续发布《中国主要城市道路网密度与运行状态监测报告》《中国主要城市通勤监测报告》《中国主要城市共享单车/电单车骑行报告》《中国主要城市充电基础设施监测报告》《中国主要城市人居环境气象监测报告》，其内容对于城市政府规划建设绩效评价具有很强的影响性，因而促成许多组织的持续参与相关领域的研讨工作。

3）组织记忆与传递记忆

在知识管理领域，有两个与组织的认知活动密切相关的概念：组织记忆与传递记忆，Walsh 与 Ungson 定义组织记忆为“组织历史上存储的信息，此信息可被调出支持现在的决策”[42]，Wegner 定义传递记忆为“关于谁知道谁、谁知道什么、谁在做什么”的知识[43]。一般认为组织记忆存储的是“任务数据——关于任务的性能与问题解决方案”的信息，而传递记忆存储的是“引用数据——关于事物间关系”的信息。

无论是组织记忆还是传递记忆都属于显性知识，必须被显性地加以表达；但是，对于传递记忆而言，它所引用的人则可能不仅具有显性知识，也具有隐性知识。研究表明，在大多数组织中，显性知识只是冰山一角，组织的大多数知识存在于人身上。传统的知识管理强调的是把人的知识显性化、编码化，并存储于组织记忆系统中，把这样的一个过程称作“知识的资本化过程”，其内涵是将原本存在于个体身上的知识转变为组织的知识资本。

这种传统知识组织的认识存在一定的问题：将个体知识转换为组织记忆尽管很有意义，但仍然存在诸多限制，包括耗时、预设知识领域、难以表达非程序化知识等。

作为知识管理发展新趋势代表的知识网络，从组织认知的角度看，是以传递记忆为主要特征的。知识网络的知识组织功能可被描述为：知识网络知识组织＝组织记忆＋传递记忆。其中，组织记忆存储的知识也被称为“一阶知识”（1st-level knowledge），其特点是查询方便，利于快速决策应用；传递记忆存储的知识也被称为“二阶知识”（2nd-level knowledge），其作用是一方面提供关于一阶知识的社会背景与意义，另一方面通过沟通流来实现更高层次的知识创造与发现，从而提供更精准决策的潜力。在知识网络环境下，知识管理的过程不再是单纯地由隐性向显性知识转换的过程，而是在显性与隐性知识之间动态的、持续的互动过程，野中郁次郎称其为“SECI 过程”[44]。

参考文献

[1] 包哲韬，周林. 城市公共空间的复兴——巴塞罗那超级街区计划的经验和启示[J]. 建筑与文化，2021(3)：94-96.

[2] 牛俊伟. 从城市空间到流动空间——卡斯特空间理论述评[J]. 中南大学学报（社会科学版），2014，20(2)：143-148，189.

[3] 吴志强，杨秀，王伟. 中国城镇化的发展方向与城乡规划应对[J]. 政府管理评论，2017(1)：16.

[4] 王众托，王志平. 超网络初探[J]. 管理学报，2008(1)：1-8.

[5] 迈克尔·吉本斯,卡米耶·利摩日,黑尔佳·诺沃提尼,等.知识生产的新模式:当代社会科学与研究的动力学[M].北京:北京大学出版社,2011.
[6] 张捷,顾朝林.计算机网络信息空间(Cyberspace)的人文地理学研究进展与展望[J].地理科学,2000(4):368-374.
[7] 李佩娟.2020 年中国车路协同市场现状与发展趋势分析[R].北京:前瞻产业研究院,2020.
[8] 曹现强,张福磊.空间正义:形成,内涵及意义[J].城市发展研究,2011,18(4):1-5.
[9] 黄圣安.城市公共服务设施的可达性研究——以社区卫生服务中心为例[D].上海:同济大学,2017.
[10] 上海市城市规划设计研究院.基于上海 2035 总体规划目标的上海市公共交通可达性分析及平台研发[R].上海:上海市城市规划设计研究院,2021.
[11] 周伟,等,上海改革开放 40 年大事研究——卷三·城市治理[M].上海:格致出版社,上海人民出版社,2018.
[12] 中共中央、国务院.关于建立国土空间规划体系并监督实施的若干意见[EB/OL].(2019-05-23)[2022-07-08].http://www.gov.cn/zhengce/2019-05/23/content_5394187.htm.
[13] 约翰·W.金登.议程、备选方案与公共政策[M].丁煌,方兴,译.北京:中国人民大学出版社,2004.
[14] 姜桂艳.道路交通状态判别技术与应用[M].北京:人民交通出版社,2004.
[15] Leclercq L, Laval J A, Chevallier E. The lagrangian coordinate system and what it means for first order traffic flow models[J]. Transportation and Traffic Theory 2007 Papers Selected for Presentation at ISTTT17,New York: Elsevier, 2007:735-753.
[16] Herrera J C, Work D B, Herring R, et al. Evaluation of traffic data obtained via gps-enabled mobile phones: The mobile century field experiment[J]. Transportation Research Part C Emerging Technologies, 2010, 18(4):568-583.
[17] 何赏璐.基于多源异质数据的高速公路交通状态估计方法研究[D].南京:东南大学,2017.
[18] 杨涵.拉格朗日坐标系下的交通状态估计[D].上海:同济大学,2018.
[19] Nishinari K. Euler and lagrange representation of traffic models[M]. Berlin: Springer, 2003.
[20] Matsukidaira J, Nishinari K. Euler-lagrange correspondence of cellular automaton for traffic-flow models[J]. Physical Review Letters, 2003, 90(8): 88701.
[21] Laval J A, Leclercq L. The hamilton-jacobi partial differential equation and the three representations of traffic flow[J]. Transportation Research Part B: Methodological, 2013, 52(2):17-30.
[22] Jin J P, Han K, Ran B. Some theoretical and practical perspectives of the travel time kinematic wave model: Generalized solution, applications, and limitations[C]. Washington, D. C.: 93rd Annual Meeting of the Transportation Research Board, 2014.
[23] Leclercq L, Becarie C. Meso lighthill-whitham and richards model designed for network applications[C]. Washington, D. C.: 91st Annual Meeting of the Transportation Research Board, 2012: 1-15.
[24] 李春田.标准化概论[M].北京:中国人民大学出版社,1995.
[25] 桑德斯.标准化的目的与原理[M].北京:科学技术文献出版社,1974.
[26] 松浦四郎.工业标准化原理[M].熊国凤,薄国华,译.北京:技术标准出版社,1981.
[27] 陈必壮.上海新一轮交通综合调查与模型改进思路[R].深圳:模型信息专题会议暨行业研究报

告发布会,2021.
[28] 杨东援,段征宇. 大数据环境下城市交通分析技术[M]. 上海:同济大学出版社,2015:406-411.
[29] 吴沈括,崔婷婷. 欧盟委员会 2020 年《欧洲数据战略》研究[J]. 信息安全研究,2020,6(6):562-565.
[30] 中国信通院. 可信工业数据空间系统架构 1.0 白皮书[EB/OL]. [2022-1-25]. http://www.caict.ac.cn/kxyj/qwfb/ztbg/202201/t20220125_396156.htm.
[31] 余庆,李玮峰. 交通时空大数据分析、挖掘与可视化[M]. 北京:清华大学出版社,2022.
[32] Duan Z Y, Lei Z X, Zhang H. Michael, et al. Understanding multiple days' metro travel demand at aggregate level[J]. IET Intelligent Transport Systems, 2019, 13(5): 756-763.
[33] 杨东援,段征宇. 透过大数据把脉城市交通[M]. 上海:同济大学出版社,2017.
[34] 郭小宾,王壮,胡卫东. 基于贝叶斯网络的目标融合识别方法研究[J]. 系统仿真学报,2006,17(11):2713-2716.
[35] 杨风暴,王肖霞. DS 证据理论的冲突证据合成方法[M]. 北京:国防工业出版社,2010.
[36] 陈小惠,万德钧,王庆. 神经网络在多目标分布式融合中的应用研究[J]. 船舶工程,2003,25(5):50-52.
[37] 桂钦昌,刘承良,董璐瑶,等. 国外交通地理学研究的知识图谱与进展[J]. 人文地理,2016(6):10-18.
[38] 梁凯丽,曹小曙,黄晓燕. 基于知识图谱的公共自行车出行研究进展[J]. 地理科学进展,2017,36(6):762-773.
[39] 张晓春,林涛,段仲渊,邱建栋. 面向城市交通治理的大数据计算平台[M]. 上海:同济大学出版社,2021.
[40] 李丹,俞竹超,樊治平. 知识网络的构建过程分析[J]. 科学学研究,2002,20(6):620-623.
[41] 王媛. 多引力中心型知识网络的决策信息交互融合方法[D]. 昆明:昆明理工大学,2017.
[42] Walsh J P, Ungson G R. Organizational memory[J]. Academy of Management Review, 1991, 16(1): 57-91.
[43] Wegner D M. Transactive memory: a contemporary analysis of the group mind[M]//Mullen B, Goethals G R. Theories of group behavior, New York: Springer-Verlag, 1986: 185-208.
[44] 高章存,汤书昆. 基于认知心理学的企业知识创造机理探析——兼对野中郁次郎 SECI 模型的一个拓展[J]. 情报杂志,2008,27(8):87-91.

10 智能治理与政策网络

城市交通治理面对的问题相当复杂且专业化:面对城市发展,政府的各个行政部门因为拥有不同的政策责任和权力基础,呈现不同的行动与政策偏好,有可能导致政策制定效率降低,而部门间的争论及妥协往往会导致政策偏倚;新技术和新市场模式的发展,使得更多的资本及组织进入城市交通领域,认识和利益诉求的差异,隐藏更多潜在冲突;消费者中不同社会群体,立场差异和利益冲突,要求相对公平且能够为各方接受的解决方案。

这种复杂性呼唤使用更加专业的知识来解决城市交通领域中的公共政策制定问题,传统科层式治理模式面临越来越大的挑战。为此,推进城市交通治理政策网络的建构,改变单纯依赖行政部门"理性决策"的政策议程,以更加开放的模式推进智能治理,成为在城市交通领域推进治理体系和治理能力现代化的重要课题。

10.1 城市交通领域的智能治理

狭义的智能治理是技术治理中的一部分,即运用物联网、大数据、云计算、人工智能(AI)、虚拟现实(VR)以及区块链等智能技术进行的社会治理活动,这是很多城市及交通规划设计单位正在努力推进的工作;而本章对于城市交通领域的智能治理的讨论,则进一步从整体治理架构入手,探索融入群体智能应对复杂性的方法。

10.1.1 更加准确地把握民情

伴随发展理念的转变,城市交通愈加关注对于社会各个群体动态诉求的把握,舆情分析成为城市社会空间活动观测有待加强的短板。正如在新冠肺炎疫情发展过程中所看到的,网络舆情是社会舆情在互联网空间的映射,是社会舆情的直接反映。

得益于信息技术发展的成果,从网络中获取的文本信息的舆情分析技术过程已经基本上可以实现半自动化(图 10-1),从而为广泛了解民情创造了条件。

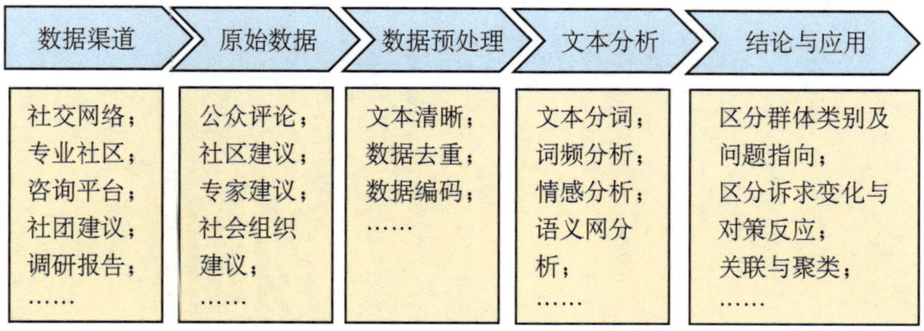

图 10-1 文本舆情分析的技术过程

从信息处理过程来看,城市交通治理中的舆情分析一般属于追随感知,可以被分为三个步骤:征兆识别、关联及聚类分析、问题判定。征兆识别帮助管理者及时发现各种社会情绪，特别是关注有可能演变为管理危机的征兆；关联及聚类分析用以研读网络舆论内容，判别问题波及范围及涉及人群；问题判定用以判断社会情绪趋势、对于交通治理需要注意的问题以及响应需求。

城市交通治理对舆情的关注，并非只是为了当好"救火队"，更为重要的是作为制定公共政策的决策支持。因此，需要重视舆情与社会群体结构的关联研究。

以影响交通政策公众响应的交通拥堵时间敏感性为例，具有不同时间敏感性群体的政策响应行为存在明显差异。这种情况下，基于小样本意愿调查将时间敏感性与社会属性、显在空间行为及分布联系起来，有助于深入理解交通拥堵治理政策所产生响应行为背后的社会因素。在笔者曾经进行的交通拥堵响应行为调查分析中[2]，通过个人态度和意愿变量的聚类分析得到与时间敏感性关联的人群划分结果（表 10-1）。针对两类人群中个人社会经济属性特征和基础出行特征的统计分析表明，"忙碌而压力大"的人群的典型特征为具有收入偏高、周均出行总时长较长、月均通勤出行次数较高、以通勤为最频繁出行目的的占比较高等特征；而"松散而无计划"的人群的典型特征为收入偏低、周均出行总时长较短、月均休闲娱乐出行次数较高、以休闲娱乐为最频繁出行目的的占比较高。该研究表明，出行者对于时间掌控的态度和意愿方面具有明显的类别差异，这种差异导致了对于交通拥堵具有不同的响应行为，产生差异的原因不仅包括职业、收入等社会属性，而且与其空间活动及出行目的结构有紧密关联。

表 10-1　　出行者个人态度和意愿因子变量聚类中心及类间平方和

出行者态度和意愿	最终聚类中心		类间平方和
	忙碌而压力大	松散而无计划	
不愿浪费时间	0.363 38	−0.502 47	50.029(HH)
匆忙且无控制力	−0.392 13	0.542 88	58.342(HH)
自信	0.072 90	−0.099 61	1.986(LL)
喜欢安静的生活	0.258 79	−0.356 88	25.295(L)
样本比例	58.0%	42.0%	—

注：总平均类间平方和为 33.913；LL、L 分别表示比总平均类间平方和低很多、稍低；M 表示与总平均类间平方和差不多；H、HH 表示比总平均类间平方和高、高很多。

同时，在移动通信信令数据中，根据用户空间出行规律，以及休闲时间户外活动区域的消费价格类型，能够在概率意义上识别两类人群的时空分布，从而更加深入理解具有空间分布差异的交通拥堵所产生的社会影响范围。

这一案例说明，舆情分析必须注意空间中的社会结构，广泛掌握不同社会群体的空间活动差异，以及对有针对性的微观案例进行剖析，才能够真正把握民情，为城市交通治理奠定良好基础。由此产生了对空间活动进行"全息观测"的需求。

10.1.2 将大数据资源转变为治理能力

对于城市交通治理来说，大数据是一种极为重要的资源，但这并不意味着掌握了这种资源就能够进入“自由王国”。近年来，不断出现对城市交通管理者和社会公众的一种暗示是，似乎只要具备了对于交通行为和社会活动更加细致的观察能力，城市交通问题就将迎刃而解。事实上，科学发展史给出了众多的实例，揭示出虽然针对研究对象的观察能力非常重要，但如果不能将深入观察与说明内在规律的理论结合起来，仍然无法提出解决问题的方法。例如对于分子运动的观察能力，如果脱离了耗散结构和混沌理论这种现代系统学，并不能对自然界和社会学中的大量“不确定性”做出合理的解释。也正是有了混沌理论作为基础，才产生了“混沌控制”等应用技术。

城市交通也是如此，即使我们能够对每个个体当前的空间活动做出精细的观察，如果没有解释这种观察结果的能力，绝不能说已经掌握了解决城市交通问题的关键技术。更何况，事实上我们不可能真正实现对个体空间活动及其影响因素全面的、历史的、精细化的观察。

为在城市交通治理领域将大数据资源转变成为决策能力，进而提升行动效果，需要将大数据分析技术与复杂性科学紧密关联，充分利用大数据分析技术为复杂系统研究提供的研究对象有效感知手段，深刻理解城市交通内在的复杂适应系统演化规律。

由于非线性的存在，复杂系统的任何局部信息都不可能代表全局。如果想要真正把握复杂对象，就必须有整体、全局的观点。因此，面对复杂系统，我们必须树立全局视野，整体地把握对象。传统方法由解剖局部而知全局的思维，实际上是方法论中的线性思维；而在复杂性科学的视野里，事物之间构成复杂的关联网络。复杂系统在时间上呈现出系统涌现性，即不断有新结构、功能或状态出现；在空间上呈现出系统的多样性，即在不同的空间，系统的结构、功能或状态也不一样。

为将大数据资源转变为决策能力，首先需要解决的是建立对研究对象全面的观测能力。这一方面意味着全面调动多源、异构、连续的数据资源，另一方面需要将不同角度、不同时间、不同类型的信息拼合，避免陷入盲人摸象的窘境。

认知环节是将大数据资源转变为决策能力的第二个重要步骤。交通大数据应用与智能商务领域最大的差异，在于不能完全忽略“因果”，这是由城市交通治理承担了很强的社会责任，公共政策对于失败的宽容度有限所导致的。因此，如何在认知过程中探寻现象背后的因果，而不是简单的关联，成为城市交通领域中大数据技术应用的特殊难点。与传统以“建模”为核心的分析过程不同，大数据分析技术的核心过程是“证析”。所谓“证”强调的是判断和决策中的证据，尤其是数字化的证据，尽可能充分的证据让决策更加有据可循，增加了判断与决策的公正性和权威性，使得判断和决策更加具有说服力；所谓“析”强调的是通过证据产生洞察，而不是让复杂的数学模型剥夺了我们思考的能力，也避免表象的数字迷惑了我们的判断能力。也就是说，我们需要的是一个人机结合的证析工作程序，而不是一个被数学程式绑架的自动化决策流程。

洞察能力决定了大数据资源转变为决策能力的成效。城市交通治理所需要的洞察力，包括对于问题影响的认识、发展趋势的预判、对策效果的评估等。需要强调的是，城市交通治理面对的是在变革时代背景下推进的生态优先的发展逻辑，以人民为中心的城市建设理念，以及人民日益增长的美好生活需要和不平衡不充分的发展之间的矛盾，因而决定了建立与时俱进的洞察力的重要性和迫切性。

对于城市交通系统演化内在规律的认识，一方面取决于连续、深入的研究，另一方面取决于知识交流的广泛性和深入性。因此，从技术体系角度来说，为了建立城市交通现代治理能力，除了必须调动各种数据资源、技术分析资源的能力以外，还需要建立有效的知识生产能力。

10.1.3 弥补短板的群体智能

研究者早期将群体智能(swarm intelligence)定义为：具有分布控制、去中心化特点的自组织智能行为。得益于互联网及移动通信发展，人类群体、物联网和大数据所实现的广泛和深度的互联，为人类群体智能发展创造了有利条件。我国《新一代人工智能发展规划》[1]中提出了群体智能的研究方向，其研究内涵不仅仅是关注精英专家团体，而是通过互联网组织结构与大数据驱动的 AI 系统吸引、汇集以及管理大规模的参与者，凭借竞争与合作等多种自主协同方式来共同应对挑战性任务，尤其是开放环境下的复杂系统决策任务，展现出超越个体智力的智能形态。

在城市交通治理领域引入群体智能的目的，在于弥补个体调动数据资源、技术分析资源的能力缺陷，以及现有知识难以满足发展需要的不足。围绕这一目的重点需要关注群智感知与群智空间两个领域中的技术进展与应用。

1. *群体感知技术应用*

城市交通治理对于公共政策安排和公共服务创新的关注，使得群体感知技术应用具有特殊意义。结合众包思想和移动设备感知能力而发展起来的新型数据获取模式被称为“群智感知”。美国《连线》(*Wired*)杂志于 2006 年提出了“众包”的概念，用以描述通过网络将大量用户的创意和能力组织起来解决技术问题的组织方式。2009 年，David Lazer，Alex Pentland，Lada Adamic 等在《科学》(*Science*)杂志上撰文阐述“计算社会学”概念[2]，认为可利用大规模感知数据理解个体、组织和社会；同年，国内专家也提出“群智感知计算”概念[3]，即利用大量普通用户使用的移动设备作为基本感知单元，通过物联网/移动互联网进行协作，实现感知任务分发与感知数据收集利用，最终完成大规模、复杂的城市与社会感知任务。

群智感知可以划分为大样本群智感知与小样本群智感知(图 10-2)。大样本群体感知以大量普通用户作为感知源，强调利用大众的广泛分布性、灵活移动性和机会连接性进行感知，并为城市及社会管理提供智能辅助支持；而小样本群智感知则属于抽样数据，需要研究数据分布情况确定采样方案，并进行必要的数据扩样。

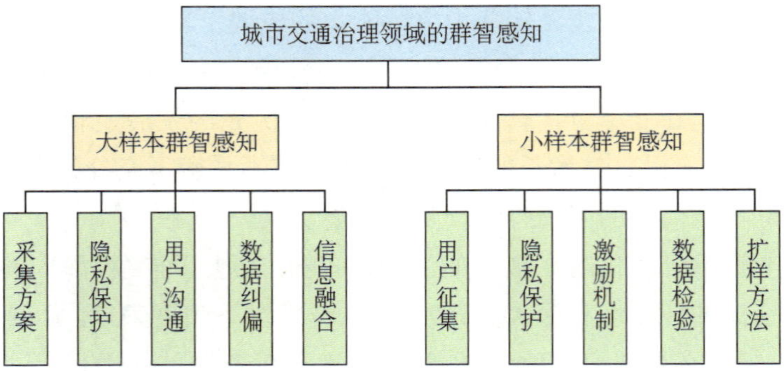

图 10-2　城市交通领域群智感知的分类及主要技术环节

对于城市交通治理来说，群智感知思想已经得到实质性应用，例如在百度迁移指数、交通拥堵信息等方面的实际应用与信息发布。然而，当 MaaS、网约车交通等商业模式与移动群智感知结合时，就需要充分重视用户隐私保护、数据的合法使用以及采样纠偏等技术问题。从时空覆盖角度来看，城市交通领域中的很多情况并不能得到全样本/大样本数据，由此产生属于小样本群智感知问题的利用时空关联进行数据扩样方法等技术的需求。

2. 人-机交互的群智空间

由于城市交通领域的复杂性和不确定性，针对城市交通领域公共政策制定建构人-机交互的群智空间具有重要作用。其任务是通过搭建共享数据环境，建立合作网络及相应机制，通过群体智慧去预测和求解城市交通领域的趋势和难题。基于群体开发的开源软件以及群体编辑的维基百科等，为我们提供了人-机交互群体智能的成功经验；而语义网络、知识图谱等，更是与城市交通紧密关联的群智空间技术工具。

与城市交通治理相关的群体智能可以划分为自上而下有组织的群智行为和自下而上自组织的群智涌现。

自上而下有组织的群智行为表现形式为一种分层有序的组织架构。以美国国防部高级研究计划局(Defense Advanced Research Projects Agency, DARPA)开展的“进攻性蜂群使能战术”(OFFSET)项目为例[4, 5]，其分为上层任务部署、中间层战术决策和底层元子算法等层次化结构。该项目已经突破了一系列群智激发汇聚机理、态势意图推理、决策和对抗等技术，实现了群体对抗中的自上而下的群智行为。此外，美国的 Loyal Wingman(忠诚僚机)和 CODE 项目[6]同样在开展自上而下有组织的群智行为研究。由于需要强有力的标准规范指导，以及大规模智能基础设施和规范化市场环境的支持，智能车路系统和 MaaS 系统的构建，则是一种更大规模的自上而下的群智行为。

自下而上自组织的群智涌现，关注的是通过个体之间的综合作用，群体可以涌现出个体不具有的新属性[7]。在现代系统科学中，“涌现”已被认为是与演绎、归纳相提并论的第三种智能产生范式。依托网络平台，用户遵循一定的群体结构和运行机制，自愿贡献体现个体智能的可衡量产出物，并通过群智协同汇聚融合成群体智慧涌现的高质量知识成果或产品。

两种群智模式在城市交通治理关联领域内将转化为两种典型工作模式：自上而下

的倡导联盟以及自下而上的循证分析。

倡导联盟是一种组织行为，城市交通治理的倡导联盟的组织建构将在有关政策网络的讨论中加以详述。由于城市交通所具有的公共政策属性，总体来说围绕倡导议题选择形成共识并不会遇到太大困难，但议题受重视程度、与实际结合的紧密程度、转化为行动的程度等，还需要解决相关的技术问题。

将价值观转变为指标，是倡导联盟首先需要解决的问题。例如中国城市规划设计研究院所发布的《中国主要城市通勤监测报告》《中国主要城市道路网密度监测报告》等，指标的背后明确地表达了组织的价值观。伴随城市发展逻辑向以人为本转变，居民通勤交通质量和感受是一个需要各级政府给予足够关注的问题。基于这种观点，依托自身掌握数据能力和对问题的理解，将居民通勤平均时耗、45 min 以内通勤比例、60 min 以上极端通勤比例，以及其背后的通勤半径、单程平均通勤距离、5 km 以内通勤比例、轨道交通 800 m 覆盖通勤比例、45 min 公交服务通勤能力占比等按照年度进行发布（图 10-3），能够切实起到对各级政府的督促作用。

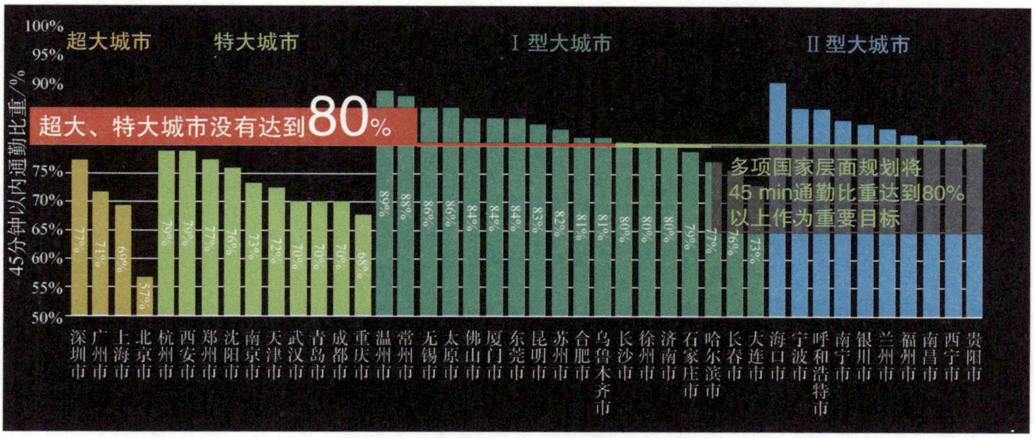

(a) 主要城市45 min以内通勤比例

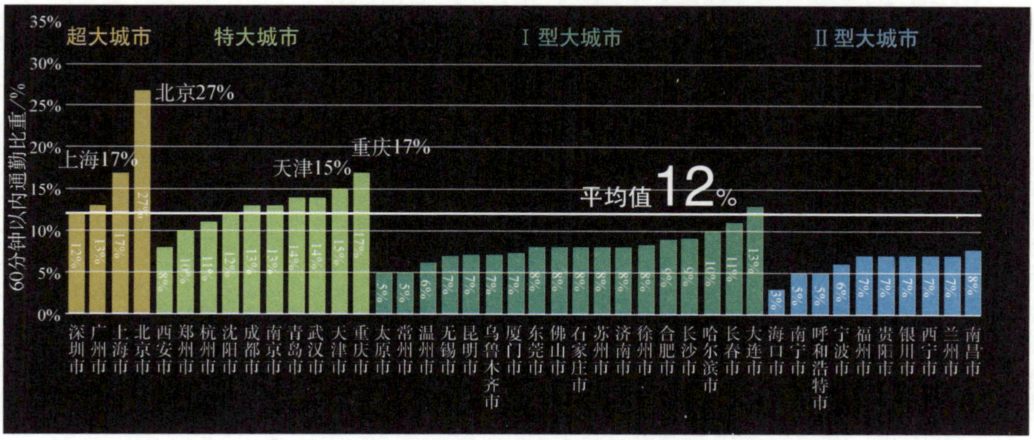

(b) 60 min以上极端通勤比例

图 10-3 全国主要城市通勤时耗情况[8]

又如中国城市规划设计研究院基于对长三角长期研究的基础以及自身相对中立的立场，联合新华社中国经济信息社共同发布的“三角一体化发展指数”，重点聚焦区域和城市两大层面，分别评估长三角的一体化发展水平，以及各个城市在一体化中发挥的作用(表 10-2)。

表 10-2　长三角一体化发展指数的主要指标

维度	专项指数	分项指标	权重系数
人员流动	城市吸引力指数	常住人口增量	0.5
		毕业生首选就业度	0.5
	跨城通勤指数	流入通勤规模标准化	0.6
		流出通勤规模标准化	0.4
	商务往来指数	流出商务量标准化	0.6
		流入商务量标准化	0.4
	异地休闲指数	流入休闲规模标准化	0.6
		流出休闲规模标准化	0.4
产业创新	创新引领者指数	高被引学者	0.3
		国家实验室	0.2
		国家重点实验室	0.2
		大型科学仪器	0.2
		大科学装置	0.1
	创新链关联度指数	合作论文数	0.2
		合作专利数	0.4
		技术合同成交额	0.4
	产业链关联度指数	制造业跨市关联总部数量	0.7
		制造业跨市关联分支数量	0.3
	新经济关联度指数	信息产业链关联度	0.33
		健康产业链关联度	0.33
		文创产业链关联度	0.33
设施连通	区域链接指数	航空客货运量	0.2
		港口集装箱和货物吞吐量	0.2
		铁路关联度	0.3
		物流关联度	0.3

（续表）

维度	专项指数	分项指标	权重系数
设施连通	城市通达指数	铁路客运枢纽班次	0.4
		高速公路密度	0.3
		铁路平均通行时间	0.2
		高速公路平均通行时间	0.1
	信息网络指数	电信业务量	0.25
		固定宽带接入户数	0.25
		Wi-Fi 覆盖率	0.5
民生服务	商业区域辐射力指数	核心商圈实力	0.5
		大品牌青睐度	0.5
	文体赛事影响力指数	大麦网演出数量	0.33
		全国体育赛事举办数量	0.33
		各类博物馆数量	0.33
	教育医疗合作指数	高校招生数量	0.2
		双一流高校合作办学数量	0.3
		三甲医院数量	0.2
		三甲医院合作办医数量	0.3
	民生服务互通指数	异地医疗开通情况	0.4
		异地社保开通情况	0.4
		交通联合情况	0.2
生态共保	生态质量指数	地表水国考断面优Ⅲ比例	0.33
		空气优良天数	0.33
		植被覆盖率(NDVI)	0.33
	环境治理指数	人均节能环保预算开支	0.33
		企业节能环保建设(ESG)平均得分	0.33
		水质检测指数	0.33
	低碳节能	单位 GDP 能耗	0.2
		单位 GDP 水耗	0.2
		单位 GDP 碳排放量	0.2
		碳排放量降低贡献度	0.4

循证分析是城市交通治理领域自下而上群体智能应用模式中最主要的方法。循证分析框架内有两个重要的角色，其一是循证发起者，其二是证据提供者。循证分析不同于信息查询，以实践中问题为导向制定具有个体化特征的量身循证方案，是循证发起者需要完成的任务。

科学的证据生产、传播与利用，是循证分析成功的重要条件。信息化时代，科研文献作为证据的主要来源，具有数量多、形式多、语种多、更新快、可能重复与滞后、质量参差不齐的特点。城市交通的复杂性特征，决定了面对不同国情、制度框架、对象群体等，相同对策产生的行为响应、社会影响和公众接受度会有很大差异，因而其最有力的证据是基于现实社会产生的应用案例、调查研究，以及进一步做出系统整理和概括而形成的综述性报告。证据类型总体可以分为原始研究证据和二次研究证据两类：原始研究证据是指应用案例、调查研究，以及相关经验总结或科研成果论文；而最有价值的二次研究证据，则是对原始研究证据做出系统整理和概括，进而形成的综述性、系统性的研究成果。

城市交通治理面对的绝大多数问题是前景性问题，传统技术核心是基于模型的前景预测，而在群体智能框架内的前景性问题决策支持，则是基于证据的证析。用于前景性问题的证据质量分级，可以主要从证据对系统的观察、要素数据来源和可靠程度，从高到低分成四个等级（表 10-3），其中高质量的系统研究证据，以及基于高质量的原始研究证据整理得到的二次研究证据为最高级别（1 级证据），而某领域专家意见（观点）的证据级别最低。

表 10-3　　证据质量分级表

推荐级别	证据分级	证据类型
1		系统性表征系统与多因素之间的关联关系
	1a	基于高质量的系统梳理形成的二次研究
	1b	高质量的单一视角研究：问题界定清晰、证据充分、结论有价值
2		系统和单因素之间的关系
	2a	系统阐述清楚，基础数据可信，分析方法和研究方法能够得到共识，基于宏、微观嵌套框架的案例剖析和系统评价
	2b	系统阐述清楚，研究因素的基础数据采集、分析方法和研究方法能够形成共识，置信区间窄的案例剖析
	2c	系统阐述清楚，研究因素的基础数据采集、分析方法和研究方法能够形成共识，基于简单观察结果进行结构及关联路径分析
	2d	系统结构存在模糊性，研究要素的基础数据采集、分析方法和研究方法存在多种观点以及变异的可能

（续表）

推荐级别	证据分级	证据类型
3		因素之间的关联研究证据
	3a	系统阐述清楚、完整，研究因素的基础数据采集、分析方法和研究方法能够获得共识
	3b	系统阐述清楚、完整，研究因素的基础数据采集、分析方法和研究方法中存在多种观点以及变异的可能
	3c	系统结构存在模糊性，研究因素的基础数据采集、分析方法和研究方法能够获得共识
	3d	系统结构存在模糊性，研究要素的基础数据采集、分析方法和研究方法存在多种观点以及变异的可能
4		单因素研究证据
	4a	系统阐述清楚、完整，因素研究的基础数据采集方法、分析方法和研究方法都符合科学研究方法
	4b	系统结构存在模糊性，因素研究的基础数据采集方法、分析方法和研究方法都符合科学研究方法
	4c	系统结构存在模糊性，仅提供基本事实的因素研究
	4d	某领域专家对本领域的专家观点（意见）

将相关证据用于政策议程之中，则以表 10-4 的标准区分证据的使用方法及效用。将这种判断标准导入基于证据的群决策过程，有助于形成规范化的汇集群体智能的操作规程。

表 10-4　　证据推荐程度分类表

推荐程度	证据特征
A 级	良好的科学证据支持提议
B 级	尚可的证据支持提议
C 级	没有足够的依据推荐或反对，但综合考虑其他情况下可能会推荐
D 级	尚可的证据反对提议
E 级	良好的证据反对提议

对于城市交通治理来说，群智空间建构具有重大意义；但要真正实现目标，仅靠技术角度的努力是不够的，其组织机制发挥着关键性作用。也就是说，群智空间与政策网络密不可分，两者之间是相辅相成的关系。

10.2 从科层式治理拓展到政策网络

为了有效推进城市交通智能治理，必须对治理组织模式及管理方式进行必要的变革，从科层式拓展到政策网络(policy network)，是这一变革中的重要任务。需要特别指出的是，对于绝大多数城市交通治理任务领域，政策网络是对科层式的补充而非替代，这是由于城市交通公共资源配置的特殊性所决定的。

10.2.1 科层式与政策网络

科层式意味着将权力依职能和职位进行分工和分层，以规则为管理主体的组织体系和管理方式。作为一种组织结构和管理方式，它不仅在传统城市交通规划与管理中发挥了重要作用，而且今后仍将在部分领域内发挥不可或缺的作用[9]。然而，为了实现治理体系和治理能力现代化，局限于科层式已难以适应发展的要求[10]。

政策网络理论源于对多元主义和统合主义两种理论的争论。国际上，对政策网络的认识并不统一：英美学者将政策网络视为国家与社会之间的利益协调模式，欧洲大陆学者将其视为介于官僚和市场之间的一种治理形态，还有学者将政策网络理解为公共政策分析方法[11, 12]。政策网络相关理论模型可以划分为四种类型：封闭式的利益协调网络、开放式的利益协调网络、治理模型和治理手段，以及作为公共政策分析的方法。

城市交通治理面临的是多层级的问题结构(表 10-5)，其层级之间的关系服从慢变量支配快变量的基本规律。所谓"慢变量"，既包括依托基础设施网络和土地开发功能布局所形成的城市空间组织关系，也包括制度架构、公共服务供给体系、社会组织结构等软环境要素；所谓"快变量"，既包括系统中交通参与者、交通服务供给者的选择行为，也包括为适应发展不断实施的政策调控、运行组织管理等。

表 10-5　　城市交通治理面对问题的层级结构

层级	所涉及对策内容
战略拟定过程中的共识促成	发展战略、体系架构、政策框架等
与资源配置关联的公共政策安排	资源配置机制、国土空间总体规划、综合交通规划等
建设方案的诉求综合	国土空间详细规划、交通影响评价、建设项目可行性研究和初步设计、交通组织规划与交通设计等
公共服务保障	需求识别、目标制定、资源配置、服务组织
市场运行调控中的关系协调	市场规制、市场设计、市场监管
资源使用和支配中的利益协调	交通需求管理、社会公共资源管理、公交专用道建设、慢行系统建设、公共街区交通规划等

（续表）

层级	所涉及对策内容
运行管理中的社会动员	社会实验、协调机制、社会组织、城市更新、在地组织等
技术发展中的政策支持	技术标准与规范、项目制、技术政策、市场准入等

城市交通问题的特点在于综合性，为解决城市交通问题的努力正在走向体系化对策。广义体系化对策是站在社会整体和政府整体角度，所提出的对策和行动框架，强调跨部门、跨领域、跨行业的联合行动（图 10-4）；狭义体系化对策是在宏观战略与规划的指导下，针对交通行业领域内部问题所拟定的行动计划（图 10-5），涉及交通政策、交通制度、交通网络等问题，其根本性目标是适应社会变革不断进行服务创新，实现行业的可持续发展。

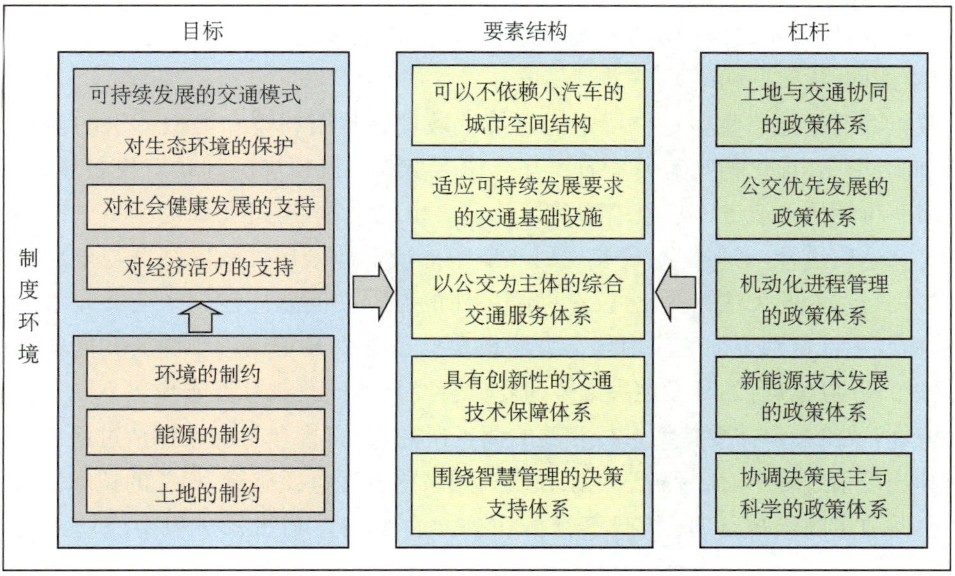

图 10-4　城市交通广义体系化对策构成示意[13]

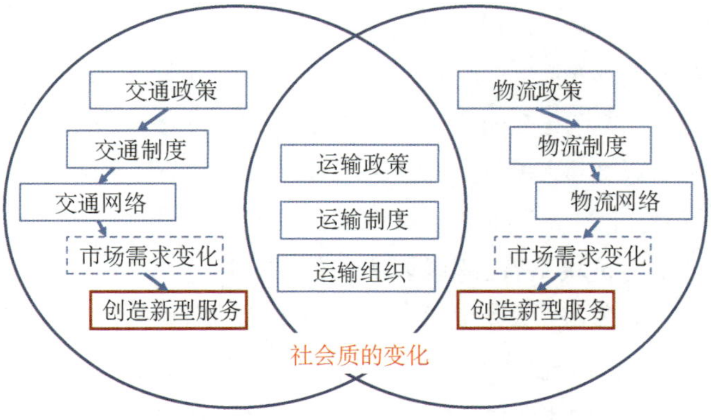

图 10-5　城市交通狭义体系化对策构成示意

因此,城市交通治理的目标是实现广泛的社会动员,采用政策及技术手段来解决社会问题。据此,本书采用将政策网络作为治理模型及治理手段的观点,强调其内在的动员机制。

政策网络的特征是:①主体之间相互依赖,网络中的主体必须依赖其他主体来实现自己目标的手段;②政策网络是一种过程,是由各种具有一定资源、不同利益和目标的主体,为实现自己利益和目标的相互依赖、相互作用的动态过程;③政策网络的活动受到制度制约,主体间相互依存、相互作用而形成不同类型的关系,在互动过程中形成的行动准则反过来制约和影响他们之间的互动及相互作用。

10.2.2 城市交通领域的政策网络结构

城市交通领域的政策网络是由五种网络组成的连续体,按照主体资格和资源分配关系的标准,以及网络结构从紧密到松散的顺序,依次为政策社群、专业网络、政府间网络、供给侧网络、议题网络。

政策社群是指那些在一个特定的政策领域具有共用利益和类似诉求的参与者集合,他们为平衡、优化相互间关系而相互合作。当政策议程进展到政策规划环节时,议题网络有可能延伸或进一步收缩为政策社群。也就是说,经过在议题网络中的沟通磨合,产生"志同道合"者集群在政策规划环节中形成群体效应。政策社群与议题网络的重要区别是讨论的关注点变化,议题网络关注的是哪些问题应该列入公共政策的优先范围,而政策社群则更加关注用什么方法解决已经列入政策议程中的公共问题。国内部分城市规划所具有的常设性决策咨询委员会经常形成政策社群雏形。不同于松散的专家咨询,政策社群需要持续进行相关的调查研究,并直接参与决策评估过程。在应对新冠肺炎疫情过程中,流行病学专家在政策网络中占据重要位置,相关的技术信息发布成为公共政策的组成部分,是政策社群在公共政策制定和执行过程中成功或失败的例证。

专业网络由专业领域的各类正式和非正式组织所构成,并与政府部门之间形成密切的联系,对于公共政策制定和执行产生广泛的影响。与政策社群相比,专业网络的意见分歧更多,往往成为不同观点和意见的碰撞及交流平台。通过国内城市规划领域中社会组织和专业人员所形成的专业网络,对规划理念、规划政策、价值取向等产生的影响,可以在公共政策议程中窥见一斑。针对规划逻辑、发展理念正在发生深刻变化,新的国土空间规划体系正在逐步构建的这一大的背景环境,专业网络发挥了先进理念的倡导联盟的作用,对行业领域产生了不可忽视的影响。

政府间网络呈现出条块结合、跨区域协作的结构特征[14],体现出垂直管理和横向管理架构中的竞争、协作、监督、服务关系。区域合作发展是一个有助于理解政府间网络的重要领域[15],我国地方政府治理形态正在从行政区行政、区域行政向区域治理转变,区域合作治理已成为地方政府治理的重要手段之一。在区域合作行为层次上,地方政府是区域合作治理的主体。区域合作治理是地方政府之间在解决区域经济发展或者区域公共事务上采取"合作"途径,进行区域政策决策、合作对象选择、合作途径确定、合作协议执行和合作成果监督的过程与机制;而"区域合作治理结构"则进一步表明了在地方政府所采取的与其他主体的联盟、协议、伙伴、合同等途径中,各参与主体的特征及其相互之间的动态结构关系,具体表现为合作区域的边界、规模和关系等各种集体行为变量在内的制度安排,地方政府间形成的独立、双边或多边关系,构成了区域合作治理结构。

供给侧网络特指交通服务的供给者(并非公共资源供给者)形成的非官方合作网络,具有更加松散的组织结构,以及更多的利益差异,其内部协调机制往往通过行业自律治理、产品和服务规范治理等形式得以实现。由于城市交通服务体系涉及范围广,以及近年来跨领域发展的特点,通过社会组织加强供给侧的合作,已经成为被重点关注的问题。供给侧网络的结构既受到城市交通领域地方政府政策的影响,也受到行业政策和产业政策的影响。

议题网络[16, 17]是指政策议程中的网络型组织关系。在城市交通社会治理过程中,如何在恰当时机将问题提上议事日程具有重要意义,而议题网络力图塑造一个具有开放性的政策问题建构空间,促使政策问题建构权向更广的范围扩散。议题网络与社会组织以及其他社会治理力量的地位提升联系在一起,标志着城市交通治理进入新的发展阶段,预示着政策问题合作建构的未来。运用社会网络分析和内容分析的研究方法,引入议题网络的理论视角,有助于从网络成员与规模、网络整合度、资源和权力分配三个维度,理解在中国制度语境下城市交通政策议题中差异化的公众政治参与程度。

10.3 政策网络中的技术资源

这里所说的技术资源,是参与智能治理的各种组织各自掌握的数据与信息,以及相应的技术分析能力。数据、信息及分析能力,在客观上都受到各自组织的价值观、理念等多方面的影响,而不再是简单的"真实映像"。也就是说,这些组织所提供的大数据分析基础上的决策支持信息,是透过组织中技术人员的眼睛所看到的世界。大数据受到的这种"渲染"的作用基本是正面的,因为增加了技术性的凝练,能够更加深刻地认识和了解问题。然而,只要是"加工"就会有出现误差、片面甚至错误的可能性。因此,构建围绕智能治理所形成的政策网络,需要充分理解网络中的各个组织的特点,以此作为基于证据"意见合成"时的参考。以下从决策支持技术服务者、讨论者、探索实验者、管理者以及意见倡导者等涉及的组织进行阐述。需要说明的是,这些组织往往具有多重角色,但他们所搭建的决策支持技术平台,往往隐含主导角色的影响。

10.3.1 决策支持技术服务者

决策支持技术服务者在围绕单位自身性质所确定的任务，以服务于政府机构已经确定或正在计划执行的改革为导向构建技术平台。许多城市规划院或者交通研究院长期承担各自城市的决策支持服务，其构建的技术平台具有很强的决策支持技术服务者的角色特点。

以武汉市交通发展战略研究院技术平台（以下简称武汉平台）为例，其定位于以面向国土空间规划的交通仿真体系建设为核心，为各个尺度的城市空间活动分析和规划方案决策提供工具化、在线化、可交互、无壁垒的定量支撑，实现规划编制和管控业务的交通仿真模拟与智慧决策。根据其定位，提出的功能目标为感知城市、精准预测、智能审批、智慧决策、研判预警。依托相关数据分析和仿真模拟分析，武汉平台不仅能够提供交通流的分析和预测信息，还能够提供城市国土空间各类设施服务可获得性和承载能力等互动指标分析。特别是平台所强调的对其他部门和行业开放式使用服务，实际上产生了跨越单位自身的技术影响力。

武汉平台采用数据清单、评价指标和表征层级提供有助于外部用户和协作者理解技术资源的外在视角的方式来表述。

（1）数据清单。对大数据和交通模型各项数据定义一套统一的规范（图 10-6），包括城市背景社会经济数据、交通基础设施数据、交通需求数据、交通运行数据等；形成一套包括数据命名、统计口径、数据类型、数据长度、更新方式、归属部门等信息的数据规范，保证各算法模型和业务功能对数据的统一理解、对数据定义和使用的一致性。

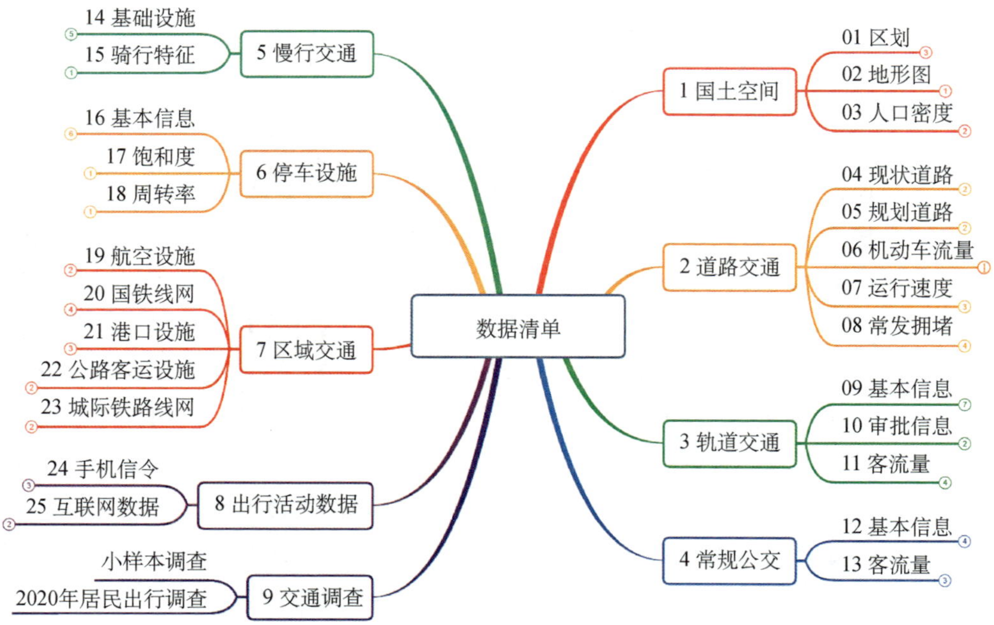

图 10-6 数据清单结构示意[18]

(2) 评价指标。参照自然资源部发布的推荐性行业标准《国土空间规划城市体检评估规程》(TD/T 1063—2021)要求，融合城市交通出行活动指标，构建面向国土空间规划的3级、5类、98项交通仿真指标体系，除了涵盖交通设施供给、出行需求特征、交通运行效率等基础指标以外，还提出交通—空间协调互动的交通可达性、交通承载力等核心指标。

(3) 表征层级。表征层级提供从不同空间尺度看问题的方法，技术平台能够提供多层级的用户视图(表10-6)。

表10-6　　用户视图信息表征层级

层级	内容及指标
都市圈层级	都市区空间布局、城市产业功能布局、人口岗位规模、客运联系通道(公路、铁路、轨道)
市域/都市发展区域层级	国土空间布局、主城—新城联系通道(道路、轨道交通、公交)、货运联系通道、物流园区布局、对外联系通道/枢纽
主城/中央活动区域层级	国土空间布局、城市功能分区、轨道交通网络布局、公共交通网络布局、圈层间联系通道、机动车发展趋势研判
组团/主体功能区域层级	功能定位、用地空间布局、道路联系通道、公共交通通道、5 min/10 min/15 min生活圈、交通政策差异化分区
社区/控规单元层级	单元范围、开发总量、用地布局、用地复合度、开发时序、公共服务设施
项目/用地地块层级	业态、用地范围、开发强度、开发时序、配建指标、平面布局

技术平台的内部视角有助于理解数据处理逻辑，帮助使用者了解数据的产生方法、各种数据模型之间的关系等内在结构问题，进而识别技术平台的合作潜力、平台输出的信度。内部视角包括平台所依托的数据资源、内部数据管理、内部分析逻辑等。

(1) 技术平台的数据资源，可以视为技术平台的外部输入。不同类型的数据资源具有问题表述精细化、观察角度与范围差异化等问题，同时也会受到相关数据处理者的技术能力和工作方式的影响。武汉平台所使用的基础性数据资源包括：浮动车数据、公交客流数据、居民出行数据、过江系统ETC数据、移动通信信令数据等交通动态数据，以及自然资源规划信息平台中的土地开发、使用等关联交通方面的静态数据等。

(2) 内部数据管理。内部数据管理方式是影响外部合作者是否能够快速获取信息的因素。武汉平台基本实现了交通基础数据、交通大数据、城市人地房产等数据的深度融合，构建了242个规划空间图层，实现不同系统数据资源的高效查询与管理。

(3) 系统内部分析逻辑，包括系统概念性框架、核心分析功能结构、数据生产内容等。武汉平台核心是交通—空间协同规划仿真系统(图10-7)，其核心分析功能结构是以交通出行溯源为基础、交通可达性与承载力评估为支撑、交通影响评价与交通态势研判为指引,构建核心算法的多模块联动体系(图 10-8)。

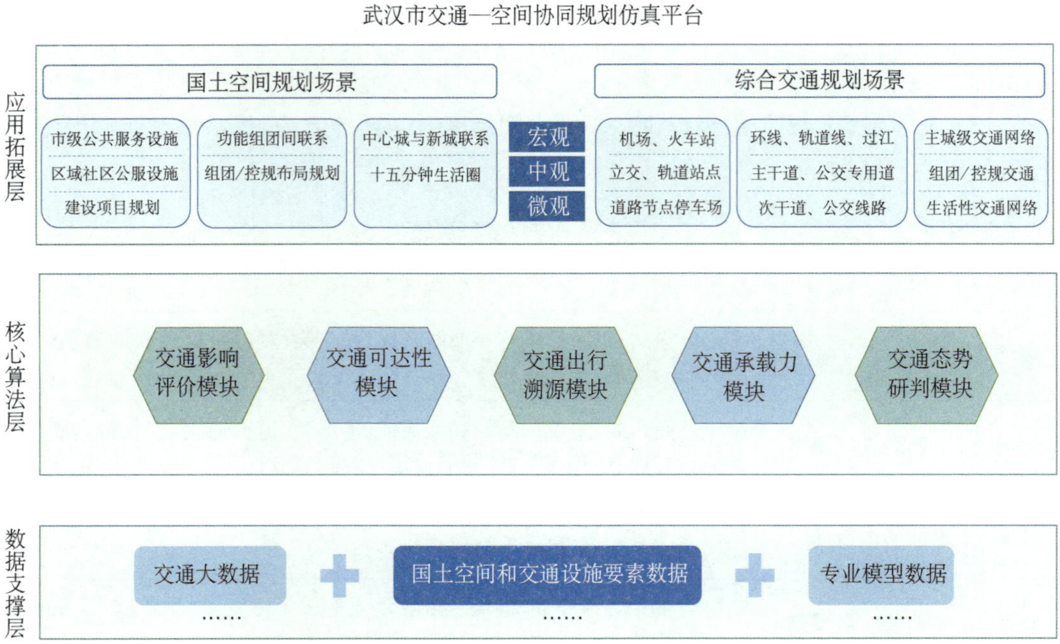

图 10-7　武汉市交通—空间协同规划仿真平台示意[18]

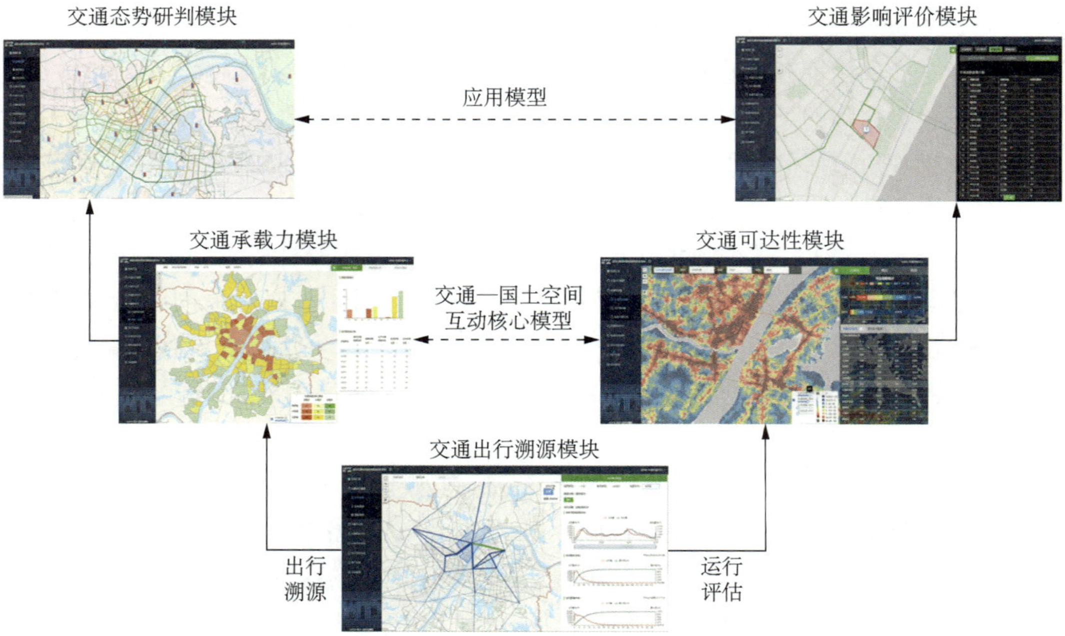

图 10-8　仿真功能逻辑结构示意[18]

在此基础上可以获得的相关技术指标如图 10-9 所示。

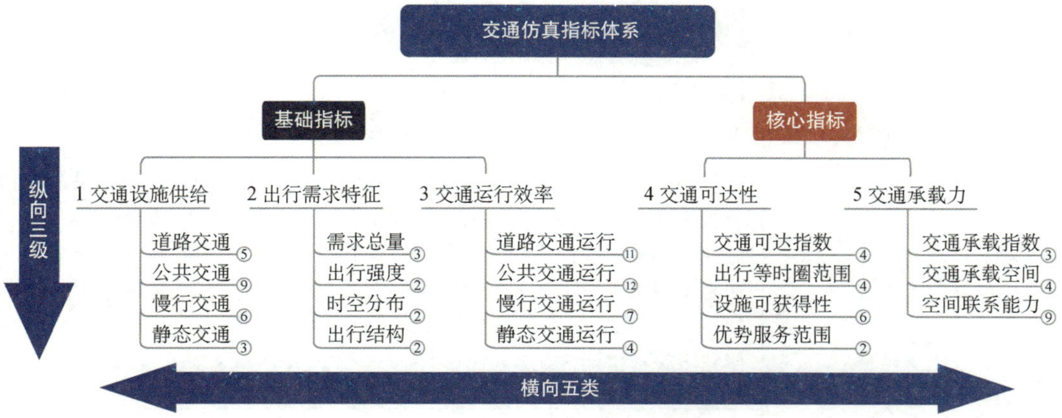

图 10-9　交通仿真所生成的技术指标[18]

10.3.2　讨论者

与武汉平台相比，深圳市城市交通规划设计研究中心力图更多地扮演讨论者的角色。这表现在深圳市城市交通规划设计研究中心决策支持系统（以下简称深圳系统）中更多地加入了自身对问题的理解，以及基于这种理解所提出的研究结果（表 10-7）。

表 10-7　深圳市城市交通规划设计研究中心的决策支持系统构建思想[19]

对趋势的认识	挑战 1：综合交通运输体系和城市交通运行体系建设能否及时适应城市定位变化、引领城市发展、全面支撑城市价值的实现将面临全新挑战
	挑战 2：在可接受的时间内，极大拓展组织生产生活的空间范围，为人民获得更多就业选择、更加公平地享有各类优质公共服务资源提供支撑
	挑战 3：生产要素在区域范围内重新布局，产业链上下游关系和职住关系加快适应，突破行政边界建立新的平衡，都市圈、城市群已成为全新空间载体，双城生活、异地通勤、跨区多点执业等将成为全新生产、生活形态
传统业务模式面临重构	交通治理的复杂性全面提升
	决策响应链条和周期大幅缩短
	交通发展的业务结构加速演变
决策支持任务改革目标	让规划从一本蓝图变成落地实施的闭环
	让技术服务弹性、动态地适应变化中的决策需求
	让规划代价与规划效果前置，预判决策收益、规避决策风险
	让重大行政决策凝聚全社会的价值共识

（续表）

	转变认识角度——从单一视角到多维度全方位画像（本源需求、“产业—经济—生态—民生”一盘棋、社会学视角、规划—建设—管理全过程闭环、伴随式智能贴身咨询服务）
技术方法变革	适时响应的实时动态资源配置——围绕“感—知—判—算—治”决策支持系统升级（感：从群体特征的模糊掌握到个体特征的精细还原；知：从显性关联关系的提取到隐性互动机理与规律的挖掘；判：从片区级小尺度简单网络到城市级大规模复杂网络多层级洞察；算：从离线客流仿真到基于在线 AI 的动态组织与多模式交通响应调度；治：从局部网络管控到多层次协同优化）
	多学科融合整体呈现——以数据驱动的交通治理方法体系为支撑；以多专业融合的理论创新为指导；以彰显品质、传承文化的工艺创新为手段；以数字化的持续观测、评估、体检为闭环
	大都市圈协同共享——创新数据驱动的城市群、都市圈规划体系；诊断衔接短板，打通城市群、都市圈出行的“最后一公里”

在这种构建思想的主导下，深圳系统能够基于数据分析对更多方面进行必要的评估（图 10-10）。

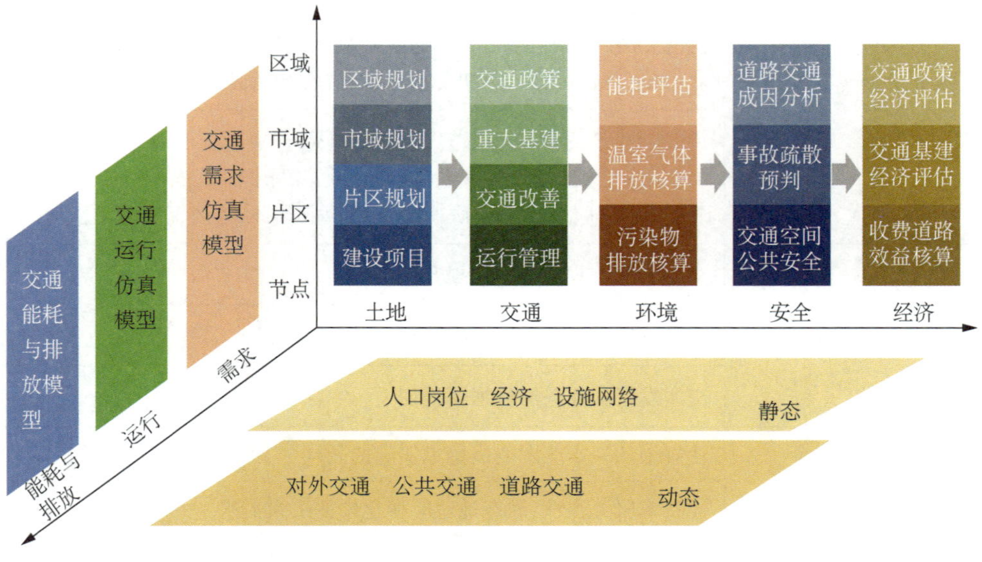

图 10-10 深圳系统的多维评估体系框架[20]

通过较为深入、系统的思考，讨论者往往能够提出更加深刻的问题，且善于根据系统梳理问题的结构(图 10-11)。

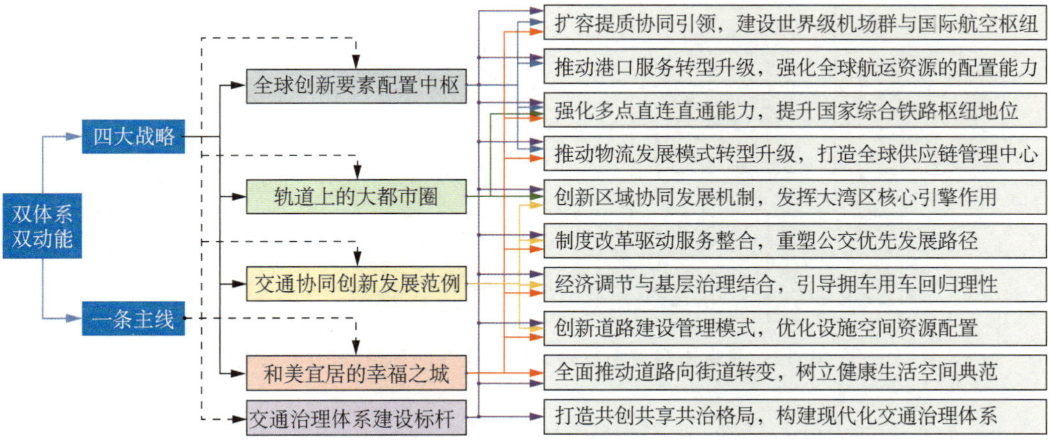

图 10-11　深圳市交通白皮书编制研究中所提出的策略框架[21]

讨论者在自身实践中形成了对问题较深的理解，是为议程网络注入活力的重要成员。对于城市交通治理关联的知识生产来说，讨论者性质组织的存在具有重要意义，在循证查询过程中将扮演发起者的重要角色。

10.3.3 探索实验者

与一般研究机构不同，探索实验者发挥自身在政府管理网络中的地位，努力推进创新性技术实验，同时针对公众响应不断修正自己的探索行为。

以北京交通发展研究院为例，其秉持的一个重要观点是：伴随数据处理能力、信息技术等方面的进步，可以让道路上的交通流进一步有序化，让被拥堵占有的能力进一步释放，而这种对策就是预约出行。实验初期，在北京市交通委员会的指导下，北京交通发展研究院联合北京地铁推出了地铁预约进站的服务模式，率先在昌平线沙河站和5 号线天通苑站等开展试点。乘客可提前一天通过手机申请预约进站时段，预约成功后，可在规定时间内通过预约专用通道快速进站。预约进站通道设有专门的引导和宣传标识，为乘客提供帮助。此外，2021 年开始，北京交通发展研究院携手宝马集团，积极推动车辆出行预约系统的尝试，希望通过预约出行让所有车辆无拥堵地有序通过瓶颈路段；联合中关村软件园等多家单位，发起“智慧出行”活动，征集志愿者参与针对后厂村拥堵路段的实验，希望联合驾车出行者，共同尝试整体协调出行时间，有序进入中关村软件园。

在政府政策支持下，北京交通发展研究院与相关企业共同搭建绿色出行碳普惠闭环系统，推动对提升绿色出行的市场机制的探索(图 10-12)。

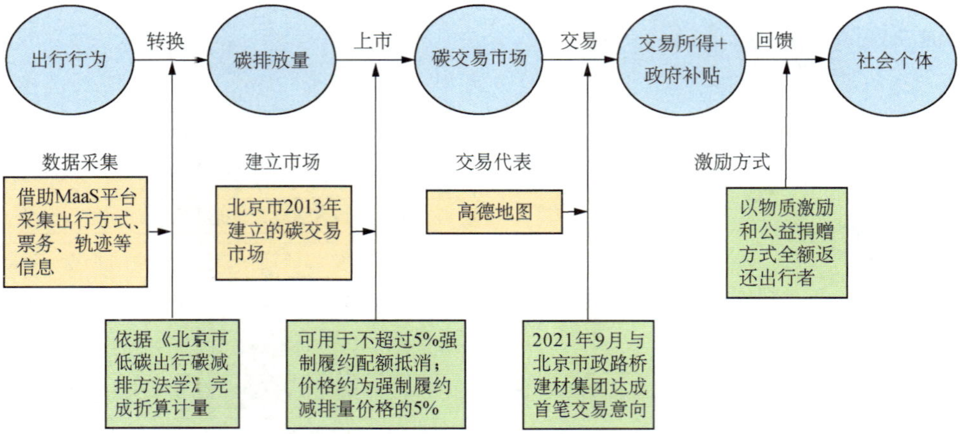

图 10-12　北京市绿色出行碳普惠所构建的利益回馈闭环示意[22]

作为实践探索的行动者，这类组织的经验是宝贵的。持续、系统的探索工作，能够产出高质量的证据资源，并为在议题网络中的公众参与提供借鉴。

10.3.4　管理者

将参与组织定义为管理者，并非指智能治理的政策网络中的领导者，而是特指站在管理者立场思考问题的技术资源。这类组织多为政府行政体系中的研究机构，具有强烈的政府管理纪律约束的特点，强调大数据中提取信息的客观性，避免较多的主观影响。

例如公安部交通管理领域的研究单位所搭建的技术平台，是认真遵循公安系统的总体规划构建的(图 10-13、表 10-8)。交警相关系统是政府直接建设的基础性数据采集系统，其数据采集范围、精度、共享机制等，均对城市交通智能治理过程中的数据基础产生重要的影响。

图 10-13　公安系统对本行业当前大数据应用情况和下一步任务的判断[23]

表 10-8　公安系统交通管理科技发展规划中的部分领域举措[23]

领域	举措
安全	加强道路安全隐患排查治理技术应用——排查治理安全隐患点段；研究隐患排查技术及测勘软硬件设备；……完善隧道智能监控、交通控制和诱导系统
	加强交通违法立体监测信息化建设——对随意变更车道、占用应急车道、无证驾驶、开车接打手机、不系安全带等重点违法行为的查处；对非机动车和行人违法监测取证
	加强农村道路科技基础设施建设——完善标志、标线、护栏等安全设施；推广来车、弯道会车预警系统；安装视频、测速等设备；……升级农村交通安全管理信息系统及 App
	强化公路交通安全防控技术应用——打造情指勤督一体化"智慧大脑"实战平台，推进轨迹、预警联动共享，实现全程监测、预警、诱导；……织密道路监控网络，推进设备建设和升级改造，交通等部门监控设备共享接入
	加强交通安全数据共享应用——建设信用信息查询系统及交通安全风险信用评价方法及指标，推动社会化应用；与交通部门交换重点车辆卫星定位和违法等信息；探索互联网快递外卖电动车监管新机制；深化跨部门、跨行业数据共享交换
畅通	推进城市交通精细组织——夯实交通流信息检测、城市道路交通组织、信号配时三位一体的交通管控基础体系；制定城市道路交通运行态势评估指标体系与方法，推动城市路网结构评估与优化；探索使用在线交通仿真技术，评价和预测道路点段实时交通运行状态，因地制宜科学优化信号配时、交通组织方案
	加强交通信号联网联控——制修订交通信号控制系列标准，提高信号控制系统与信号机联网率，……推进城市统一的交通信号管理平台建设，开展公交优先和应急联动等应用；提高交通信号控制机的交通检测设备配置率
	强化交通出行诱导服务——丰富信息汇聚渠道，通过诱导标志、新媒体平台、导航等，发布拥堵、事故、管制、运行状态等信息；推动城市级停车管理信息系统建设示范，完善路内停车信息采集设备建设，共享接入停车场库动静态信息，提供查询、诱导等服务

10.3.5　意见倡导者

政策网络中的意见倡导者扮演了更加主动的角色，在系统持续分析研究基础上，通过某种评价指数、蓝皮书的方式发布对现实或未来交通某一方面的理解和认知，其看法和观点具有一定的代表性、权威性和影响力。

仍以中国城市规划设计研究院为例，基于对国家政策的理解以及所掌握的大量信息，其所发布的《中国主要城市通勤监测报告》、对主要城市 TOD 建设的评估以及《中国主要城市共享单车/电单车骑行报告》等，一方面建立相关评价指标进行城市间发展水平比较(表 10-9)，另一方面则通过关联分析说明相关因素的影响，对国土空间规划以及城市交通政策制定的技术导向发挥了影响作用(图 10-14)。

表 10-9　中国城市规划设计研究院所发布的部分引导性评价指标[8]

观察角度	评价指标	关联特征
通勤交通	单程平均通勤时耗	通勤空间半径
	45 min 以内通勤比重及年度变化	单程平均通勤距离
	60 min 以上极端通勤比重及年度变化	轨道站点 800 m 覆盖通勤比重
	5 km 以内通勤比重	45 min 公交通勤服务能力占比
TOD	轨道站点综合评价指数	服务规模：职住人口覆盖率、通勤 OD 覆盖率
	轨道交通建设水平的城市间比较	设施规模：线网总里程、线路及站点数量
	单位里程收益的城市间比较	试点城市案例剖析
城市骑行	共享单车日均骑行距离（自行车与电动自行车）	共享打车骑行距离与人体舒适度的关联
	共享单车骑行与健康	共享打车骑行距离与城市路网密度的关联
	共享单车骑行与碳减排	轨道站点周边共享单车骑行比例与轨道线网规模的关联

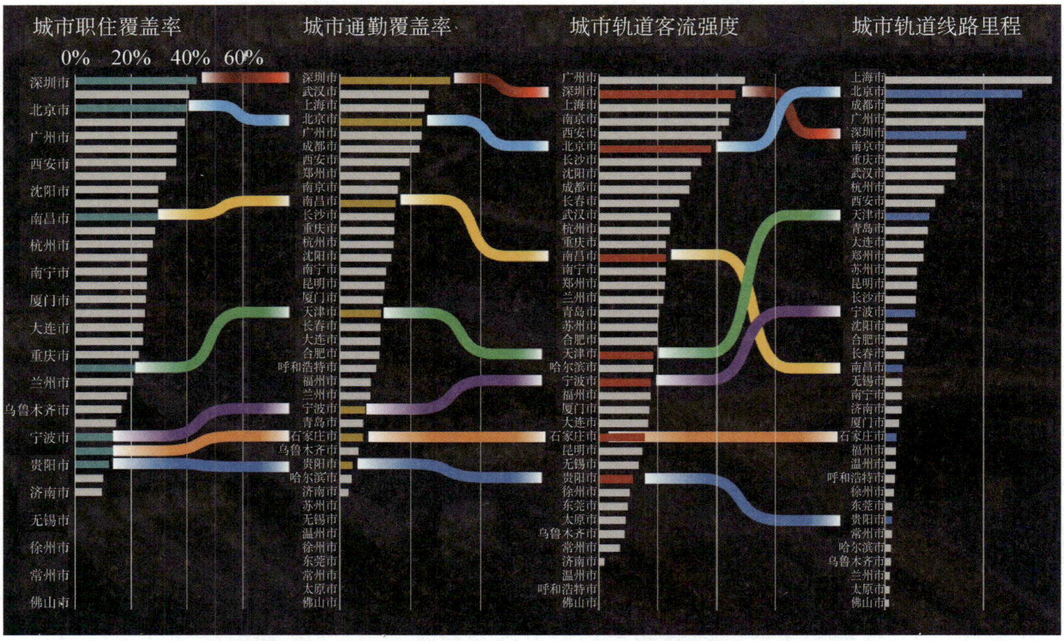

图 10-14　轨道交通相关指标之间的关联[8]

意见倡导者在政策网络中的议题网络里发挥了意见领袖的作用，也在倡议联盟中发挥着隐性组织者的作用。

10.4 通过政策网络释放智能治理技术资源

采用问题导向方式，依托政策网络释放智能治理技术资源，是城市交通治理体系和治理能力现代化的重要途径。TOD 建设、机动化进程治理，以及交通服务领域的新型市场建构，成为其中的重要任务领域。

10.4.1 TOD 建设

TOD 的实施涉及的机构众多，政府部门之间以及政府部门与开发商之间不同的价值取向，常使 TOD 实施受到阻碍。因此，迫切需要制定相应的法规及政策对 TOD 实施所牵涉的方方面面进行界定与说明，并保持相关政策的长期稳定性和一致性，以建立一个公平的竞争环境，消除投资者的疑虑，约束他们的行为，从而保证 TOD 策略的顺利实施。

在 TOD 建设任务领域的政策网络建设目标，是促成相关议题网络到政策社群的连续组织体系，基于问题导向解决相关协同行动动员和公共政策落实的问题。

1. 推动政策议程

TOD 建设是一项关联整个城市建设的全局性战略，不应局限于具有显示度的少数重点项目；TOD 建设关联到城市建设的诸多领域，不应局限于个别行业和领域的单兵独进。为此，通过政策网络影响政策议程，推动 TOD 建设的广泛渗透和持续实施，是让理念和战略落地实施的重要手段。

三源流（问题源流、政策源流和政治源流）在政策议程中发挥重要作用[24]。问题源流主要关注问题的定义，通过系统指标变化、焦点事件、程序运行反馈手段等引发关注；政策源流则关联到技术可行性、解决方案的公众认同度等方面，能够转化为提案的建议需要具备技术可行性、价值观适配度、预算可行性以及社会支持度；政治源流涉及政治领域的影响，包括公众舆论、利益集团、制度架构、政治导向等，潜在议程在符合政治导向、适应主流舆论、能够兼顾相关集团利益以及具备制度结构支撑的情况下，更加易于转变为实际政策。当三源流实现汇合时，政策窗口将打开，即会产生将公共问题纳入政策议程并得到解决方法的机会。

在 TOD 建设任务领域，议题网络需要针对问题源流提炼问题引发关注，专业网络需要推动政策源流为议案创造条件，政策社群则协调政治源流中的关系并推动其他网络的联动。

在各个政策网络联动过程中，需要高度关注创造政策窗口机遇。如果能够与城市更新、人民城市等政治导向和行政工作重心相契合，将产生推动政策议程的有效动力。

2. 破除理念转化为行动的障碍

TOD 的实施牵涉到计划、国土、规划、交通等政府管理部门以及交通设施建设与运营管理机构、地产开发商、公共交通乘客、社区居民等方方面面。议程网络进入这一任务领域，意味着更加开放的议题建构，但因其开放性，也会带来更多的观点和利益冲突，且由于其缺乏权威中心，使得问题只会被提出，但不会形成结论。尽管如此，议题网络能够打破传统封闭模式，在议题建构方面发挥摆脱传统政绩观所造成束缚的重要作用，避免政府部门过于沉浸在表象问题和局部立场之中。

将议题从议题网络向专业网络传导，才能促成具有行动可能性的议案。议题网络与专业网络之间的联系，取决于参与议题网络的专业组织成员对议题网络中所讨论问题的归纳。例如，上海市城市规划设计研究院定期发布的“规划智库在线”、同济大学上海新城建设研究中心所发布的《同济大学上海新城建设研究中心简讯》等专题简报，就具有发展成为议题网络与专业网络，乃至成为政策社群之间联系纽带的潜质。与此同时，专业网络增强跨行业、跨领域讨论问题的能力，对于打破专业思维束缚，有效承接议题网络成果具有很大意义。在 TOD 建设任务领域，专业网络需要加强相关的经验总结以及实践案例、研究和理论成果的积累。理念转化行动的关键表现在以下几点。

(1) 推动制定关于 TOD 实施的法律法规和相应的实施细则，以及推动 TOD 实施协调管理体系及相应的协调管理制度的建立。

(2) 在 TOD 建设中突破条块分割，协调解决 TOD 实施过程中出现的土地管理、土地使用类型、开发密度、各种设施的衔接协调、开发资金投入、拆迁补偿、房产出租(出售)、利益分享等各种各样的问题。

(3) 通过市场机制推进 TOD 建设的方法，特别是在政府调控和市场规律共同作用下，地产开发商与公共交通运营企业，乃至新型交通服务供应商协同进行 TOD 开发，从而实现有效市场和有为政府的有机结合。

从专业网络向政策社群的议题传导，不再是单纯的信息传导，而是一种政策决策模式的改变。某些社会组织需要通过从传统“压力集团”的角色转变为“政府合作伙伴”来发挥其作用。在专业问题的关联政策议程中如何突破原有的“中心—边缘”结构，形成一种“多中心”的网络结构，是一个非常重要的课题。为了实现这一目标，需要做到以下几点：①专业网络自身大力推进针对 TOD 建设的社会评估和问题导向研究；②政府加紧推进与政策议程相关的法律和制度建设；③加强跨行业跨领域的交流与研讨；④加强相关社会组织的建设。

3. 交流并推广处理实际问题的经验

专业网络技术能力建设，将对整个政策网络产生深远的影响。专业网络中核心组织成员需要承担起自身能力建设和网络能力建设的双重责任。

TOD 不是土地开发与公交网络、轨道交通线网、快速公交线网规划的机械叠加。以问题导向和共同创造方式来完成与 TOD 建设相关的知识生产具有现实意义(表 10-10)。在专业网络中采用“网络中心”模式搭建相应的知识生产平台，是落实政策网络建构的基础性工作。

表 10-10　　　　　　有待完善的 TOD 知识体系

宏观层面	TOD 发展实施策略	政府控制规划和实施的策略
		市场导向的发展策略
		政府资助、政策导向的发展策略
	制度和立法保障	激励机制关联的制度建设
		制度的协调性和有效性的评价方法
	融资策略	土地融资可行性
	总体规划层级中的 TOD 规划设计和土地利用策略	
中观层面	TOD 区域的停车组织	
	TOD 社区规划设计	
	规划实施过程中的协同调整	结合轨道/快速公交/中运量建设情况的用地调整
		结合土地开发情况的轨道/快速公交/中运量建设调整
		轨道/快速公交/中运量沿线规划调整管理方法
微观层面	轨道线路线站位优化	
	轨道车站功能定位及规划管理	
	车站详细设计	
	站城一体规划设计方法	
理论研究	TOD 模式对城市空间布局结构、居民交通出行特性以及城市交通系统效率的影响	
	TOD 实施项目的经济财务效益分析方法	

知识生产的网络中心运行体系，不同于传统的学科体系知识生产模式，用以应对问题导向知识生产所面临的需求不确定性。这种知识生产体系通过将各行为主体有效地联结或网络化成有机的整体来获得合作创新能力的提高。其关键在于借助组织成员共同创建的高度共享的知识空间态势感知，分散配置的组织单元可以通过自同步以及其他的网络组织单元的协同行动，来实现总体的知识生产意图。

10.4.2　机动化进程中软硬并举的偏好调整

城市交通本质性矛盾并非车与路的矛盾，而是不合理的个体交通偏好与受到资源强约束的社会人居环境之间的矛盾。在处理这一矛盾的过程中，交通工程师和交通规划师不能站在社会的对立面，与社会保持良好的沟通是这一任务领域政策网络构建的核心工作。通过智能治理手段在广泛参与的议题网络中进行社会动员，需要解决两个基本问题：其一是线上线下结合的公众参与方式；其二是在沟通基础上的出行行为偏好调整方法。同时，还要重点加强议题网络和政策社群两个层级的政策网络构建，以推动持续性行动。

1. 他山之石——日本国土交通省推进的社会实验

日本国土交通省推进的社会实验是一种公众参与的社会动员方法，其背景是价值观和需求的多样化，以及人们对生活环境认识的不断提高，引发了采取措施改变出行方式、提升空间质量的需求，但推行这类措施需要广泛征询社会意见，争取利益相关群体的社会支持。由此产生作为社会沟通手段实施的社会实验，其目的是解决区域所面临的问题，与公众共同讨论新的对策。社会实验的实施方式是在限定的区域和时间内实施试验性对策，让公众通过亲身体验来判断是否需要长久实施相关对策（图 10-15）。

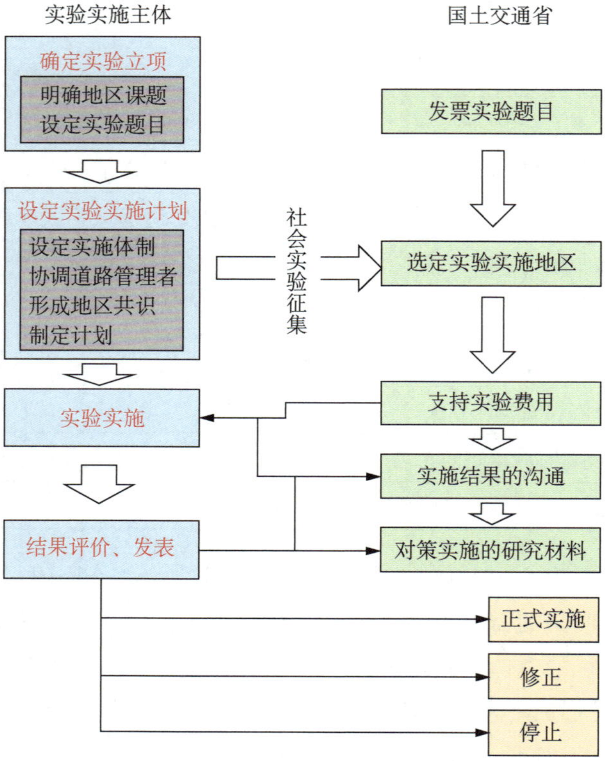

图 10-15　日本国土交通省社会实验项目实施流程

值得注意的是，这种社会实验注重的是过程中的社会沟通，并将选择权交予公众，这与我国习惯推行的示范项目具有很大的不同。在难以达成共识的情况下，并不意味着项目失败，而是借此总结公众抵触的原因，并需要向作为项目管理主体的国土交通省提交相关分析报告。

根据日本国土交通省 1999—2007 年期间的资料，国土交通省在 184 个地区实施了相关社会实验（表 10-11）。

表 10-11　日本国土交通省实施的社会实验项目(1999—2007 年)

题目	内容	实施实验的地区数	试验后转化为正式实施项目
步行者、自行车优先	生活的街道区域	53	10
露天咖啡等地区主体对道路的活用	露天咖啡、露天活动等道路空间多目的使用	41	15
促进公共交通使用	促进 P+R、巴士的使用;汽车共享	13	8
观光地交通通畅	控制观光交通流入、公交运用;提供观光、交通的综合信息	11	4
提升自行车使用环境	引入租赁自行车,创建自行车使用空间	18	6
物流—停车对策	设置路内、路外装卸泊位,引导违章停车车辆进入停车场	9	3
通过路名牌进行向导	以道路名—位置编号的方式建立的道路向导系统	22	—
其他对策	道路安全对策;道路协同管理等	17	5
合计		184	55

从表 10-11 中可以看到,转化为正式实施项目的不足 1/3,这并非反映出计划的失败,反而证实了通过社会实验持续与公众沟通的必要性。事实上,类似交通需求管理措施难以得到公众认同是普遍的情况,交通需求管理理论和方法仍然处于实践探索的过程中。

我国部分城市在国土规划领域中实施的社区规划师制度,是在自身情况基础上对公众参与的探索(参见附录 B)。如何将其与城市机动化治理相结合,是需要认真探讨的问题。

2. 对交通需求管理的思考

面对我国城市快速机动化进程中出现的供需失衡以及环境治理的需求,交通需求管理(Transportation/Travel/Traffic Demand Management, TDM)在城市交通对策中占据重要位置。交通需求管理被定义为在满足资源和环境容量限制条件下,达到交通需求和交通供给的基本平衡,促进实现城市可持续发展目的的各种管理手段。

交通需求管理着眼于交通需求行为,运用各种政策、法规、经济等手段,并辅助信息及通信等先进技术支持,重点针对交通的发生源进行管理、控制或诱导,从而削减交通需求规模,减少、控制城市机动车交通量,调节出行的时空分布,最终达到缓解交通拥堵和改善交通污染状况,提升城市道路交通系统运行效率的目的。交通需求管理是对社会利益和关系的调整,能否成功实施取决于以下关键环节。

(1) 公众支持是 TDM 实施的有效保障。TDM 政策的实施,往往会招致各方的争议，公众的接受度是实施过程中重要的考虑因素。

(2) 要注重 TDM 实施的社会公平性，协调不同群体之间的利益。在“效益优先，兼顾公平”的政策原则基础上，对不同出行者的利益进行合理的再分配。

(3) 要注意 TDM 实施的政策财政负担，引导公交交通服务市场化运作。公交补贴、公交票降价、公交换乘优惠、加强公共交通网络建设(特别是轨道交通建设)、实施区域交通拥挤收费的设施投入等都需要巨额的财政支持，这将增加政府的财政负担。政府必须明确各种政策下如何使用有效的财政补贴政策，引入竞争机制，引导公交市场化运作。

(4) 强调组合 TDM 的实施，发挥非线性叠加效用。组合 TDM 策略的实施，可以得到比单项 TDM 措施更好的效果。TDM 自身的组合，以及将 TDM 纳入城市交通一体化对策，都是具体政策方案设计中需要认真解决的问题。

交通需求管理属于典型的社会系统控制问题，其控制策略与物理系统截然不同。在物理系统面前，研究者是一个外在的观察者，理论显示出近乎完美的框架：依托所掌握的规律与对初始条件的判断，能够做出对未来的预测；当所认识的科学规律与初始条件、终结状态相匹配时，则形成对客观规律的解释。其中，预测与解释是对称且可逆的。在物理系统控制时，思想只是发挥认知功能，并不会通过主观能动性改变/干扰自然界内在的规律；但是，当研究对象转向社会系统时，思想的认知功能与操控功能需要同时发挥作用。参与者根据具有局限性的认知采取行动(既有正确的，也有错误的)，社会系统经过复杂的关联产生相应的响应，在很多情况下，这种响应并不完全符合参与者的预期。换句话说，社会控制必须考虑实施控制的管理者实际上处于系统之内，管理者对问题的认识局限性将极大地影响社会系统的演化。

因此，在涉及社会不同群体利益调整的机动化进程调控中，需要将管理思维模式下的交通需求管理，与“价值—信任—合作”框架下的机动化进程治理相结合。

3. 城市机动化进程治理

“价值—信任—合作”框架下的机动化进程治理，其本质是提高公众在城市交通政策议程中的地位和作用。机动化进程治理并不能取代交通需求管理，而是作为一种与交通需求管理配合使用的社会工作工具。

通过机动化方式在更加广阔的空间范围内组织城市的社会和经济活动，提高城市居民的生活水平，这是历史发展的必然。机动化并不意味着出行私人小汽车化，机动化也不意味着必然产生对人居环境的破坏。提升城市空间品质、激发区域活力、应对环境问题，不断推进城市空间活动系统的改造，以适应日益多样化的需求，成为城市发展中的重要问题。由此产生了城市机动化进程治理的议题，其本质是努力实现理性需求与精明供给之间的动态均衡。

所谓“机动化进程治理”，是以减少对小汽车的过度依赖为目标，围绕促进公共交通、慢行交通、MaaS 服务的多样化出行模式的目的，以广泛而深入的社会动员为主要形式的综合措施。在总结我国交通需求管理的经验教训,借鉴日本、欧洲等国出行管理(Mobility Management, MM)思想和经验基础上提出构想,将其设定为政策网络支持下智能治理的一个任务领域,其性质属于围绕改变生活方式的沟通合作。

针对城市机动化进程治理的议程网络不是"清谈"的论坛,而是由政府部门、探索实验者、有志推进低碳生活方式的企业、街道、社会组织、学校、城市交通创新服务供应商等构成,依托沟通工作、交通服务改善对策、社会实验等综合举措,推进沟通合作模式的政策网络。

1) 城市机动化治理的举措组成

城市机动化进程治理包括三方面有机融合的举措(表10-12)。

表10-12　城市机动化进程治理的基本举措

举措	内容
社会沟通	引导"自觉行为转变"的最基本方法,通过沟通交流直接作用于人们的意识和认知,进而促成行为改变
交通改善及运用	指提高公共交通便利性、税收措施、小汽车使用限制、收费措施等,促成"自觉行为转变"的外部环境。通过与社会沟通措施紧密结合,将有可能进一步放大城市机动化进程治理效果
社会实验	在需求管理措施难以推行的情况下,通过持之以恒的社会实验推动公众沉浸式体验,促使社会意识的变化,创造未来的可能性

2) 社会沟通的具体方式

社会沟通对策在城市机动化进程治理中占据核心地位,包括如表10-13所示的具体方法类型。

表10-13　社会沟通的方法类型

方法类型	方法内容
号召法	通过单纯的宣传号召,动员全社会,这是目前我国采用的主要方法
行动计划法	推动对象主体(包括单位和个人)制定具体实施行为改变的"行动计划",利于发挥我国的制度优势。即使在日本和欧洲社会制度条件下,各种研究也证实了这种方法具有强有效性
参考建议法	以"建议"的形式提供行为改变所需参考信息的方法,包括针对个人的建议(个人建议方法),以及针对由多人组成的小组(小组建议方法)
反馈法	通过测量行为主体变化前后的相关评价指标并给予反馈,会引起人们对自己行为的关注,巩固已有成果并促进其进一步改变,这种方法也包括针对组织和个人的两种类型

3) 社会沟通举措案例——出行建议及信息反馈项目

日本的出行建议及信息反馈项目(Travel Feedback Program, TFP)是针对出行治理的“大规模的、个体化的”沟通措施，该措施通过多次个人交流来实现预期目标对象的交通行为自愿改变。该方法包括 4 个工作步骤（表 10-14）和 3 种不同工作流程（图 10-16）。

表 10-14　　出行反馈项目的工作步骤及内容

步骤	内容	说明
步骤 1	初步调查	旨在征集参与（合作）者，并获取参与者的基本数据，例如日常交通行为等，以便为参与者提供适当的个人信息和建议。通过向目标对象发放征集函、问卷等，了解其小汽车/公交使用频繁程度、出行距离、小汽车使用意愿、小汽车使用控制意愿等，个人相关信息以及最近的轨道车站、公交车站、日常出行行为（目的、行程时间等）
步骤 2	沟通交流	结合意愿调查的沟通交流是 3 种 TFP 流程中都要进行的重要步骤。在鼓励参与者改变行为的最重要阶段，需要认真设计提供针对性信息的方法，以帮助参与者改变过度使用小汽车的行为。作为触发行为改变的信息，要以易于理解的方式传递使用小汽车对个人和社会所造成的不利影响；作为思考行为改变的信息，提供有关使用公共交通工具等具体的针对性信息和建议，并推荐使用行动计划表等作为行动方案
步骤 3	后评估调查	后评估调查是评价 TFP 有效性的一个步骤，在沟通/问卷调查后的一到两个月内进行。调查项目以初步调查中使用的调查项目效果衡量数据为基础，以便与前期数据进行比较
步骤 4	效果反馈	旨在对比初步调查与后评估调查的情况，并提供有关行为变化程度及效果的信息。例如使用“交通诊断图”等方式，对交通行为的变化进行评论并提出建议，以鼓励保持减少汽车使用行动效果的持续

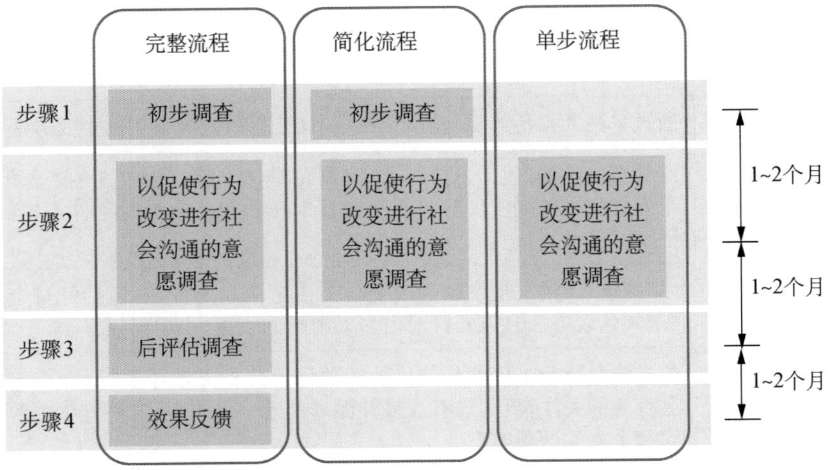

图 10-16　各种 TFP 工作流程示意

4）实施对象

城市机动化治理的实施对象包括：居住小区、学校、工作单位和特定公交线路服务对象等。

我国在这一领域有适合国情的创新实践，例如北京市推进的预约出行、低碳出行鼓励计划，深圳市推进的 MaaS 试点项目等，已经具有了机动化进程治理的雏形特征。将类似行动与议程网络有机融合，并通过智能治理技术更加有针对性地进行设计，是城市交通治理重要的研究课题。

10.4.3 交通服务领域中的博弈规则重构[26]

本任务领域是为了适应构建新型服务的需要，组织供给侧网络，推动交通服务领域中的博弈规则重构。

未来的城市交通服务并非目前人们所理解的公共交通与私人交通这种壁垒分明的结构，以公共交通为主导发展多方式协作的出行/移动服务，让公共交通更深地嵌入城市居民的生活之中，是需要给予高度关注的任务领域。

随着 MaaS 体系架构的逐步完善，相关主体之间的关系也进一步明晰（图 10-17）。以此架构为基础，推进供给侧网络的建设，促成可持续发展轨道上的动态联盟，是 MaaS 体系健康发展所需要的条件。

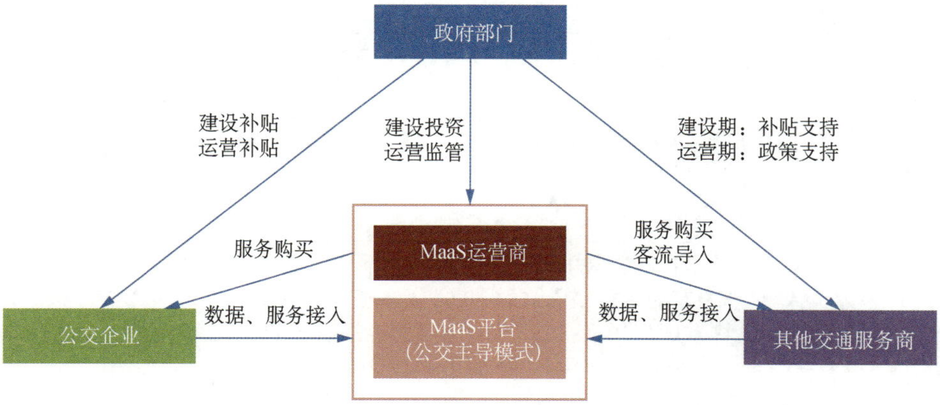

图 10-17　城市 MaaS 系统的运营模式

MaaS 体系的建设，需要各种组织相互配合，才能形成有效的市场服务（表 10-15）。在这一社会系统性行动中，各种角色如何承担自身角色任务，以及各种角色之间的协同方式，还有待深入探讨。

毋庸置疑，MaaS 体系的建设过程必然面临运输服务市场的重组，涉及众多企业关系和利益的调整。以深圳为例，有可能成为 MaaS 体系中运输服务潜在供应商的企业众多，运营模式也有很大的差异（表 10-16）。可见这一市场重构，是一项涉及众多利益关系调整的艰巨社会工程。

表 10-15　　MaaS 体系建设过程中各类组织需要完成的关键任务

角色	关键任务
政府	通过相关政策和法律手段，推动公交、地铁、出租汽车、网约车共享单车等交通服务商开放数据和服务接口
	制定城市 MaaS 平台的数据共享、隐私保护与访问权限等标准与规范
	行业监管，保障企业获取应得利润，保护用户权益与隐私
	MaaS 发展规划，通过 MaaS 服务提升城市交通服务水平，鼓励低碳绿色交通出行，提供适当补贴
MaaS 运营商	建设城市级 MaaS 平台，构建实时处理海量用户出行的能力
	与交通服务商进行协调，整合交通服务资源，进行服务购买与数据汇总
	完善商业运作模式，确立与交通服务商之间的合作模式、利润分配规则
运输服务供应商	对平台提供数据和服务接口，并实时进行数据和服务更新
	根据平台调度为用户提供交通服务

表 10-16　　深圳市 MaaS 系统运输服务潜在供应商情况(截至 2020 年)

交通方式	运输服务供应商现状	支付方式
常规公交	3 家公交公司(西部服务宝安、光明、龙华/东部服务龙岗、坪山、大鹏/巴士服务福田、罗湖、南山)	深圳通、公交乘车码(银联、支付宝、微信)
地铁	2 家地铁公司[深圳地铁(1 号、2 号、3 号、5 号、7 号、9 号、11 号线)、港铁(4 号线)]	深圳通、微信、银联
共享自行车	运营商：摩拜和 ofo；半停运：优拜、赳赳、一步等，运营车辆 48 万辆，注册用户 2 647 万人	月票和单次票
铁路	铁路总公司(广铁)属于国铁	
出租车	共计 85 家公司，车辆 16 851 辆。其中市属国企 11 家(深港、鹏程等)拥有车辆 3 414 辆(红的 1 262 辆，绿的 645 辆，电动 1 507 辆)，区属国企 4 家(宝路华宝城)拥有车辆 586 辆(红的 359 辆，绿的 180 辆，电动车 47 辆)，市直国企 1 家(总计 322 辆，红的 222 辆，绿的 100 辆)，驻深国企 429 辆(红的 373 辆，绿的 56 辆)，其他(67 家，红的 8 187 辆，绿的 3 518 辆，电动车 295 辆，无障碍电动车 100 辆)	支持移动支付(微信、支付宝)
网约车	共计 17 家公司，首汽约车、神州专车、滴滴出行、飞嘀打车、斑马快跑、AA 租车、曹操专车、万顺叫车、全民用车、神马专车、伙力专车、阳光出行、中交出行、吉汽出行、900 游、网路出行、双创便民	支持移动支付(微信、支付宝)
汽车租赁	一嗨、悟空、神州、至尊、车速递、海纳、安飞士、日产易租车等	支持移动支付(微信、支付宝)
定制公交	e 点巴士(东部公交)、优点巴士(巴士集团)、滴滴定制巴士、小猪巴士等，通勤、科技园区等	支持移动支付(微信、支付宝)

在供给侧网络中，政府与 MaaS 运营商占据相对主动的地位，可以通过一系列吸引举措将运输服务供应商逐步纳入新的服务体系（表 10-17）；但是，如果不能从理性而自利的人性假设出发，合理重构博弈规则，将有可能激起交通服务市场的动荡。事实上，在网约车发展过程中，已经出现过这类情况。

表 10-17　　对交通服务商的吸引措施

	建设期	运营期
政府层面	提供一定的建设补贴： 运营信息平台的升级改造（MaaS 平台接口）； 车载定位和支付设备； 新能源车辆补贴	政策支持： 运营车辆配额，比如网约车或出租车的运营配额，共享自行车的投放规模； 定制公交线路的审批； 提供专用的停车设施，比如机动车的免费或优惠泊位、共享自行车的停车空间； 提供专用的充电泊位（电动汽车）； 道路路权（MaaS 车辆专用）
MaaS 运营商	技术支持： 为运营信息平台的升级改造提供技术支持	运营支持： 客流的导入

应该认识到，在构建 MaaS 过程中运输服务供应商具有重要性及其对于服务体系创新成功与否起到关键作用。通过供给侧网络将各方组织起来，形成一种具有协调机制的理想制度架构是非常重要的。近年来，常规公交市场份额的快速减小，网约车对出租车市场的冲击，实际上改变了各类企业合作的利益关系结构。在此背景下，通过供给侧网络构建强网络结构，可以约束政策代理人，形成持久有力的政策共同体，由此奠定创建新型服务政策的持续的基础。

参考文献

[1] 中华人民共和国国务院. 新一代人工智能发展规划[EB/OL]. (2017-07-20)[2022-07-08]. http://www.gov.cn/zhengce/content/2017-07/20/content_5211996.htm.

[2] Lazer D, Pentland A, Adamic L, et al. Computational social science[J]. Science, 2009, 323(5915): 721-723.

[3] 刘云浩. 群智感知计算[J]. 中国计算机学会通讯, 2012, 8(10): 38-41.

[4] 袁成，董晓林. DARPA“进攻性蜂群战术”项目的发展[J]. 国际航空, 2018(5): 20-22.

[5] 王彤，李磊，蒋琪. “进攻性蜂群使能战术”项目推进无人蜂群能力发展分析[J]. 战术导弹技术, 2020(1): 33-38.

[6] 王彤，叶蕾，李磊. 美国 CODE 项目无人机集群协同监控系统分析[J]. 飞航导弹, 2019(5): 25-29, 89.

[7] 顾宁，卢暾. 在线开放协作项目中用户群智协同行为的分析与理解[J]. 中国计算机学会通讯, 2018, 14(11): 8-17.

[8] 赵一新. 城市交通的数字观察[R]. 上海：中国城市交通发展论坛，2021.

[9] 龚蔚霞，杨玲. 基于伙伴关系的区域合作发展模式创新探索[C]. 中国城市规划学会. 转型与重构：2011 中国城市规划年会论文集. 南京：东南大学出版社，2011.

[10] 顾建光. 论公共管理的范式转型与动因[J]. 上海交通大学学报：哲学社会科学版，2001(3)：69-73.

[11] 孙柏瑛，李卓青. 政策网络治理：公共治理的新途径[J]. 中国行政管理，2008(5)：106-109.

[12] 朱亚鹏. 公共政策研究的政策网络分析视角[J]. 中山大学学报(社会科学版)，2006，46(3)：80-83.

[13] 杨东援，李玮峰，段征宇，等. 国土空间规划背景下的交通大数据分析技术[M]. 上海：同济大学出版社，2022.

[14] 李瑞昌. 政府间网络治理：垂直管理部门与地方政府间关系研究[M]. 上海：复旦大学出版社，2012.

[15] 谭英俊. 区域经济发展中地方政府间关系调整与优化——一种组织间网络的分析框架[J]. 行政论坛，2013，20(1)：41-45.

[16] 张康之，向玉琼. 政策问题建构中"议题网络"的生成[J]. 江苏社会科学，2015(1)：52-60.

[17] 许阳. 网络话语影响下的中国公共政策议程建构研究——基于扩散议题战略模型的分析[J]. 社会科学辑刊，2014(2)：62-67.

[18] 张子培，武汉市交通规划数字化转型的探索与实践[R]. 长沙：第 16 届中国智能交通年会，2021.

[19] 张晓春. 交通规划业务数字化转型——深圳思考与实践[R]. 长沙：第 16 届中国智能交通年会，2021.

[20] 张晓春，林涛，段仲渊，等. 面向城市交通治理的大数据计算平台 TransPaaS[M]. 上海：同济大学出版社，2021.

[21] 深圳市城市交通规划设计研究中心. 深圳市交通白皮书研究[R]. 深圳：深圳市城市交通规划设计研究中心，2020.

[22] 高翔. 城市全域交通[R]. 长沙：第 16 届中国智能交通年会，2021.

[23] 邱红桐. 解读公安科技管理发展规划[R]. 长沙：第 16 届中国智能交通年会，2021.

[24] 曾令发. 政策溪流：议程设立的多源流分析——约翰 · W. 金登的政策理论述评[J]. 理论探讨，2007(3)：136-139.

[25] 罗铭. 交通需求管理及其在北京奥运交通中的应用研究[D]. 北京：北京工业大学，2004：23-26.

[26] 段征宇. 深圳 MaaS 架构设计与推进策略研究报告[R]. 上海：同济大学交通运输工程学院，2020.

附录 A　知识网络附表

附表 A-1　　中国城市交通规划学会年会主题报告

时间	主题报告
2016 年	深圳迈向世界级的交通先锋城市
	“十三五”综合交通运输
	综合交通枢纽面临的困境与解决途径
	城市时空大数据与交通
	通过大数据推动综合交通规划理论变革
	车联网技术发展现状与展望
	腾讯位置大数据助力交通出行和城市规划
	交通节能减排智能化分析技术及北京实践
	从机动性规划走向可持续的可移动性规划
	深圳交通规划创新实践
	“道路—街道—街区”:中微观视角下的城市交通
	城市道路交通管理的实践与思考
2017 年	包容性发展:《新城市议程》的启发
	城市有机更新
	城市交通若干问题的思考与辨识
	传化网与智能物流
	城市停车场用地问题解读
	城镇化变迁中的区域与城市网络
	“十三五”现代交通领域科技创新的总体布局
	中国民航“十三五”发展规划研究
	城市道路交通管理创新与探索
	城市轨道交通发展的思考

（续表）

时间	主题报告
2018 年	“多规合一”与城市交通规划变革
	对我国城市轨道交通发展的现状、问题及趋势的研判
	雄安新区交通规划的思考
	城市交通治理与大数据支撑技术
	上合组织青岛峰会交通保障
	面向美丽宜居公园城市的超大城市交通承载力提升探索
	数据＋人工智能＋模型：新一代交通仿真模型框架
	融合与创新——互联网＋智慧交通
	空间规划体系背景下的区域与大城市交通发展思考
2019 年	公园城市理念下的天府新区绿色交通体系实践
	交通强国目标与战略
	城市交通未来图景——技术赋能与生态创新
	新时期城市交通智慧管控深化发展思考
	从统计模型到个体行为模型——浅议交通系统理论的变革
	国土空间规划体系下的大城市交通规划探索
	城市交通发展思考与讨论
	协同治理与品质交通——深圳的探索与实践
	智慧停车服务民生——盐城停车治理的探索与实践
2020 年	“十四五”城市交通智能管控发展应关注的几个问题
	北京市交通治理创新实践与展望
	智能＋治理的重庆实践
	可持续城市降温下的广州空间重构与交通治理
	后疫情时代的交通治理与空间重塑

附表 A-2　　　　中国城市交通发展论坛的历届主题

时间	类型	主题(简称)
2014/1/8	常规论坛	公交优先发展与缓解城市交通拥堵
2014/4/13	常规论坛	公交优先与土地使用
2014/7/2	常规论坛	公共交通与城市低碳发展
2014/10/11	常规论坛	城镇群发展环境下的大都市区交通发展策略

（续表）

时间	类型	主题(简称)
2015/1/24	常规论坛	提高大城市通勤公交分担率的技术、方法与政策
2015/5/17	常规论坛	城市快速机动化背景下的慢行交通
2015/6/25	小论坛	规范电动自行车及其衍生代步车发展和使用
2015/8/28	小论坛	武汉综合交通体系规划修编研讨会
2015/9/24	常规论坛	机动车拥有管制与使用管理政策研究及应用实践
2015/11/29	常规论坛	城市停车发展的关键问题与对策
2016/1/15	常规论坛	新形势下的城市交通发展思考
2016/4/17	常规论坛	城市交通综合治理的探索与实践
2016/5/8	小论坛	共享交通专题论坛
2016/7/4	常规论坛	交通需求管理政策的实践与探讨
2016/10/14	常规论坛	大数据环境下的城市交通规划与管理
2016/10/29	小论坛	机动化和城市交通结构的反思
2017/1/4	常规论坛	供给侧结构性改革与公共交通优先发展
2017/3/30	小论坛	共享单车
2017/4/18	小论坛	组团城市交通治理
2017/4/28	常规论坛	新常态下城市交通理论创新与发展对策研究
2017/6/7	小论坛	电动汽车与未来出行
2017/8/24	常规论坛	城市交通综合治理现代化
2017/11/8	小论坛	城市总体规划改革与超大城市交通发展
2017/12/20	常规论坛	多规合一与交通规划发展
2018/1/21	小论坛	绿色共享引领城市交通变革
2018/3/24	常规论坛	新时代城市交通需求演变与治理变革
2018/6/1	常规论坛	TOD 与城市交通发展
2018/8/24	常规论坛	城市设计与交通空间
2018/10/25	小论坛	城市交通综合治理与可持续发展
2018/11/22	常规论坛	城市货运与城市健康发展
2019/3/28	常规论坛	交通综合体投融资建设与管理
2019/5/23	常规论坛	市域轨道快线规划与建设
2019/9/5	常规论坛	旧城更新背景下的交通综合治理
2019/11/1	常规论坛	交通规划与管理决策支持系统的研发及应用

（续表）

时间	类型	主题(简称)
2020/11/13	常规论坛	国际性区域中心城市的交通引领与区域协同
2021/4/22	常规论坛	双循环视野下的特大城市交通“十四五”发展思路
2021/7/22	常规论坛	“碳中和”背景下的城市交通发展思路
2021/10/21	常规论坛	城市综合交通规划的数字化转型

附表 A-3　　城市交通学相关教材及主要编写单位

书名	参编单位
《城市交通学导论》	同济大学等
《中国城市公共交通优先发展战略——内涵、目标与路径》	同济大学等
《城市公共交通出行分担率研究》	同济大学等
《新发展阶段的城镇化新格局研究——都市圈概念和标准》	同济大学等
《城市交通与法治》	同济大学、中国人民大学、山东大学、西南政法大学、北京交通大学、华东师范大学等
《城市交通学的基础问题》	同济大学、中国城市规划设计研究院、北京工业大学、北京市城市规划设计研究院、中央财政科学研究院等
《城市交通与信息化》	同济大学、清华大学、北京理工大学、中国人民大学等
《城市交通治理现代化》	同济大学等
《交通服务学》	同济大学等
《未来城市交通预判——2035 年愿景》	同济大学、北京交通发展研究院等
《新常态下城市交通理论创新与发展对策》	同济大学等
《基于奖励的交通需求管理——理论研究与政策分析》	同济大学等

附录B　上海市社区规划师制度的推进

B.1　发展历程

上海市社区规划师制度总体而言是“由街道为主的自发形成向区层面的制度性引导”和“由配合专项工作的试点向全面试行”逐步发展和完善的，大体分为两个阶段。

第一阶段(2008—2017年)：以街道为主“自下而上”自发形成与试点相结合的探索阶段。2008年以来，为了提升城市空间品质，加强城市精细化管理，上海市部分区以街道为主体自发聘任社区规划师，如徐汇区湖南街道(2009)、普陀区万里街道(2015)等。同时，部分区结合微更新等试点工作引入社区规划师制度，如浦东新区“缤纷社区”试点。

第二阶段(2018年至今)：区层面形成社区规划师制度，进入全面试行阶段。2018年以来，为落实“上海2035”城市总体规划，推进“15分钟社区生活圈建设”，落实街道规划参与权，加强社会治理和公众参与，上海市部分区开始在区层面形成社区规划师制度，完善相关机制，并“一对一”为街镇选聘社区规划师，指导街镇规划建设工作。目前杨浦区、浦东新区、徐汇区、普陀区、虹口区、静安区6个区已基本完成社区规划师制度的制定工作。

B.2　工作方式与类型

各社区规划师的工作结合本区特征和重点工作，开展背景和工作重点不尽相同、各具特色，总体可分为以下三类。

一是在社区更新工作中引入社区规划师，系统性地指导社区发展和规划工作。其中一种方式是通过跟踪指导或参与社区规划和制定行动计划，系统性地指导社区更新，如普陀区石泉街道、万里街道等；另一种方式是跟踪指导或参与社区微更新工作，如杨浦区四平街道、浦东新区“缤纷社区”等。

二是在风貌保护区和其他重点区域中引入社区规划师，推进重点地区的高品质建设，如徐汇区湖南路街道、虹口区北外滩街道。

三是配合区相关条线的建设需求引入社区规划师，加强城市精细化管理，如静安区彭浦镇“美丽家园”(附图B-1)、徐汇区徐家汇街道等。

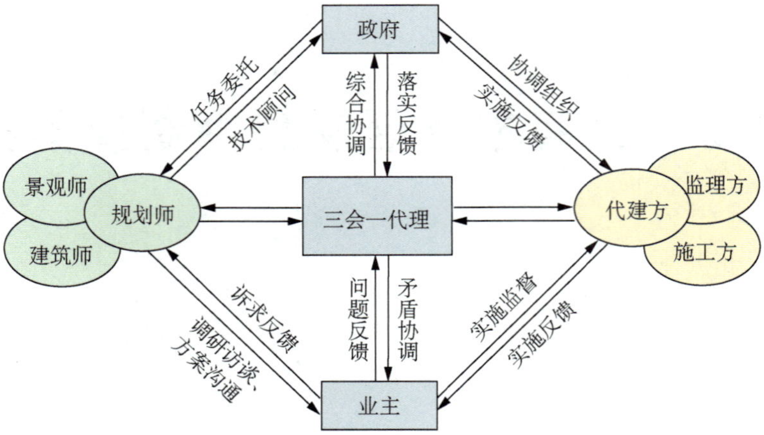

附图 B-1　上海市静安区“美丽家园”老旧小区微更新组织流程

B.3 工作模式

各区社区规划师工作结合本区特征，工作模式不尽相同、各具特色。

（1）聘任方式方面。有以下两种类型：一类是由区政府或区规划资源局聘任，由各区规划资源局牵头组织，通过导师和街道双向选择确定，如浦东新区；另一类是由街道自发选择和聘任，如普陀区石泉街道、长宁区新华路街道大鱼社区营造发展中心。

（2）人员来源方面。目前社区规划师以高等院校、规划设计单位人员为主，如杨浦区；部分区由规划资源管理部门选派人员作为社区规划师，如静安区；也有部分社会组织参与社区规划师工作，如长宁区；另有部分区采取“组合拳”的模式，如浦东新区。在专业领域方面，目前社区规划师主要为规划、建筑、景观等专业的设计师。

（3）工作职责方面。主要有以下四项工作职责：一是跟踪指导或参与社区规划，开展社区系统性评估和规划，形成更新行动计划或工作清单，如普陀区、徐汇区等；二是跟踪指导或参与社区项目建设，包括社区微更新项目、区重点区域规划建设、各条线专项类工作等，如浦东新区、虹口区等；三是开展宣讲和培训，如杨浦区、长宁区等；四是承担连接区局、街道和居民间桥梁的作用，如静安区等。

（4）制度保障方面。主要有以下两种制度保障：一是已开展的各区均以颁布实施办法、工作方案等文件形式，在区层面形成社区规划师制度，明确其职责权力、工作范围、工作保障等内容。二是部分区在区层面形成统筹平台机制，保障社区规划师工作有序开展，如杨浦区成立了社区规划师事务协调促进中心，用以发挥统筹、管理作用；徐汇区则建立了工作联席会议制度，设立了社区规划师办公室；浦东新区由浦东新区规划管理中心负责缤纷社区相关工作。

（5）经费保障方面。目前社区规划师制度的保障经费主要来自区财政局、区规土局和街道(镇)。一类是由区财政以聘金的方式落实,如杨浦区由区财政局按 5 万元/人发放;另一类是按参与具体规划和设计项目情况发放经费补贴,如徐汇区由区财政局拨款,依据工作任务支付费用,浦东新区根据项目情况支付费用。此外,各区社区基金会和企业单位以出资社区更新项目的方式提供一定程度的经费支撑;部分辖区的社区规划师公益性地提供咨询和顾问服务。

B.4　工作成效

各区社区规划师的工作开展以来,协助街道完成了一批社区更新项目的设计和实施,提升了城市空间品质,促进了社会治理和公众参与。社区规划师制度的具体工作成效主要体现在四个方面。

一是在规划方面,逐步探索社区系统性更新之路(附图 B-2)。部分街道开展了社区系统性评估和规划,全面梳理资源和不足,制定 3～5 年行动计划。

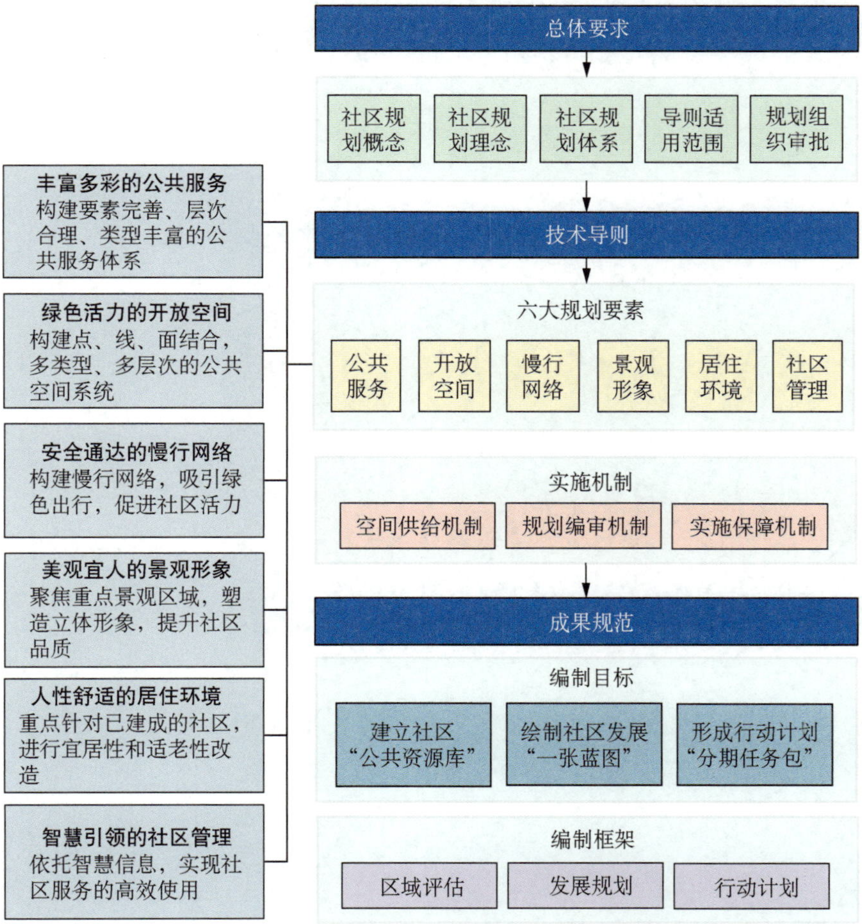

附图 B-2　上海市社区规划技术导则的编制

二是在建设方面，形成了一批品质较高的更新项目。协助街道完成了一批城市公共空间和居住空间更新的设计和实施，提高了居民生活品质，提升了城市风貌品质。

三是在培训方面，提高了基层管理人员、社区规划师、公众的规划认知。通过社区规划师讲座、"规划走进社区"等活动以及成立"社区青年规划师工作室"等方式发掘和培育社区规划师力量。

四是在公众参与和社会组织培育方面，推动了社会治理工作的深入开展。如长宁区大鱼社区营造发展中心扎根新华路街道开展相关工作，浦东新区陆家嘴基金会为社区微更新工作提供有效的支撑。

后　　记

2018 年之后，我终于有时间静下心来对很多问题重新思考，对多年来的研究工作再次进行梳理。大数据与城市交通治理，是这些思考的归纳总结。

数年前，跟随汪光焘先生参与国家自然科学基金重点项目“城市交通治理现代化理论研究”时，我对于城市交通治理的概念是模糊的，对于大数据在城市交通治理中的作用，也局限于一种技术工具定位的认识。

随着研究工作的展开，我加深了将城市交通视为“社会—技术”系统的认识，开始尝试跳出纯技术观点的束缚思考城市交通治理问题。潘云鹤院士所阐述的三元空间思想，给予我重新审视研究对象——城市交通系统的启示，对于城市交通在三元空间中的属性，以及信息空间与物理空间和社会空间的互动，伴随不断摸索逐步清晰起来。尽管如此，针对城市交通治理这样的社会过程，还缺少一个有效的组织行为解释。金登的多源流理论，虽然能够在一定程度上说明政策议程的演进，但还不足以作为指导实际工作的理论模板。在困惑的思绪中，我不断查阅和学习城市建设、公共管理相关的资料，领会其中各种实践探索的经验，思考自己所参加的各种社会组织活动的效果，从科层式管理模式向政策网络型治理模式的变革观念日渐明晰，开启了理论借鉴的大门。

老骥可伏枥，然而终究不可能违反自然规律，我想尽力搭建一个可供参考与讨论的大数据与城市交通治理的研究框架，为集聚后人力量尽点微薄之力。我欣慰地看到越来越多的中青年研究者走进城市交通这一充满挑战与艰辛的研究领域，他们的活力和突破展示着明天的希望。

谨以此书献给引导我走上学术生涯的导师朱照宏先生，献给与我相伴 38 年的爱妻，献给陪伴我走过研究征途的助手、学生们。

杨东援

2022 年春于同济大学